Michael Schneider

Das Sakrament der Eucharistie

XCIV

Advent 2003

EDITION CARDO

Studien des Patristischen Zentrums KOINONIA - ORIENS
Herausgegeben von Wilhelm Nyssen und Michael Schneider
Band 94

Die Deutsche Bibliothek - CIP Einheitsaufnahme

Schneider, Michael
Das Sakrament der Eucharistie / Michael Schneider - Köln:
Patristisches Zentrum Koinonia - Oriens e.V., 2003.
(Edition Cardo; Bd. 94)

ISBN 3-933001-97-8

Meiner Mutter
zu ihrem achtzigsten Geburtstag

INHALTSVERZEICHNIS

Das Sakrament der Eucharistie

Die Feier der Eucharistie ist nach Aussage des II. Vatikanum der »Höhepunkt, dem das Tun der Kirche zustrebt« und zugleich »die Quelle, aus der all ihre Kraft strömt«[1]. »Per executionem« gilt die Taufe als das erste und ursprüngliche Sakrament der Kirche, »per intentionem« aber bleibt das Sakrament der Taufe - wie alle anderen Sakramente - auf die Eucharistie ausgerichtet: »Wenn die Kirche ihr Kirche-Werden der Taufe verdankt, so ihr Kirche-Bleiben dem Herrenmahl.«[2] Alles in der Kirche ist grundlegend Liturgie: die Einheit im Glauben, die Kommunion in der Liebe, die Dienstämter, die Sendung, das Gebet und die heiligen Kanones. Das Wesen der Kirche ist liturgisch, weil alles in der Kirche dem Wirken des Heiligen Geistes erwächst. Die Liturgie gilt als so konstitutiv für die Kirche, daß beides zugleich gesagt werden muß: Die Eucharistie macht Kirche, und die Kirche macht Eucharistie. Kurz gesagt: Kirche ist Liturgie.

Die vorliegenden Ausführungen sind über Jahre hin entstanden und wurden an der Philosophisch-Theologischen Hochschule Sankt Georgen in Frankfurt am Main während des Sommersemesters 2003 im Rahmen einer Vorlesung über die dogmatischen Grundlagen der Liturgie vorgetragen.

Zunächst wird die Frage nach dem Wesen der Eucharistie im Kontext der christlichen Glaubenserfahrung gestellt (I.). Im zweiten Kapitel geht es um die Grundlegung der Liturgie: Alles in der Eucharistie ist auf den auferstandenen Herrn zurückzuführen, wie er in der Heiligen Schrift bezeugt und von der Kirche geglaubt wird (II.). Sodann wird näher auf das spezifische Priesteramt Christi einzugehen sein: Er allein hat uns mit seinem Vater versöhnt. Der Auferstandene

---

1 SC 10.

2 Zit. nach K. Koch, Eucharistie als Quelle und Höhepunkt des kirchlichen Lebens, in: Anzeiger für die Seelsorge 106 (1997) 239-248.287-292, hier 289.

hat sich eine »königliche Priesterschaft« erwählt und geheiligt, dem alle Christen angehören. Inwiefern kann es da ein besonderes Priestertum geben (III.)? Ohne die anderen kirchlichen Aussagen über die Eucharistie hintanzustellen, geht es in den weiteren Ausführungen vor allem um den schöpfungstheologischen Aspekt der Liturgie als Feier der Auferstehung und Verklärung (IV.). Für das dargelegte Verständnis der Eucharistie lassen sich weitere Konkretionen im liturgischen Vollzug und in der kirchlichen Praxis anführen (V.). Zu diesen Konkretionen gehört auch der Nachweis, daß sich mit dem gewählten Ansatz der Eucharistielehre einzelne dogmatische Traktate tiefer erfassen und in einem etwas anderen Licht beleuchten lassen (VI.). In einem weiteren Kapitel ergeben sich aus den theologischen Überlegungen zum Sakrament der Eucharistie einige Anfragen an die liturgische Praxis heute (VII.). In einem abschließenden Kapitel sei der Versuch gewagt, das orthodoxe Verständnis der Liturgie im byzantinischen Ritus auf seine sakramententheologischen Aussagen hin zu befragen und herauszustellen, wie sich aus der Begegnung mit der ostkirchlichen Liturgie, speziell der Basilius-Liturgie, eine weitere Vertiefung der vorgelegten Ausführungen zum Sakrament der Eucharistie ergeben (VIII.).

Das Buch sei meiner Mutter zum 80. Geburtstag gewidmet. Sie hat mich als Kind in die Feier der Eucharistie eingeführt, mir die lateinischen Gebete für den Ministrantendienst beigebracht und mich vor meiner Erstkommunion in den Mitvollzug der Heiligen Messe eingeführt. Vergelt's Gott!

10. Juli 2003

I. HINFÜHRUNG

Die Liturgie bedeutet mehr als eine feierliche Zeremonie oder Frömmigkeitsübung, sie stellt den Grundvollzug des christlichen Glaubens dar. Alles, was der Christ glaubt, wird in der Liturgie gefeiert, nicht abstrakt und lehrhaft, sondern in konkreter Erfahrbarkeit. So ist zu Beginn der Ausführungen über die Feier der Eucharistie der Frage nachzugehen, inwiefern es sich bei der Feier der Liturgie um die Grunderfahrung des christlichen Glaubens handelt.

1. Christologische Begründung

Es wäre ein Mißverständnis, den christlichen Glauben von der in ihm möglichen Erfahrung her zu definieren. Die Norm der christlichen Erfahrung ist einzig die *Erfahrung, die Christus macht*[3], sie allein stellt die Grunderfahrung des Glaubens- und Gebetsweges dar. Christus ist das Objekt wie auch das Subjekt christlicher Glaubenserfahrung. Gehört es zu einem Propheten oder Religionsgründer, daß er eine besondere Erfahrung des Göttlichen macht und sie anschließend in Worte faßt, so unterscheidet sich Christus dadurch von ihnen, daß er gewissermaßen nichts zu sagen hat; er selbst ist, was er zu sagen hat: »Wer mich sieht, sieht den Vater« (Joh 14, 9). Jesus Christus ist *die* Erfahrung Gottes. Diese genuin christliche Erfahrung relativiert alle weiteren Erfahrungen, die nicht Christus zum Objekt und zum Subjekt haben. Der Christ will selbst nichts erfahren, er sucht vielmehr Anteil zu erhalten an der Erfahrung Christi, der die Erfahrung Gottes ist.

Die Teilnahme an der Erfahrung Christi gibt auch Anteil an der *Wirklichkeit* Christi: Auf dem Weg der Nachfolge wird der Glaubende selbst diese Erfahrung![4] Von hier aus erklärt es sich, daß der

---

3 Vgl. R. Brague, Was heißt christliche Erfahrung?, in: IKaZ 5 (1976) 481-496, hier 493f.

4 Vgl. Thomas von Aquin, In Phil. 2, 5-6 lect. 2; zit. nach J. Mouroux, L'expérience chré-

Christ auf seine eigene Erfahrung keinen sonderlichen Wert legt, er braucht selbst nichts zu erfahren, ist er doch hineingenommen in eine Erfahrung, die alle innerweltlichen Grenzen übersteigt. Gegenüber allen Erfahrungen, die sich ihm anbieten, ist unvergleichlich mehr das, was ihm geschenkt ist, nämlich dem nachzufolgen und immer ähnlicher zu werden, der die Erfahrung des Vaters ist. Paulus schreibt im Galaterbrief: »Ich bin mit Christus gekreuzigt worden; nicht mehr ich lebe, sondern Christus lebt in mir« (Gal 2,19f.). Der Glaubende ist sich selbst enteignet. Diese Expropriierung bleibt wesenseigentümlich für den Weg der christlichen Erfahrung.

Aufgrund ihrer christologischen Begründung ist die Erfahrung des Glaubens letztlich *trinitarisch* grundgelegt. Die Trinität ist das Urbild der christlichen Erfahrung: »Der Sohn ist die Erfahrung des Vaters. Und zwar in dem doppelten Sinn, daß der Sohn derjenige ist, dessen Erfahrung der Vater macht, und auch derjenige, der die Erfahrung des Vaters macht. Die Einheit dieser beiden Sinne, des objektiven und des subjektiven, ist der Heilige Geist. Durch den Sohn erkennt sich der Vater, deshalb gibt er sich dem Sohn auch zum Erkennen hin. Der Vater gibt uns also keinen Ersatz seiner Gegenwart; er fordert vielmehr von uns, ihn in seinem Sohn so zu erkennen, wie er sich selbst erkennt. Der Vater erkennt den Sohn nur deshalb, weil er sich ihm vollkommen hingibt. Und entsprechend kennt der Sohn den Vater nur, indem er mit ihm zusammen den Heiligen Geist hervorgehen läßt.«[5]

Die christologische und trinitarische Grundlegung christlicher Erfahrung besagt zugleich, daß jede Erfahrung im Glauben Gabe ist und als solche nicht »gemacht«, sondern von Gott geschenkt wird. Jede Erfahrung im Glauben wird gleichsam »passiv« empfangen. Von einer Aktivität des Menschen kann nur insofern gesprochen werden,

---

tienne. Paris 1952, 284.

5 R. Brague, Was heißt christliche Erfahrung?, 495.

als er gemäß der Wirklichkeit zu leben hat, die seine Existenz ausmacht, nämlich Bild Gottes zu sein: »Er wird er selbst ganz nur in einem Überstieg seiner selbst in das Urbild, das sich ihm öffnet und ihm darin auch seinen Platz (seine eigene 'exemplarische Identität') in Gott bereithält.«[6]

Die Gabe, die der Mensch im Glauben empfängt, bleibt ihm nicht äußerlich, sieht er sich doch in das göttliche Drama der Heilsgeschichte hineingenommen. Sein Mitvollzug übersteigt alles Menschenmögliche, geht es doch darum, zu erkennen »die jede Erkenntnis überragende Liebe Christi, um erfüllt zu werden in die ganze Fülle Gottes hinein« (Eph 3,19).

Aus der Erkenntnis, daß Gott immer größer ist als alles, was wir von ihm erfahren können, ergibt sich die Dringlichkeit der je neuen »Destruktion des Gottesbildes« (K. Rahner): »Man erweist dem Menschen einen großen Dienst, und zwar den größten von allen, wenn man vor seinen Augen alle abergläubischen Vorstellungen nacheinander zum Erlöschen bringt, um schließlich in ihm das reine Gefühl der religiösen Erwartung zu erzielen ... In der Destruktion des Denkens liegt ein großer religiöser Sinn ... Nichts dient mehr der Wahrheit und nichts ist notwendiger, als zuzusehen, wie selbstgefällig oder eher naiv der Metaphysiker von seinen Konstruktionen eingenommen, der Künstler in sein Werk, der Fromme in sein sittliches Ideal verliebt ist oder der Apostel der Tat um der Tat willen sich wie ein Wilder mit seinen Götzen verhält: überall derselbe Anspruch und dieselbe Anmaßung; alle machen sich gleicherweise vor, ihren Gott zu machen ohne Gott. Dieses Nichts menschlicher Anstrengung bloßzulegen ist das Werk einer frommen Gottlosigkeit.«[7] Nur jene Erfahrung darf als authentisch und als dem Glauben angemessen bezeichnet werden, die der je neuen Destruktion des Gottesbildes nicht

---

6 H.U. von Balthasar, Christliche »Mystik« heute, in: J. Kotschner (Hg.), Der Weg zum Quell: Teresa von Avila 1582-1982. Düsseldorf 1982, 11-51, hier 13.

7 M. Blondel, Die Aktion. Hrsg. von R. Scherer, Freiburg-München 1965, 344.

ausweicht, denn nur diese führt in die Begegnung mit dem wahren Gott.[8]

Es stellt sich die Frage, ob und wie der endliche Mensch von der Fülle des unendlichen Gottes erfüllt werden kann. Das Lateran-Konzil von 1215 greift diese Frage auf und lehrt: »Von Schöpfer und Geschöpf kann keine Ähnlichkeit ausgesagt werden, ohne daß sie eine größere Unähnlichkeit zwischen beiden einschlösse.«[9] Um diese Antwort in ihrer Aussagekraft recht zu verstehen, muß sie bedacht werden auf dem Hintergrund der Frage, wie in der geschichtlichen Person Jesu überhaupt Gottes Unbegreiflichkeit begreiflich werden kann: »Niemals wird es den Menschen gelingen, eine endgültige, unbeweglich bleibende Antwort zu geben: Das genau meint das Lateran-Konzil mit je-größerer Unähnlichkeit über alle Ähnlichkeit hinaus; aber dies nicht deshalb, weil Gott unerreichbar bleibt, sondern weil wir ihn in seinem Sohn Jesus Christus erkennen und verstehen können ... In ihm (Christus) ist Gottes 'Unähnlichkeit' uns so 'ähnlich' geworden, daß wir ihn, d.i. Gott, mit Händen greifen kön-

---

8 Die positive Kehrseite der ständigen Destruktion falscher Götzenbilder ergibt sich mit dem existentiellen Anliegen der Theologie. Dietrich Bonhoeffer spricht gegen eine rein akademische Theologie, deren Funktionslosigkeit er heraushebt: »Die größte Not kommt für den Pfarrer aus seiner Theologie. Er weiß alles, was der Mensch über Sünde und Vergebung wissen kann. Er weiß, was rechter Glaube ist, und sagt es sich so lange, bis er nicht mehr im Glauben, sondern im Denken über den Glauben existiert. Er weiß sogar, daß sein Nichtglauben die rechte Form des Glaubens ist: 'Ich glaube, lieber Herr, hilf meinem Unglauben' (Mk 9,24). Das Wissen enthüllt seine Dämonie. Es treibt immer mehr in den faktischen Unglauben hinein. Wir haben dann keine Erfahrung des Glaubens. Unsere einzige Erfahrung ist die Reflexion über den Glauben ... Theologie ist hier die Wissenschaft, in der man es gelernt hat, alles zu entschuldigen und alles zu rechtfertigen ... Natürlich sei ein guter Theologe! Aber als solcher halte dir dein Wissen drei Schritt vom Leibe! Sonst wird es dir lebensgefährlich; du gerätst in einen Sumpf, in dem der Glaube erstickt« (D. Bonhoeffer, Ursprung und Wesen der christlichen Seelsorge. München 1985, 404f.).

9 Neuner/Roos/Rahner/Weger, Der Glaube der Kirche in den Urkunden der Lehrverkündigung. Regensburg 1971, 174-176.

nen.«[10] Der Mensch erfährt Gottes Ähnlichkeit, wenn er eintritt in Gottes Unähnlichkeit, nämlich in die Menschwerdung des Gottessohnes und seinen Gehorsam bis zum Kreuz. Der Glaubende wird seinem Herrn dadurch immer ähnlicher, daß er in die Entäußerung, in den Dienst am Nächsten eintritt. Der Dienst am Bruder und an der Schwester verliert sich nicht auf der Horizontalen, bleibt er doch rückgebunden an den, der allen Menschen gleich geworden ist. Der auferstandene Herr bindet den Bruderdienst an den »Gottesdienst«. Die christologische und trinitarische Grundlegung des christlichen Glaubensweges findet ihren sichtbaren Ausdruck in der *Taufe*, die der Beginn des christlichen Erfahrungsweges ist.[11] Die Rückbezogenheit auf die Taufe gilt in gleicher Weise für den mystischen Erfahrungsweg; auch er ist in seinem Wesen von der Trinitätstheologie und Tauftheologie bestimmt. Obwohl sich zahlreiche Gleichheiten mit anderen Formen der Mystik aufzählen lassen, unterscheidet sich die christliche Mystik von jeder anderen dadurch, daß sie eine Christuserfahrung ist. Der hier deutlich werdende Vorrang des Gehaltes vor der Gestalt, der für das Christentum eigentümlich ist, läßt verständlich werden, warum »Mystik« kein genuin christlicher Begriff ist. »Christlich« erweist sich der Weg der Mystik erst dort, wo er sich auf das »mysterion«, nämlich das Heilsereignis in Jesus Christus, bezieht. Das Gnadengeschenk, das jedem Getauften im objektiven Mysterium verheißen ist, bleibt für jeden Getauften subjektiv einholbar. Jeder Getaufte ist »auch zum Mystiker berufen«[12]. Die Tatsache, daß jeder Christ ein Mystiker werden kann, besagt nicht, daß christliche

---

[10] J. Sudbrack, Von der Helle und von der Dunkelheit der Gotteserfahrung. Ein Beitrag zum Gespräch zwischen den Religionen, in: GuL 50 (1977) 342.

[11] »Die Linien, die unmittelbar zur ersten eigentlichen Bezeugung der Lehre von der Geburt Gottes im Herzen des Menschen führen, gehen aus von der urchristlichen Tauftheologie« (H. Rahner, Die Gottesgeburt. Die Lehre der Kirchenväter von der Geburt Christi im Herzen der Gläubigen, in: ZkTh 59 [1935] 339f.).

[12] M. Schmaus, Katholische Dogmatik. Bd.III/2, München 1941, 171.

Mystik auf eine rein natürliche Ebene zurückführbar ist, geht sie doch über jede natürliche Mystik hinaus[13]; die mystischen Elemente der christlichen Erfahrung müssen in ihrem inkarnatorischen Kontext gesehen und gedeutet werden.[14]

Mit diesen Überlegungen haben wir schon eine erste Antwort auf die Frage nach dem Wesen der Eucharistie erarbeitet. In der Liturgie geht es um den Grundvollzug, vor allem aber um die Grunderfahrung christlichen Glaubens, denn in der liturgischen Feier bekommt der Christ Anteil an der alles bestimmenden und überragenden Erfahrung Christi. Zugleich erhält er in der Feier der Eucharistie Anteil an der Wirklichkeit des göttlichen Lebens, das ihm Christus eröffnet hat, der den Weg der äußersten Unähnlichkeit gegangen ist bis ans Kreuz, um dem Menschen eine Erfahrung zu eröffnen, die größer ist als alles, was gedacht worden ist und im Alltag des Lebens und Glaubens ausbuchstabiert werden kann.

2. Geschichtliche Einbindung

Zugang zu der alles übersteigenden und durch nichts zu übertreffenden neuen Erfahrungswirklichkeit im Glauben erhält der Mensch einzig durch die Heilstat Christi in Kreuz und Auferstehung. Damit tritt neben das christozentrische Element der Glaubenserfahrung ein zweites, das eng mit jenem zusammenhängt, nämlich die geschichtliche Rückbezogenheit der christlichen Erfahrung auf die Heilsereignisse in Christus.

---

13 Schon früh begann das Christentum, den Weg der Erfahrung mit neuen Inhalten zu belegen. Die Mönchsväter (wie auch Diadochus von Photike) lassen aus der Unterscheidung der Geister die »Erfahrung« im Glauben mit einem neuen Inhalt belegen; siehe die Texte in der Ausgabe von Eduard des Places, welche im Register unter »peira« zusammengestellt sind (Oeuvres Spirituelles [= SC 5 bis]. Paris 1955, 198).

14 Von dem inkarnatorischen Kontext her erklärt es sich, daß der christliche Glaube, wie noch eigens zu zeigen ist, auch von »leiblichen« Gegebenheiten bestimmt ist und ihnen ihre eigentliche Bedeutung gibt.

Die Zuversicht, daß Gott sein Volk erlösen und ihm für immer nahe sein wird, findet sich bei den Propheten vielfältig bezeugt. So ist bei Zefanja überliefert: »Jahwe, dein Gott, ist in deiner Mitte ein siegreicher Held. Er freut sich über dich voller Freude, er schafft dich neu in seiner Liebe; er tanzt deinetwegen, jauchzend, wie an den Tagen der Feste« (Zef 3,17). Die spätere jüdische Theologie bringt das Staunen über das Herabsteigen Gottes sehr konkret zum Ausdruck. So heißt es über den Vers »Und der Herr ging vor ihnen her, [...] nachts in einer Feuersäule, um ihnen zu leuchten« (Ex 13,21): »Rabbi Jose der Galiläer sagte: Wenn es nicht ein geschriebener Vers der Schrift wäre, dürfte man es nicht aussprechen: wie ein Vater, der seinen Kindern die Fackel voranträgt, und wie ein Herr, der seinem Sklaven die Fackel voranträgt.«[15]

Gott, dessen Transzendenz Israel so entschieden betont, ist zugleich nahe: Er kommt herab, macht sich klein, um den Menschen ganz nahe zu sein. Dieses Wohnen Gottes unter seinem Volk nennt die jüdische Theologie die *Schekhinah*, Gottes »Einwohnung« und »Herrlichkeitsnähe«. Die »Schekhinah« ist von Gott unterschieden und doch er selbst. Dabei wird betont, »daß das Wohnen Gottes (in seinem Volk) das Endziel des göttlichen Schöpfungsplanes war, das bereits zu Anfang der Schöpfung festlag«[16]. Gott wohnt bei den Menschen. Dennoch scheut sich die jüdische Theologie, »Gott als die eine Person, die er nun einmal im Judentum ist, völlig und endgültig mit einem menschlichen Leben verbunden zu sehen, weil dadurch seine Transzendenz in Gefahr zu geraten scheint. Gott nimmt vereinzelt Züge einer irdischen Existenz an, doch ist er nie wirklich in einer endgültigen und unwiderruflichen Weise 'Fleisch geworden' und hat so 'unter uns gewohnt' (Joh 1,14). So konnte er auch den letzten Ernst

---

15 P. Kuhn, Gottes Selbsterniedrigung in der Theologie der Rabbinen. München 1968, 23.

16 Ebd., 64.

eines solchen irdischen Lebens, den Tod, nicht erfahren«[17]. Manche Rabbiner lehnen die letzte Konsequenz aus dem »Herabsteigen« Gottes ab, wie etwa Rabbi Jose: »Wirklich auf die Erde [...] ist Gott niemals herabgekommen, denn, so klein die Distanz auch werden mag, Gott und der Mensch kommen nie ganz zusammen.«[18] Rabbi Jose sagt, Gott bleibe immer noch zehn Handbreit über der Erde, das heißt, Gott ist nie ganz auf die Erde hinabgestiegen, und nie sind Menschen ganz zu ihm hinaufgestiegen.

Das alttestamentliche Gottesbild kennt eine »Neigung Gottes zur Menschwerdung«[19], doch es bleibt alles in einer gewissen »Schwebe«. Die erfahrene Nähe Gottes, aber auch die Erfahrung des Entzugs und der Abwendung Gottes lassen die Hoffnung auf ein endgültiges Wohnen Gottes immer neu aufbrechen: Es wird eine Zeit kommen, da »wird meine Wohnung bei ihnen sein, und ich werde ihr Gott sein, und sie werden mein Volk sein« (Ez 37,27; vgl. Offb 21,2).

Daß Gott eines Tages inmitten seines Volkes wohnen wird, ist die große Verheißung des Alten Bundes. Diese Verheißung hat sich für die Christen erfüllt, denn in Christus hat Gott sein Zelt unter den Menschen aufgeschlagen, um für immer bei ihnen zu wohnen. In der unscheinbaren und verborgenen Geburt Jesu in Bethlehem vollenden sich die zahllosen Verheißungen des Alten Bundes vom Kommen des Erlösers. Sie erfüllen sich vor allem in der Radikalität seiner Erniedrigung und äußersten Armut. Der Kirchenvater Gregor von Nazianz, »der Theologe«, wie ihn die Kirche des Ostens nennt, schreibt hierzu: »Der Sohn Gottes, der eher war als alle Zeit, der Unsichtbare, der Unermeßliche und Unkörperliche, der Ursprung aus dem Ursprung, das Licht vom Licht, der Quell des Lebens und der Unsterblichkeit, das Abbild vom Urbild, das unabänderliche Siegel, das in al-

---

17 Ebd., 108.

18 Ebd., 72.

19 U. Mauser, Gottesbild und Menschwerdung. Tübingen 1971, 16.

lem getreue Ebenbild des Vaters, er, das Wort, in dem der Vater sich ganz ausspricht - er steigt herab zu seinem Bild. Um des Fleisches willen nimmt er Fleisch an; um meiner Seele willen verbindet er sich mit einer vernunftbegabten Seele, um gleiche Art durch gleiche Art zu reinigen. Alles Menschliche nimmt er an, ausgenommen die Sünde. Er, der andere reich macht, wird selbst ein Bettler; denn die Armut meines Fleisches nimmt er auf sich, damit ich den Reichtum seiner Gottheit empfange. Er, der die Fülle besitzt, gibt diese Fülle preis; denn für kurze Zeit entäußert er sich seiner Herrlichkeit, damit ich seines vollen Glanzes teilhaftig werde. Welch überreiche Güte! Welch ein Heilsgeheimnis um meinetwillen! Ich hatte das Bild empfangen, aber es nicht bewahrt. Er nimmt mein Fleisch an, um dem Bild das Heil, dem Fleisch die Unsterblichkeit zu bringen; zum zweitenmal geht er die Gemeinschaft mit uns ein, weit wunderbarer als das erstemal. Dadurch, daß Gott die Menschheit annahm, sollte der Mensch geheiligt werden.«[20]

Die Heilsgeschichte gipfelt in der Menschwerdung des Gottessohnes. Jede gläubige Einsicht im Glauben führt in eine tiefere Erkenntnis des göttlichen Heilsplans, welcher der Menschheit im Kommen des Gottessohnes eröffnet ist. Die Geschichte des Heils, wie sie in der Heiligen Schrift niedergeschrieben wurde, ist kein Ablauf einzelner, rein äußerlich verbundener Fakten und Ereignisse; vielmehr zeigt sich in den Heilstaten Gottes (Abraham, Exodus, Rettung, Menschwerdung und Erlösung) der verborgene Sinn der Geschichte. Dieser wird endgültig offenbar in dem Augenblick der Geschichte, da sich Gott in seinem »Logos« offenbart, ein Wort, das über jedes festgehaltene und formulierte hinausgeht, weil es auf definitive und unüberbietbare Weise kundtut, was der Mensch von Gott wahrnehmen kann. In der Offenbarung des Logos liegt begründet, daß die christliche Gotteserfahrung worthaft ist und als solche für alle verständlich

---

20 Zit. nach A. Scherer, Weihnachten entgegengehen. Freiburg-Basel-Wien 1983, 22f.

und nachvollziehbar bleibt.
Das eingeborene »Wort« will »Fleisch« annehmen im Leben der Nachfolge. Erfahrung allein genügt nicht; hinzukommen muß das Tun des Glaubens. Dieser inkarnatorische Grundzug, der zum Spezifikum der christlichen Glaubenserfahrung gehört, wird als Skandalon empfunden; der Christ sieht sich auf einen Weg stellt, der ins Kreuz führt und dort ein Mittun, das auch ein Mit-Erlösen ist, einfordert. Wer sich auf den Ruf der Kreuzesnachfolge einläßt und bereit ist, an der Passion Christi teilzunehmen, erfährt in sich die objektive Ausprägung des Heilsereignisses, ein Widerfahrnis, das alle subjektiven Erfahrungsmöglichkeiten übersteigt. Gerade aufgrund der »Objektivität« der Erfahrung im Glauben weiß der Christ sogar in Leid und tiefster Glaubensnacht um die Nähe Gottes, aber dieses »Wissen« kann weder als Tröstung noch als Trockenheit bezeichnet werden, es ist vielmehr eine »Kontinuität des Fühlens, ein unfehlbarer Kontakt«[21], der in allen Widerfahrnissen des eigenen Lebens um die Erfüllung des göttlichen Heilswillens wissen läßt.
Nach dem Zeugnis der Heiligen Schrift gehört zur christlichen Glaubenserfahrung auch die *Krisis* bzw. Krise. Es fällt auf, daß sich Gott selbst nirgends auf den Anruf oder Wunsch eines Menschen offenbart: »Nicht der Mensch soll Gott erfahren, sondern Gott will erfahren, will durch Erprobung erfahrungshaft feststellen (peirazesthai), ob der beauftragte Mensch auf dem von Gott gewiesenen Weg wandelt. Während nirgends in der Bibel von einer Gotteserfahrung (peira) des Menschen die Rede ist, geht das Thema der Menschenerfahrung Gottes durch Erprobung (peirasmos) durch die ganze Heilsgeschichte hindurch.«[22] Die Erprobung Gottes führt den Menschen in die Bewährung. Deshalb will sich Paulus »der Drangsale rühmen, da wir wissen, daß die Drangsal Geduld bewirkt, die Geduld Bewährung

---

21 H.U. von Balthasar, Christliche »Mystik« heute, 43.

22 Ausgeführt bei H.U. von Balthasar, Gotteserfahrung biblisch und patristisch, in: IKaZ 5 (1976) 497-509, hier 498f.

('dokime' übersetzt Luther mit 'Erfahrung'), die Bewährung Hoffnung, die Hoffnung aber wird nicht zuschanden« (Röm 5, 3-5), und im Jakobusbrief heißt es: »Erachtet es als lauter Freude, meine Brüder, wenn ihr in mannigfache Erprobung (peirasmois) geratet, wissend, daß das Prüfungsmittel (dokimion) eures Glaubens Geduld bewirkt, diese aber das vollkommene Werk erwirkt, damit ihr in nichts versagt« (Jak 1,2f). Auch bei den Apostolischen Vätern bezeichnet das Wort Erfahrung (peira) die Erfahrung Gottes, nicht des Menschen: »Wir müssen die peira des lebendigen Gottes bestehen und werden in diesem Leben geschult, um im künftigen gekrönt zu werden.«[23] Das bedeutet für den Weg des Glaubens, daß die Begegnung mit Gott durch Bedrängnisse führt: »Diese Bedrängnisse verhindern die christliche Erfahrung und ihr 'rühmendes' Aussagen keineswegs, sondern ermöglichen sie.«[24]

Ihr rühmendes Aussagen kommt aus der Treue gegenüber dem auferstandenen Herrn. Erfahrung wird hier identisch mit *Gehorsam*, der auf den einzig vor Gott gültigen Erfahrungsweg führt. Letztlich geht es im Christentum nicht um das Problem, wie der Mensch zu Gott aufsteigen kann, sondern um die Frage, was Gott tut, um zum Menschen zu gelangen. Gott erschließt dem Menschen sein Geheimnis, und erst dadurch wird das Geheimnis »erkennbar«. Dieses Geheimnis erkennt der Mensch aber nicht durch sein eigenes Tun und Wollen, sondern im Gehorsam gegenüber dem Willen Gottes und seiner Offenbarung.

Der Christ bleibt, indem er den Weg der Nachfolge im Gehorsam gegenüber Gott geht, unentwegt offen für neue Erfahrungen mit Gott. Offenheit für den Willen Gottes und Gehorsam im Ja-Sagen der Liebe sind genauso Marksteine auf dem christlichen Erfahrungsweg, wie

23 2 Clem 2, 20.

24 W. Thüsing, Neutestamentliche Zugangswege zu einer transzendental-dialogischen Christologie, in: K. Rahner/W. Thüsing, Christologie systematisch und exegetisch (= Quaestiones Disputatae 55). Freiburg 1972, 154.

sie die Eckpfeiler auf dem Weg Jesu waren. Sein Lebensschicksal zeigt, daß das Leben im Glauben Kreuzesgestalt trägt. Juan de la Cruz legt hierzu dar: »Man entsage jedem Genuß, der sich den Sinnen darbietet, wenn er nicht rein der Ehre und Verherrlichung Gottes dient, und bleibe des Genusses bar aus Liebe zu Jesus, der in seinem Leben keine andere Freude hatte noch wollte, als den Willen seines Vaters zu tun.«[25] Für Christus selbst war es nicht entscheidend, eine Erfahrung des Göttlichen ins Wort zu bringen; er hat nichts zu sagen, sondern er ist, was er zu sagen hat, aber eben im Gehorsam gegenüber seinem Vater. In diesem Sinn bleibt das gehorsame Tun der Nachfolge die überzeugendste Theologie, die je »gedacht« werden kann.

Der dargestellte Wesenszug der Glaubenserfahrung, nämlich ihre Rückbezogenheit auf das Paschamysterium des gekreuzigten und auferstandenen Herrn, bestimmt alle Vollzüge der Liturgie, geschehen sie doch im Zeichen des Skandalons, also des Kreuzes. In der Eucharistie werden nicht Ideen gefeiert, auch übersteigt sie alle anderen Vollzüge bestimmter Frömmigkeits- und Gottesdienstformen; sie hat ihre Quelle und ihren Urgrund im geschichtlichen Heilshandeln Gottes, der durch seine Hingabe am Kreuz alle Menschen zur Auferstehung und in das neue Leben führt.

3. Mystische Verleiblichung

Gott offenbart sich nicht nur in der Geschichte als heilsmächtig, sondern zunächst und vor allem in den Werken seiner Schöpfung. Deshalb hat der Mensch die Schöpfung wie ein Buch Gottes zu lesen[26] und sie als solche auf seinen Glaubensweg zu Gott mitzuneh-

---

25 Johannes vom Kreuz, Empor den Karmelberg. Übertr. von O. Schneider, Einsiedeln [3]1984, 54 (1,13,4). Was hier angesprochen ist, muß später noch differenzierter betrachtet werden.

26 M. Wehrli, Formen mittelalterlicher Erzählung. Aufsätze. Zürich 1969, 52; W. Rauch, Das Buch Gottes. Eine systematische Untersuchung des Buchbegriffes bei Bonaventura,

men.[27]
Während die stoische oder neuplatonische Deutung[28] die Welt als eine Erscheinungsform des Göttlichen ansieht, besteht die christliche Korrektur dieser Sicht darin, daß der Weg von der Welt zu Gott gerade im Verhältnis von »Buchstaben« und »geistlichem Sinn« der Heiligen Schrift dargestellt wird. Der Abbild-Urbild-Bezug hat worthaften, dialogischen Charakter und kann durch kein Gefühl des Eins-Werdens, unter Auflösung der eigenen irdischen Wirklichkeit, überboten werden. Vielmehr erhält die sichtbare Schöpfungsordnung, in die sich der Mensch gestellt sieht, ihre Konkretion und endgültige Ausdeutung im Wort der Heiligen Schrift.
Viele Eigenschaften Gottes, die vielleicht als abstrakte Worte gelten könnten, nehmen in der Menschwerdung »Fleisch« an. Vom Fleisch- und Wortcharakter der göttlichen Offenbarung ist auch der Erfahrungsweg im christlichen Glauben wesensmäßig bestimmt.[29] Es wür-

---

München 1961; L. Scheffczyk, Von der Heilsmacht des Wortes. Grundzüge einer Theologie des Wortes, München 1966.

27 Vgl. E. Kobel, Untersuchungen zum gelebten Raum in der mittelhochdeutschen Dichtung (= Zürcher Beiträge zur deutschen Sprach- und Stilgeschichte 4). Zürich o.J. Er zeigt, daß sich die neue Welt- und Selbstschau erstmals nachweisen läßt in der deutschen Mystik, besonders bei Eckhart. Es bahnt sich ein Perspektivenwechsel an. Im Prozeß zunehmender Interiorisation aller Welt- und Ichgehalte kommt es unter religiösen Vorzeichen zu einem umfassenden Wechsel der Perspektive. Alles ist nun auf die menschliche Persönlichkeit ausgerichtet: »Mit Eckhart setzt sich unter neuplatonischer Inspiration eine konsequent auf die menschliche Persönlichkeit gerichtete Zentralperspektive durch, deren ideologische Rechtfertigung dann erst in der Renaissance nachgeliefert wird. Die Ichreflexion der Renaissance stellt ja tatsächlich eine Art säkularisierter Form der Mystik dar, in der die dignitas des selbsterkennenden Ich auch theoretisch reflektiert wird« (A. M. Haas, Nim din selbes war. Studien zur Lehre von der Selbsterkenntnis bei Meister Eckhart, Johannes Tauler und Heinrich Seuse [= Dokimion 3], Fribourg 1971, 71f.).

28 Das Corpus Dionysiacum ist der Versuch einer Christianisierung des Neuplatonismus; vgl. R. Roques, L'univers dionysien. Paris 1954.

29 Zwischen dem menschlichen Wort und dem Offenbarungswort steht, wie noch eigens darzulegen ist, das Bild, dem gegenüber dem Wort meist ein geringer Wert zugesprochen wird, es wird in seiner Bedeutung zugunsten einer rein geistigen Erfahrung eher herun-

de dem Prinzip der Inkarnation widersprechen, wenn alle Inhalte der Sinne, der Einbildungskraft und der Vernunft überstiegen oder gar verneint oder rein geistlich verstanden und ausgelegt werden müßten. Die dialogische Verfaßtheit der Schöpfung, welche sich in allem ihrem Schöpfer verdankt, bringt es nun mit sich, daß der Christ die Deutung der Welt und allen Seins nur empfangen kann. Sie wird ihm jedoch nicht aufgesetzt, er kann sie mitvollziehen in und mit seinen Sinnen, wie die griechischen Philosophen, die Kirchenväter und die Mönchsväter betonen. Erfahrung im Glauben ist zu verstehen als »experimentielles«, d.h. »leibliches«, nicht nur geistiges Innewerden der Wirklichkeit Gottes.[30]

Die Dimension der Verleiblichung, wie sie zur Fleischwerdung des Gottessohnes gehört, zeigt sich auch darin, daß Gott sein Wort in »Bildern« gibt. Das Evangelium ist voll von Gleichnissen, Erzählungen und Ereignissen. Ohne die biblischen Bilder gibt es kein Wort Gottes, bedarf die Ordnung der Menschwerdung doch ihrer. Müßten diese Bilder vergeistigt werden, da sie einer niederen und zu menschlich gedachten Ordnung angehörten, müßten beispielsweise alle Bilder, selbst die Apokalypse, als beiläufig abgetan werden, aber das wäre gnostisch, doch niemals christlich. Diese Bilder finden ihre Eindeutigkeit nicht aus sich heraus: Gottes Offenbarung in Christus ist das Gegenteil einer »lernbaren Grammatik«, die Bilder und »Gebärden in Menschwerdung, Höllenabstieg, Himmelfahrt sind überschwenglich und unauslotbar«[31]. Auch können die »Bilder« Gottes

---

tergespielt. Einen wesentlich anderen Weg schlägt hier die Theologie der Ikone ein; vgl. P. Florenskij, Die Ikonostase. Urbild und Grenzerlebnis im revolutionären Rußland, Stuttgart, 1988; ders., Die umgekehrte Perspektive. München 1989.

30 H.U. von Balthasar, Erster Blick auf Adrienne von Speyer. Einsiedeln [3]1968, 82. Nur so läßt sich die »verhängnisvolle Vorentscheidung« revidieren, »die seit der Väterzeit [...] alles Sinnen- und Phantasiehafte in den mystischen Erfahrungen mit einem grundsätzlichen großen Fragezeichen versieht« (H.U. von Balthasar, Herrlichkeit. Bd.I, Einsiedeln 1961, 396).

31 H.U. von Balthasar, Zur Ortsbestimmung christlicher Mystik, in: W. Beierwaltes/H.U.

nicht mechanisch in ihrer Materialität weitergegeben werden, da sie sonst in ihrem eigentlichen Sinn partiell oder total verfälscht würden.[32] Ihre Eindeutigkeit und »Verstehbarkeit« finden diese Bilder erst im Wort Gottes.

Eine weitere Dimension der Verleiblichung, die für den christlichen Erfahrungsweg im Glauben wesentlich ist, zeigt sich darin, daß sie vermittelt ist, vermittelt durch das Wort der Heiligen Schrift, die Sakramente und die Tradition. Diese Vermittlungen sollen den Glaubenden »in die 'Sache' hineinführen, ohne ihm doch schon die volle Gewährung der Schau und des Wissens dessen, was er glaubt, zu vermitteln«[33]; deshalb sind diese Vermittlungen, um die es hier geht, nicht ersetzbar und austauschbar. Würde der Glaubende sie ablehnen, ging er auf seinem Erfahrungsweg fehl. Jede christliche Glaubenserfahrung ist an das Wort der Heiligen Schrift, an die Kirche und an die Sakramente gebunden, sie allein führen in die authentische Begegnung mit dem auferstandenen, lebendigen Herrn. Wer die Schrift liest, will sich nicht über das vergangene Leben Jesu informieren, er weiß um sein gegenwärtiges Leben in der Kirche und in ihren Sakramenten.

Daß die christliche Glaubenserfahrung immer eine vermittelte ist, wird besonders deutlich im Bereich der »Mystik«.[34] Mit diesem Be-

---

v. Balthasar/A.M. Haas, Grundfragen der Mystik (= Kriterien 33). Einsiedeln 1974, 37-71, hier 67f.

32 H.U. von Balthasar, Zur Ortsbestimmung christlicher Mystik, 64.

33 A.M. Haas, Sermo mysticus. Studien zu Theologie und Sprache der Deutschen Mystik (= Dokimion 4), Fribourg 1979, 140, Anm. 10. Bei Maritain heißt es: »Saint Thomas, pour désigner le pati divina, dit tantôt 'quasi-expérience', tantôt 'expérience'. Ce *quasi* est là pour maintenir les privilèges de la transcendance divine, il ne diminue en rien ce qu'a pour nous de proprement expérimental la contemplation infuse« (J. Maritain, Distinguer pour unir ou Les degrés du savoir. Bruges [7]1963, 489f., Anm. 1).

34 Vgl. L. Bouyer, »Mystisch«. Zur Geschichte eines Wortes, in: J. Sudbrack (Hg.), Das Mysterium und die Mystik. Beiträge zu einer Theologie der christlichen Gotteserfahrung, Würzburg 1974, 57-75.

griff ist nicht die subjektive Erfahrung des einzelnen gemeint, sondern sein Bezogensein auf »die gegenwärtige und zugleich verhüllte Wirklichkeit Christi« in der Heiligen Schrift und im Sakrament.[35] Auch in der Mystik bleibt die subjektive Erfahrung im Glauben rückgebunden an die Christuswirklichkeit, wie sie im Wort (der Heiligen Schrift)[36] und in der Feier der Sakramente, besonders der Eucharistie, gegeben ist.[37]

Die Rückbezogenheit auf das Wort der Heiligen Schrift und die Sakramente besagt, daß die christliche Erfahrung immer eine kirchliche

---

[35] L. Bouyer, Mystisch, 65.

[36] J. Leclercq, Wissenschaft und Gottverlangen. Zur Mönchstheologie des Mittelalters, Düsseldorf 1963, 83-102.

[37] W. Baier, Theologie der Mystik: für den christlichen Normal- oder Ausnahmefall?, in: EuA 57 (1981) 422. Obwohl die Frömmigkeit des Mittelalters immer individuell-subjektiver wird, bleibt die »objektive Rückgebundenheit« des christlichen Erfahrungsweges bis an den Anfang der Neuzeit erhalten. Im ersten christlichen Jahrtausend beschränkt sich das geistliche Schrifttum vor allem auf die Auslegung der Heiligen Schrift, speziell in der Feier der Liturgie. Diese Objektivität geht am Beginn des zweiten Jahrtausends verloren. Um 1200 kommt es zu einem Frömmigkeitsideal mit stark »individuell-subjektiven« Zügen (W. Dürig, Pietas Liturgica. Studien zum Frömmigkeitsbegriff und zur Gottesvorstellung der abendländischen Liturgie, Regensburg 1958, 77; A.L. Mayer, Die Liturgie und der Geist der Gotik, in: JLw 6 [1926] 68-97, bes. 70; weitergeführt in: Kirchenbild des späten Mittelalters und seine Beziehungen zur Liturgiegeschichte. FS für O. Casel [1951], 274-302; vgl. auch M. Schneider, Die Wende um 1200. Der neue Weg in der abendländischen Theologie und Spiritualität, Köln 1998). Die Objektivität der bisherigen (vor allem liturgischen) Frömmigkeit wird um 1200 abgelöst von der »beschaulichen gefühlsmäßigen Privatfrömmigkeit« (J. Herwegen, Kirche und Seele. Die Seelenhaltung des Mysterienkultes und ihr Wandel im Mittelalter, Münster 1926, 20), die zu einer »auf das Konkrete und einzelne gerichteten Betrachtungsweise« wird; parallel dazu verläuft die allmähliche »Auflösung jenes Weltbildes, das die irdische Welt als Ausdruck und Symbol eines geistigen Kosmos sah« (J. A. Jungmann, Mittelalterliche Frömmigkeit. Ihr Werden unter der Nachwirkung der christologischen Kämpfe, in: GuL 41 [1968] 429-443, hier 441). Dieser Übergang wird deutlich in der Gestalt des Franziskus, der die Leidensstigmata körperlich empfängt. Nicht mehr das symbolisch-allegorische Weltbild, in dem Christus immer auch angesichts seiner göttlichen Würde betrachtet wird, bestimmt die Frömmigkeit (vgl. Romanik), vielmehr rückt die historisch-greifbare Gestalt Jesu in den Vordergrund.

ist.[38] Die ekklesiologische Ausrichtung, die zur Dimension der Verleiblichung in der christlichen Erfahrungsstruktur gehört, ist in den neutestamentlichen Grundbildern der Beziehung zwischen Gott und Mensch angesprochen: Während im Kontext der Parrhesie meist vom Verhältnis zwischen Kind und Vater, der es gezeugt hat, die Rede ist, hebt Paulus hervor, daß der Mensch Freund Gottes ist und freien Zugang zu Gott hat. In gleicher Weise gebraucht Jesus das Wort von der Freundschaft, doch steht es in den Abschiedsreden unmittelbar in einem eucharistischen Zusammenhang. Beide Bilder, das der Kindschaft wie das (eucharistische) der Freundschaft, implizieren kirchliche Verhältnisse (vgl. Eph 5). Nicht die Einzelseele ist die Braut des Herrn, sondern die Kirche, und der einzelne gilt nur insoweit als »Braut Christi«, als er eine »anima ecclesiastica« ist und die Kirche »darstellt«.[39]

Die Mönchsväter sprechen noch eine andere Weise der Verleiblichung des Glaubens an, indem sie den Weg des Gebets als einen geistlichen »Kampf« beschreiben. Die Askese des Glaubens setzt bei den frühen Mönchsväter bei der Konkretheit der Leiblichkeit an, die zum Weg des Glaubens konstitutiv dazugehört.

---

38 Die objektive Rückgebundenheit bleibt auch erhalten, als es im Mittelalter zu der erstaunlichen Umdeutung des Begriffs »corpus mysticum« kommt, die zu einer Ekklesiologie führt, nach welcher - besonders in der Liturgie - gerade die Möglichkeit einer unmittelbaren Vereinigung des *einzelnen* mit Gott hervorgehoben wird. Vgl. H. de Lubac, Corpus Mysticum. Eucharistie und Kirche im Mittelalter, Einsiedeln 1969, 69ff.; A.M. Haas, Was ist Mystik?, in: K. Ruh (Hg.), Abendländische Mystik im Mittelalter. Symposion Kloster Engelberg 1984, Stuttgart 1986, 319-341, hier 324.

39 Weil die Kirche »Braut« Christi ist (2 Kor 11,2), kann der einzelne Braut Christi nur in der Teilnahme am Brautsein der Kirche sein. In Maria sind kirchlicher wie personaler Aspekt vereint: »Nicht die einzelne Seele ist die 'Braut', sondern zunächst die Gemeinde (2 Kor 11,2), und erst in Teilnahme an dem Brautcharakter der Kirche (eschatologisch in der 'Hochzeit des Lammes': Offb 19,7; 21,2.9) und nach dem Maß dieser Teilnahme können die einzelnen sich als aus Gott gezeugte oder geborene Kinder (Joh 1,13) betrachten. Die Vermittlung zwischen dem kirchlichen und dem personalen Aspekt liegt im Mysterium der Fleischwerdung des Wortes im Schoß der Jungfrau ...« (H.U. von Balthasar, Christliche »Mystik« heute, 48.50).

Während auf dem asiatischen Erfahrungsweg das Ich wie auch die Leiblichkeit des Menschen in den Hintergrund treten um der Erleuchtung willen, bedarf der christliche Glaube der Konkretheit der Leiblichkeit, um auf dem Weg zu Gott voranzuschreiten. Die Erprobung des Glaubens, speziell im Kampf mit den Dämonen, den bösen Gedanken und Lastern, gehört zum Leben im Glauben, weil die Wahrheit des Glaubens in der Gesamtexistenz des Menschen leibhaftig und konkret Gestalt annehmen will.
Es bedeutet eine (neuplatonische) Versuchung, zu meinen, Ziel des Lebens im Glauben sei ein entleiblichter und entsinnlichter Geist (nous, intelligentia). Gewiß, die Sinne müssen geläutert und von aller egoistischen Begierlichkeit gereinigt werden, doch allein den geläuterten Sinnen kommt es zu, den Mensch gewordenen Gott zu erspüren: »Was wir gehört und mit unseren Augen gesehen [...] und mit unseren Händen betastet haben vom Wort des Lebens« (1 Joh 1,1f.). Der Grund für die Bedeutung der Sinne findet sich in der Menschwerdung. Seit der Himmel auf die Erde herabgekommen und der Herr bleibend dem Menschen gegenwärtig ist, braucht dieser keine Entfernung zurückzulegen; er findet Gott in allen Dingen des Lebens, also nicht jenseits in einer geistigen Welt, das reine Herz schaut ihn vielmehr schon jetzt. Die Mönchsväter suchen nach einem Weg, dieses reine Herz zu empfangen. Dazu stellen sie ihr Leben in die Auseinandersetzung mit den Logismoi und den Lastern, doch nicht aus asketischen Gründen, sondern weil sie erfahren haben, daß die Krisis im Glauben eine Krisis am eigenen Leib ist. Die dabei auftretenden Krisen bezeugen die Bereitschaft, den Kampf im Leben des Glaubens am eigenen Leib durchzuführen und auf sich zu nehmen.
In der Dimension der Leiblichkeit, die konstitutiv zum Erfahrungsweg des Glaubens gehört, liegt auch der Grund dafür, daß es zu wesentlichen Unterschieden in den christlichen Spiritualitäten gekommen ist. Dies läßt sich an der Erfahrung der »dunklen Nacht« und der »Akedia« verdeutlichen. Warum das Symbol der Nacht eine so große Bedeutung für den Glaubensweg hat, hängt mit der Bedeutung des

Lichtes zusammen. Viele Religionen vergleichen das Erkennen Gottes mit dem Licht[40]: Gott ist Licht, in ihm gibt es keine Finsternis (vgl. 1 Joh 1,5).[41] Im christlichen Kontext läßt die Metapher der »Nacht« Unterschiede in den einzelnen Spiritualitäten erkennen, vor allem in Verbindung mit der Akedia-Erfahrung. Irénée Hausherr macht mit Vladimir Lossky darauf aufmerksam, daß die östliche Akedia-Erfahrung den Ort einnimmt, den im Westen die »Nacht des Geistes« innehat.[42] Dies wird verständlich aus dem wesentlichen Unterschied zwischen der patristischen und der spanischen Tradition. Juan deutet die Dunkelheit der Nacht als einen eher passiven Zustand der Reinigung, den der Glaubende zu erleiden hat, während für Gregor von Nyssa mit der Erfahrung des Dunkels der Weg der Einigung beginnt[43], für ihn erweist sich die Theologie der Dunkelheit als

---

40 »Or la place qui revient à la lumière dans la plupart des religions, dans toutes les spéculations philosophiques animées d'un esprit religieux, est tellement importante que l'on pourrait presque identifier connaissance de Dieu et lumière, prise tantôt dans un sens métaphorique, tantôt dans le sens réel d'une donnée de l'expérience religieuse. C'est donc en fonction de la lumière que nous allons traiter la question de la ténèbre dans la connaissance de Dieu à l'âge patristique, en nous demandant dans quel sens les deux expressions contradictoires - ténèbre et lumière - ont pu être rapportées à Dieu par quelques théologiens et spirituels des premiers siècles du christianisme« (V. Lossky, A l'image et à la ressemblance de Dieu. Paris 1967, 25). Das gilt auch für die Erkenntnis Gottes auf dem Sinai: »La ténèbre du Sinai trouvera des interprétations différentes, mais toujours en fonction de la connaissance de Dieu ...« (ebd., 26).

41 Von hier aus erklärt sich auch der pejorative Sinn der Dunkelheit«: Ainsi, le sens obvie de la ténèbre semble être, avant tout, péjoratif: c'est l'absence de Dieu - 1) dans l'ordre de connaissance: ignorance des choses divines, athéisme; 2) dans l' ordre moral: hostilité vis-à-vis de tout ce qui vient de Dieu, et 3) dans l'ordre ontologique (où la ténèbre n'est plus une métaphore): condition des êtres en état de séparation définitive d'avec Dieu. Cependant la ténèbre peut recevoir un sens qui, par rapport à la connaissance de Dieu, ne sera pas toujours péjoratif et privatif. Elle pourra désigner non seulement l'absense, mais aussi la présence de Dieu (ebd., 26).

42 I. Hausherr, Les Leçons d'un contemplativ. Le Traité de l'Oraison d'Évagre le pontique, Paris 1960, 19; ders., Hésychasme. Roma 1966, 98ff.; V. Lossky, A l'image et à la ressemblance de Dieu, 54.

43 En tout cas les rapprochements que l'on fait parfois entre la ténèbre de la tradition patri-

eine Theologie des ungeschaffenen Lichts.[44] Die verschiedene Sichtweise erklärt, warum beispielsweise der östlichen Spiritualität und Theologie - bis auf wenige Ausnahmen - die Erfahrung der Dunklen Nacht letztlich immer fremd geblieben ist.[45]

---

stique et la mystique nocturne chez Jean de la Croix, malgré les références du grand contemplatif espagnol à Denys, semblent assez artificiels. Chez saint Jean de la Croix, la nuit mystique correspond á un état passif, dans lequel l'âme se trouve privée de toute communication lumineuse. Chez saint Grégoire de Nysse, par contre, la ténèbre que signale l'incognoscibilité radicale de l'essence divine semble stimuler une course effrénée vers l'union, dans laquelle l'être crée cherche à se dépasser, en s'ouvrant infiniment aux participations déifiantes, sans jamais être rassasié (V. Lossky, A l'image et à la ressemblance de Dieu, 31f.).

44 A cette époque, ou le dogme sur la grâce sera nettement défini par les Conciles de l'Eglise orthodoxe, l'image de la ténèbre divine, telle que nous l'avons rencontrée chez Grégoire de Nysse et Denys, n'aura plus la même importance. La théologie de la ténèbre - qui n'etait qu'une métaphore dogmatique - cèdera la place à une théologie de la lumière incrée, élément réel de l'expérience mystique. La ténèbre du Mont-Sinai se transformera en lumière du Mont-Tabor, dans laquelle Moïse a pu voir finalement la face glorieuse de Dieu incarné (V. Lossky, A l'image et à la ressemblance de Dieu, 37).

45 Il est curieux noter que la »nuit mystique« est étrangère à la spiritualité de l'Eglise orthodoxe. Les états semblables à ceux qui reçoivent cette appellation en Occident portent chez les maîtres de spiritualité orientale le nom d'«acedia« et sont envisagés comme un péché ou une tentation contre laquelle il faut lutter, en veillant constamment pour garder la lumière qui luit dans les ténèbres. L'«acedia« - ennui, tristesse qui aboutit au désespoir - est le péché par excellence (commencement de la mort éternelle) (V. Lossky, A l'image et à la ressemblance de Dieu, 54, Anm. 36). Vgl. hier auch die Ausführungen von M. Schneider, Der verborgene Gott, Köln [2]1998. Die Zustände und Erfahrungen der Trockenheit und der dunklen Nacht haben in der Spiritualität der Ostkirche nicht den gleichen Sinn wie im Abendland: »Die Trockenheit ist ein Krankheitszustand, der nicht längere Zeit andauern darf; sie wurde von den asketischen und mystischen Schriftstellern der orthodoxen Tradition niemals als notwendige und normale Etappe auf dem Weg der Einigung betrachtet, sondern eher als ein häufiger, aber immer gefährlicher Unfall auf diesem Weg« (V. Lossky, Die mystische Theologie der morgenländischen Kirche. Graz-Wien-Köln 1961, 287). Nicht alle Heiligen erlebten die Erfahrung der dunklen Nacht (vgl. z.B. Bernhard von Clairvaux), und in der östlichen Spiritualität gibt es eigentlich nur zwei charakteristische Fälle »mystischer Nacht«, nämlich bei den hl. Tichon von Voronez im 18. Jahrhundert und bei Starez Siluan in unserem Jahrhundert. Vgl. auch die Erfahrungen des Dorotheus von Gaza (J. Pauli, Menschsein und Menschwerden nach der geistlichen Lehre des Dorotheus von Gaza. St. Ottilien 1998, bes. 121ff.). Diese Dif-

Die letzten Überlegungen lassen einsehen, daß es in der Feier der Eucharistie als Grundvollzug und -erfahrung christlichen Lebens gleichfalls um eine Art mystische Verleiblichung geht. In der liturgischen Feier wird das zentrale Heilsgeheimnis des Glaubens leibhaft und für die Sinne des Menschen konkret erfahrbar vollzogen.

4. Communiale Eingliederung

Mit der Verleiblichung der Glaubenserfahrung ist zugleich die Frage nach der Formgestalt gestellt, in die jede Erfahrung im Glauben gekleidet ist. Auch wenn es eine bleibende Zurückhaltung des Glaubens gegenüber der sprachlichen Ausformung gibt, bedarf die Glaubenserfahrung einer »Verleiblichung« in die Sprache. Hier zeigt sich ein weiteres Element des christlichen Erfahrungsweges: Während das Christentum die Erfahrung der »Unsagbarkeit« Gottes mit anderen Religionen gemeinsam hat, kennt es neben der apophatischen Sprechweise immer aber auch die »positiv-symbolische, rhetorisch-allegorische« Rede von Gott.[46]

Die »Verleiblichung« in die Form der Sprache bedeutet nicht, daß der Glaubende des Gesagten habhaft werden kann. Dies läßt sich an dem erkennen, was der »Leib« für den Menschen bedeutet: Während die Körperlichkeit eines Menschen dem Zugriff des anderen ausgeliefert ist, bleibt der Leib unverfügbar, er ist nie nur Sache, nie nur Gegenstand, sondern unverfügbarer Ausdruck des persönlichen Daseins eines Menschen in der Welt, er zeigt, wie einer »leibt und lebt«. Es gibt eine Sprache, die einer zu »sprechen« versteht, ohne sich des Ausgesprochenen zu bemächtigen, und die es ihm ermöglicht, im Wort zu »leben«, statt Wörter zu gebrauchen. Trotz aller Ohnmacht der Sprache, die sich in der Verwendung von Paradox, Negation usw. zeigt,

---

ferenz zwischen östlicher und westlicher Spiritualität ist in ihrer Bedeutung bisher selten bedacht worden.

[46] E. Biser, Theologische Sprachtheorie und Hermeneutik. München 1970; ders., Religiöse Sprachbarrieren. Aufbau einer Logaporetik, München 1980.

kennt die Glaubenssprache beides, eben »das sprachliche Unvermögen *und* die Sprachkraft, die Sprachfeindschaft *und* die Sprachfreude, das Schweigen *und* die Überfülle machtvoller Beredtsamkeit«[47]. Beides, nämlich die Scheu wie auch die Notwendigkeit, über das Erfahrene zu berichten, erklärt sich aus der Erfahrung selbst: Wer Gott erfährt, weiß, daß er seine Erfahrung nicht in Worte fassen kann, dennoch kann er das Erfahrene nicht für sich behalten.

Gott wird sowohl als der Nahe wie auch als der Ferne erfahren, und erst beides, nämlich Gottes »Nähe« und Gottes »Ferne«, gibt dem Leben im Glauben seine »Gestalt«. Bernhard von Clairvaux sagt hierzu: Gottes Gegenwart gleicht einem Antlitz, das keine Gestalt hat, aber Gestalt gibt.[48] Gott bringt sich in keine Form, prägt sich aber im Menschen so aus, daß er ihn zu seinen Brüdern und Schwestern sendet. Gott erfahren bedeutet mehr, als ihn sehen, geht es doch darum, ihn zu versichtbaren und sehbar zu machen, indem man selbst das wird, was erfahrbar ist: »Der Mitmensch, zu dem ich entsendet bin, ist also nicht eine Ergänzung meiner Gotteserfahrung, er ist ebensowenig ein Ersatz dafür. Die Sendung zu ihm hin ist die Erfahrung Gottes, wenn es sich wirklich um eine Sendung handelt und nicht um bloße Sympathie oder menschliche Begierde, um eine Sendung, die in uns die Sendung des Sohnes vom Vater weg wiederholt.«[49]

Jede Erfahrung von Gott führt in den Dienst am Nächsten: Das Apostolat sagt, was die Kirche ist, die Geringsten sagen, wohin die Kirche gehört. Deutlich wird dies in der Feier der Eucharistie. Nach der Liturgie bricht die Erfahrung nicht ab, sie wird zur Sendung. Die Erfahrung des Glaubens ergänzt, was mangelt, um »das zu werden, wor-

---

[47] A.M. Haas, Sermo mysticus, 28, Anm. 23; vgl. ders., Das Verhältnis von Sprache und Erfahrung in der Deutschen Mystik, in: ebd., 136-167; ders., Die Problematik von Sprache und Erfahrung in der deutschen Mystik, in: W. Beierwaltes/H.U. v. Balthasar/A.M. Haas, Grundfragen der Mystik, 73-104.

[48] facies non formata sed formans (Bernhard von Clairvaux, Cant. 31,6 [PL 183,943 C]).

[49] R. Brague, Was heißt christliche Erfahrung, 495f.

an wir rühren«, wie es in einem Gebet der Liturgie heißt.
Der Sendungscharakter christlicher Erfahrung ist nicht zu verstehen ohne die Dimension der Gemeinschaft im Glauben. Keiner allein geht den Weg zu Gott.[50] Wer Jesus nachfolgt, tut dies in Gemeinschaft mit der Kirche, welche die Braut und damit das eigentliche Subjekt der Nachfolge des Bräutigams Christus ist.[51] Die Gemeinschaft im Glauben gründet in der Taufe. Durch die Taufe ist der Christ in die Kirche eingegliedert, so daß fortan sein Leben im Glauben eine konkrete Gestalt erhält durch »qualifizierte Teilnahme am

---

50 Augustinus betont unter Hinweis auf das Corpus mysticum, daß was immer einer auf dem Weg des Glaubens erreicht, auch dem anderen zugute kommt: »Was immer mein Bruder hat, wenn ich's nicht neide, sondern ihn liebe, ist mein. In mir hab ich's nicht, aber in ihm besitz ich's: es wäre nicht mein, wären wir nicht in einem Leibe und unter demselben Haupt. Es trägt zum Beispiel die linke Hand im Leib einen Ring, die rechte nicht: ist diese damit ohne Schmuck verblieben? Betrachte die Hände für sich: du siehst, was die eine hat, die andere nicht. Betrachte den Zusammenhang des Leibes, dem beide Hände verhaftet sind, und sieh, wie die eine Hand, die nicht hat, in der anderen, besitzenden, hat. Die Augen sehen, wohin man geht, die Füße gehen dorthin, wohin es die Augen voraussahen: aber die Füße können nicht sehen und die Augen nicht gehen ... So nämlich, Brüder, sehen wir die einzelnen Glieder in ihren Ämtern jedes das eigene Werk vollführen: daß das Auge sieht, aber nicht schafft: die Hand hingegen schafft, und dafür nicht sieht: das Ohr hört, aber nicht sieht und nicht schafft: die Zunge spricht, aber nicht hört und nicht sieht; und obwohl sie alle in ihren Ämtern verschieden und getrennt sind, so haben sie doch, vom einen Gefüge des Leibes zusammengebunden, etwas Gemeinsames in allen. Die Ämter sind unterschieden, das Wohlbefinden ist eines« (Augustinus, Das Antlitz der Kirche. Auswahl und Übertragung von H.U. von Balthasar. Einsiedeln o.J., 104; Übersetzung nach G.Morin, Sancti Augustini Sermones post Maurinos reperti, Rom 1930 [=Misc.Agostiniana I], Sermo 19). Augustinus hat wie keiner vor und nach ihm die Metaphorik des »physischen« Leibes Christi im Sinne einer Unus-Homo-Theologie der Kirche durchgeführt.

51 Vgl. M. Figura, Mystische Gotteserkenntnis bei Gregor von Nyssa, in: M. Schmidt/D.R. Bauer (Hgg.), Grundfragen christlicher Mystik (=Mystik in Geschichte und Gegenwart I/5). Stuttgart 1987, 38. Bei U. Köpf heißt es: »Im Frühmittelalter herrscht ja unter dem Einfluß Bedas (gest. 735) jahrhundertelang die ekklesiologische Deutung des Hohenliedes vor, und erst in der 2. Hälfte des 11. Jahrunderts tauchen im Umkreis der gregorianischen Reform zwei mystisch ausgerichtete Kommentare auf« (U. Köpf, Hoheliedauslegung als Quelle einer Theologie der Mystik, in: ebd., 64 [bes. Anm. 58]).

Ganzen«[52]: »Christ werden heißt communio werden und damit in die Wesensweise des Heiligen Geistes eintreten. Es kann daher aber auch nur durch den Heiligen Geist geschehen, der die Kraft der Kommunikation, ihr Vermittelndes, Ermöglichendes und als solches selbst Person ist.«[53] Die communiale Grundstruktur christlichen Glaubens gründet, wie später noch eingehender darzulegen ist, in seiner trinitarischen Verfaßtheit: »Die Trinitätsstheologie wird darin zum Maß der Ekklesiologie, als das Leben im Glauben gestaltet und gelebt wird aus dem Heiligen Geist. Ekklesiologie und Christologie kommen darin zusammen, daß Christus in der Kirche der Abgestiegene und sie Christus als Abgestiegener ist, Fortführung der Menschheit Jesu Christi.«[54]

Selbst wenn Menschen mit einem besonderen Charisma und einem besonderen Auftrag für die kirchliche Gemeinschaft ausgestattet sind, bleibt dennoch der »darüberhinausliegende Weg« (1 Kor 12,31) für alle derselbe: die Liebe. Auf dem Weg des Glaubens ist jeder auf den anderen angewiesen.[55] Diese Solidarität gilt auch in der größten Ein-

---

52 H.U. von Balthasar, Spiritualität, in: Verbum Caro. Skizzen zur Theologie. Bd. I, Einsiedeln 1960, 226-244, hier 228. Zum Begriff »Spiritualität«: J. Sudbrack, Art. »Spiritualität«, in: Herders theologisches Taschenlexikon VII (1973) 115-136; E.J. Cuskelly, Spiritualität heute. Würzburg 1968, 197f.; Lucien-Marie de Saint-Joseph, Ecole de spiritualité, in: DSAM IV (1960) 116-128.

53 J. Ratzinger, Der Heilige Geist als communio. Zum Verhältnis von Pneumatologie und Spiritualität bei Augustinus, in: C. Heitmann/H. Mühlen (Hgg.), Erfahrung und Theologie des Heiligen Geistes. Hamburg-München 1974, 223-238, hier 226.

54 J. Ratzinger, Der Heilge Geist als communio, 235.

55 Das Schema der drei Wege bleibt zu individualistisch, als daß es den Gedanken der Stellvertretung in der »Gemeinschaft der Heiligen« verdeutlichen könnte. Die Vielfalt der Wege, die sich kaum in ein allgemeines Schema bringen läßt, führt Juan de la Cruz dazu, in seiner Darstellung der einzelnen Etappen des geistlichen Weges mal von drei, fünf, sieben und sogar zehn Stufen der dunklen Nacht zu sprechen. Der Lebensweg im Glauben läßt sich auch deshalb kaum systematisch erfassen, weil Gottes Licht alle menschlichen Vorstellungen und Erwartungen übersteigt. Diese Wahrheit hat Juan vor allem in dem entscheidenden Erlebnis seines Lebens erfahren müssen, das für ihn zur zentralen Wende auf seinem geistlichen Weg wurde. Vgl. M. Schneider, Der verborgene

öde und Wüste der Einsamkeit.
Die dargelegte communiale Dimension der christlichen Glaubenserfahrung gilt erst recht für die Liturgie, in ihr wird wie bei keinem anderen Vollzug die Grundstruktur der Kirche als Volk Gottes sichtbar. Jede Erfahrung im Glauben gehört nicht dem Individuum in seiner Vereinzeltheit, vielmehr wird sie zur Erfahrung des ganzen »corpus Christi mysticum« und ist als solche immer gemeinschaftlich, d.h. ekklesial verfaßt. Insofern kommt das im Glauben Erfahrene nie nur dem einzelnen zugute, es wird nach außen hin universal offen bleiben und in die Sendung führen. Dies heißt für unsere Fragestellung, daß die Liturgie immer von beiden Erfahrungen christlicher Existenz bestimmt ist, daß sie nämlich tiefer in den Leib Christi und in die Gemeinschaft aller Glaubenden führt und zugleich in die Sendung und in den Dienst am Nächsten eintreten läßt.

5. Liturgische Vergegenwärtigung

Die menschlich geglückte und erfüllte Zeit heißt in der Sprache der Heiligen Schrift »Fülle der Zeit«. Auf diese Zeit werden wir im Gottesdienst verwiesen, wenn es zu Beginn der Evangelienlesung heißt: »in jener Zeit«. Christus bringt in seinem Leben die Zeit zu ihrer Fülle. Die Zeit Jesu ist die *»Fülle der Zeit«* (Gal 4,4), »Heils-Zeit«. Mitten in der Zeit wird endgültig und unüberbietbar sichtbar: Der ewige Gott hat Zeit für uns. Christus ist die Zeit, die Gott sich für uns Menschen nimmt. Er ruft die Gnadenzeit Gottes aus, die »Gnadenfrist« für den Menschen, und bezeugt Gottes Geduld: »Daß Gott Geduld hat, daß er sich Zeit für sein Geschöpf nimmt und diesem damit Raum und Zeit gewährt, das offenbart sich unüberbietbar in der Tatsache, daß in der Person des Menschen Jesus er, Gott selbst, erduldet und erlitten hat, was zu erdulden und zu erleiden nicht seine, son-

---

Gott, 22f.

dern unsere Bestimmung [...] ist: den Tod.«[56] Durch seine Auferstehung und den Sieg über den Tod offenbart sich Jesus als der Herr der Zeit.

In Jesus hat Gott Zeit für uns. Gottes Zeit verläuft nicht neben unserem Alltag, sondern wird in Christus zum Inhalt unserer Zeit. Leben im Glauben an Christus heißt: Ewigkeit in der Zeit und als Zeit, absolute (göttliche) Ewigkeit in relativer (menschlicher) Zeit. So verläuft die Zeit zwischen »chronos« (Zeitablauf und Zeitdauer), »aion« (Zeit- und Weltalter) und »kairos« (das Heute). Der kairos ist die Zeit im rechten Maß, das selbst überzeitlich ist, aber in das innerzeitliche Maß der jeweiligen Zeitumstände eingebracht werden kann.

Um die in Christus neu eröffnete Zeit geht es dem Neuen Testament, wenn es an die Kostbarkeit der Zeit erinnert und dazu auffordert, im Leben wach zu bleiben und die Zeit auszukaufen. Zeit haben ist für die Heilige Schrift keine Frage des Zeitmanagements, sondern vor allem und vorrangig eine Glaubenssache. Die verrinnende Zeit gilt dem Glaubenden nicht als etwas, das ihn verbraucht und zerstört, sondern das ihn vollendet. Aufgrund der neuen Zeit, die sich in Christus auftut, darf sogar gesagt werden: »Der Mensch ist nach seiner ursprünglichen Natur nicht ein von der Zeit bedrängtes, sondern von ihr beschenktes Wesen.«[57]

Im christlichen Glauben kann vom *Sakrament der Zeit* gesprochen werden. Die gleichsam sakramentale Bedeutung der Zeit kommt gerade in der Feier der Eucharistie und des Herrenjahres zum Ausdruck: In der Mitfeier des Herrenjahres schreitet der Christ von Fest zu Fest, von Jahrestag zu Jahrestag, von Auferstehung zu Auferstehung. In der Feier des Herrenjahres mit seinen Festen kommt das in den Himmel aufgefahrene Wort zu den Menschen; das Ewige tritt in die Zeit ein, wie auch die Zeit dem Ewigen entgegenschreitet. Gewiß,

---

[56] E. Jüngel/K. Rahner, Über die Geduld. Freiburg-Basel-Wien 1983, 31.

[57] H. Wagenführ, Vom Wesen der Zeit. Tübingen 1968, 113.

die Geschichte hat den Charakter der Einmaligkeit, sie wiederholt sich nicht: Die Erlösung hat stattgefunden, da Jesus »gelitten unter Pontius Pilatus, abgestiegen zu der Hölle, am dritten Tag aber wieder von den Toten auferstanden« ist. Aber wie die Sakramente alles enthalten und verwirklichen, was sie bedeuten, so wird auch die Feier des Herrenjahrs zu einem Abbild und einer Offenbarung des Erlösers im Leben des Menschen. Der Jahreskreis des Herrenjahres mit der täglichen Feier der Eucharistie ist kein äußerer Zyklus, sondern Sakrament im weitesten Sinn des Wortes, er vergegenwärtigt, was in ihm begangen wird.

Vom Sakrament der Zeit zu sprechen, ist nur möglich aufgrund des alles überformenden Geheimnisses, daß der »Mensch als Geschichte« den Sinn seines Lebens im Mensch gewordenen »Gott als Geschichte« erhalten hat[58], in dem die Ewigkeit Zeit geworden ist. »Der überzeitliche Ort als Ort Christi liegt nicht nur 'über', 'vor' und 'nach' der Zeit, er ist ihr dergestalt überlegen, daß er sie zugleich in sich faßt. Er faßt sie aber nicht so in sich, wie Gottes Transzendenz allen Geschöpfen immanent ist, sondern so, daß er sie durch das Ereignis seiner Menschwerdung, seines Sterbens und Auferstehens so, wie sie ist, als Zeit, in sich einbezogen, für sich in Beschlag genommen hat.«[59] Der Abstieg des Sohnes auf die Erde und sein Aufstieg zum Himmel sind das neue Maß der Zeit, der horizontalen wie auch der vertikalen, so daß alles vorher Gewesene nun in eine ewige Vergangenheit rückt. Mit der Heimkehr des Menschensohnes zum Vater wird der unüberbrückbare Gegensatz zwischen Zeit und Ewigkeit aufgehoben. Dieser Prozeß beginnt bei der Menschwerdung des Gottessohnes; in ihr wird die Zeit für immer zu einer Dimension Gottes: »Durch Gottes Kommen auf die Erde hat die mit der Schöpfung begonnene menschliche Zeit ihre Fülle erreicht. Denn die Fülle der Zeit ist nur die

58 Thomas von Aquin, De pot. q.9, a.3 corp.

59 H.U. von Balthasar, Das Ganze im Fragment. Aspekte der Geschichtstheologie, Einsiedeln 1990, 52.

Ewigkeit - ja der Ewige, das heißt Gott.«[60] Die Fülle der Zeit (Mk 1,15; Eph 1,10; Gal 4,4) setzt unüberholbar Endgültiges[61], indem sie fortan die Modalität der Zeit bestimmt. Gott schafft nicht nur die Zeit, sondern nimmt sie zu eigen an und macht seine Ewigkeit zum wahren Inhalt der Zeit. Dies ist möglich, »weil die Differenz zwischen der Zeit der Kreatur und der Ewigkeit Gottes die Zeit von der Ewigkeit, nicht aber eigentlich die Ewigkeit von der Zeit absetzt. Denn wenn Gott selbst die Differenz setzt, setzt er das Gesetzte von sich ab, nicht aber sich vom Gesetzten ... Und darum kann er sie als seine eigene Zeit annehmend setzen und setzend annehmen«[62]. So läßt sich festhalten: »Es gibt nicht nur eine Auferstehung des Fleisches, sondern eine Auferstehung der Zeit in Ewigkeit.«[63]

Die Geschehnisse in den Tagen nach der Auferstehung sagen Zentrales über den zum Vater heimgekehrten Herrn im Himmel, aber auch über sein neues Verhältnis zur Welt. Die 40 Tage nach Ostern mit ihren Ereignissen bedeuten die abschließende Vergöttlichung seiner Sendung und enthalten ihr Hinüber in die Ewigkeit des Vaters. Ohne die Himmelfahrt wäre das Leben Jesu historischen Gesetzmäßigkeiten unterworfen, als gäbe es für immer wirklich ein »heiliges Land« mit heiligen Stätten, nicht zuletzt blieben die Zeitgenossen Jesu gegenüber den Späteren bevorzugt. Doch in der Feier des Herrenjahres und der Eucharistie wie auch in der Verkündigung der Heiligen Schrift kommt das zum Himmel gefahrene Wort erneut zu den Menschen und ist unter ihnen gegenwärtig.

---

60 J.D. Zizioulas, Die Welt in eucharistischer Schau und der Mensch von heute, in: US 25 (1970) 342-349, hier 345.

61 Vgl. K. Rahner, Theologische Bemerkungen zum Zeitbegriff, in: ders., Schriften zur Theologie. Bd. IX, Einsiedeln-Zürich-Köln ^{2}1972, 302-322, hier 317.

62 Ebd. 321f.

63 K. Rahner, Trost der Zeit, in: ders., Schriften zur Theologie. Bd. III, Einsiedeln-Zürich-Köln ^{7}1967, 169-188, hier 187.

Im christlichen Zeitverständnis gibt es nichts, was Vergangenes desavouiert. Auch flieht der Glaube aus keiner angeblich unerfüllten Zeit in eine erfülltere Zukunft oder in einen ewigen Augenblick, »denn er verlöre mit der fahrengelassenen, geringgeschätzten Gegenwart auch die ihr einwohnende Ewigkeit [...] nur im Hodie fallen Zeit und Ewigkeit zusammen«[64].
Die Ewigkeit ist weder vor noch nach der Zeit, sondern die Dimension, auf die sich die Zeit in der Gegenwart (»hodie«) öffnen kann: Das wahre Finale ist nicht das Ende der Zeit, sondern das Pleroma der Zeit.[65] Somit geht das Heute der vertikalen Heilszeit in das horizontale Jetzt des Augenblicks ein. Gottes Zukunft ereignet sich nicht erst als das große Abschlußfinale, das in die Zeit hereinbricht, sie wird vielmehr im Kairos als Heute ergriffen (Hebr 3,7-4,7). Alles im Leben des Glaubenden bleibt auf den Anruf der Zeit im jeweiligen Augenblick gerichtet. Es bedarf einer besonderen Gegenwärtigkeit und immer neu einzuübenden Aufmerksamkeit, um in jedem Augenblick die Gegenwart Gottes und die Fülle seiner Zeit in allen Dingen erkennen zu können.[66]
Alles im Leben des Menschen hat sich durch die Menschwerdung des Gottessohnes geändert. Mit dem Erscheinen des letzten Adam bricht das letzte Zeitalter an, er offenbart sich als das Omega der Geschichte wie auch als das immerwährende Alpha. Mit seinem Kommen wird offenkundig, daß es nur um seinetwillen eine horizontale Geschichte gibt. Seine neue, in der Himmelfahrt geschenkte Zeit erfüllt die vergangene bzw. verlorene Zeit von innen her.

---

64 H.U. von Balthasar, Das Ganze im Fragment, 355.

65 Vgl. P. Evdokimov, Das Gebet der Ostkirche. Graz-Wien-Köln 1986, 45.

66 Das neue Zeitverständnis, das mit Christus gegeben ist, veranlaßt Bonaventura, den quantitativen Zeitbegriff durch ein qualitatives Offenbarungsverständnis zu ersetzen: non tantum dicit mensuram durationis, sed etiam egressionis (Bonaventura, 2 Sent. d.2 p.1 a.2 q.3c).

Die Gestalt der Welt vergeht, doch sie wächst zu jeder Stunde der Geschichte ihrer endgültigen Verwandlung und ihrer ewigen Vollendung entgegen. Deshalb läßt sich sagen, daß die Geheime Offenbarung die letztgültige Grundaussage über alle Zeit und jedes menschliche Leben enthält. Sie spricht nicht vom Ende, das erst kommen wird, sondern von dem Ende, das bereits begonnen hat.[67] Dadurch erhält der Ablauf menschlichen Lebens eine neue Tiefenschicht: Es ist zunächst die leicht erkennbare, historische Schicht, sodann die etwas tiefer liegende, nach welcher die Moral fragt; aber die allertiefste Schicht einer jeden Zeit ist die apokalyptische, nämlich die zunehmende Hineinnahme der Schöpfung und Geschichte in das Leben des Menschensohnes. Die apokalyptische Dimension der Zeit bestimmt den ganzen Verlauf der Geschichte und des menschlichen Lebens. Die Zukunft ist die Quelle, »aus der Zeit und Welt hervorgehen und sich erneuern. Die Zeit entrollt sich von der Zukunft in die Gegenwart«[68], was eine »Relativierung« aller Zeit bedeutet: »Die Zukunft ist die Ursprungsdimension der Kontingenz jedes neuen Ereignisses, aber auch die Sphäre, von der wir das Ganzwerden des im Prozeß der Zeit Unabgeschlossenen und Unvollendeten erhoffen.«[69]

Der geschichtliche Fortschritt in der Bewährungszeit des Glaubens vollzieht sich gesamtmenschlich, ist aber aufs engste mit der persönlichen Lebensgeschichte des einzelnen verbunden. Wann immer einer in die Angleichung an den Herrn eintritt, wird sich dies in den zeitlichen Dimensionen in der Kirche auswirken und seinen entsprechen-

---

[67] Dies gibt dem letzten Buch des Neuen Testaments im Ablauf der Zeit und all ihren Ausmaßen und Schichten eine zentrale Bedeutung. Der Seher von Patmos beschreibt die »letzten Dinge« (»Eschata«) so, daß sie den Eschatos als den hier und heute in allem Gegenwärtigen bezeugen.

[68] Chr. Link, »Im Anfang ...«. Aufgabe und Ansatz einer Schöpfungslehre heute, in: W. Grab (Hg.), Urknall oder Schöpfung? Zum Dialog von Naturwissenschaft und Theologie, Gütersloh 1995, 153-175, hier 165.

[69] W. Pannenberg, Das Wirken Gottes und die Dynamik des Naturgeschehens, in: W. Grab (Hg.), Urknall oder Schöpfung?, 139-152, hier 152.

den Ausdruck finden.[70] Hier gilt das patristische Theologumenon der unmittelbaren Entsprechung von Weltgeschichte und Einzelgeschichte.[71] Das Reich kommt nicht von außen in diese Welt, um sehbar und berechenbar angenommen zu werden, sondern ist schon »innen in euch« (Lk 17,21), und zwar in der konkreten Lebensgeschichte des Christen. Indem der einzelne in der Unmittelbarkeit mit Christus lebt, trägt er zur fortschreitenden Wirkmächtigkeit des Evangeliums in der Zeit bei, eine Wirksamkeit, die sich über den Tod des einzelnen hinaus fortsetzt.

Christus wohnt der Lebenszeit jedes Menschen inne. So ist der »alte Mensch« von dem »neuen Menschen«, der »aus Christus gebildet« ist, überwunden. Die Stimme des Menschensohnes nimmt im Lauf der Zeit unterschiedliche Tönungen an. »Gut sollten wir«, mahnt Augustinus, »diese Stimme kennenlernen, diese glücklich singende, diese stöhnende, diese in Hoffnung aufjubelnde, in ihrem gegenwärtigen Zustand aber seufzende Stimme, gut sollten wir sie kennenlernen und sie zuinnerst vernehmen, um sie uns zu eigen zu machen«[72]. Hugo Rahner führt hierzu weiter aus: »Das in uns geborene Kind ist Jesus, der in denen, die ihn aufnehmen, auf unterschiedliche Weise heranwächst an Weisheit, Alter und Gnade. Denn er ist nicht in jedem der Gleiche. Nach dem Gnadenmaß dessen, in dem er Gestalt annimmt und nach der Fähigkeit des ihn Aufnehmenden erscheint er einmal als Kind, dann als Heranwachsender und schließlich als Vollendeter.«[73]

---

70 Vgl. M. Schneider, »Christus ist unsere Logik!« Zur Verhältnisbestimmung von Theologie und Nachfolge bei Bonaventura, Köln 1999.

71 Vgl. J. Ratzinger, Volk und Haus Gottes in Augustins Lehre von der Kirche. München 1954, 197-218.

72 Augustinus, Enarr. in Ps. 42,1 (PL 4,476).

73 H. Rahner, Die Gottesgeburt. Die Lehre der Kirchenväter von der Geburt Christi im Herzen der Gläubigen, in: ZkTh 59 (1935) 333-418.

Das Formgesetz des menschlichen Lebens ist also das Leben Jesu. In Eph 3,14-17 heißt es dazu: auf »daß Christus durch den Glauben in euren Herzen wohne und daß ihr in der Liebe fest verwurzelt und gegründet seid«. Das hier ausgesprochene Formgesetz des Glaubens bringt dem Leben und der mit ihm gegebenen Zeit eine ungeahnte Innerlichkeit, worüber Augustinus schreibt: »Jetzt erforschen wir nicht mehr die Himmelskreise oder messen die Zwischenräume der Sterne aus, noch bestimmen wir das Gewicht der Erde. Ich bin es vielmehr, der über sich nachdenkt, ich, der Menschengeist.«[74] An anderer Stelle heißt es bei Nikolaus Cusanus: »Während ich in schweigender Betrachtung verharre, antwortest du mir, Herr, in meinem Innersten, indem du sagst: Sei dein eigen, dann bin auch ich dein eigen.«[75] Ist der Mensch »sein eigen« und lebt in der Treue zu sich selbst, entdeckt er seinen Lebensweg als zunehmende Angleichung an den jeweiligen Ruf Gottes, der in den verschiedenen Lebensaltern je anders an ihn ergehen wird.

Der Menschensohn gibt den Lebenszeiten des Menschen, in die er während seines irdischen Daseins selbst eingetreten ist, eine besondere, ja neue Bedeutung, denn sie werden nicht nur zu einem Ausdruck göttlicher Offenbarung, sondern auch göttlicher Angleichung im eigenen Leben.[76] »Wenn Gott Mensch wird, so wird der Mensch als solcher Ausdruck, gültige und authentische Übersetzung des göttlichen Mysteriums. Gewiß braucht der Mensch den übernatürlichen Glauben, um zu fassen, was der souverän freie Gott ihm in einer spontanen Selbstoffenbarung kundtun will. Andererseits aber bleibt dieser göttliche Sinn dem Menschen, der ja gewählt ist, ihn auszudrücken, nicht äußerlich und fremd.«[77] Weil die Gottesoffenbarung

---

74 Augustinus, Conf. X,16,25.

75 Nikolaus Cusanus, De visione Dei VII,25.

76 Vgl. zum Folgenden auch H.U. von Balthasar, Das Ganze im Fragment, 268ff.

77 H.U. von Balthasar, Gott redet als Mensch, in: ders., Verbum caro. Skizzen zur

nicht als etwas Äußerliches in das Leben des Menschen eintritt, kann sie von seinem Leben auch nicht als rein abstrakte Lehre getrennt und ausgesondert werden.[78]

Mit dem Kommen des Menschensohnes, den Jahren seines verborgenen und öffentlichen Lebens und mit seinem Kreuzestod ist Gott für immer in die Geschichte des Menschen eingegangen; mit seiner Auferstehung ist unsere Alltäglichkeit in die ewige Geschichte des dreifaltigen Lebens aufgenommen. »Aber wenn der Mensch auch Sprache Gottes ist, Gott ist er doch niemals. Um Gott zu erkennen, muß er sich selbst zugleich verwirklichen und verleugnen. Er ist das, was Gott sagt; er ist nie derjenige, der es sagt. Um Gott zu enthüllen, muß er selbst sich verhüllen, vergessen, auslöschen. Das wird ihm nur gelingen, wenn er alle seine Erfahrungen und Situationen, alle seine Potenzen und Kombinationen hingibt, damit Gott sich ihrer bediene, wie der Setzer des vor ihm liegenden Alphabetes.«[79] Seit der Menschwerdung des Gottessohns ist alles im Leben des Menschen »ewigkeitsfähig, weil immer schon ewigkeitshaltig«[80].

Das Herrenjahr ist ein einziger Adventus Domini, da der Gekommene zugleich der »erchomenos« ist, der da kommen wird, um die Fülle

---

Theologie. Bd. I, Einsiedeln 1960, 73-99, hier 74.

78 Mit dem dargelegten Verständnis des christlichen Lebens in der Zeit hängt aufs engste die Bedeutung der Lebensalter für den Reifungsweg im Glauben zusammen. In allen außerchristlichen Kulturen hat das Kind nur eine beiläufige Bedeutung, es wird als Vorlauf auf den reifen Menschen gesehen, wie auch das Alter nicht unmittelbar mit der Lehre ihres Meisters zu tun hat: Buddha stirbt mit achtzig Jahren, Sokrates mit etwa siebzig, Plato mit ungefähr vierundsiebzig, aber ihr Alter hat keine weitere Bedeutung für das, was sie lehren. Hingegen, selbst wenn Jesus als relativ junger Mensch gestorben ist, gibt schon die frühe Kirche den Hinweis, daß er in seinem Leben alle Lebensalter menschlichen Daseins mit sich erfüllt und damit den verschiedenen Lebensabschnitten von sich her einen neuen Sinn gegeben hat. Vgl. auch die weiteren Ausführungen dazu in M. Schneider, Theologie als Biographie. Eine dogmatische Grundlegung, St. Ottilien 1997.

79 H.U. von Balthasar, Gott redet als Mensch, 91.

80 H.U. von Balthasar, Das Ganze im Fragment, 273.

der Zeiten heraufzuführen.[81] Damit ist der Adventus Domini die christliche Lebensform schlechthin, als Erfüllung im Mysterium und als eschatologische Erwartung im Hier und Jetzt. Die Heilsgeschichte steht zwischem erstem und letztem Advent, zwischen dem Heilskommen des Herrn im ersten Advent und dem zweiten Advent als Parusie. Mit dem Advent beginnt die Festfeier der Theophanie, die sich in der Inkarnation und in der Epiphanie erfüllt und in der erwarteten und erhofften Parusie vollendet wird.

Diese Überlegungen sind von entscheidender Bedeutung für die Eucharistie, denn das dargelegte christliche Verständnis der Zeit gehört zu ihren unaufgebbaren Spezifika. Das zeigt sich besonders auch in der Rede von der Aktualpräsenz.[82] Sie besagt nicht nur die Gegenwärtigkeit des Leibes und Blutes oder der Person Jesu, sondern auch die Tatsache, daß im eucharistischen Mysterium das ganze Heilswerk

---

81 Vgl. zum Folgenden auch L. Heiser, Maria in der Christus-Verkündigung des orthodoxen Kirchenjahres (= Sophia 20). Trier 1981, 46-48.

82 J. Betz unterscheidet zwischen der »Aktualpräsenz der Person Christi als des Kyrios und Hohenpriesters beim Abendmahl« (der auferstandene und erhöhte Herr wird durch das Wirken des Heiligen Geistes in den eucharistischen Gaben gegenwärtig) und der »kommemorativen Aktualpräsenz« der Heilstat Christi (welche die ganze irdische Existenz des Herrn umfaßt und im Opfertod und der Auferstehung gipfelt und als solche in der Liturgie gegenwärtig wird). - Werden beide Aspekte zusammengenommen, ist auch einsichtig, warum sich das östliche Eucharistieverständnis nicht auf den Augenblick der »Wandlung« der Gaben konzentriert, sondern auf einen ganzen Prozeß, der das Leben Christi umgreift, wie er im Verlauf der byzantinischen Liturgie konkret dargestellt wird. Vgl. J. Betz, Die Eucharistie in der Zeit der griechischen Väter. Bd. I/1, Freiburg 1955. So wird in der Feier der Eucharistie nicht nur die Person Jesu Christi vergegenwärtigt, sondern auch sein irdisches Leben, das im Kreuzestod und der Auferstehung gipfelt. Vergegenwärtigung ist hier aber in einem spezifischen Sinn gemeint. Denn die »katabasis« Christi, also seine Inkarnation und Hingabe in der Stunde der Passion, wie auch seine »anabasis«, nämlich seine Heimkehr zum Vater, sind einmalig, zu unserem Heil gewirkt, und können als solche nicht wiederholt werden. Darum ist es der östlichen Theologie angetan, das Wort »Wiederholung« zu meiden, indem es von »Widerspiegelung« des einmaligen Ereignisses in Jesus Christus spricht, das »Abbild« (bzw. der »Antitypos«, wie es in der Basilius-Anaphora heißt) führt zu diesem zurück. »Teilnahme an der Liturgie bedeutet demnach Teilnahme an Leben, Tod und Auferstehung des Herrn, heißt Rückwendung vom Abbild zum Urbild« (vgl. R. Hotz, Sakramente, 41).

der Erlösung gegenwärtig wird: »So oft wir dieses Mysterium feiern, erneuern wir das Werk unserer Erlösung«, sagt die frühere Oratio super oblata des 9. Sonntags nach Pfingsten. Das Opfer der Eucharistie offenbart den Sinn der ganzen Heilsgeschichte, durch die Konsekration der Schöpfungsgabe vollzieht sich die Konsekration von Welt und Geschichte. So erfüllen wir in der heiligen Actio der Liturgie, was den letzten Sinn der Welt und das Ziel der Geschichte ausmacht, nämlich das All dem Vater zurückzugeben.

Im zeitlichen Ablauf des Herrenjahres und in der Rückbesinnung auf das Leben Jesu werden die Heilsmysterien Christi hier und jetzt so nach- und mitvollzogen, daß sie dazu anleiten, dem Menschensohn im eigenen Lebensalltag nachzufolgen. Nachfolge Christi bedeutet nicht Übernahme eines Vor- und Leitbildes, sondern Wiederherstellung des Gottesbildes im Menschen, das durch die Sünde befleckt wurde. Diese Wiederherstellung erfolgt in der Angleichung an das Urbild Christus und dessen Versichtbarung in einem Leben, das dem Mysterium der liturgischen Feier entspricht. Was in der feiernden Erinnerung und Verinnerlichung aufs neue gewirkt und gegenwärtig wird, will das ganze Leben des Menschen prägen. Das liturgische Geschehen ist mysterienhafte Vergegenwärtigung der gefeierten Heilstat, in den eucharistischen Gestalten von Brot und Wein ist der Erlöser sakramental gegenwärtig. Gleich der Eucharistiefeier, in der die Verkündigung des Todes und der Auferstehung und all dessen, was zu unserem Heile geschehen ist, in bildhaft-symbolischen Riten Gestalt gewinnt, so verwirklichen auch die großen Feste des Herrenjahres das Heilsmysterium in der Feier der Mysterien und setzen es real so gegenwärtig, daß es die Existenz des Menschen ausmacht und seinen ganzen Lebensvollzug bestimmt.[83]

[83] Ebd., 45.

Am Ende der einleitenden Überlegungen zur Eucharistie läßt sich zusammenfassend festhalten, daß sich in der liturgischen Feier die Grunderfahrungen des christlichen Glaubens kristallisieren. Die Liturgie gibt Anteil an der einzig entscheidenden Erfahrung im Glauben, nämlich an der Erfahrung Jesu Christi, aber sie schenkt auch Anteil an seiner göttlichen Wirklichkeit. Ferner enthält die Eucharistiefeier die Grundvollzüge des Glaubens, läßt sie doch tiefer in das Leben aus der Heiligen Schrift und in die Gemeinschaft mit der Kirche eintreten. Kein Christ kann im Glauben mehr erfahren und verwirklichen, als er in der Liturgie feiert.

II. GRUNDLEGUNG

Die traditionelle Schultheologie sagt nur wenig über den Theophaniecharakter der Eucharistie aus; deshalb ist hierüber eigens nachzudenken. Ursprung und Mitte der Eucharistiefeier ist die Gegenwart des auferstandenen Herrn. In der Liturgie kommt Gott in seinem Wort zur feiernden Gemeinde und gibt sich seinen Gläubigen als die heilige Speise neuen Lebens.

1. Jesus Christus

Dieses Grundverständnis der Liturgie richtet sich gegen eine falsche Vergeistigung des Glaubens. Jesus Christus kann nicht rein historisch, innerhalb des Rahmens seines irdischen Daseins, gesehen werden, sonst wäre er nur ein großer Mensch oder ein besonderer Heiliger. Auch lebt und wirkt er nicht bloß psychologisch und moralisch in der Kirche weiter, sondern in erster Linie physisch. Der Auferstandene erfüllt mit seiner Gegenwart alle Vollzüge der Kirche, vor allem die der Liturgie. Er selbst ist es, der tauft, salbt, weiht und uns das Brot des Lebens reicht.

Um Christus als den gegenwärtigen Herrn in seinem Handeln darzustellen und zu vergegenwärtigen, werden einzelne zu Priestern geweiht. Hierin zeigt sich, daß die Eucharistie nicht etwas ist, über das die Gemeinde verfügt, sondern das sie empfängt. Im Priester, der als der Repräsentant Christi der Gemeinde gegenübersteht, wird sichtbar, daß Christus das primäre Subjekt aller Liturgie ist. Für sie ist letztlich entscheidender, was der auferstandene und gegenwärtige Herr an der Gemeinde tut, als was diese selbst vollzieht: »Wir Christen sind Kirche, nicht, weil *wir* gut wären, sondern weil *Er* gut ist und zu uns Menschen kommt. Wir sind sogar Heilige, allerdings nicht, weil *wir* makellos wären und keine Fehler machten, sondern weil *Er* bei uns einkehrt.«[84]

Wie handelt Christus an der Gemeinde, und wie sieht die Begegnung der Gemeinde mit dem gegenwärtigen Herrn in der Eucharistie aus? Keiner hat Gott je geschaut, allein der Menschensohn schlägt die Brücke zum gedanklich Unerreichbaren: »Wer mich gesehen hat, hat den Vater gesehen«, denn »niemand kommt zum Vater denn durch mich« (Joh 14,9.6). Selbst die höchste Theophanie, nämlich Gottes vollkommene Offenbarung in der Welt durch die Inkarnation des Wortes, ist apophatisch. Pseudo-Dionysios sagt: »Bei der Menschwerdung Christi trat der Überwesentliche aus der Verborgenheit in die Offenbarkeit unserer Welt. Doch bleibt Er verborgen, auch nachdem Er sich offenbart hat, und damit ich die Sache auf eine der göttlichen Wahrheit entsprechendere Weise ausspreche: selbst *in* der Offenbarung.«[85] Des weiteren heißt es: »Was immer über die heilige Menschheit Jesu Christi bejahend ausgesagt werden kann, hat den Sinn einer höchsten und äußersten Verneinung.«[86]

Das Wissen um die Unerkennbarkeit führt den Glaubenden nicht in das Verstummen, sondern, wie Kyrill von Jerusalem darlegt, zu einem neuen Bemühen im Lobpreis auf den dreieinen Gott: »Aber - wird man einwenden - wenn das Wesen Gottes unfaßbar ist, warum redest du davon? Soll ich vielleicht, da ich nicht den ganzen Fluß auszutrinken vermag, nicht so viel zu mir nehmen, als mir guttut? Soll ich, da meine Augen nicht die ganze Sonne zu fassen vermögen, sie auch nicht soweit ansehen, als für mich notwendig ist? Oder wenn ich einen großen Garten betrete und daselbst nicht den ganzen Be-

---

[84] K. Koch, Eucharistie als Quelle und Höhepunkt des kirchlichen Lebens, 289. Deshalb muß die Aussage: »Ich gehe nicht mehr in die Kirche, denn das bringt mir nichts« als verkürzt, wenn nicht sogar als narzistisch abgelehnt werden. Wir gehen nicht in die Kirche wegen dessen, was wir dort finden, sondern wegen dessen, was wir dort empfangen und in das wir verwandelt werden.

[85] Ps.-Dionysios, Epist. III (PG 3,1069B; ed. Ivanka, 101f.).

[86] Ps.-Dionysios, Epist. IV (PG 3,1072B; ebd.).

stand an Früchten essen kann, willst du, daß ich ganz hungrig wieder fortgehe? Ich lobe und verherrliche unseren Schöpfer; denn ein göttlicher Befehl lautet: 'Jeder Geist lobe den Herrn!' (Ps 150, 6). Ich versuche jetzt, den Herrn zu verherrlichen, nicht ihn zu erklären. Zwar weiß ich, daß ich seine Majestät nicht genügend verherrlichen werde, doch halte ich es für religiöse Pflicht, dies irgendwie zu ersuchen. In meiner Schwachheit tröstet mich das Wort des Herrn Jesus: 'Niemand hat Gott je gesehen' (Joh 1,18).«[87] Für Kyrill ist alles Sprechen von Gott gewagte Rechenschaft des in der Liturgie gefeierten Glaubens. Die Feier der Liturgie strebt keine systematische Zusammenstellung von Lehren und Ansichten und daraus entwickelten Prinzipien der Frömmigkeit an, sondern ist staunendes Nachvollziehen jener Mysterien, die Gott der Welt eröffnet hat.

Weil es in der Liturgie, wie deutlich wurde, wesentlich um die Erfahrung des Geglaubten geht, beschränkt sie sich nicht auf das Wort, sondern will den Menschen in allen seinen Dimensionen erfassen und ergreifen. Das Hereinbrechen der göttlichen Wirklichkeit vollzieht sich in der Liturgie zudem unter sakramentalen Zeichen; ihnen ist es eigen, alle Sinne des Menschen anzusprechen - zunächst natürlich die Augen und die Ohren, aber auch die anderen Sinne. In den Riten der Ostkirche beispielsweise fehlt nie der Duft des Weihrauchs, wie auch in langen Vigilgottesdiensten vom Priester eine Art Brot-Kuchen gesegnet und den Anwesenden ausgeteilt wird, damit der Gläubige etwas von dem in der Liturgie gefeierten Geheimnis des Glaubens sinnenhaft verkostet. Es genügt in der Liturgie nicht, lapidar darauf hinzuweisen: Christus ist in unserer Mitte. Der Gläubige muß diese Gegenwart des Herrn spüren; er muß sie »sinnenhaft« wahrnehmen. Erst dann ist er auch fähig, mit allen seinen Sinnen in den Lobpreis auf Gott einzustimmen.

[87] Kyrill von Jerusalem, Cat. VI,5 (PG 33,545A).

2. Heilige Schrift

Der Lobpreis auf Gott ist in der Liturgie nie abstrakt, sondern geschichtlich ausgerichtet, weil heilsgeschichtlich grundgelegt. Es gibt keine Liturgie im Christentum, die nicht in engem Bezug zur Geschichte steht, will sie doch Geschichte verstehen und von Gott her deuten. Dabei greift die Liturgie auf das Wort der Heiligen Schrift zurück, nicht nur, weil das Buch der Bibel so entscheidend ist, sondern aufgrund der Bedeutung der Geschichte: »Gott handelt in der Geschichte, offenbart sich durch die Geschichte, noch mehr: Er geht selbst ein in die Geschichte und gibt ihr so jene 'tiefere Weihe', die uns dazu verpflichtet, sie im letzten Sinne ernst zu nehmen. Die geschichtlichen Realitäten haben also eine Tiefendimension, sie sind geistig zu verstehen: istorikà pneumatikôs, und darum erscheinen umgekehrt die geistigen Wirklichkeiten im Werden, sind sie historisch zu verstehen: pneumatikà istorikôs. Daher enthält die Heilige Schrift zugleich mit der Offenbarung des Heils auf ihre Weise auch die Geschichte der Welt. Um sie zu verstehen, genügt es nicht, sich jede einzelne Tatsache, die sie berichtet, eigens einzuprägen, man muß, wie schematisch, wie teilhaft und manchmal widerspruchsvoll ihr Ausdruck sein mag, hindurchzuspüren wissen in den universalen Horizont, worin sie sich bewegt.«[88]

Die Bedeutung dieses geschichtstheologischen Ansatzes, der für das Verständnis der Heiligen Schrift entscheidend ist, zeigt sich im Vergleich mit den Autoren, auf die das frühe Christentum mit seinem Geschichtsverständnis antwortet. Nach Philo von Alexandrien darf der »Mythos« nicht in einem wörtlichen Sinn verstanden und ausgelegt werden, denn er ist kein Tatsachenbericht: Die »hypónoia« bleibt für Philo, im genauen Sinn des Wortes, eine »allegoría«. »Nicht als ob diese Dinge je vorgekommen wären!«, heißt es mit Sallust, dem Freund des Abtrünnigen Julian. Auch sind die Inhalte der Mythen

---

[88] H. de Lubac, Glauben aus der Liebe. Einsiedeln 1970, 145.

keine Symbole geistiger Ereignisse. A fortiori muß die Vorstellung eines geistigen Faktums, das sich im Sinnlichen verkörpert, das zudem der Zeit bedarf, um sich zu entfalten, und das sich, unbeschadet seiner Innerlichkeit, in einer Gemeinschaft geschichtlich vorbereitet, verwirklicht und entwickelt, diesen Philosophen notwendigerweise unzugänglich sein. Für sie sind die von den Mythen berichteten Vorgänge, mögen sie wirklich sein oder nicht, einzig auf Grund ihres »allegorischen« Gehalts von Interesse und Bedeutung.

Die Väter hingegen suchen »den Geist der Geschichte zu erfassen, ohne dessen historische Realität zu erschüttern«[89]. Für Gregor von Nyssa, den »unhistorischsten« unter den griechischen Kirchenvätern, gibt es »eine geistige Kraft der Geschichte«[90], und Kyrill von Alexandrien spricht von der »Nützlichkeit der Geschichte«[91]. In den geschichtlichen Ereignissen läßt sich ein innerer Gehalt erkennen, sie sind mitten in der Zeit beladen mit Ewigkeit. Dieser geistige Gehalt der geschichtlichen Wirklichkeit und deren »Sinnbilder« im Alten und Neuen Testament ist insofern ein historischer, als eben alles in die Mensch- bzw. Fleischwerdung des Göttlichen drängt.

Demnach bleibt der geistige Sinn der Geschichte ein verborgener, nicht bloß in der Wirklichkeit selbst, sondern auch im Buch der Heiligen Schrift. Was wir heute in wenig zutreffender Weise das Alte und das Neue Testament bezeichnen, ist eben kein bloß literarisches Werk; es berichtet von einem doppelten »Bund«, dessen Peripetien sich im Laufe der Zeitalter entfalten und entsprechen und der auch ohne den schriftlichen Bericht bestehen würde. Wenn die Väter die Schrift lesen, so glauben sie viel weniger ein Dokument auszulegen, als vielmehr Geschichte zu interpretieren. Was sie in der Geschichte wiederfinden, ist jenes Mysterium, das sich historisch und sozial, im-

---

89 Gregor von Nyssa, Contra Eunomium, lib. 12 (PG 45,940).

90 Maximus, Quaestiones ad Thalassium, qu.17 (PG 90,304).

91 Kyrill von Alexandrien, Glaphyra in Gen., lib. 1 (PG 69,15; auch 70, 192).

mer aber »geistig« entfaltet: das Mysterium Christi und seiner Kirche.[92] Die Väter sprechen hier von »Allegorie«, »da durch geheimnisvolle Worte oder Tatsachen die gegenwärtigen Geheimnisse Christi und der Kirche bedeutet werden«[93].

Der Übergang des zeitlichen Evangeliums in das ewige Evangelium besagt keine Überholung. Hier verhält es sich anders als beim Alten Testament, in welchem jenseits der Dinge und Tatsachen, von denen sein Wortlaut berichtet, »etwas anderes« gemeint ist und dessen Wirklichkeit - nicht nur sein Offenbarwerden - zukünftig ist. Die Symbole des Alten Testaments sind prophetisch, Vorbilder und Vorbereitungen, insofern das Gesetz nur der Schatten der künftigen Güter ist (Hebr 10,1). Aber das Neue Testament kann niemals verjähren. Seiner Bezeichnung wie seinem Wesen nach wird »das [Neue] Testament niemals altern«, ist es doch das letzte Testament, das »novissimum Testamentum«.[94] Als solches muß es - soweit dies nur möglich ist - nach seinen eigenen, ihm innewohnenden Prinzipien erklärt und ausgelegt werden, nämlich von Christus her.

Ganz im Einklang mit der frühkirchlichen Tradition bezeichnet Paschasius Radbertus die Menschwerdung bzw. die Oikonomia als das »große Sakrament«, denn im Menschen Jesus wirkt die göttliche Majestät unsere Konsekration. Sodann stellt Paschasius Radbert neben die Sakramente den Logos der Heiligen Schrift[95]: »Sakrament ist

---

[92] Kyrill von Alexandrien, Glaphyra in Gen., lib. 1 (PG 69,14 bis 15); Augustin, Contra Faustum, lib. 12, c. 40 (PL 42,275), setzt die Geschichtlichkeit des Christentums den heidnischen Mythen und gleichzeitig die christliche der heidnischen Exegese entgegen: »Was wir als geweissagt begreifen, das beweisen wir auch als in Erfüllung gegangen - während jene, um ihre Fabeln einigermaßen nahezulegen zu weiß Gott was für physiologischen und theologischen Auslegungen, d.h. zu natürlichen und göttlichen Hintergründen, bei der Deutung ihre Zuflucht suchen müssen.«

[93] Beda, De Tabernaculo et vasis eius, lib. 1, c. 6.

[94] Severus von Antiochien, Hom. 102 (PG 22,288).

[95] Hieraus versteht man die hohe Ehre, die in der alten Kirche dem Evangeliumbuch erwiesen wird, und ebenso die Ehrfurcht, die man bei der Verlesung des Gotteswortes

auch in den göttlichen Schriften, wo der Heilige Geist in ihnen etwas innerlich durch wirkende Worte ausführt (efficaciter loquendo operatur).«[96] Die Verlesung der Heiligen Schrift in der Liturgie gilt geradezu als eine Epiphanie des göttlichen Logos in der christlichen Gemeinde. Was immer von der Heiligen Schrift gelesen und vorgetragen wird, ist pneumatisch gegenwärtig in den sichtbaren Kultmysterien; sie feiern und enthalten das ganze opus Dei.[97] In der Liturgie ereignet sich die Rekapitulation des Wortes Gottes in seiner doppelten Gestalt, nämlich als Verheißung und Erfüllung, als verkündigtes und inkarniertes Wort. Der Buchstabe im Neuen Bund ist ebensowenig abgeschlossen wie im Alten Testament. Beide enthalten einen geistigen Sinn, der auch im Neuen Testament »prophetisch« ist, aber im eschatologischen Sinn. Ambrosius führt dazu aus: »Wenn auch Christus schon auferstand, wird uns doch im Evangelium bisher nur sein Bild gezeigt ... Zuerst also ging der Schatten voraus, dann kam das Bild, die Wahrheit wird erst kommen: der Schatten im Gesetz, das Bild im Evangelium, die Wahrheit aber in den himmlischen Dingen.«[98] Das heißt: Erst vom Eschaton her lassen sich Altes und Neues Testament umfassend verstehen und in der Liturgie feiern.

Dieser eschatologische Aspekt zeigt sich auch im Vollzug der liturgischen Verkündigung. Die Verlesung des Evangeliums ist in der Chrysostomus-Liturgie eng verbunden mit dem Trishagion, denn der erhöhte Christus ist in seinem Wort gegenwärtig. Der doxologische Zusammenhang der Schriftlesung mit dem Trishagion besagt, »daß das Wort Gottes zur Kirche nicht einfach aus der Vergangenheit als Buch und fixierter Kanon kommt, sondern hauptsächlich als escha-

---

zeigt.

96 Paschasius Radbertus, Liber de Corpore et Sanguine Domini c. 3 (PL 120,1276).

97 O. Casel, Mysteriengegenwart, in: JLw 8 (1928) 208f.

98 Ambrosius, Enarr. in psalm 38, n.24-26 (PL 14,852B-853C); Enarr. in psalm 43, n. 49 (PL 14,906).

tologische Realität des Reiches, vom Thron Gottes«[99].
Der Hinweis auf die eschatologische Bedeutung der Heiligen Schrift im Vollzug der Liturgie findet sich bei den Kirchenvätern vielfach bezeugt. Für Ambrosius umfaßt die Heilsgeschichte die Zeit des Alten und Neuen Bundes, doch auch die Gegenwart. Das Auslegungskriterium für das Alte Testament findet sich nicht nur mit der Verwirklichung des verheißenen Heils im Neuen Testament; die Norm für die Interpretation des Alten und Neuen Testaments ist auch darin zu suchen, wie die Heilsgeschichte *heute* im Leben der Kirche zur erfahrbaren Wirklichkeit wird. Nach Ambrosius ist das Auslegungsprinzip der Heiligen Schrift nicht im biblischen Text als solchem zu erkennen, sondern im kirchlichen Leben und Denken, also im hier und jetzt erfahrbaren »*Antitypus*«, der die Suche nach dem biblischen Typos auslöst.[100] Kriterium und Norm der exegetischen Interpretation sind also nicht aus dem historischen Sinn der Bibel zu bestimmen; das die Auslegung leitende Prinzip ist vielmehr in der kirchlichen Praxis zu suchen. Leo der Große sagt sogar: »Das Mysterium des Herrenleidens [...] hat uns der evangelische Text so klar und lichtvoll eröffnet, daß es für gottesfürchtige und fromme Herzen das gleiche bedeutet, das Gelesene gehört zu haben, wie die Ereignisse gesehen zu haben.«[101] Nach Papst Leo können die Christen sagen: »Was sie (die Apostel und Evangelisten) sahen, sahen auch wir; und was sie lernten, lernten auch wir; was sie berührten, berührten auch wir.«[102] Die spezifisch christliche Schriftlesung geschieht in der kirchlichen, vor allem in ihrer liturgischen Praxis, sie allein schöpft den ganzen Sinn aus, den ihr Urheber in sie hineingelegt hat.

---

99 J.D. Zizioulas, Apostolic Continuity and Orthodox Theology. Towards a Synthesis of two Perspectives, in: SVTQ 1975, 75-108, hier 93 (übersetzt von K.C. Felmy).

100 Ein ähnliches Schriftverständnis findet sich auch bei einigen Befreiungstheologen.

101 Leo der Große, (PL 54,313f.)

102 Leo der Große, (Pl 54,358AB; vgl. auch 364BC.368C).

Die wahre Bedeutung der Heiligen Schrift läßt sich nicht auf rein exegetischem Weg erkennen, sondern in der Feier der Sakramente. Darum betonen die Kirchenväter die Einheit von Tisch des Wortes und Tisch des Brotes. Hieronymus hebt mehrmals die enge Beziehung des Wortes der Heiligen Schrift zum eucharistischen Mysterium hervor, er schreibt: »Gut ist es daher, die wahre Speise und den wahren Trank zu nehmen, die wir an dem Fleische und Blute des Lammes in den göttlichen Büchern finden«[103], und: »Weil das Fleisch des Herrn wahrhaft eine Speise ist und sein Blut wahrhaft ein Trank, so besitzen wir [...] dies einzige Gut in dieser Welt, daß wir sein Fleisch essen und sein Blut trinken, nicht nur im Mysterium, sondern auch in der Lesung der Schriften.«[104] Das Studium der Heiligen Schriften hat einen sakramentalen Grundzug, ja, es ist ein sakramentaler Vorgang, denn im Lesen der Heiligen Schriften »essen« wir Christus.[105]

Mit Bezug auf den Propheten Ezechiel und den Seher der Apokalypse, die das Wort (Buchrolle) essen müssen, sagt Origenes: »Wie das leibliche Brot in den ernährten Leib aufgenommen wird und in sein Wesen übergeht, so wird auch das 'lebendige, vom Himmel herabgestiegene Brot' - eben Gottes Wort - in den Geist und die Seele aufgenommen und teilt dem, der sich seiner Speise darbietet, seine eigene Kraft mit ... Ihr, die ihr den heiligen Geheimnissen beiwohnen durftet, wißt es: Wenn man euch den Leib des Herrn reicht, so hütet ihr ihn mit aller Sorgfalt und Verehrung, damit kein Krümchen auf die Erde falle. Wenn ihr aber so große Sorgfalt anwendet, seinen Leib zu bewahren - und ihr tut es mit Recht -, wie könnt ihr dann glauben, es sei eine geringere Schuld, das Wort Gottes zu vernachlässigen als

---

103 Hieronymus, Comm.in Eccl. 2 (PL 23,1033B).

104 Hieronymus, Comm. in Eccl. 3 (PL 23,1039A).

105 Hieronymus, Comm. in Eccl. 3,13 (PL 23,1092A) und zu Psalm 147 (PL 26, 1334B).

seinen Leib?«[106]

Die Heilige Schrift ist eine Theophanie, eine Gott-Erscheinung. Origenes vergleicht das Wort der Schrift mit dem Reiter auf weißem Rosse in der Geheimen Offenbarung. Gleich dem Reiter auf königlichem Roß hat die Heilige Schrift, weil sie »Leib Gottes« ist, eine gottmächtige Tiefe. Als solche kann sie nur im »Geiste«, also in der lebendigen Begegung mit dem Logos verstanden und ausgelegt werden, indem die »geistige Kraft« des Buchstabens ausgelotet wird. Die Verleiblichung des göttlichen Wortes in der Heiligen Schrift gleicht dem Herrn, der »auf einer Eselin sitzt«: Auf der Einfalt der Buchstaben thront das göttliche Wort. Die Heilige Schrift offenbart Gott, aber so, daß sie ihn zugleich verhüllt. Darum geht es vielen wie den Juden zur Zeit Jesu: Sie stoßen sich daran, daß der Herr aus Nazareth stammt und daß der Eingeborene vom Vater mit Menschenantlitz zu den Menschen tritt und Knechtsgestalt annimmt, also eine Gestalt, die seine Göttlichkeit verbirgt. Wäre Christus - um das Unmögliche anzunehmen - nicht gekommen, hätte niemand das Recht, von dem buchstäblichen Sinn des heiligen Textes abzuweichen; nur in der Herrlichkeit des Tabor werden Moses und Elias verklärt. Seit dem Kommen des Menschensohnes findet alles in der Heiligen Schrift einzig in ihm seinen letzten Sinn.

Die spezifisch christliche Schriftlesung geschieht innerhalb der Liturgie. Sie allein schöpft den Sinn aus, den ihr Urheber in sie hineingelegt hat. Dieses liturgische Schriftverständnis, das eine theologische Auslegung voraussetzt, bestimmt die ganze altchristliche und mittelalterliche Kunst; bis in die Zeit der Renaissance erhalten die Liturgie und die Theologie, die Kultur und Kunst des Abendlands ihre einheitliche Aussage durch die Heilige Schrift, wie sie in der Feier der Liturgie gelesen und ausgelegt wird.

Es besteht ein Unterschied, ob die Liturgie Texte des Alten Testa-

---

106 Origenes, Geist und Feuer. Hg. von H.U. von Balthasar. Salzburg ^{2}1952, 367. 371.

ments oder solche des Neuen Bundes verwendet. Der Sinn von Texten aus dem Alten Testament geht meist nicht über das hinaus, was schon die Zeitgenossen, für die sie geschrieben wurden, herausgelesen haben. Auf die Texte des Neuen Testaments aber fällt reiches, teils neues und klareres Licht durch ihren Bezug zur liturgischen Handlung und zur persönlichen Situation des Gläubigen, der in diesem Moment die liturgische Handlung mitbegeht. Wenn in der Liturgie an den Festen von Weihnachten, Epiphanie, Ostern, Auffahrt, Pfingsten usw. die das Festgeheimnis betreffenden und ausdeutenden Perikopen gelesen werden, haben die Texte der Heiligen Schrift nicht bloß die Bedeutung eines historischen Berichts von einem vergangenen Ereignis; in der liturgischen Handlung wird vielmehr dessen Kraft und Erlösungsfrucht dem einzelnen Gläubigen zugewendet. In diesem Sinn bedeutet das Weihnachtsfest für den, der es in aufrichtiger Gesinnung begeht, eine neue Geburt des Herrn und das Fest der Epiphanie eine stete Offenbarung Christi, Ostern führt in ein erneutes Auferstehen mit Christus, die Auffahrt läßt an seiner Herrlichkeit beim Vater teilhaben, an Pfingsten ereignet sich neu die Herabkunft des Heiligen Geistes. So wird das historische Geschehen der betreffenden Perikope zu einer jeden einzelnen persönlich berührenden Wirklichkeit, die sich in der liturgischen Handlung sakramental-mystisch an ihm vollzieht.

Die einzigartige Bedeutung der Schriftlesung ergibt sich daraus, daß sie, wie schon deutlich wurde, der genuine Ort der Gotteserfahrung ist, führt sie doch in das Mysterium Gottes. Dem Wort der Heiligen Schrift kommt somit eine mystische Bedeutung zu. Als »mystisch« wird seit Origenes jener Schriftsinn bezeichnet, der sich hinter dem (Litteral-)Sinn als Christuswirklichkeit für den Leser auftut. Dabei behält das Wort »mystisch« anfänglich noch seinen Bezug zur Liturgie und damit seine bleibende Verwiesenheit auf das objektive

Mysterium.[107] Trotz dieser objektiven Rückbindung steht die mit dem Studium der Heiligen Schriften verbundene Gotteserfahrung in einem unmittelbaren Lebenskontext: »Niemand kann die Schrift erfassen, der nicht zutiefst eins wird mit den Wirklichkeiten, von denen sie uns spricht.«[108] Exegese ist hier nicht zu trennen vom Leben

---

[107] Dies gilt auch noch für die mittelalterliche Ekklesiologie des Corpus mysticum. Vgl. H. de Lubac, Corpus Mysticum. Eucharistie und Kirche im Mittelalter. Einsiedeln 1969, 69ff. Die frühchristlichen Texte, in denen das Wort »mystikós« vorkommt, lassen sich in drei Gruppen aufteilen, nämlich in eine biblische, eine liturgische und eine spirituelle, wobei die Grenzen zwischen diesen drei Gruppen fließend sind; die ältesten gehören der ersten Gruppe an, während die jüngsten Texte der dritten zugeordnet werden müssen: 1) Zunächst wird mit »mystisch« die Christuswirklichkeit der Heiligen Schrift und die göttliche Wirklichkeit Christi bezeichnet. Das Wort wird bei Klemens und Origenes zur normalen Bezeichnung all dessen, was mit dem ihrer Ansicht nach schwierigsten Problem des Christentums zusammenhängt, nämlich mit der Schriftexegese und ihrer Aufdeckung des geistlich-allegorischen Sinnes der Bibel. Die Väter legen dar, daß die gesamte Schrift und die ganze Geschichte des Gottesvolkes ihren letzten Sinn und ihren einzigen Schlüssel allein in Christus finden. Das Wort »mystisch« bezeichnet jene Wirklichkeit, die Christus allen Menschen eröffnet hat und die ihnen das Evangelium entschleiert, so daß ihnen der tiefe Sinngehalt der ganzen heiligen Schrift mitgeteilt werden kann. 2) Sodann bezeichnet »mystisch« die Anwesenheit des Herrn im sakramentalen und liturgischen Leben, in der eucharistischen Feier und in der Kirche. Der Begriff »mystisch« meint sowohl die eucharistische Wirklichkeit wie auch die Tatsache, daß diese Wirklichkeit als sakramentale verschleiert ist. Der Glaubende muß vom »historischen Sinn« übergehen zu dem tieferen Gehalt, der in den Sakramenten zu Christus führt. So darf man sich der Eucharistie nicht nähern »wie einem bloßen Brot, sondern wie einem mystischen Brot«. Die Kommunion ist eine »mystische Speise«, der Altar ein mystischer Tisch» und die eucharistische Feier ein »mystischer Kult«. Was über die Eucharistie gesagt wird, gilt in gleicher Weise vom Sakrament der Taufe und die in ihr empfangene »mystische Wiedergeburt im Namen des Vaters, des Sohnes und des Heiligen Geistes«. 3) Schließlich bezeichnet »mystisch« die Erfahrung der Christuswirklichkeit in Wort und Sakrament. Origenes scheint als erster das Wort »mystisch« für die unmittelbare, erfahrungsmäßige Gotteserkenntnis angewandt zu haben, die aber als solche für Origenes immer an die Schriftmeditation gebunden ist. Hier klingen schon erste Akzente an, die ein Verständnis von Mystik nahelegen, das bis in die Moderne aktuell geblieben ist. - Vgl. hierzu L. Bouyer, »Mystisch«. Zur Geschichte eines Wortes, in: J. Sudbrack (Hg.), Das Mysterium und die Mystik. Beiträge zu einer Theologie der christlichen Gotteserfahrung, Würzburg 1974, 57-75; M. Schneider, Mystik. Zwischen Denken und Erfahrung, Köln 1997.

[108] Origenes, Johanneskommentar 13,24 (PG 14,440C).

in und mit der Kirche, speziell ihren liturgischen Vollzügen.
Für sie ist aber kennzeichnend, daß diese im Zeichen des Kreuzes geschehen. Das II. Vatikanum erklärt eigens, daß »die Heilige Schrift in dem Geist gelesen und ausgelegt werden muß, in dem sie geschrieben wurde« (DV 12), und die alten Bibelkommentatoren erinnern beharrlich daran, daß »der Buchstabe tötet, der Geist aber lebendig macht« (2 Kor 3,6). Die Heilige Schrift ist keineswegs nur ein Text, sie offenbart das Herz Gottes, und dem muß ihre Auslegung entsprechen. Die Haltung, die der Leser und Deuter der Heiligen Schrift gegenüber einzunehmen hat, geht über bloße Ehrerbietung und Ehrfurcht hinaus und muß sich in eine Liebessprache wandeln. Doch die göttliche Liebessprache ist eine »durchkreuzte« Wirklichkeit. Gottes Wort, das aus dem Herzen des Vaters kommt, macht, sobald es sich inkarniert, eine Passion durch - nicht nur in der Menschwerdung, sondern auch wenn das Unsagbare auszusagen ist und schriftlich fixiert wird.
Das Ereignis des Kreuzes legt auf die Heilige Schrift das Mysterium der Verborgenheit und der härtesten Passion.[109] Die Botschaft der Heiligen Schrift verkündet die Kreuzigung des Gottessohnes, die dem Menschen als eine »Torheit« erscheinen muß und »die Weisheit der Weisen zunichte gemacht« hat (1 Kor 1,19f). Gott hat »die Weisheit der Welt als Torheit« entlarvt, indem er sich in die »Torheit« seines gekreuzigten Sohnes zurückzog. Seither ähnelt sein Wort dem, »was in den Augen der Welt töricht ist«, geht es doch nicht um »gewandte und kluge Worte« (1 Kor 2,4), »damit das Kreuz nicht um seine Kraft gebracht wird« (1 Kor 1,17). Das Wissen um die Torheit des Evangeliums bestimmt und prägt zu allen Zeiten den Umgang und das Leben mit der Heiligen Schrift im konkreten Vollzug der Nachfolge. Das Wort der Heiligen Schrift, wie es in der Liturgie verkündet und ausgelegt wird, will dem Menschen kein »äußerlich« Gewußtes und Bekanntes bleiben, sondern seine ganze Existenz prägen. Das Wort

[109] Vgl. A. Sicari, Das »Pascha-Mysterium« des Wortes Gottes, in: IKaZ 15 (1986) 225-235; ders., Der Heilige Geist und die »totale« Inkarnation, in: ebd. 14-22.

Gottes kann nicht zur Kenntnis genommen werden; es muß zeugnishaft gelebt werden, aber eben, wie dargelegt, im Zeichen des Kreuzes. Das Leben im Glauben, das unter dem Ruf der Nachfolge und des Kreuzes steht, verläuft nicht im Rahmen von vorformulierten Antworten, Definitionen, Lösungen; vielmehr gleicht es einem »offenen System«, das sich nie schließen läßt, da es immer wieder von der Sprache Gottes durchkreuzt wird. Demnach steht alle Schriftauslegung in der Liturgie wie auch im Leben des Christen im Zeichen des Kreuzes.

3. Kirche

Neben der historischen Grundlage des Schrifttextes, seiner authentischen Auslegung durch die Liturgie und seiner konkreten Exegese im Leben des Glaubens ist auch sein »sozialer« bzw. ekklesialer Charakter zu bedenken. Bestimmen jene vor allem die Methode ihrer Auslegung, erklärt sich dieser aus seinem »Gegenstand«. So weist, um nur ein Beispiel zu nennen, Ijob in seinen Prüfungen nicht nur auf Jesus, den Gekreuzigten, sondern auch auf seine verfolgte Kirche: »Seit Weltbeginn wird überall in den Büchern der Schrift dieses Geheimnis der katholischen Kirche unablässig verkündet.«[110]

Die Stimme des alttestamentlichen Bundesvolkes wird für die frühe Kirche zur Stimme des neuen und wahren Israel, also der Ekklesia. In der kirchlichen Ausdeutung der Heiligen Schrift sind Christus und die Kirche gleichermaßen angesprochen. Origenes betont ausdrücklich: »Die Kirche ist es, die aus der Seite Christi hervorkam und als seine Braut erfunden wurde, die kluge und wackere Gattin, welche diesem die Treue wahrt und ihn als Bräutigam abermals vom Himmel erwartet.«[111] Mit Fug und Recht darf man einen »Rollenwechsel« vom individuellen zum universalen Christus vornehmen, besonders

[110] Ps.-Chrysostomus, In rom. 7,19.

[111] Origenes, Expos. in Prov. 88 (PG 17,252A).

in der Stundenliturgie und ihrer Verwendung des Psalters: »In den Psalmen spricht immer der Christus, und er redet immer von uns, durch uns und aus uns, so wie auch wir in ihm reden.« Augustinus fügt jedoch hinzu: »Sive caput loquatur, sive membra, unus Christus loquitur. Et capitis proprium est loqui etiam in persona membrorum.«[112]

Aus der inneren Einheit von Haupt und Leib aktuiert sich für die Kirche ihre Verbindung und Gleichgestaltung mit Christus, auf daß sie das, was sie *ist*, immer entschiedener *wird*, nämlich Leib und Braut Christi. Der Christ ist von Grund auf eine »anima ecclesiastica«.[113] Was die Heilige Schrift berichtet, findet in jedem Christen, wie schon dargelegt, seine Anwendung. So entdeckt der Beter in den Psalmen das Drama seines inneren Lebens. Alles, was sich aus der Heiligen Schrift auf die Kirche anwenden läßt, kann auf die Seele bezogen werden. Es heißt: »Unumquemlibet ex Ecclesia tamquam Ecclesiam Christus alloquitur.«[114] Augustinus formuliert daraus den Grundsatz: »Er hat nicht getrennt *reden* wollen, weil er nicht *getrennt werden* wollte.«[115] Aus der unlösbaren Einheit von Christus und Christ resultiert eine Schicksalsgemeinschaft mit dem Herrn, vor allem mit seinem Erlösungsleiden und seiner Auferstehung. In der Lebensgemeinschaft mit dem Gekreuzigten vermag der Leser der Heiligen Schrift das Leiden Christi als sein eigenes anzunehmen und sein apostolisches Leiden als Christusleiden zu erkennen, nicht als inhaltliche Auffüllung des Leidens Christi, wohl aber als seine Aktuierung und Applizierung in die jeweilige Situation der Kirche und in

---

112 Augustinus, Enarr. in ps. 140,3 (PL 4,1816f.). Bei dem Austausch der »Rollen« und der »Verschmelzung« der Personen ist aber immer auch zwischen Christus als Haupt und seinem durch die Kirche gebildeten Leib zu unterscheiden.

113 H. de Lubac, Glauben aus der Liebe. Übertragen und eingeleitet von H.U. von Balthasar, Einsiedeln 1970, 169; auch 59ff.

114 Augustinus, Sermo 46, n.37 (PL 38,292).

115 Augustinus, Enarr. in ps. 56,1 (PL 4,661).

das Leben des Gläubigen. In Gethsemane und auf Golgotha spricht Jesus im eigenen Namen, aber nicht minder im Namen der ganzen Menschheit aller Zeiten.

Die ekklesiale Ausdeutung der Heiligen Schrift ist grundlegend für ihre Verwendung in der Liturgie. Das kirchliche Verständnis des Schriftwortes enthält das Grundgesetz aller »Geistigkeit« (spiritualité) im Glauben. Die Liturgie führt den Gläubigen auf keinen privaten, rein innerlichen Weg mit seinem Gott, vielmehr paßt sie den Rhythmus des Einzellebens dem kirchlichen Lebensrhythmus an. Die Heilige Schrift wie auch die Liturgie sind von ein und demselben Mysterium Gottes erfüllt, an dem jeder Mensch Anteil erlangen darf. In diesem Sinne sagt Epiphanius: »Am Anfang aller Dinge steht die heilige katholische Kirche.«[116] Nicht anders Hildebert: »Wegen derer, die die Schrift nicht lesen oder nicht verstehen, hat die Kirche in ihrer Liturgie manches Sinnfällige angeordnet, wodurch der Geist zur Einsicht des Unsichtbaren gefördert wird.«[117]

Rückblickend läßt sich für eine Grundlegung der Liturgie festhalten, daß sie ihren Ursprung im Heilswerk des Menschensohnes hat, ihren Inhalt in der Heiligen Schrift und den Ort ihrer Verwirklichung in der Kirche. Diese drei Grundbezüge der Liturgie, wie sie herausgearbeitet wurden, bedürfen einer entscheidenden Differenzierung durch die Frage nach dem Priesteramt Christi, das sich in der Feier der Eucharistie aktualisiert. Dem sei im Folgenden nachgegangen.

---

[116] Epiphanius, Panarion, lib.1, t.1, c.5 (PG 41,181).

[117] Hildebert, Sermo 29.

III. DIFFERENZIERUNG

Es zeigte sich, daß das Heilswerk Christi, wie es in der Heiligen Schrift berichtet und von der Kirche im Gottesdienst verkündet und gefeiert wird, der Ursprung aller christlichen Glaubenserfahrung ist. Die Mitte des göttlichen Heilswerkes ist das Paschamysterium, das in der Liturgie gefeiert und vergegenwärtigt wird. Von ihm leitet sich das spezifische Verständnis des einzigartigen Priestertums Christi ab, der sich ein »königliches Volk« von Priestern erwählt hat. Das Neue Testament bezeichnet alle Glaubenden als »hiereis, sacerdotes« (Apk 1,6) und als »basíleion hiérateuma, regale sacerdotium« (1 Petr 2,9), nirgends aber werden im Neuen Testament die Amtsinhaber (Episkopoi, Presbyteroi, Diakonoi) als »hiereus« bezeichnet. Aus diesem Sprachgebrauch ergeben sich wichtige Unterscheidungen: Wenn vom »gemeinsamen Priestertum« (aller Glaubenden) und dem »besonderen Priestertum« (des Amtsträgers) gesprochen wird, ist der Begriff »Priester«, wie nun dargelegt werden soll, in je verschiedenem Sinn zu gebrauchen.[118]

---

[118] Zum Folgenden siehe M. Schneider, Zur theologischen und pastoralen Grundlegung des priesterlichen Dienstes heute, in: Pastoralblatt (...) 43 (1991) 66-74; neu überarbeitete Fassung in: Inkulturation und Kontextualität. Theologien im weltweiten Austausch. FS Ludwig Bertsch, Frankfurt/M. 1994, 200-220; ders., Verkündigung im Dienst der repraesentatio ecclesiae, in: »Den Armen eine frohe Botschaft«. FS F. Kamphaus, Frankfurt 1997, 203-214. - Vgl. ferner C. Duquoc, Die Reform des Priesterstandes, in: H.J. Pottmeyer u.a. (Hg.), Die Rezeption des Zweiten Vatikanischen Konzils. Düsseldorf 1986, 369-383; G. Greshake, Der theologische Ort des Pastoralreferenten und sein Dienst, in: Lebendige Seelsorge 29 (1978) 18-27; ders., Priester sein. Zur Theologie und Spiritualität des priesterlichen Amtes. Freiburg-Basel-Wien [3]1982; ders., Zur Frage einer «vita communis» von Weltpriestern, in: Pastoralblatt (...) 41 (1989) 170-179; G. Jelich, Die evangelischen Räte in der Priesterausbildung. Vortrag auf der Regentenkonferenz am 17. Juli 1984 in Erfurt; H.J. Pottmeyer, Amt als Dienst - Dienst als Amt, in: Lebendige Seelsorge 33 (1982) 153-158; R. Zerfaß, Die menschliche Situation des Priesters heute, in: ders., Menschliche Seelsorge. Freiburg-Basel-Wien 1985, 33-72; ders., Die Verantwortung der Kirche für den einzelnen. Vorlesungskript SS 1987.

1. Der Eine Priester

Es gibt nur einen Priester: Jesus Christus; er allein ist der Mittler und Priester des neuen Bundes: »Wir haben einen Hohenpriester, der die Himmel durchschritten hat, Jesus, den Sohn Gottes« (Hebr 4,14), und: »Einer ist Gott, einer auch der Mittler zwischen Gott und den Menschen, der Mensch Jesus Christus« (1 Tim 2,5). Christus ist Priester (kohen, hiereus, sacerdos) »nach der Ordnung Melchisedeks« (Hebr 5,6), nicht Aarons, also unmittelbar eingesetzt von Gott.

Die Neuheit und Einzigartigkeit des Priestertums Jesu Christi kann durch keinen anderen Priester fortgesetzt oder ergänzt werden; auch multipliziert sich das Priestertum Jesu nicht in der Kirche. Jeder Amtsträger handelt einzig im Namen Jesu, denn Christus selbst ist es, der tauft, predigt und die Eucharistie feiert (SC 7).

2. Das besondere Priestertum

Das II. Vatikanum beschreibt den grundlegenden Unterschied zwischen allgemeinem und besonderem Priestertum mit den Worten: »Das gemeinsame Priestertum aller Gläubigen aber und das Priestertum des Dienstes, das heißt das hierarchische Priestertum, unterscheiden sich zwar dem Wesen und nicht bloß dem Grade nach. Dennoch sind sie einander zugeordnet: das eine wie das andere nämlich nimmt je auf besondere Weise am Priestertum Christi teil« (LG 10).

Lange wurde die »erhabene Heiligkeit« des Priesters von seiner »erhabenen Würde« abgeleitet und damit in eine logische Linie gesetzt, die bei der hohen Würde des priesterlichen Amtes in den anderen Religionen ansetzt und auf die noch höhere Würde des neutestamentlichen Priestertums rückschließt.[119] Der römisch-katholischen Kirche

[119] Das Fehlen einer theologischen Grundlegung, die mit dem Fundament des Neuen Testaments (als norma normans) übereinstimmt, erschwert heute das Nachdenken über den priesterlichen Dienst. Das II. Vatikanum verzichtet insoweit auf eine theologische Grundlegung, als es die Frage nach der geschichtlichen Entstehung der kirchlichen Ämter und der neutestamentlichen Ämterordnung nicht eigens stellt, sondern sich erst der

wird zudem von den Kirchen der Reformation und der Ostkirche zuweilen ein geistvergessener Christomonismus in der Ekklesiologie oder eine einseitig christologische Begründung der Kirche und ihrer Ämter vorgeworfen. Dieser Vorwurf zielt auf die Rede von der Kirche als dem auf Erden fortlebenden Christus (Christus prolongatus): Eine solche Sichtweise würde die Ekklesiologie in eine Hierarchologie auflösen; ferner führe der statische Gebrauch des Begriffs der *Repräsentation Christi* durch das Amt dazu, daß die Christuswirklichkeit der Kirche im Amt, letztendlich im Papst als *dem* Stellvertreter Christi konzentriert erscheine; zudem käme es zu einem Dualismus von Amt und Gemeinde, der den Unterschied zwischen Priester und Gläubigen so groß sein lasse »wie zwischen Himmel und Erde«, wie Papst Pius X. in »Haerent animo« sagt.

Die Gefahr einer christomonistischen Engführung, die einen Dualismus von Amt und Gemeinde und eine einseitige Betonung des Gehorsams gegenüber der Obrigkeit mit sich bringt, wird durch eine pneumatologische Begründung des Amtes vermieden. Das II. Vatikanum ergänzt des öfteren »durch Christus« mit einem »im Heiligen Geist«: Der Geist der Wahrheit (LG 12) ist der Gesamtheit der Gläubigen gegeben, denn sie sind »im Besitz des Geistes Christi« (LG 14). Die pneumatologische Begründung des Amtes hat Konsequenzen für die Ausübung des priesterlichen Dienstes: Im neuen Weiheritus lautet die erste Frage an die Weihekandidaten, ob sie bereit sind, »das Priesteramt als getreue Mitarbeiter des Bischofs auszuüben und so unter Führung des Heiligen Geistes die Herde Christi gewissenhaft zu leiten«. Das Grundprinzip für die Ausübung des Amtes findet sich nicht in den Vollmachten, die mit dem priesterlichen Dienst verliehen sind, sondern im Handeln unter Führung des Geistes.

Seltsamerweise zitiert das II. Vatikanum als Beleg für die eigene Auffassung auch Cyprian und Johannes Chrysostomos: »Der Priester

---

Zeit vom 2. bzw. 3. Jahrhundert zuwendet (so A. Grillmeier, J. Ratzinger).

waltet an Christi Statt« (LG 21, Anm. 58). Aber Johannes Chrysostomus erklärt unmißverständlich: »Der Priester, wenn er dort steht und sein Flehen darbringt, ist nur Darsteller und Vertreter des Heilandes; die Gnade und die Macht, die alles wirkt, ist des Herrn«[120]; und: »Der Priester berührt die Gaben erst, nachdem er die Gnade Gottes angerufen hat ... Es ist nicht der Priester, der, was immer es auch sei, bewirkt [...], es ist die Gnade des Geistes, [...] welche dieses mystische Opfer vollzieht.«[121] Robert Hotz schreibt hierzu: »Mit andern Worten ausgedrückt bedeutet die Epiklese ein Herabrufen des Heiligen Geistes auf die vorliegenden Gaben, damit er die vom Priester - als 'typos' Christi - gesprochenen Worte des Einsetzungsberichts zu dem mache, was sie bedeuten, nämlich zu Leib und Blut unseres Herrn.«[122] Der Grund dafür, daß der Priester nur unter der Führung des Heiligen Geistes sein Amt ausübt, liegt letztlich darin, daß der Sendung des Heiligen Geistes die gleiche Gewichtung zukommt wie der Sendung Christi, denn als »Leib Christi« ist die Kirche zugleich »Tempel des Heiligen Geistes«. Die mangelnde pneumatologische Grundlegung und Einbindung des Priesteramtes gehört mit zu den Gründen, warum in der nachkonziliaren Phase die Tendenz zu einer bloß sozio-funktionalen Begründung des Priesteramtes von der Gemeinde her bestand.

Die christologische und pneumatologische Grundlegung des Amtes wiederum erklärt sich aus der Trinitätstheologie. So spricht die Heilige Schrift nur an wenigen Stellen von der Kirche *Christi*, meistens von der Kirche Gottes, und zwar des dreifaltigen Gottes (LG 1

---

[120] Johannes Chrysostomus, De proditione Iudae, Hom. 6 (zit. nach: Texte der Kirchenväter. Eine Auswahl. Bd. IV, München 1964, 302).

[121] Johannes Chrysostomus, De Sancta Pentec., Hom. 1,4 (PG 50,458). So ist auch die weitere Stelle in LG 21 zu verstehen, wenn gesagt wird, daß der Priester »symbolon« Christi ist. Vgl. Johannes Chrysostomus, In 2 Tim. Hom 2,4 (PG 62,612).

[122] R. Hotz, Sakramente - im Wechselspiel zwischen Ost und West (= Ökumenische Theologie 2). Zürich-Köln 1979, 238.

und 4). Sie ist Volk Gottes, des Vaters, Leib Christi und Tempel des Heiligen Geistes. Wird der Bezug zum Vater vergessen, schwindet die gemeinsame Würde aller Christen und ihre Verantwortung aus dem Blick. Wird die Kirche nicht als der eine Leib Christi verstanden, bricht sie in viele Kirchen auseinander, die sich gegeneinander auf den Geistbesitz berufen. Wird die Kirche nicht als Tempel des Heiligen Geistes gedeutet, erstarrt sie zu einer Hierokratie: »So erscheint die ganze Kirche als 'das von der Einheit des Vaters und des Sohnes und des Heiligen Geistes her geeinte Volk'« (LG 4).
Noch ein weiteres ist von Bedeutung für das theologische Verständnis des besonderen Priestertums. Weil Christus unmittelbar wirkendes Subjekt kirchlichen Handelns ist, handelt der Priester zwar für Christus, nicht aber vor Christus.[123] Das bedeutet für den Dienst des Priesters »in persona Christi«: Es geht in ihm um keine Vertretung eines Abwesenden, der durch einen Stellvertreter wirkt, sondern darum, selbst »Zeichen« zu sein und Zeichen zu setzen für den gegenwärtigen und wirkenden auferstandenen Herrn, auf daß die Gemeinde sich ihm und seinem Wirken öffnet. Das amtliche Tun ist Dienst für Christus und darin Dienst an den Menschen.
Da Christus der Auferstandene in seiner Kirche gegenwärtig bleibt und in ihr handelt, darf das Amt die Unmittelbarkeit zu Christus nicht verstellen, sondern muß diese vermitteln. Der Priester hat mit und in seinem Amt die Unmittelbarkeit des einzelnen zu Christus in allem zu ermöglichen und zu fördern, es ist »gerade die amtlich insti-

123 G. Greshake, Priester sein. Zur Theologie und Spiritualität des priesterlichen Amtes, Freiburg-Basel-Wien, ^{4}1985, 159-163. Er schreibt: »Und doch ist die sakramental vermittelte Gegenwart Christi im Amtsträger nicht als statisch-substanzhafte Präsenz zu denken, so daß der Priester in seinem Wesen ein 'alter Christus' und seine amtliche Vollmacht ein persönlicher 'Seins-Besitz' ist. Vielmehr vermittelt sich das Heilswerk Christi durch ihn in sakramentaler Zeichenhandlung d. h. seine Vollmacht ist handlungsbezogen, seine Christus-Repräsentation hat ihren Ort 'in bestimmten sakramentalen Situationen': Wortverkündigung, Sakramentenspendung, Gemeindeleitung im Sinne von Zurüstung der Gemeinde zur Nachfolge Christi« (ebd., 161).

tutionelle Vermittlung, welche die Unmittelbarkeit personaler Beziehung zwischen Christus und jedem einzelnen gewährleistet«[124]. Christus, der Herr seiner Kirche, setzt im Amt durch Weihe und Sendung ein »übersubjektives« Zeichen seiner Gegenwart, das als Christus-Repräsentation grundlegend unterschieden bleibt von jeder sonstigen menschlichen Herrschaftsausübung: »Der Priester stellt sich selbst gleichsam als sakramentale Materie bereit und erbittet den Geist Gottes, daß er auch diese Materie wandelt. Weil die priesterliche Sendung nicht auf eine von uns gewollte Wirkung abzielt, sondern auf die Bereitstellung unserer Mittel, damit Christus durch sie wirksam werden kann, ist der priesterliche Dienst nur in einer durch und durch sakramentalen Existenz möglich.«[125] Als Dienst an der Freiheit (diakonia tou pneumatos: 2 Kor 3,8) ist das Amt grundlegend hingeordnet auf seinen (priesterlichen) Dienst, zu dem die ganze Kirche und jeder einzelne in ihr berufen ist. Um den freiheitsstiftenden Charakter des amtlichen Dienstes zu wahren (vgl. 2 Kor 3,17), bedarf es einer theologischen Begründung des Amtes, in der sich Christologie und Pneumatologie (inklusive Charismenlehre) gegenseitig durchdringen, wie noch eigens zu zeigen ist.

3. Das gemeinsame Priestertum

Auf Grund von Taufe und Firmung herrscht »unter allen eine wahre Gleichheit in der allen Gläubigen gemeinsamen Würde und Tätigkeit zum Aufbau des Leibes Christi« (LG 32). Nur in Gemeinschaft und Einheit mit der ganzen Kirche erfüllt der Priester seine Sendung, d.h., er ist zuerst und vor allem anderen Christ und steht in der Gemeinde, nicht jedoch über ihr. Wie die Ortsgemeinde nur in Gemeinschaft mit den Priestern und dem Bischof ihren Auftrag erfüllt, so

---

[124] G. Greshake, Priester sein in dieser Zeit. Freiburg 2000, 45.

[125] K. Koch, Fenster sein für Gott. Unzeitgemäße Gedanken zum Dienst in der Kirche, Fribourg 2002, 60; mit Verweis auf K. Rahner, Die Sakramente als Grundfunktionen der Kirche, in: Handbuch der Pastoraltheologie. Bd. I, Freiburg 1964, 323-332, hier 324.

kann auch der Priester sein kirchliches Amt nur in und mit der Gemeinde ausüben. Um dieses Zueinander deutlich zum Ausdruck zu bringen, hat die frühchristliche Gemeinde ganz spezifische Begriffe gewählt: Der »Presbyteros« verwaltet sein Amt nicht wegen seines biologischen Alters, wohl aber wegen seiner Aufgabe in der Gemeinde; der »Episkopos« hat in besonderer Weise auf die Gemeinde zu achten, während der »Diakonos« ihr (besonders in den Bedürftigen) dient. Auffällig und wesentlich an diesen Amtsbeschreibungen ist, daß die Begriffe sich nicht von kultischen Handlungen her bestimmen, sondern in Hinordnung auf den Dienst in der christlichen Gemeinde. Daraus folgt eine differenzierte Sicht des gemeinsamen Priestertums.

Vor allem ist das Konzept vom »Stand der Vollkommenheit« zu korrigieren, insofern es aus der Unterscheidung von zwei Ständen in der Kirche, einem vollkommenen und einem unvollkommenen, resultiert. Eine solche Zweiteilung in der Spiritualität und im Glaubensleben der Kirche hat es in der frühen Kirche nicht gegeben.[126] Die Botschaft Jesu ist jedem Menschen zugesprochen. Deshalb richten sich die Predigten und Katechesen der Kirchenväter an alle Christen, ohne daß sie besondere Standesspiritualitäten hervorheben. Auf Grund der Taufe ist jeder Christ dazu verpflichtet, den Weg der Heiligkeit zu gehen und die Vollkommenheit anzustreben. Aber nicht nur die Taufe, auch der Name des Christen verpflichtet: Der Christ soll sein, was sein Name besagt; er darf nicht Christ nur genannt werden, sondern muß es in Wirklichkeit sein. Ferner fällt auf, daß die Kirchenväter eigens betonen, daß jeder Christ zum Martyrium berufen ist (die Martyrer waren meist Laien und entstammten keinem besonderen - geistlichen - Stand).[127]

---

126 Laien und christliche Vollkommenheit. Hrsg. von G. Thils und K.V. Truhlar, Freiburg-Basel-Wien 1965, bes. 30-114 (I. Hausherr).

127 Was den Alltag des Glaubens angeht, so deuten die Kirchenväter die Grundberufung des Christen nicht von der Erfüllung der evangelischen Räte her, sondern aus den Geboten

Auf dem II. Vatikanum gelten die Räte als Grundform jeder christlichen Existenz, nicht nur eines besonderen Standes in der Kirche. So werden die evangelischen Räte im V. Kapitel von »Lumen gentium« behandelt (»Die allgemeine Berufung zur Heiligkeit in der Kirche«) und nicht im VI. Kapitel, in dem sich das Konzil der Theologie des Ordenslebens zuwendet. Die Räte dürfen nicht vorschnell mit dem Ordensstand oder dem Weltpriestertum verknüpft werden; sie müssen vielmehr in ihrer Bedeutung und Gültigkeit für jeden Christen gesehen werden.[128]
Die beiden Wege der »Gebote« und der »Räte« dürfen keineswegs so voneinander geschieden werden, daß der zweite Weg als der vollkommenere erscheint.[129] Es geht um die eine Berufung, der alle Glau-

---

der vollkommenen Gottes- und Nächstenliebe. Die Grundinhalte christlichen Lebens sind im Herrengebet und in den Seligpreisungen ausgesagt.

128 Es bedeutete eine mühevolle und erhebliche Korrektur, die Räte aus ihrer Vereinnahmung durch den Rätestand zu lösen. Doch schließlich stellte sich das Konzil dezidiert gegen die Unterscheidung zwischen einem »Stand der Vollkommenheit«, der sich den evangelischen Räten verpflichtet sieht, und den Christen, die nach den »Geboten« leben. Das »Heiligkeitsmonopol« wird nicht mehr ausschließlich den Ordensleuten zugesprochen. Da alle Christen zur Heiligkeit berufen sind, müssen alle den Weg zur Vollkommenheit betreten und unter dem Anruf des Heiligen Geistes ein Leben nach dem Evangelium führen. Der Gegenstand der evangelischen Räte ist in gewisser Weise in jeder christlichen Vollkommenheit enthalten, und in diesem Sinn fällt das Ordens-Ideal mit dem Ideal des christlichen Lebens zusammen. Wohl gibt es in jedem christlichen Leben bei der Verwirklichung und konkreten Umsetzung der evangelischen Räte verschiedene Grade der Intensität. Die Eigenheit des Ordenslebens besteht darin, daß die evangelischen Räte in einer besonderen Art und Weise verwirklicht werden (Gelübde und Gemeinschaft), aber diese konkrete Form darf als solche nicht zur Norm für das christliche Leben schlechthin erhoben werden. - Eine solche Sicht der Räte mindert nicht den Ernst und die Radikalität der Nachfolge. Die neuere exegetische Interpretation von Mk 10,17-27 (par.) bezweifelt, daß es sich in dieser Jüngerberufung nur um einen Ratschlag gehandelt habe; es gehe hier vielmehr darum, die Gefährlichkeit des Reichtums zu erweisen. Das Verhalten des Jünglings wird also vom Text her nicht als ethisch akzeptable Alternative angesehen werden können. Jesus hatte nicht nur geraten, sondern unzweideutig in seine Nachfolge gerufen. Vgl. B. Schüller, Gesetz und Freiheit. Eine moraltheologische Untersuchung, Düsseldorf 1966, 65-75.

129 Vgl. LG 41. Die evangelischen Räte sind in das Gesamt der Weisungen des Evangeliums

benden zu entsprechen haben.[130] Die Aussagen, die im Alten Bund die Besonderheit des Kultes und seiner Diener bezeichneten (heiliges Priestertum, priesterliches Königtum, geistiger Tempel), werden im Neuen Testament auf die ganze Kirche übertragen, in der alle Glieder durch den Ruf Jesu aus der Welt ausgesondert und zu einem besonderen Volk geformt sind (1 Petr 2,9f.). Vor der Berufung in einen besonderen Stand gibt es eine Verbindlichkeit der Räte qua Taufe und Partizipation an der Kirche. Jeder Christ ist von Gott in das »königliche Volk« von Priestern erwählt und berufen, ein Leben zu führen, das der Taufe und der Freiheit der Kinder Gottes entspricht. Darin bleiben sich alle im Glauben gleich. Somit sind die evangelischen Räte unmittelbar dem Leben in der Nachfolge Jesu zuzuordnen, nämlich der ungeteilten Liebe, zu der alle Christen berufen sind. Tragfähige Begründung für die evangelischen Räte (und den Zölibat)

---

einzuordnen. Deshalb ist die übertriebene Trennung von Rat und Gebot, die so nicht vom Evangelium herzuleiten ist, abzubauen. Der Gegensatz: »Gebot« als heilsnotwendiges Minimum und »Rat« als Werk der Übergebühr wurde vom II. Vatikanischen Konzil aufgegeben, weil die Räte nicht über das Gebot der Liebe hinausgehen, sondern ihm zu- und untergeordnet sind. Benennt der Begriff »Gebot« mehr die inhaltlich verbindliche Forderung, so der Begriff »Rat« mehr den Geist, in dem Leben nach dem Evangelium möglich ist. Im Blick auf die Freiheit, die Gott dem Menschen läßt, im Blick auf seine werbende Liebe, könnte man alle Gebote auch Rat nennen, und aufgrund ihrer Ernsthaftigkeit und Heilsbedeutung dürften die Räte auch als Gebote bezeichnet werden. - Die Räte sind innerlich verbunden und untrennbar. Die oft vorausgesetzte Dreiheit der Räte, die sich in der geistlichen Tradition (seit dem 13. Jahrhundert in der heute bekannten Trias) kontinuierlich durchhält, ist als solche biblisch nicht leicht nachzuweisen. Für Thomas von Aquin bleibt es noch ausgemacht, daß man einen einzigen evangelischen Rat nicht ohne die anderen halten kann, weil es bei den Räten um drei Seiten eines einzigen Prismas geht, nämlich um das ungeteilte Leben nach dem Evangelium. Deshalb legt das Konzil die Räte als Ausformungen der Nachfolge Jesu aus. In ihr grundgelegt, bleiben sie aufeinander bezogen, nämlich als Ausfaltungen der einen Gesinnung, die das Leben Jesu prägte und in seiner Hingabe am Kreuz gipfelte (vgl. Phil 2, 5ff.).

130 Wer Christus nachfolgt, soll so gesinnt sein, wie er selbst gesinnt war, und von ihm das eigene Leben prägen und bestimmen lassen. Würden einzelne Lebensbereiche aus der Ergriffenheit vom Evangelium ausgeklammert sein, wäre die Authentizität christlicher Existenz in Frage gestellt.

sind nicht Einzelerfordernisse christlichen Dienens, sondern die Übereignung der Person an Gott und seinen Dienst.

Während sich das Leben in Armut und Gehorsam recht schnell als allgemeine Norm einsehbar machen läßt, eben als Grundform der christlichen Existenz, scheint der evangelische Rat der »Ehelosigkeit« nur für die Priester und Ordensleute in Betracht zu kommen. Daß es aber auch bei diesem Rat um eine Grundform christlicher Existenz geht, läßt sich am Begriff der *»Jungfräulichkeit«*, wird er in seiner Bedeutung richtig verstanden, deutlich machen. Jungfräulichkeit ist ein positives Existential christlichen Lebens. Jeder Christ hat sich um die Jungfräulichkeit zu bemühen. »Jungfräulichkeit« meint die eschatologische Grundhaltung im Glauben, sich von dieser Welt »unbefleckt« zu halten. In diesem Sinn fällt der Begriff der Jungfräulichkeit mit dem der Armut zusammen, wie sie in den Seligpreisungen der Bergpredigt angeführt ist.

Der theologische Aussageinhalt der »Jungfräulichkeit« wird im Bericht der Taufe Jesu deutlich. Wenn die Stimme aus dem Himmel bezeugt: »Dieser ist mein geliebter Sohn« (Mt 3,17), besagt dies, daß Jesus direkt von Gott stammt. Gegenüber Josef, der auf Adam zurückgeführt wird, ist Jesus unmittelbar zu Gott und unmittelbar von Gott. In gleicher Weise definiert sich der Glaubende nicht durch seinen (biologischen) Vater, sondern durch seine »Jungfrauengeburt«: »Allen, die ihn aufnahmen, gab er Macht, Kinder Gottes zu werden: nicht aus dem Willen des Fleisches, sondern aus Gott geboren« (vgl. Joh 1,12-13). Der Glaube stellt den Menschen in eine neue Gottunmittelbarkeit, da er durch die Verkündigung des Wortes zum Kind Gottes geworden ist. Für die Heilige Schrift meint die Jungfräulichkeit demnach keine genitale und geschlechtliche Kategorie, sondern die Unmittelbarkeit des einzelnen zu Gott, wie sie in den Sakramenten, speziell in der Lehre und Feier der Eucharistie, grundgelegt und vollzogen wird. Ein christliches Leben der Jungfräulichkeit im dargelegten Sinn ist eine Grundform der Nachfolge Christi und ihrer Grundhaltungen »trauern«, »fasten«, »ohne Zufluchtstätte sein«. Mit

einem Wort: Die spezifische Situation des Christen kristallisiert sich im Begriff der Jungfräulichkeit, die als Grundnorm jeder christlichen Existenz zu gelten hat.[131]
So zeigt sich, daß die Räte kein Zusatzkapitel im Glauben sind, sondern unmittelbar die Mitte gläubigen Daseins betreffen. Es wäre ein Erfordernis der Sakramententheologie und nicht zuletzt einer Lehre von der Eucharistie, die evangelischen Räte entschiedener und eindeutiger sakramental grundgelegt zu sehen als Urform christlicher Nachfolge und des ganzen Lebens im Glauben.[132]

---

131 Weil die evangelischen Räte die Grundnorm jedes christlichen Lebens sind, haben Theologen unserer Zeit (K. Rahner, H.U. von Balthasar, J.B. Metz) die Räte zum Ausgangspunkt ihrer Theologie gemacht. Vgl. M. Scheuer, Die Evangelischen Räte. Strukturprinzip systematischer Theologie bei H.U. von Balthasar, K. Rahner, J.B. Metz und in der Theologie der Befreiung, Würzburg 1990.

132 Der Zölibat müßte eigens bedacht werden. Die angeführten Theologen, besonders Karl Rahner, weisen darauf hin, daß die Erlösungsordnung niemals die Schöpfungsordnung aufhebt, für welche die Weisung gilt: »Seid fruchtbar und mehret euch« (Gen 1,28). Wenn also einer zölibatär leben will, bedarf es dazu - um eines höheren Zieles willen, nämlich »um des Himmelreiches willen« - einer ausdrücklichen »Sondererlaubnis«, wie sie in der Berufung zum Priestertum vorliegt (Gott muß das Vorbeigehen an der Welt, wie es mit der Ehelosigkeit gegeben ist, um des höheren Zieles willen eigens gestatten). Das Zeugnis der Eheleute steht in gleicher Weise unter dem Wort: »Unsere Heimat ist im Himmel« (Phil 3,20), so daß Eheleute und Ehelose das gleiche Zeugnis geben, auch wenn es in seiner konkreten Ausführung unterschiedlich ausfällt. Würde man die Ehelosigkeit absolut setzen, würde dies eine Verachtung der Schöpfungsordnung und der Welt bedeuten, während die schöpfungsgemäße Sehnsucht nach Liebe in der Ehe nie die andere Glaubensaussage aufheben kann, daß die letzte Erfüllung der Liebe bei Gott ist. - Dies ist weiter ausgeführt in: Laien und christliche Vollkommenheit. Hrsg. von G. Thils und K.V. Truhlar, Freiburg-Basel-Wien 1965, bes. 155-186; hier auch die entsprechenden Angaben über weitere Ausführungen bei Karl Rahner. - Ferner ist daran zu erinnern, daß im zölibatären Leben die beiden anderen Räte nicht ausgeklammert werden können, sonst wird der Zölibat schnell als ein Fremdkörper im priesterlichen Leben erfahren. - Aufgrund der fundamentalen Bedeutung der evangelischen Räte ist schließlich die Priesterausbildung eigens zu bedenken. In den Konzilstexten werden die evangelischen Räte nie von einem bestimmten Funktions- oder Dienstmodell in der Kirche abgeleitet. Sie gelten als Ausdruck der Betroffenheit durch Gott und als Ausdruck persönlicher Hingabe. Das erste Bezugsfeld für die evangelischen Räte ist keine bestimmte Lebensweise (z.B. der künftige Priesterberuf), sondern der augenblickliche Lebensabschnitt und

Zusammenfassend läßt sich am Ende des dritten Kapitels festhalten, daß allen Christen, wenn auch in einer wesentlichen Differenzierung, ein »priesterlicher Dienst« obliegt und damit die Verpflichtung zu einem ihm entsprechenden Lebensstil, wie er in den evangelischen Räten vorgegeben ist. Für eine Grundlegung der Liturgie heißt dies: »Weder der Priester für sich noch die Gemeinde für sich ist Träger der Liturgie, sondern der ganze Christus ist es, Haupt und Glieder; der Priester, die Gemeinde, die einzelnen sind es, insoweit sie mit Christus geeint sind und insofern sie ihn in der Gemeinschaft aller Glieder mit dem Haupt darstellen. In jeder liturgischen Feier ist die ganze Kirche, sind Himmel und Erde, Gott und Mensch beteiligt, nicht nur theoretisch, sondern ganz real.«[133] Das Priestertum aller findet seinen Ausdruck darin, daß die Christen in und mit ihrem Leben »Gott allezeit das Opfer des Lobes darbringen, nämlich die Frucht der Lippen, die seinen Namen preisen« (Hebr 13,15). Nachdem soeben bedacht wurde, daß jeder Christ seiner Berufung zum »priesterlichen« Dienst in seinem Leben vor Gott zu entsprechen hat, soll es in einem weiteren Kapitel um die Frage gehen, wie Gott auf rechte Weise zu lobpreisen ist und wie ihm in der Feier der Liturgie das »Opfer des Lobes« dargebracht wird.

---

der jetzt ergangene Ruf zur Nachfolge. Die evangelischen Räte sind gleichsam der »Geist«, in dem die Entscheidung zu fällen ist, und nicht nur ihr Gegenstand. Die Räte sind demnach der vorausgehenden Glaubensentscheidung zuzuordnen, nicht einem bestimmten Stand.

133 J. Ratzinger, Ein neues Lied für den Herrn. Freiburg 1995, 173.

IV. ENTFALTUNG

Wenn nach den Überlegungen zum priesterlichen Dienst, den Christus in der Eucharistie ausübt, im Folgenden nicht eigens auf die Theologie des eucharistischen Opfers eingegangen wird, geschieht dies nicht aus Geringachtung dieser Thematik oder weil derartige Überlegungen als obsolet angesehen werden. Vielmehr soll ein anderer Aspekt der eucharistischen Theologie eigens hervorgehoben werden, da er trotz seiner zentralen Bedeutung zuweilen eher im Hintergrund steht, obwohl er von großer Aktualität ist. Gemeint ist der schöpfungstheologische Ansatz in der Eucharistielehre. Er ist dadurch erschwert, daß eine Theologie der Schöpfung heute zum Teil verlorengegangen ist. Es gilt, die der Schöpfung ureigene Sprache zurückzugewinnen. Nicht aber mit irgendwelchen, aus der Menschennatur ableitbaren, abstrakten oder allgemeinen Ideen theologischer Art läßt sich das Ureigene der Schöpfungslehre erkennen, sondern in der Begegnung mit dem, der von sich sagt, daß er der Weg, die Wahrheit und das Leben ist. In der Begegnung mit ihm erschließt sich die Symbolkraft des Kosmos.[134]

1. Kosmische Liturgie

Das griechische Wort »orthodox« setzt sich zusammen aus dem Adverb »orthos« (= richtig) und dem Verb »dokeo« (= meinen, glauben, sich bekennen). Demnach ist jener als orthodox zu bezeichnen, der den wahren Glauben besitzt. Aber es gibt auch eine Verbindung des Begriffs orthodox zum Verb »doxazo« (= preisen). »Orthodoxie« meint nicht eine abstrakte rechte Lehre, sondern die rechte Lobprei-

[134] Vgl. zu den folgenden Ausführungen auch M. Schneider, Schöpfung in Christus. Skizzen zur Schöpfungstheologie in Ost und West, St. Ottilien 1999; ders., »Christus ist unsere Logik!« Zur Verhältnisbestimmung von Theologie und Nachfolge bei Bonaventura, Köln 1999; S. Strukelj, Inkarnation - Fülle der Schöpfung, in: IKaZ 32 (2003) 19-29 (er scheint sich auf meine Ausführungen in den genannten Schriften zu beziehen).

sung Gottes, welche sich in Glauben, Kult und Leben der Kirche verwirklicht.[135] Dies bedeutet, daß der Glaube den ihm ureigenen Ausdruck im Lobpreis auf Gott findet. Den dreieinen Gott auf die ihm gebührende Weise zu loben, macht die Grundaufgabe menschlichen Daseins aus; es ist die wahre priesterliche Aufgabe des Menschen.

a. Lobpreis der Schöpfung

Um die innere Verschränkung von Schöpfungstheologie und Liturgie aufzeigen zu können, ist ein Ansatz zu wählen, der auf der Grenzlinie zwischen westlicher und östlicher Theologie, zwischen Begriff und Bild, zwischen Theologie und Liturgie verbleibt, indem alle Glaubensaussagen unmittelbar auf das Geschehen der Menschwerdung bezogen werden.

Der Menschensohn kam, um alles auf sich hin zusammenzufassen. Er hat sich dem Menschen auf innigste Weise gleichgestaltet, damit dieser aus der Ähnlichkeit mit dem Menschensohn durch ihn zum Heil findet: »mitgekreuzigt, mitbegraben, mitauferstanden, mitaufgefahren«[136]. Diese Schicksalsgemeinschaft mit dem Menschensohn erhält ihre unmittelbare Begründung aus der Feier der Liturgie. Denn das Leben in Christus ist nicht bloß ethisch im Sinn einer äußeren Nachahmung zu verstehen, es gründet vielmehr in der Liturgie. In ihr erhält das christliche Leben seine kosmischen Dimensionen, wird die Liturgie doch mit den Gaben von Brot und Wein gefeiert: In den eucharistischen Gaben der Schöpfung erhält der Mensch Anteil an

---

[135] Den Anspruch auf Rechtgläubigkeit erhebt eigentlich jede Kirche, denn andernfalls würde sie zugeben, daß sie sich in der Häresie befindet, von der sich die frühe Kirche abgrenzte, indem sie sich selbst orthodox nannte. Die Bezeichnung war auch im Westen geläufig, wie der römische Meßkanon zeigt, in dem »pro omnibus orthodoxis« (für alle Rechtgläubigen) gebetet wird, wie auch die Grabinschrift Karls des Großen, die ihn als »orthodoxus Imperator« bezeichnet.

[136] Nicht zuletzt auf Grund der Menschwerdung als Schlüssel für die Theologie der Schöpfung ist es mißverständlich, von Schöpfung als »Sakrament« zu sprechen.

VITA

der Neuschöpfung in Christus.[137]
Im Laufe der Theologiegeschichte kam es, wie schon angeführt, zu einer Konzentration auf das Thema der Heilsgeschichte unter weitestgehender Ausblendung des Schöpfungsgedankens. Ja, Schöpfung und Kosmos traten derart an den Rand theologischen Mühens und allgemeiner Frömmigkeit, daß der Glaube in die Falle der bloßen Innerlichkeit und Subjektivität zu geraten drohte. Eine fast dualistische Unterscheidung von Gott und Schöpfung führte auf die Wege des Deismus oder gar zum Konzept einer gottlosen bzw. gottverlassenen Welt. Auch in der Schöpfungslehre kam es zu Verkürzungen; letztlich begnügte man sich mit dem Satz, daß alles in Gott seine erste Ursache hat. In der Auseinandersetzung mit der Evolutionstheorie wurde die Protologie auf die Schöpfung im Anfang (creatio originalis) und auf den Aspekt des göttlichen »Schaffens« verengt.[138] Hingegen blieb die Lehre vom göttlichen »Machen« bzw. die Lehre von der fortgehenden Schöpfung (creatio nova) kaum thematisiert. Vielmehr galt die Schöpfung im Anfang als eine fertige und vollkommene Schöpfung, die keiner weiteren Entfaltung und Evolution bedarf, wie schon das Wort »Schöpfung« mit seiner Endsilbe eher einen abgeschlossenen Prozeß des Schaffens als einen Vorgang am Anfang insinuiert. Vom Menschen schien dasselbe zu gelten: Als einmal fertig geschaffenes Wesen ist er keiner weiteren Evolution unterworfen. Kurz gesagt, in der Schultheologie blieb es nicht aus, daß das Verhältnis Gottes zu seiner Schöpfung zu einseitig auf die Frage der Kausa-

[137] Dieses Zueinander von Schöpfung und Erlösung und von Kosmos und Liturgie kommt auch in den Festen des Kirchenjahres zum Ausdruck: Die Herrenfeste sind eine Feier der Konsekrierung der Welt durch die Heilsgegenwart Christi in seiner von ihm und seinem Heilshandeln geheiligten Schöpfung. Die Hymnen der orthodoxen Kirche sehen die Herrenfeste in unmittelbarem Bezug zur Schöpfung: »Es freue sich die Schöpfung, es juble die Natur« (Himmelfahrt); »Freut euch, ihr Berge« (Weihnachten); »Lichterfüllt ist nun alles, Himmel, Erde und Unterwelt; so feiere die ganze Schöpfung die Auferstehung Christi, durch die sie erschaffen wurde!« (Ostern).

[138] Vgl. zum Folgenden auch J. Moltmann, Gott in der Schöpfung. München 1985, 281-298.

lität beschränkt wurde.
Ganz anders die ursprüngliche Sicht der Schöpfung. Für die Heilige Schrift ist nicht der kausale Begründungszusammenhang der Schöpfung entscheidend, sondern die *Einwohnung Gottes*, wie sie durch sein Ausruhen in der Schöpfung zum Ausdruck kommt. Der siebte Tag des vollendeten Schöpfungswerkes (Gen 2,2f.) ist zugleich der Tag der Offenbarung der Herrlichkeit Gottes am Sinai (Ex 24,16): »Erst vom Sinai her wird [...] erkennbar, was mit Gottes Schöpfungshandeln 'am Anfang' intendiert war und d.h.: wozu Gott die Welt erschaffen hat: nämlich dazu, *Gemeinschaft mit dem Menschen/Israel* zu haben.«[139] Schließlich kennt die Priesterschrift »eine dynamische, sich selbst übersteigende und auf ein ungeahntes Eschaton hinsteuernde Geschichte«, deren Ziel das »Wohnen« des Schöpfergottes inmitten des ihm zugehörigen Volkes ist.[140]
Zuweilen ist man gewohnt, vorschnell das Sakrament im Gegensatz zur Welt zu sehen. Alltag und Eucharistie, Leben und Religion, Aktion und Kontemplation, Welt und Gott stehen dann einander gegenüber. Eine solche Sicht ist nicht im Einklang mit der Heiligen Schrift, nach der der Mensch und die Welt eine Gabe Gottes sind. Gottes Schöpfung ist nicht bloß handwerklich (ex nihilo) als materielles Objekt ins Dasein gerufen. Vielmehr weisen die Kirchenväter darauf hin, daß Gott zuerst das »Licht« schafft, nicht das Sonnenlicht, sondern das Licht seines »Wortes«, das den Kosmos durchdringt. In diesem Licht wird der ganze Kosmos zu einem »Sakrament« der Gegenwart Gottes. Die Anaphora der syrischen Klemensliturgie betet: »Wer hat diese Welt mit Flüssen und Strömen umgürtet, jene Welt, die du durch Christus geschaffen hast?«[141] Christus ist das wahre

---

[139] Ebd.

[140] B. Janowski, Tempel und Schöpfung. Schöpfungstheologische Aspekte der priesterlichen Heiligtumskonzeption, in: JBTh 5 (1990) 37-69, hier 66.

[141] Apostolische Konstitutionen VIII,12 (Didascalia et Constitutiones Apostolorum. Ed. F.X. Funk, Paderborn 1905/6, 499).

Licht der Welt und damit das Ziel, die Höhe und der Inbegriff allen kosmischen Lichts. In diesem Licht erhält alles in der Schöpfung seinen Sinn und wird zur letzten Vollendung geführt.

Die Welt, in der der Mensch lebt, darf nicht als etwas Zusätzliches zu ihm und seinem Dasein gesehen werden; er braucht die Welt und findet sich wahrhaft selbst nur inmitten der Welt.[142] Diese ist Gabe Gottes wie auch ein Vehikel der göttlichen Liebe, ja, ein Ort der Begegnung mit Gott. Deshalb gibt Dumitru Staniloae zu bedenken: »Die ganze Welt sollte eigentlich als der sichtbare Teil eines universalen und fortwährenden Sakraments betrachtet werden und alle menschliche Aktivität als sakramentale, göttliche Kommunion.«[143] In ähnlichem Sinne formuliert Ioannis Zizioulas: »Das ganze Universum ist eine Liturgie, eine kosmische Liturgie, welche vor dem Throne Gottes die ganze Schöpfung aufopfert.«[144] Ganz offensichtlich sind solche Aussagen von den (meist griechischen) Kirchenvätern inspiriert, nach welchen alle geschaffenen Wesen zur Vereinigung mit Gott berufen sind.[145]

Aus dem schöpfungstheologischen Ansatz folgt für das Verständnis der Liturgie, daß sie mehr ist als eine gottesdienstliche Feier; vollzieht sich doch in ihr die universale Hineinnahme der Schöpfung in eine letzte Verwandlung: Der Kosmos wie auch die Geschichte gehen einer unüberbietbaren Vollendung entgegen. Statt einer vorschnellen Trennung zwischen Natur und Übernatur lautet die Grundaussage einer eucharistischen Ausdeutung der Schöpfung bzw. einer liturgischen Schau des Kosmos: Was existiert, ist wirklich und wahr einzig in der Einheit von himmlischer und irdischer Realität. Die Heils-

---

142 D. Staniloae, The world as gift and sacrament of God's love, in Sobornost' Series V: No. 9 (1969) 662.

143 Ebd.

144 J. Zizioulas, La vision eucharistique du monde et l'homme contemporain, in Contacts No. 57 (1967) 83.

145 Der Ort dieser Vereinigung ist letztlich die Kirche, wie noch eigens zu zeigen ist.

geschichte kann als katabatischer Prozeß der »Durchlöcherung« der Welt von Gott her betrachtet werden, bis daß der Menschensohn durch sein Eintreten in die gefallene Welt den Kosmos für immer heilt und in den göttlichen Bereich hineinnimmt. Den anhebenden Verwandlungsprozeß der Schöpfung in ihre vollendete Gestalt beschreibt der Seher von Patmos als ein Geschehen, das die Welt und ihre Geschichte in allen ihren Fasern betrifft. Dieses Geschehen ist - als »Liturgie« zu deuten, und zwar im umfassenden Sinn: als Bereitung der Schöpfung und der Geschichte zur himmlischen Liturgie der Endzeit.[146]

Gerade aus ihrem grundlegenden Bezug zum Kosmos ergibt sich die unüberbietbare und einzigartige Bedeutung der Eucharistie. In ihrer Feier hebt die große Verwandlung der Welt an, die niemals aufgehört hat, Gottes Kosmos zu sein. So wird die Liturgie mit den Schöpfungsgaben von Brot und Wein gefeiert, die in den Leib und das Blut des Herrn verwandelt werden. An diesen Gaben vollzieht sich, was am Ende der Zeiten der ganzen Schöpfung verheißen ist, wenn Christus alles in allem sein wird. In der Feier der Liturgie bleiben die Gaben der Schöpfung, was sie immer waren, was ihnen aber nach dem Sündenfall verlorenging. Die Verwandlung der Gaben bedeutet nun nicht, daß sie aufhören zu sein, was sie sind, nämlich Brot und Wein, doch werden sie der Neuen Schöpfung zugeführt: »Nicht, daß es so bleiben soll, wie es ist, es soll aber auch nicht aufhören, das zu sein, was es im Grunde ist, sondern das werden, was es eigentlich ist und was die Sünde entstellt hat.«[147] So führt der Heilige Geist die neue Schöpfung herbei, indem er alles neu macht und vollendet.

---

[146] Auszugehen ist vom Pascha, mit den 40 Tagen vorher und den 50 Tagen danach. Die nachpfingstliche Zeit ist eine Einübung und zugleich Ausschau nach dem Herrn. Wiederkunft kommt ab dem 18. Sonntag nach Pfingsten in den Blick.

[147] Deshalb wird von vielen orthodoxen Theologen heute die kosmische Dimension der Eucharistie hervorgehoben. Hierzu K.C. Felmy, Orthodoxe Theologie der Gegenwart. Eine Einführung, Darmstadt 1990, 188-218, und J. Zizioulas, Die Welt in eucharistischer Schau und der Mensch von heute, in: US 25 (1970) 342-349.

Für Sergij Bulgakov ist unter Berufung auf Irenäus von Lyon entscheidend, daß die eucharistische Wandlung im theologischen Denken der Väter den Charakter des Brotes als Brot und des Weines als Wein nicht auflöst. Das ist wichtig, weil es im Mysterium der Wandlung, wie schon deutlich gemacht wurde, nicht um die Auflösung der Kreatur, sondern um deren kosmisch-eschatologische Verklärung geht, die sich als solche in der Eucharistie antizipatorisch vollzieht: Diese Verklärung der Schöpfung, die der zweiten Ankunft des Erlösers entspricht, vollzieht sich in der Eucharistie mysterienhaft, d.h. offenkundig nur für die Augen des Glaubens. Was sich aber im Mysterium vollzieht, wird am Ende der Zeiten dem ganzen Leib Christi, der die Menschheit ist, zuteil. Der Unterschied zwischen der leiblichen Gegenwart Christi auf Erden vor der Himmelfahrt und der eucharistischen besagt »nicht, daß der aufgefahrene Leib vom Himmel herabkommt, sondern daß eben das Brot und der Wein selbst in Leib und Blut Gottes verwandelt werden«[148]. Denn, so bemerkt Robert Hotz eigens, »es handelt sich nicht um die Verwandlung der 'Natur' in die 'Übernatur', sondern des Alten ins Neue. Ein Sakrament (mysterion) ist so nicht ein 'Wunder', durch das Gott die 'Gesetze der Natur' aufhebt, sondern in ihm wird die letzte Wahrheit ausgesagt über die Welt und das Leben, den Menschen und die Natur, die Wahrheit, die Christus selber ist«[149].

Die geschichtlichen und kosmischen Dimensionen der liturgischen Feier reichen bis in das Innerste des Menschen. Durch das Geschenk des göttlichen Lebens nimmt der Mensch schon in der Weltzeit teil an der Liturgie der Ewigkeit. Indem er sich durch die Feier der Eucharistie in die trinitarische Versiegelung hineinnehmen läßt, wird er durch die Teilhabe am Leben des dreieinen Gottes und im Wissen um die Verwandlung der Erdenzeit Tag für Tag erneuert und ge-

---

148 Johannes von Damaskus, De fide orthod. IV 13 (PG 94,1144f.).

149 A. Schmemann, Aus der Freude leben. Ein Glaubensbuch der orthodoxen Christen, Olten 1974, 127f.

stärkt. Die Eucharistie in dieser Welt ist bereits etwas ganz anderes als die Welt. Sie feiert nämlich - wie die Kirchenväter darlegen - die ewige Eucharistie im Reich Gottes, bei der alle Menschen geeint sein werden. Das Leben in Einheit ist das einzigartige Zeichen der eschatologischen Ankündigung: »Menschwerdung, Sühne, Auferstehung und Verherrlichung werden mittels des gleichen Kelches angekündigt. Das ist das Wesen des Christentums: Das Mysterium des göttlichen Lebens stellt sich als Mysterium des menschlichen Lebens dar, 'damit alle Eins seien: so wie du, Vater, in mir bist und ich in dir bin' (Joh 17,21). Deshalb wird die Gründung der Kirche am Pfingsttage unmittelbar von der Offenbarung ihrer Natur gefolgt: 'Täglich verharrten sie einmütig im Tempel und brachen das Brot in den einzelnen Häusern' (Apg 2,46). Dieser Ausdruck wird der eucharistische Stil des Lebens selbst: 'Alle Gläubigen hielten zusammen und betrachteten all ihre Habe als gemeinsames Eigentum' (Apg 2,44).«[150] Der Prozeß der kosmischen Verwandlung erhält seine zeichenhaft konkrete Gestalt in der Einheit der Kirche.

In der Feier der Liturgie geht es nicht nur um die Rechtfertigung des Sünders durch Christi Heilswirken; die Erlösungsbotschaft muß vielmehr auch in ihren kosmischen Dimensionen gesehen werden.[151] Die Liturgie ist kein gottesdienstlicher Vollzug in weltferner Innerlichkeit, sie vollzieht sich als Gottesdienst mitten in der Welt, unter Hineinnahme der ganzen Schöpfung und Heilsgeschichte, ja, sie ist nicht

---

150 »Der christliche Orient besaß von seinen Ursprüngen an einen kosmischeren Sinn, was nicht ohne Zusammenhang mit den griechischen Quellen ist. Bei Origenes, Gregor von Nyssa und Maximos dem Bekenner ist die kosmische Gnosis weit stärker als in der lateinischen Patristik. Dies fand seinen Ausdruck sowohl in der Liturgie als auch im Leben der Heiligen. Nicht die Rechtfertigung, sondern die Verklärung des Menschen und der gesamten Schöpfung mit ihm ist hier zentral« (P. Evdokimov, L'Orthodoxie, 244f; zitiert nach R. Hotz, Sakramente, 193).

151 Th. Strotmann, Karl Barth et l'Orient chrétien, in: Irénikon 42 (1969) 40f.; vgl. auch N. Berdjaev, Die Krisis des Protestantismus und die russische Orthodoxie, in: Orient und Occident No. 1 (1929) 11-25.

nur Gottesdienst in der Welt, sondern Gottesdienst der Welt. Karl Rahner führt hierzu aus: »Der Gottesdienst der christlichen Kirche ist nicht 'eine seltsame ausgesparte neue Sonderregion im profanen Leben' und damit nicht nur 'göttliche Liturgie in der Welt', sondern 'göttliche Liturgie der Welt' und damit Erscheinung der göttlichen Liturgie, die mit der Heilsgeschichte identisch ist.«[152] Nicht anders heißt es bei Irenäus von Lyon: »Wir bringen in den heiligen Gaben die ganze sichtbare Natur dar, damit sie zur Eucharistie werde.«[153] In diesem Sinn existiert kein Dualismus von Gottesdienst und Welt, von Heiligem und Profanem. Die Unterscheidung von erlöstem »Sakralen« und einem von Gott abgewandten »Profanen« ist »ethischer« Natur, geht es doch hier um den Unterschied zwischen dem »neuen Menschen« und dem »alten Menschen«, wie nun ausgeführt werden soll.[154]

b. Mensch als Priester

Der Sinn des menschlichen Daseins hängt auf engste mit der Schöpfung zusammen. Heißt es in der Heiligen Schrift, daß Gott alles, was er geschaffen hat, segnet, dann ist damit gesagt, daß er die ganze Schöpfung für immer zu einem Zeichen seiner Gegenwart und Liebe macht. Diese Welt aber, die Gott segnet und heiligt und dem Menschen anvertraut, hat er im Lobpreis an Gott zurückzugeben.[155] Indem er mit seiner Danksagung (»Eucharistie«) die ganze Welt erfüllt, wird er immer tiefer und unmittelbarer in die Gemeinschaft mit Gott, in die Kommunion mit ihm geführt.

---

152 K. Rahner, Zur Theologie des Gottesdienstes, in: Schriften zur Theologie. Bd. XIV, Zürich 1980, 227-237, hier 237.

153 Irenäus von Lyon, Adv.haer. V,18,5.

154 P. Evdokimov, La culture à la lumière de l'orthodoxie, in Contacts No. 57 (1967) 17.

155 In der byzantinischen Liturgie heißt es im Abschluß vieler Ektenien (Fürbitten): »... wollen wir uns selbst und einander und unser ganzes Leben Christus unserem Gott überliefern«.

Mit dem Sündenfall trat der Mensch aus der Danksagung (Eucharistia) heraus. Er hörte auf, Priester der Welt zu sein, und wurde ihr Sklave. Erst mit dem Kommen Christi wandelt sich diese Situation von Grund auf. Christus erweist sich während seines Lebens als der vollkommen eucharistische Mensch, er selbst ist die Eucharistie der Welt. Christus vollzieht am Kreuz die universale Lebensübergabe an Gott.[156]

Behält der Mensch - in der Nachfolge Christi - sein Leben und die Welt nicht für sich, sondern öffnet es im Lobpreis für Gott, gibt er - Gott lobend und preisend - sein Leben, aber auch die Schöpfung an Gott zurück. So findet der Mensch in der Feier der Liturgie wieder, wozu er seiner göttlichen Bestimmung nach immer schon bestimmt war, nämlich Priester dieser Welt zu sein. Im zweiten Hochgebet heißt es deshalb: »Wir danken dir, daß du uns berufen hast, vor dir zu stehen und dir zu dienen«. Als Priester der Welt vor Gott zu stehen, darf als das Eigentliche im Vollzug der Liturgie angesehen werden. Die vielen Worte und Gesänge der Liturgie leiten nicht dazu an, »viel zu plappern wie die Heiden, die meinen, sie werden erhört, wenn sie viele Worte machen« (Mt 6,7), vielmehr sind sie Teil der Einübung in die Haltung des »Stehens vor Gott« als Urakt der menschlichen Existenz, in den sich der Mensch im Glauben Tag für Tag - immer neu wiederholend[157] - einzuüben hat.

---

[156] Eine rein juridische Fassung des Erlösungsgeschehens ist dem Osten fremd, wie auch die Genugtuungslehre vom Osten nicht rezipiert worden ist; außer bei Nikolaos Kabasilas, Filaret und Palamas finden sich kaum Spuren davon. - Die östliche Liturgie hat die Grundinhalte ihrer Eucharistielehre aus der Opfertheologie des Hebräerbriefs erhalten. Das Opfer Christi in der Zeit bleibt im himmlischen Dasein des verklärten Herrn gegenwärtig. In dieser göttlichen Eucharistie sind alle Heilswerke des Alten und des Neuen Bundes erfüllt.

[157] Es ist ein folgenschweres Mißverständnis der Liturgiereform gewesen, daß sie die Wiederholungen gestrichen bzw. ihre Aussagen auf ein Minimum reduziert hat: Wiederholung in der Liturgie meint Steigerung!

c. Verklärung des Kosmos

Die Heilige Synode aller orthodoxen Patriarchate legte den 1. September, also den Neubeginn eines jeden liturgischen Jahres, als einen Tag des Gebets für die »Umwelt« fest. In der Orthodoxie ist die Schöpfungstheologie und -spiritualität ein fester Bestandteil ihres Glaubensverständnisses. Die kosmische Liturgie, wie sie in der Weihe des Wassers und des Hauses und der Segnung der Tiere zum Ausdruck kommt, die besondere Verehrung des Heiligen Geistes, »der alles beseelt«, Heilige, die mit Bären und Vögeln sprechen - all das ist ein Zeichen, daß in der orthodoxen Tradition Natur und Gnade, Welt und Glaube niemals durch eine unüberwindbare Kluft getrennt gesehen werden.

Christus hat durch seine Inkarnation die ganze menschliche Existenz, vor allem aber den Kosmos geheiligt. Auf den Logos, auf das Urbild aller Dinge hin wurde »alles geschaffen«. Indem nun während der Liturgie die Gestalten von Brot und Wein durch die Kraft des Heiligen Geistes in den Leib und das Blut des Herrn verwandelt werden, sind in ihnen auch alle Naturgewalten geweiht. So wird das Universum zu seiner letzten Vollendung geführt, das nach der Lehre der Kirchenväter selbst eine einzige Eucharistie ist.

Die Eucharistie erfüllt die ganze Welt, aber unter dem besonderen Zeichen der Verborgenheit. Gott zeigt sich nämlich in der Welt in der Gestalt der Armut und des Kreuzes. Dumitru Staniloae weist darauf hin, daß Gott in seiner Zuwendung zum Menschen der Ganz-Andere bleibt und man deshalb die göttliche Wirklichkeit nicht auf den Begriff bringen kann. Dies bedeutet aber nicht, daß Gott absolut unnahbar ist. Die orthodoxe Theologie von den Energien besagt: Am Anfang des Universums steht die Beziehung, nicht ein Gegenstand.[158] Christos Yannaras betont, Martin Heidegger zitierend: Zu einem

[158] Aus der universalen Bezogenheit erklärt sich auch, daß jedes Detail das Ganze in sich trägt.

Gott, der causa sui ist, »kann der Mensch weder beten, noch kann er ihm opfern. Vor der causa sui kann der Mensch weder aus Scheu auf die Knie fallen noch kann er vor diesem Gott musizieren und tanzen«[159]. Wird die Beziehung zwischen Gott und Kosmos statt personal nur im Kontext von Ursache und Wirkung verstanden, bleibt Gott letztlich getrennt von der Welt.

Die Beziehung des Menschen zu Gott ist nicht die von Subjekt und Objekt.[160] Im Alten Testament weist das hebräische Verb »schekan« auf den souveränen Willen Gottes hin, in allem Wohnung zu nehmen. Der Mensch ist aufgefordert, Tempel des lebendigen Gottes zu werden (2 Kor 6,16): »dann werden wir zu ihm kommen und Wohnung bei ihm nehmen« (Joh 14,23). Nach dem Zeugnis der biblischen Offenbarung ist es nicht nur Gottes Wille, die Menschen zu erlösen; sein Verlangen ist, bei ihnen zu wohnen. Gott benutzt seine erlöste Schöpfung nicht dazu, daß sie ihn bloß bezeugt, sie wird zum Raum der realen Gegenwart seines Logos, der seine Schöpfung im Heiligen Geist erhält und vollendet, aber in einem ganz spezifischen Sinn: Der Heilige Geist erneuert diese Welt, ohne sie zu ersetzen und in eine neue auszutauschen, er macht »alle Dinge neu«, aber nicht »neue Dinge«.[161]

So heißt es bei Alexander Schmemann, dem bekannten amerikanischen Theologen der Orthodoxie: »Der Herr bemächtigt sich des Brotes und des Weins, er hebt sie gleichsam aus den Angeln ihres gewöhnlichen Seins in eine neue Ordnung hinein; auch wenn sie rein physikalisch gleich bleiben, sind sie zutiefst Anderes geworden.«[162]

---

[159] Zit. nach K.C. Felmy, Orthodoxe Theologie der Gegenwart, 36.

[160] Auch Gotteserkenntnis kann es nicht anders geben als in gleichzeitiger Vereinigung mit Gott.

[161] A. Schmemann, Worship in a Secular Age, in: SVTQ (1972) 7.

[162] J. Ratzinger, Eucharistie - Mitte der Kirche. Vier Predigten, München 1978, 59f.; ders., Das Problem der Transsubstantiation und die Frage nach dem Sinn der Eucharistie, in: TthQ 147 (1967) 129-158, hier 153f.

Das Sakrament, speziell die Eucharistie, bewirkt kein »Wunder«, durch das Gott die »Gesetze der Natur« aufhebt, vielmehr wird durch die Verwandlung der eucharistischen Gaben die letztgültige Wahrheit ausgesagt über die Welt und das Leben, den Menschen und die Natur, die Wahrheit, welche Christus selbst ist.[163] Demnach können die Erde und die Produkte, die der Mensch aus ihr gewinnt, keineswegs als »chemische Aggregate« angesehen werden; sie sind »lebendiges Geschenk, das teilnimmt am liturgischen Mysterium«[164].

Ein solches Weltverständnis wendet sich gegen einen säkularen Umgang mit den Dingen der Welt, die - selbst wenn es geheiligte sind - nur zu einem Zweck gebraucht und, wenn dieser erfüllt ist, weggeworfen werden. Vor aller Diskussion um das Verhalten des modernen Menschen zur Umwelt und bevor Theologen im Westen die ökologische Problematik deutlich wurde, haben orthodoxe Theologen aufgrund ihrer Pneumatologie und »eucharistischen Schau der Welt« auf das Unnatürliche in manchem Verhalten zur Umwelt hingewiesen und den kosmisch-theophanen Charakter der Schöpfung hervorgehoben: Alles in der Schöpfung ist geheiligt in und durch die Feier der Eucharistie. Deshalb gibt Kardinal Kasper mit Recht zu bedenken: »Vor allen Dingen müßte man sich von der Fixierung auf die sieben Sakramente lösen und die sakramentale Zeichenhaftigkeit des ganzen christlichen Lebens wieder mehr betonen; das würde eine schöpferische und zeitgerechte Erneuerung der Sakramentalien erfordern. Nur wenn das ganze menschliche und christliche Leben zeichenhaften Charakter hat, haben die eigentlichen sakramentalen Vollformen einen Sinn.«[165] Worin kann die von Kardinal Kasper

---

163 A. Schmemann, Aus der Freude leben, 127f.

164 P. Evdokimov, La Prière de l'Eglise d'Orient. Mulhouse 1983, 11f.

165 W. Kasper, Wort und Sakrament, in: Theologisches Jahrbuch 1976 (Gespräch über den Menschen). Leipzig 1976, 445f. R. Hotz schreibt hierzu: »Denn es steht außer Zweifel, daß in der byzantinischen Tradition sämtliche 'heilige Handlungen' eine epikletische, deprekative Struktur aufweisen, so daß nicht einsichtig ist, weshalb die einen von ihnen

vorgestellte sakramentale Zeichenhaftigkeit des christlichen Lebens wie auch des ganzen Kosmos genauer bestehen?

Die universale Sicht des Kosmos und der Liturgie läßt sich mit einem wichtigen Charakteristikum der östlichen Sakramententheologie genauer erfassen. Während der Abendländer eher kausal und begrifflich denkt, scheint das östliche Denken organisch zu sein und den Kosmos in das Licht der Verklärung zu stellen. So wundert es nicht, daß im Osten trotz und mit der Anerkennung der Siebenzahl der Sakramente diese kaum von den Sakramentalien getrennt werden: »Alles erscheint als Mysterium. Sakramente, Sakramentalien, Ikonen, liturgische Ausdrucksformen, Gebet, Doxologie, Glaubensanschauung - alles dient dem großen Geheimnis der Vergöttlichung ... Das Mysterium besagt nicht nur ein intellektuelles Geheimnis, das dem natürlichen Verstand undurchdringlich bleibt, sondern beinhaltet vor allem die Gegenwärtigkeit einer göttlichen Heilstat. Durch die Bildhaftigkeit des sakramentalen Vorgangs geschieht das Zusammenwachsen der Mysten mit der Realität des heiligen Geschehens. Hier ist die Theologie von Röm 6 lebendig, wo Paulus die Taufe als ein Zusammenwachsen mit dem Gleichbild des Todes Christi versteht.«[166]

Aufgrund der ihm eigenen sakramentalen Sicht der Schöpfung kommt der Osten zu einer für ihn wesentlichen Ausdeutung der

---

'ex opere operato', die andern aber 'ex opere operantis' wirken sollen. Wie kann eine 'heilige Handlung' einem Menschen zugeschrieben werden, wo doch Gott alles in allem wirkt (1 Kor 12,6)? Kurz, geht man von der traditionellen Form der 'heiligen Handlungen' in den östlichen Riten aus und betrachtet man diese auch noch unter der alten platonischen Sicht des Bild-Abbild-Verständnisses, so ist eine Trennung in 'mysteria' und 'Sakramentalien' kaum mehr vollziehbar oder zumindest eine Beschränkung auf sieben und nur sieben Sakramente schwerlich mehr vorzustellen. Und deshalb hat sich die sakramentale Siebenzahl sowohl in der Orthodoxie als auch in den orientalischen Kirchen nie richtig durchzusetzen vermocht. Weil eine Grenze innerhalb der 'heiligen Handlungen' nur schwer zu ziehen war, flüchteten sich gewisse orthodoxe Theologen in die Formel: 'Sieben mysteria und noch mehr'...« (R. Hotz, Sakramente, 243).

[166] J. Tyciak, Theologische Denkstile im Morgenland und Abendland, 287f.

Sakramentalien (Wasser, Licht, Öl, Feuer, Gotteshaus, Patene, Kelche, Gewänder, Töne, Häuser, Felder und Äcker): »Während die Sakramente in erster Linie den Menschen ansprechen, haben die Sakramentalien eine stärkere Ausrichtung auf die geschaffenen Dinge. In den Sakramentalien wächst eine neue Welt, in ihnen wird ein Gottesreich auf Erden, sie sind die Aufbaukräfte einer gottnahen Wirklichkeit ... Ihre Segensfülle umfaßt alle Kreatur, den Menschen und die gesamte Schöpfung ... Durch den Segen der Kirche empfangen die Dinge jene Schönheit, die sie von Ewigkeit her in den Gedanken Gottes besitzen ... Schon durch die Menschwerdung Gottes haben alle Kreaturen eine gewisse sakramentale Bedeutung erhalten. Dennoch können die Kreaturen nicht aus sich wirkende Träger der Gnade, des göttlichen Lebens sein. Ihre Wirksamkeit liegt darin, daß sie dem in der Liebe lebenden gläubigen Menschen die göttlichen Gedanken zu enthüllen vermögen, daß ihre durch die Inkarnation des 'Wortes' geheiligte, rein gewordene Sprache vom göttlichen Herzen verstanden wird. Die von der Kirche aus der Welt herausgehobenen und durch ihren Segen zu Sakramentalen geweihten Schöpfungsgegenstände aber werden als sakramentale Symbole mitwirkende Organe der göttlichen Liebesbewegung. Sie haben einen Bildcharakter, der die geistliche Wirklichkeit nicht bloß ausdrückt, sondern irgendwie enthält. Die Sakramentale sind auch - von der Kirche eingesetzt und gesegnet - das Sichtbarwerden des Gebets der Gemeinschaft der Heiligen, das Leibwerden der Fürbitte der Ecclesia.«[167]
Gottes Segen über die irdischen Dinge macht aus ihnen heilige Gegenstände, durch deren rechten Gebrauch der Mensch innerlich vervollkommnet und der Kosmos erneuert wird. Ein Segensgebet der armenischen Liturgie bittet darum, »daß die gesegneten Dinge uns zum 'Heil der Seele und des Leibes' dienen möchten. Nun ist die Welt wahrhaft wieder eine Wohnung Gottes [...], denn durch das

---

[167] J. Tyciak, Erlöste Schöpfung. Regensburg 1938, 67-69.

Kommen Deines Eingeborenen hast Du, o Herr, alle Dinge neugemacht, die Erde wandelnd zum Himmel'«[168].

Durch die kirchliche Fürbitte haben die sakramentalen Gegenstände zwar eine objektive Wirksamkeit, doch sie wird aktiv durch den andächtigen und frommen Gebrauch und durch die subjektive Mitwirkung des Empfängers. Die gesegneten und geheiligten Gegenstände sind ein Zeichen der neuen Welt, die bloß der äußeren Ordnung nach als »Materie« erscheint, aber längst schon in die neue Schöpfung hineingenommen ist. »Die Kirche nimmt in ihren Sakramentalien die kommende Verherrlichung der Kreatur voraus und gibt den Dingen jene wahre, echte Gestalt, die sie nach dem Willen Gottes haben sollen. Die Kirche stellt sie wieder in den Liebesblick Gottes, der das Geheimnis allen Seins umschließt. So sind die Sakramentalien der Kirche ein Weg zu einer tieferen Erkenntnis des Gedankenreichtums Gottes in der Welt.«[169] Die sakramentale Sicht des Kosmos, in der ein letztes Wissen um das Mysterium der Kreatur ruht, bestimmt das Verständnis des Herrenjahres und der Stundenliturgie: Sie sind mehr als eine Rückerinnerung; sie führen in die Begehung und Erneuerung der sakramentalen Kraft des Mysteriums. Tyciak verweist auf ein Wort bei Origenes, das er wie folgt übersetzt: »Christus [...] setzt im Kreislauf des Jahres die Wirklichkeitsfülle der Aeonen gegenwärtig.«[170]

Liturgie meint die universale Zusammenfassung gläubiger Existenz auf Gott hin, der das Alpha, aber auch das Omega aller Zeit ist. Der Christ gehört zu jenem wandernden Volk, das seine Heimat im Reich Gottes weiß, in der Stadt Gottes. Dies bringt der griechische Begriff »Pfarrei« zum Ausdruck. »Paroikia« müßten wir übersetzen mit »Fremdsein in der heutigen Welt«. Auf dem Weg der irdischen

---

168 Ebd. 78f.

169 Ebd. 70f.

170 Origenes, In Canticum canticorum lib. III.

Pilgerschaft wird die Feier der Eucharistie zu jenem »Viaticum«, das als Wegzehrung den Vorgeschmack der künftigen Herrlichkeit und des verheißenen himmlischen Hochzeitsmahles schenkt. Das Viaticum gibt an keiner rein transzendenten, geistigen Wirklichkeit Anteil, sondern an der erdhaften, auf geheimnisvolle Weise gewandelten Realität, die erfüllt ist von den Verheißungen der künftigen Vollendung der Schöpfung in Gott.

Indem die Liturgie gefeiert wird mit den Gaben der Schöpfung, mit Brot und Wein, die in den Leib und das Blut des Herrn verwandelt werden, vollzieht sich an diesen Gaben vorausnehmend, was am Ende der Zeiten der ganzen Schöpfung verheißen ist, wenn nämlich Christus alles in allem ist. Im physikalischen Sinn bleiben die Gaben, was sie sind: Brot und Wein, aber sie werden durch das Wirken des Heiligen Geistes der Neuen Schöpfung zugeführt. Was an den Gaben von Brot und Wein, den »Früchten der Erde und der menschlichen Arbeit« im eucharistischen Mysterium der liturgischen Feier geschieht, wird am Ende der Zeiten der ganzen Welt und Menschheit zuteil, die der Leib Christi ist. Die »Eucharistisation«, von der Teilhard de Chardin spricht, meint die universale kosmische Transsubstantiation des ganzen Kosmos in den Leib Christi.

Die Verklärung der Schöpfung, die sich ansatzweise in der Eucharistie vollzieht und die der zweiten Ankunft des Erlösers entspricht, ereignet sich in der physischen Gegenwärtigkeit der eucharistischen Materie mysterienhaft, d. h. offenkundig nur für die Augen des Glaubens. Diese lassen Gott in allen Dingen erkennen, wovon es zahlreiche Zeugnisse gerade in den Biographien der Heiligen gibt. Reinhold Schneider verweist hier auf Franziskus. Wenn dieser »über Felsen schreiten mußte, so ging er mit großer Vorsicht und Ehrfurcht vor dem, welcher 'der Fels' genannt wird. Er liebte die Steine, weil der Herr über sie geschritten war, und es bereitete ihm Schmerz, wenn Bäume geschlagen wurden, weil der Herr am Kreuze gehangen. Unter den Elementen liebte er das Feuer am meisten, und vielleicht hat er der Worte des Heilands gedacht, daß er gekommen sei, ein

Feuer auf die Erde zu werfen ... Es ist, als sei mit dem Leben des Heiligen von Assisi erst das volle Licht der Offenbarung und des Heils auf die Erde gefallen; alles Seiende weist auf Christus zurück, und der Mensch wird die Größe des Geschaffenen erst erfahren, wenn er von einer jeden Stelle der Erde aus den zu erblicken vermag, in dem alles geschaffen ist«[171].

Mit dem dargelegten Verständnis der Eucharistie als Vorausnahme der eschatologischen Vollendung ist auch eine Grundhaltung geistlichen Lebens angegeben. In der Teilnahme an der Eucharistie ist dem Glaubenden das Vermächtnis der rettenden und Heil schenkenden Liebe anvertraut. Sie fordert ihn auf, statt an die Übermacht der Verhältnisse fortan an die den Tod überwindende Kraft der Hingabe Jesu zu glauben und in allen Problemen des Lebens und der Welt das Danken zu lernen, d.h. Eucharistie zu feiern, ja Eucharistie zu sein. Die Danksagung des Lebens geschieht nicht mit irgendwelchen Kostbarkeiten des Lebens. Diese würden den Blick von der Armut und Armseligkeit dieser Erde abwenden. Vielmehr vollzieht sich der Dank vor Gott recht einfach, nämlich mit Brot und Wein, dem Alltäglichen, Unbeachteten, weil Selbstverständlichen. Ein einfaches Stück Wirklichkeit kann Träger des Lebensgeheimnisses sein, Ort der Offenbarung der Liebe Gottes. Diese Einfachheit der Zeichen ist ein wichtiger Hinweis für christliches Welt- und Lebensverständnis: Es gibt kein Lebensereignis, nichts Alltägliches, das nicht zum Träger der Liebe Gottes werden kann. Gott kündet sich mit Sturm an, wird aber dem Propheten im Säuseln des Windes spürbar. Er erscheint nicht über den Zedern des Libanon, sondern vor einem Dornbusch legt Mose die Sandalen zum Gebet ab. Die »Materie« der Begegnung mit Gott ist so einfach wie Brot und Wein. Jede Begegnung, jedes Erlebnis, jedes Wort, jedes Gefühl, jeder Gedanke, jede Geste - all das gehört in den »göttlichen Bereich«. »In allen Dingen« ist Gott zu

---

171 R. Schneider, Die Stunde des heiligen Franz von Assisi. Kolmar 1943, 57f.

suchen und zu finden.

Das Kleine lebt von einer großen Verheißung, es steht in der Spannung von »schon« und »noch nicht«. Geschenkte Gegenwart Gottes und noch ausstehende Nähe des Herrn gehören zusammen. Eucharistie im Alltag ereignet sich in der Spannung zwischen Dankbarkeit und Geduld: Dankbarkeit, weil wir »schon empfangen haben, worum wir bitten«; Geduld, bis die Gabe zu ihrer vollen Reife, ihrer himmlischen Gestalt und ihrer eschatologischen Süße herangewachsen ist.

Als die zentrale Feier des Glaubens umfaßt die Eucharistie alle Zeitdimensionen, aber auch alle Bereiche und alltäglichen Erfahrungen christlichen Lebens. Zugleich bedeutet sie eine Zusammenfassung aller geistlichen Vollzüge, sie erweist sich als eine Synthese christlicher Spiritualität: an erster Stelle dadurch, daß sie den Blick auf Gottes Liebe lenkt, wie sie uns in Jesus nahegekommen ist. Dann dadurch, daß in ihr alle wichtigen geistlichen Vollzüge ausgeübt werden: Die Eucharistie versteht sich als Dankopfer, sie fordert im Bußritus zur Gewissenserforschung und zum Sündenbekenntnis auf, sie ist Schriftlesung und Hören auf das Wort, sie schließt in der Fürbitte alle Nöte der Menschen mit ein, sie verkündet den lebenschaffenden Tod als Gesetz des Lebens, feiert in der Verwandlung den Wegcharakter allen Lebens, fordert zu Vereinigung und Kommunion auf und sendet schließlich aus, das Evangelium durch Wort und Werk an andere weiterzugeben. Wer die Eucharistie bewußt mitfeiert, hat alle Vollzüge des geistlichen Lebens »in nuce« gelebt. So erweist sich die Feier in vielfacher Hinsicht als »Sakrament des Alltags«, als »Höhepunkt und Quelle« christlichen Lebens.

2. Liturgie der Auferstehung

Das Leben aus dem Glauben gestaltet sich, wie deutlich wurde, aus der Feier der Liturgie, und zwar in der Gesamtheit gläubiger Existenz. Das »Stehen vor Gott« ist das Eigentliche im Glauben, und die

vielen Gebete sind nur möglich und sinnvoll als Teil der Einübung in die Haltung des »Stehens vor Gott«. Dennoch, der Gottesdienst ist nicht das erste: »Ehe die Menschen zur Liturgie hinzutreten können, müssen sie zu Glauben und Bekehrung gerufen werden« (SC 22). Verkündigung, Bekehrung und Taufe stehen am Anfang des Glaubensweges. Seinen vollkommenen Ausdruck findet dieser Glaubensweg aber in der Liturgie, sie ist »der Gipfel, dem das Tun der Kirche zustrebt« (SC 10). Bekehrung und Liturgie erweisen sich somit als die beiden Vollzugsformen des Glaubens. Ohne kirchliche Feier gibt es kein Leben im Glauben, und ohne Umsetzung ins Leben wird der Gottesdienst selbst unglaubwürdig: Der gleiche Christus, den wir feiern, ist auch der, den wir leben; hier wie dort gilt sein Mysterium.
Die Feier der Liturgie als Grundvollzug christlicher Existenz hat ihren Ursprung im innertrinitarischen Geschehen: Der Vater sendet seinen Heiligen Geist und setzt so in der Feier der Liturgie sein ganzes Heilswerk gegenwärtig. Die Herabkunft des Heiligen Geistes in der Epiklese läßt die Ewigkeit bereits im Ablauf der Zeit gegenwärtig sein. In der Feier der Liturgie erhält also nicht nur die Schöpfung eine neue Ausrichtung, sondern auch die Geschichte. Wie nun darzulegen ist, folgen aus den bisherigen schöpfungstheologischen Aussagen zur Liturgie zentrale geschichtstheologische Aspekte, welche die Feier der Eucharistie noch unmittelbarer in ihrer universalen und durch nichts zu übertreffenden und einzigartigen Bedeutung erfassen lassen.

a. Geschichte als Liturgie

Mit der Menschwerdung Gottes wird eine neue Zeit in der Geschichte offenbar. Das Leben Jesu verläuft klein und partikulär: in einem kleinen Land, an unbedeutenden Orten, mit einer öffentlichen Verkündigungstätigkeit von höchstens drei Jahren, Ermordung in jungen Jahren. Jesus war kein Gelehrter, kein Professor, kein Priester, kein Genie. Von ihm bekennen wir aber, er sei von zentraler und universaler, eschatologischer und kosmischer Bedeutung.[172] Mit der Menschwerdung des Gottessohnes und in den Jahren seines verborgenen und öffentlichen Lebens, im Kreuzestod und in der Auferstehung des Menschensohnes ist Gott in die menschliche Geschichte eingegangen, so daß unsere Alltäglichkeit in die ewige Geschichte des dreieinigen Lebens aufgenommen ist.

Die Berechtigung für ein solches Geschichtsverständnis ergibt sich aus der überzeitlichen Bedeutung der Menschheit Jesu. Die Zeit des Herrn in Nazareth, sein Aufenthalt im Tempel, der Empfang der Taufe durch Johannes, sein Leiden am Kreuz und sein Sieg in der Auferstehung lassen in der Zeit für immer die göttliche Wahrheit offenbar werden. Einmal als Mensch geboren, bleibt Christus das ewige Kind, das alle Formen und Stadien seines irdischen Kindseins in die Ewigkeit aufgehoben und gerettet hat, denn schon seine irdische Kindheit ist eine Offenbarung seiner himmlischen. Gleiches läßt sich von seinem ganzen Leben sagen, bis hin zum Tod am Kreuz: Er hängt nicht mehr am Kreuz, aber sein Tod, seine Auferstehung und Himmelfahrt führen zum Durchbruch der Zeit in die Ewigkeit und des Ewigen ins Zeitliche.

Mit dem Kommen des Menschensohnes erfüllen sich alle Verheißungen, und damit endet alle Geschichte. Dies läßt den universalen Anspruch der Heiligen Schrift bedenken. Das Wort Gottes, wie es in der Heiligen Schrift aufgezeichnet ist, ist seinem tiefsten Wesen nach prophetisch.[173] Es erzählt nicht bloß Vergangenes, sondern schafft,

---

172 Vgl. H. Kessler, Partikularität und Universalität Jesu Christi. Zur Hermeneutik und Kriteriologie kontextueller Christologie, in: R. Schwager (Hg.), Relativierung der Wahrheit? Kontextuelle Christologie auf dem Prüfstand (= QD 170), Freiburg-Basel-Wien 1998, 106-155, hier 119f. - Vgl. hierzu auch M. Schneider, Zur Reifungsgeschichte des Glaubens in den Lebensaltern. Köln 2001; ders., Lebensprojekt Berufung. Köln 2001; ders., Zur Reifungsgeschichte des Glaubens aus dogmatischer Sicht, in: A. Lanfermann/ H. Pompey (Hgg.), Auf der Suche nach dem Leben ..., Mainz 2003, 228-241.

173 Auch im Neuen Bund ist das Wort der Heiligen Schrift in einem gewissen Sinn vorausweisender Natur: Die Heilige Schrift verliert ihre unersetzbare Bedeutung erst, wenn

was es enthält. Aber niemals wird das Wort Gottes, wie es in der Schrift niedergeschrieben ist, die Wirklichkeit selbst; vielmehr bekommt alles in der Heiligen Schrift erst durch die Menschwerdung und das Kommen des Menschensohnes seine Erfüllung. Durch ihn erhalten alle Worte und Verheißungen Gottes in der Heiligen Schrift ihren letzten Sinn und ihre unüberbietbare Verwirklichung.

Gewiß, die Offenbarung ist mit dem Tod des letzten Apostels abgeschlossen, aber der Heilige Geist wirkt weiterhin, nicht weil sich Gottes Wort weiter entfaltet, sondern »ad directionem actuum humanorum«, wie Thomas von Aquin lehrt[174], um also dem Fortschritt im Leben des einzelnen Christen zu dienen. Aber hier bedarf es nochmals einer wichtigen Differenzierung. Das Leben der Kirche ähnelt in keiner Weise dem, wie Israel in der Geschichte seinem Gott begegnet; denn seit dem Kommen Christi kann es nichts mehr geben, was absolut neu ist. Auch wenn am Ende der Zeiten der Schleier, der auf den sichtbaren Zeichen liegt, genommen ist, wird die Wirklichkeit dann keineswegs größer sein als jene, die jetzt schon, wenn auch verborgen, in der Feier der Liturgie gegenwärtig ist. Die himmlische Liturgie ist die gleiche, die von der Kirche hier und jetzt gefeiert wird. So verkündet die Kirche in ihrer Liturgie die Gegenwart jenes Mysteriums, das in und mit Christus seine Verwirklichung und Vollendung gefunden hat.

Damit läßt sich ein Aspekt im Verständnis des menschlichen Daseins vertiefen, von dem schon die Rede war. Während in der Menschwerdung des Gottessohnes das Ewige in die Geschichte eingetreten ist, wird diese durch Auferstehung und Himmelfahrt in die Ewigkeit aufgenommen: »Durch das Grab hindurch [...] ist Geschichte in ihm zur Ewigkeit geworden.«[175] Der Auferstandene nimmt »gewissermaßen

---

der Logos die Schöpfung unterworfen und in sich aufgenommen hat.

[174] Vgl. Thomas von Aquin, S.th. 1,1 q.174,6.

[175] R. Schneider, Der Priester im Kirchenjahr. Freiburg 1946, 53.

das innerste Leben der Erde, der Schöpfung, mit, an der er teilgehabt hat«[176]. Der zum Himmel Gefahrene hat die Zeit fortan für immer in sich, ohne sich vom Gelebten je zu trennen. Dadurch, daß der auferstandene Gottessohn die Zeit in seine Verherrlichung beim Vater mitgenommen hat, gibt es für den, der glaubt, kein quantitatives, chronologisches Zeitverständnis mehr. Seit der Auferstehung und Himmelfahrt ist alles ewigkeitsfähig, aber auch ewigkeitshaltig.
Die Geschehnisse unmittelbar nach der Auferstehung sagen Entscheidendes über den zum Vater heimgekehrten Herrn im Himmel, wie auch über sein neues Verhältnis zur Welt und zur Zeit. Die 40 Tage nach Ostern mit ihren Ereignissen bedeuten die abschließende Vergöttlichung seiner Sendung und enthalten ihr Hinüber in die Ewigkeit des Vaters. Ohne die Himmelfahrt wäre das Leben Jesu den historischen Gesetzmäßigkeiten unterworfen geblieben, als gäbe es für immer wirklich ein »heiliges Land« mit heiligen Stätten; nicht zuletzt blieben die Zeitgenossen Jesu gegenüber den Späteren bevorzugt. Doch mit seiner Auferstehung und Himmelfahrt hat dies alles universale Dimensionen angenommen, es bleibt zu jeder Zeit wie auch an jedem Ort gegenwärtig. In der Verkündigung und Auslegung der Heiligen Schrift wie auch in der Feier des Herrenjahres und der Eucharistie kommt das zum Vater heimgekehrte Wort erneut zu den Menschen und ist unter ihnen gegenwärtig.
In der Zeit der 40 Tage vor der Himmelfahrt gibt es viele Zeichen, in denen das öffentliche Leben auf die Ebene der Auferstehung überführt wurde. Nach der Auferstehung des Herrn beginnt die Zeit, in der die Kirche nun selbst das öffentliche Leben des Herrn neu zu leben hat. Das Reden vom Reich Gottes ist die Rede des Logos, und der Logos ist Licht und Leben, und er ward das Leben der Menschen. Seine ganze Existenz wird umgeformt zur neuen Darstellung der Lebensform des Herrn. In diesem Sinn ist das Herrenjahr das je neu

---

176 Ebd., 55.

gelebte Leben Christi im Leben der Kirche und jedes Menschen. So wird die Himmelfahrt des Herrn für jeden Menschen zur Stunde der Enteignung des eigenen Lebens in die neue Form des Glaubens, nämlich in das Leben Christi. Der Mensch kann das Evangelium nicht mehr nur fromm betrachten und danach sein Leben einrichten; er wird vielmehr von innen her enteignet, indem das Leben des Menschensohnes zur Form seines eigenen Lebens wird, es ergreift und wandelt.

Dies hat seine Bedeutung für das Verständnis der liturgischen Feste. In der Mitfeier des Herrenjahres findet sich der Gläubige in bestimmten Formen und Zeiten des Herrenjahres wieder (z.B. Advent oder Osterzeit), ohne über diese verfügen zu können. Der Prozeß der Wandlung, der im Ablauf des liturgischen Jahres anhebt, bleibt nicht individualistisch und subjektiv, vielmehr sieht sich der einzelne mit seinem Leben hineingenommen in einen Verwandlungsprozeß, der sein Dasein, aber auch die ganze Schöpfung und Geschichte betrifft.[177]

---

[177] Dies zeigt sich an Franziskus. Der Gekreuzigte kann das leibliche Zeichen seines Kreuzes in ihn »eindrücken«, weil dieser selbst schon zu einem »Ausdruck« der Liebe des Gekreuzigten geworden ist: »So trug der Diener des Herrn an seiner Brust expresse impressam similitudinem Crucifixi.« Das geschaffene Bildsein des Menschen konkretisiert sich also im angleichenden Bildwerden, ja noch mehr: Passive Analogie vollendet sich in der aktiven. Im Glauben ganz auf Christus bezogen und nach seinem Bild geformt, wird Franziskus nun selbst zur *expressio expressa*: Was alle Dinge verkünden, geschieht jetzt an Franziskus am transparentesten. Nicht drei Stunden, zwei Jahre lang darf Franziskus der Erde neu die Erkenntnis der Erlösung vorhalten, und was er ein Leben lang durch Entsprechung zum Menschensohn eingeübt hat, wird nun zur Verwandlung als Vergegenwärtigung des Gekreuzigten in irdischer Leiblichkeit. In der Gestalt des Franziskus erkennt die Erde ihr Urbild wieder, ja am Leib dieses Heiligen wird die Erde nun wieder selbst zum Bild, trägt sie doch fortan die Wundmale des Gekreuzigten. Selber ein signatus geworden, erreicht Franziskus die höchstmögliche Verähnlichung mit Gott, denn er ist dem Menschensohn gleichgestaltet. Vgl. hierzu ausführlich M. Schneider, »Christus ist unsere Logik!« Zur Verhältnisbestimmung von Theologie und Nachfolge bei Bonaventura, Köln 1999; hier auch die nötigen Belege.

Deshalb ist es dem Glaubenden versagt, aus einer angeblich unerfüllten Zeit in eine erfülltere Vergangenheit und Zukunft oder in einen ewigen Augenblick zu fliehen: »er verlöre mit der fahrengelassenen, geringgeschätzten Gegenwart auch die ihr einwohnende Ewigkeit [...], nur im Hodie fallen Zeit und Ewigkeit zusammen«[178]. Solches geschieht unter den geheimnisvollen Zeichen der Sakramente. Die Vereinigung des einzelnen mit Gott und die Gemeinschaft aller Menschen in Christus ist sakramentaler Natur[179]: In den Sakramenten dauert die Fleischwerdung des Logos an, aber eben im Zeichen des Mysteriums.

In der Feier der Sakramente wird das Geheimnis der Inkarnation des Wortes zum Mysterium der ganzen Menschheit und Schöpfung; alles ist in Gott hineingenommen. Am Ende aller Zeiten wird die neue Geschichte, die unter den Zeichen der Sakramente beginnt, offenkundig und den ganzen Kosmos erfassen. Menschheit und Schöpfung sind dann letztlich nur er allein, Christus.

b. Ursprung aller Liturgie

Wie deutlich wurde, bildet das Zentrum des christlichen Geschichtsverständnisses die Auferstehung und Himmelfahrt des Herrn. In diesen beiden Ereignissen der Heilsgeschichte sind alle Verheißungen des Vaters erfüllt (Apg 13,32), und als solche werden sie zum Ursprung der Liturgie. Was immer Gott an Heil dem Menschen eröffnet hat, ist mit der Auferstehung und Himmelfahrt des Herrn zur Liturgie geworden. So kann Papst Leo der Große über die Sakramente sagen: »Was an Christus sichtbar war, ist nun übergegangen auf die Sakramente der Kirche.«[180] Paul Evdokimov kommentiert: »Mit dem

---

178 H.U. von Balthasar, Das Ganze im Fragment, 355.

179 Im Christentum gibt es kein auserwähltes Volk, auch identifiziert sich die Kirche nie mit einer Nation oder einem Volk, alles bleibt auf die Berufung von einzelnen im Leben mit Gott und der Kirche ausgerichtet.

180 Leo der Große, Sermo 74 (De ascens., 2): »quod itaque Redemptoris nostri conspicuum

'Übergang zum Vater' hat Christus seine Mission beendet, und dennoch versichert er: 'ich werde kommen, ich werde sprechen' (Joh 17, 4; Mt 16,18). Christus ist nicht abwesend von seinem Leib, der sich bildet, aber die Art und Weise seiner Gegenwart ist verschieden: Er kommt und ist gegenwärtig im Heiligen Geist. Nach Nikolaus Kabasilas: 'Die Sakramente: hier ist der Weg [...], die Türe, welche er öffnete ... Indem er auf diesem Weg und durch diese Türe zurückkommt, kommt er wieder zu den Menschen.' Christus kommt in den Sakramenten: es ist dies die sakramentale Gegenwart, welche an der Epiklese hängt.«[181]

Mit der Auferstehung und Himmelfahrt des Menschensohnes wird die Heilsökonomie zur Liturgie. Fortan ist der lebendige, zum Vater heimgekehrte Christus »nicht hier«. Auferstanden erfüllt er alles mit seiner universalen Gegenwart. Dumitru Staniloae schreibt hierzu: »Wenn er sich uns nicht in der Eucharistie hingeben würde, würde der Sohn Gottes zeigen, daß er nach der Auferstehung wieder Abstand von uns und der Welt nehmen will.«[182] Die Himmelfahrt ist aber eine anhaltende progressive Bewegung, »vom Aufgang zu je neuem Aufgang«, wie Gregor von Nyssa[183] sagt. Von dieser progressiven Bewegung heißt es im Wort der Engel an die Männer von Galiläa: »Warum steht ihr da und blickt zum Himmel hinauf? Der hinweggenommen wurde, der gleiche Jesus wird ebenso, auf die gleiche Art, wiederkehren, wie ihr ihn zum Himmel fahren seht« (vgl. Apg 1,11). Diese Auffahrt nimmt die Wiederkunft nicht vorweg, aber der Auferstandene und zum Vater Heimgekehrte ist immerfort am Kommen, bis daß er alles mit sich erfüllt hat (Eph 4,10).

---

fuit, in sacramenta transivit«.

181 P. Evdokimov, L'Orthodoxie. Paris 1959, 196.

182 D. Staniloae, Die Eucharistie als Quelle des geistlichen Lebens. Köln 1979, 18.

183 Gregor von Nyssa, 8. Homilie über das Hohelied (PG 44,941C).

In einer bestimmten Hinsicht konnte Jesus die volle Reife seiner vergöttlichenden Macht nicht schon während seines Erdenlebens erreichen: Er war in seinen zeitlichen und sozialen Beziehungen eingegrenzt. Diese Grenzen sind seit der Auferstehung überstiegen, er ist nun immerfort und überall gegenwärtig. Das besagt für die Feier der Eucharistie: »Ohne diesen Glauben an den in der Liturgie gegenwärtigen Auferweckten wäre die Eucharistie nichts anderes als 'Totenkult' und ein weiterer Ausdruck 'unserer Trauer über die Allmacht des Todes' in der heutigen Welt.«[184] Mit der Auferstehung und Himmelfahrt sind aber die Grenzen der Zeit und des Ortes überwunden. Insofern ist der Leib Christi erst mit seiner Auferstehung und durch seine Himmelfahrt im vollen Sinn sakramental: Der auferstandene und erhöhte Herr geht in seine Mysterien ein. Genauer gesagt heißt dies: Obschon von der Menschwerdung an Sakrament, vollständig und grenzenlos offenbar ist Christus es erst seit seiner Auferstehung und Himmelfahrt; fortan ist er für immer das universale Sakrament der Kommunion zwischen Gott und den Menschen.

Manche stellen sich vor, Christus, das Sakrament des Heils für die Menschen, weile irgendwo droben, die Kirche hingegen sei ein anderes Sakrament hienieden, schließlich gäbe es noch die Sakramente der Kirche, die von Zeit zu Zeit gefeiert werden. Aber dieses Schema führt zu einer Spaltung zwischen Liturgie und Leben. Dem gegenüber ist zu betonen, daß es nur einen Leib Christi und ein einziges großes Sakrament gibt. Das alles umfassende »Werk« des Auferstandenen, in dem der Vater und der auferstandene Sohn »immerfort« für uns am »Wirken« sind (Joh 5,17), bildet jene »Liturgie«, in der die Menschheit des inkarnierten Wortes zusammen mit dem Vater die himmlische Liturgie heraufführt: »Denn wir haben einen solchen Hohenpriester, der sich zur Rechten des Thrones der Majestät im

---

184 K. Koch, Fenster sein für Gott. Unzeitgemäße Gedanken zum Dienst in der Kirche, Fribourg 2002, 116; zitiert J. Ratzinger, Zur Gemeinschaft gerufen. Kirche heute verstehen, Freiburg 1991, 70.

Himmel gesetzt hat als priesterlicher Diener« (Hebr 8,1-2). Die ewige Liturgie, die mit der Menschwerdung, Auferstehung und Himmelfahrt des Menschensohnes ihren Anfang nimmt, hört, da der Leib des Herrn unvergänglich bleibt, nie auf.

An dieser Stelle unserer Überlegungen läßt sich noch besser erfassen, wovon schon kurz die Rede war. Denn mit der Auferstehung Jesu und seiner Heimkehr zum Vater endet, so wurde deutlich, die Heilsgeschichte. In Christus ist die göttliche Offenbarung abgeschlossen[185] und somit auch die Geschichte des Menschen letztlich beendet, so daß Paulus fragen kann: »Er, der seinen eigenen Sohn nicht schonte, sondern ihn für uns alle hingegeben hat, sollte er uns in ihm nicht alles schenken?« (Röm 8,32). In dieser Hoffnung und Zuversicht erwartet, wer an Jesus glaubt, sein Kommen in Herrlichkeit. Nicht aber der Ablauf der Zeit bringt diesem göttlichen Ereignis näher, handelt es sich doch um kein künftiges Geschehen, vielmehr ist schon alles gegenwärtig, was in Zukunft enthüllt wird. Die glorreiche Wiederkunft Christi bringt nicht grundsätzlich Neues, sondern offenbart, was schon jetzt gegenwärtig ist. Auch erwarten die Christen von den letzten Zeiten keinen Zuwachs im Mysterium des Glaubens, wohl aber dessen Enthüllung. Das Wort Gottes, wie es im Neuen Testament aufgeschrieben ist, enthält keine prophetische Verheißung, welche erst in der Zukunft ihre Erfüllung finden wird; alles ist in Christus für immer ausgesprochen und verwirklicht, »inkarniert«. In diesem Sinn gibt es nach dem Kommen des Menschensohnes keinen Fortschritt der Geschichte mehr, in Christus hat die Welt die Fülle der Zeiten erreicht. Aufgabe des Menschen ist, im Glauben das Wort Gottes je neu und immer tiefer zu erfassen und im eigenen Leben authentischer auszulegen, indem er sich von ihm durchdringen läßt.

---

[185] Genauer gesagt, ist erst mit dem Tod des letzten Apostels die Offenbarung abgeschlossen, aber damit auch die Geschichte, insofern sie ein Weg und eine Entfaltung im Nacheinander von zeitlichen Abläufen ist.

Das Wort, das Gott heute spricht, ist das gleiche wie jenes, das schon von Anfang an in der Kirche gegenwärtig ist und alle Zeiten erfüllt. Deshalb können auch Privatoffenbarungen und innere Einsprechungen dem göttlichen Wort nichts hinzufügen, sie sind Interpretation der schon ergangenen Offenbarung in Christus. »Fortschritt« im Glauben durch neue private Offenbarungen kann es nur in dem Sinn geben, daß der Mensch sich immer mehr von der Aktualität des göttlichen Wortes ergreifen läßt und es in seinem Leben realisiert.[186] Bei

---

[186] Die Erscheinungen und Privatoffenbarungen sind als «einbildliche Visionen» zu verstehen. Dies meint, daß sie - sind sie echt - von Gott in der Vorstellungskraft der Visionäre hervorgerufen werden. In diesen Erscheinungen kommt Maria nicht wirklich vom Himmel, und doch hat der Visionär den Eindruck, daß sich die Gottesmutter traurig zeigt, weint oder die Kleider wechselt. Auch ein «Jesuskind» kann es nicht mehr geben. Alle diese Erscheinungen spielen sich in der «Einbildungskraft» der Visionäre ab. Bei den einbildlichen Visionen (sofern sie echt sind) handelt es sich nicht um leere «Einbildungen». Vielmehr scheint es so zu sein, daß diese inneren Vorstellungsbilder, die von den Visionären durchaus wie im Außenraum gegebene Realitäten empfunden werden, von Gottes Einwirken herkommen - samt den Worten, die von diesen Personen gesprochen werden. Von da her wird verständlich, daß die Vision in der Einbildungskraft des Visionärs - außer von der göttlichen Berührung - von vielen anderen Faktoren mitbedingt ist. Die psychologische Eigenart des Visionärs, seine vorausgehenden Kenntnisse und Erfahrungen, machen sich hier bemerkbar. Nüchternheit gegenüber den Privatoffenbarungen und Skepsis gegenüber umlaufenden Prophezeiungen von Katastrophen und Weltuntergängen sind durchaus am Platz. Denn die umfassende und unüberholbare Offenbarung ist in Jesus Christus an uns ergangen. Alle Verheißungen können nicht sicherer sein als die Worte Jesu, daß, wer in ihm bleibt, das ewige Leben hat. Für die Auslegung von Privatoffenbarungen gelten ähnliche Prinzipien wie für die Auslegung der biblischen Offenbarung. So wie die Bibel nicht für die Unfehlbarkeit naturwissenschaftlicher oder historischer Aussagen garantiert, auf dieser Ebene sogar Irrtümer enthält, so können derartige Irrtümer auch in Privatoffenbarungen enthalten sein. Dies macht die Aufgabe der Unterscheidung unerläßlich. Grundsätzlich läßt sich sagen: In der Menschwerdung Gottes, im Leben und Wirken Christi und besonders in seinem Sterben am Kreuz verheißt Gott den Menschen sein Heil und schenkt ihnen Gemeinschaft mit sich selbst, also Anteil an seinem göttlichen Leben. Dies ist in Jesus Christus ein für allemal und in unüberbietbarer Weise zum Ausdruck gekommen. An dieser Wahrheit wird sich auch in alle Zukunft nichts ändern. Deshalb ist es nicht möglich, daß Gott nach Christus neue Offenbarungen schenkt, die gegenüber dem Evangelium etwas grundsätzlich Neues bringen oder daran etwas ändern. - Vgl. hierzu ausführlich M. Schneider, Mystik, 40-58.

Johannes Cassian heißt es hierzu: »Der Mönch, sagte der Abt Isaak, der von dieser Nahrung belebt ist und nicht abläßt, sich ihrer zu bedienen, wird so sehr von allen in den Psalmen ausgedrückten Gefühlen durchdrungen, daß er sie von da an nicht mehr rezitiert, als seien sie von alten Propheten verfaßt, sondern als habe er selbst sie geschrieben ... Was sie ausdrücken, hat sich nicht nur einmal in der Person des Propheten erfüllt, sondern es erfüllt sich täglich in dem Mönch selbst. Tatsächlich offenbaren uns die göttlichen Schriften dann am klarsten ihren innersten Gehalt, wenn wir nicht nur ihren Sinn erkennen, sondern dieser Kenntnis durch die von uns selbst gemachten Erfahrungen zuvorkommen ... Wenn wir von unserem eigenen Gefühl lernen, dann ist alles das, was uns die Psalmen sagen, nicht wie etwas, was wir nur vom Hörensagen wissen, sondern eine Wirklichkeit, die wir mit der Hand berühren, da wir sie selbst erfahren haben. Was die Heilige Schrift uns sagt, ist nicht unserer Erinnerung anvertraut, sondern wir bringen es aus dem Grunde unseres eigenen Herzens hervor.«[187]

In der Geschichte des Christentums gibt es kein Ereignis, das restlos neu wäre. Insofern ist es falsch bzw. mißverständlich, von einer »Geschichte« der Kirche zu sprechen, nimmt sie doch heute an demselben Geheimnis Christi teil wie an Pfingsten. Gewiß, Gottes Wort ist heute in einer neuen Inkarnation gegenwärtig, aber dieses »Neue« vermag bereits erreichte Ziele und Etappen der christlichen Heils- und Glaubensgeschichte nicht zu überholen. Fortschritt im Leben der Kirche und des Glaubens gibt es einzig im Sinn eines immer tieferen Eintauchens des Menschen und der Schöpfung in das Mysterium des Glaubens und der Kirche, welche die Gegenwart des göttlichen Mysteriums für die Menschen ist.

Diese Sicht der Kirche in der Heilsgeschichte läßt den Dienst des kirchlichen Lehramtes genauer erfassen: Was in der Offenbarung Er-

---

[187] Johannes Cassian, Conl. X,11.

eignis wird, wird im Lehramt zum »Dogma« als der immer geistlicheren Exegese der Heiligen Schrift. Ein solches Verständnis des Dogmas und damit auch der Heiligen Schrift und ihrer Verortung in der Geschichte des Glaubens läßt einen weiteren Wesenszug christlichen Lebens erkennen. Abraham, Mose, Jesaja und Jeremias wurden berufen wie die aufeinanderfolgenden Tage einer neuen Schöpfung im Fortgang der Geschichte; auch Johannes, Andreas, Petrus und Paulus sind berufen worden. Aber nach Christus gibt es keine Entfaltung mehr, weil alles vollendet ist; keinem wird es gelingen, über die Erfüllung in Christus hinauszugelangen. Seit seinem Kommen besteht das geistliche Leben dessen, der ihm nachfolgt, darin, im eigenen Dasein die Beziehung des Sohnes zum Vater nachzuleben. So ist in jedem einzelnen, wenn auch auf verschiedene Weise, der Eine Priester, der eingeborene Sohn des Vaters, gegenwärtig: Jesus übersetzt sein Wort in das Leben des einzelnen (vgl. Lk 12,11f.), bis daß es das Wort dieses einzelnen selbst zu sein scheint (vgl. Joh 16,12-14).[188] Geschichte im Glauben ereignet sich somit als Teilhabe am Leben und Geheimnis Jesu. Gottes Wort ist kein abstraktes Gebot, wie eine

[188] Diese Identität wird besonders deutlich im Leben der Heiligen, vor allem gerade in Franzsikus. An seinem Leib, in der Armut seines Sinnes ist die Erde wieder zum Bild geworden, beschenkt mit den dem Fleische eingeprägten Wundmalen des Gekreuzigten, so daß sich eine neu anbrechende Zeit vor einer gewesenen im Bilde des Franziskus erkannte. In der Gestalt des Franziskus erkennt die Erde ihr Urbild wieder, ja, am Leib dieses Heiligen wird die Erde nun wieder selbst zum Bild, trägt sie doch fortan die Wundmale des Gekreuzigten. Selbst ein signatus geworden, erreicht Franziskus die höchstmögliche Verähnlichung mit Gott, denn er ist dem Menschensohn gleichgestaltet. Diese Gleichförmigkeit mit Christus ist unter den Menschen besonders in Franziskus sichtbar. Sein Leben endete nicht im Martyrium, wie er es sich gewünscht hatte, sondern in der völligen Gleichförmigkeit mit dem Gekreuzigten. Sinn menschlichen Lebens ist, nur Zeichen zu sein, und das alles im erdnahen Kontakt, so wie Franziskus gerade in der Handgreiflichkeit des Kontakts mit den Wunden in die Ekstase gerissen wird. Der Verzicht auf eigenmächtige zugreifende Erfahrung ist die einzig mögliche Vorbereitung auf die Erfahrungen, die das inspirierende Wort von sich aus vermittelt. - Vgl. hierzu M. Schneider, »Christus ist unsere Logik!« Zur Verhältnisbestimmung von Theologie und Nachfolge bei Bonaventura, Köln 1999.

Normgröße umzusetzen, es sucht in je neuer Einmaligkeit konkret Gestalt anzunehmen im Leben dessen, der Jesus Christus nachfolgt. Damit ergibt sich ein weiterer geschichtstheologischer Aspekt der Eucharistie. Das liturgische Wort »Hoc est corpus meum« erneuert nicht den Akt der Inkarnation, es setzt ihn auch nicht fort, sondern vergegenwärtigt die Inkarnation so, daß es das Leben jedes Menschen in die göttliche Hochzeit einführt, die mit dem Kommen Christi anhebt. Die Gegenwart der Inkarnation im Mysterium der Eucharistie ist insofern keine Fortsetzung der Menschwerdung des Gottessohnes, als sie nicht in der einen Natur des fleischgewordenen Logos geschieht, sondern in der ganzen menschlichen Natur, die vom Logos in seinem Leib angenommen wird.

Um so erstaunlicher ist, wie Michael Figura[189] bemerkt, daß die Eucharistie als der höchste Lebensvollzug der Kirche weder im Apostolicum noch im Nicaeno-Constantinopolitanum genannt wird. Gewiß, sie ist in der »communio sanctorum« mitgemeint, doch wird im Credo von 381 nur die Taufe erwähnt, nicht die Eucharistie oder die Gemeinschaft der Heiligen. Schon in der frühen Kirche wird der Zusammenhang bzw. die Übereinstimmung zwischen der Inkarnation und der Eucharistie hervorgehoben. Indem das Nizaenum seit dem 5. Jahrhundert in der Eucharistie gesprochen wird, wird die Fleischwerdung des Gottessohnes als im Sakrament der Eucharistie vergegenwärtigt gesehen: »Noch das Credo, z.B. in sämtlichen Mozart-Messen, hat vor dem 'Et incarnatus est' eine lange Pause, damit sich die Gläubigen, auch kniefällig, an die Gegenwart Christi im Meßopfer erinnern mögen ... Erst seit dem Mittelalter mit seiner Passionsmystik und seit der Reformation mit ihrer Kreuzestheologie bekam in der westlichen Theologie die Erklärung des Altarsakra-

[189] Zu den folgenden Ausführungen M. Figura, Eucharistie als sakramentale Inkarnation, in: IKaZ 32 (2003) 43-58. Auch H. de Lubac, Corpus Mysticum. Kirche und Eucharistie im Mittelalter. Eine historische Studie, übertragen von H.U. von Balthasar, Einsiedeln 1969.

ments eine stärker passionstheologische Ausrichtung.«[190] Inkarnation, Eucharistie und Kirche sind der »dreifache Leib Christi«.[191] Nicht nur in der Brotrede von Joh 6,57f. erscheint die Eucharistie als sakramentale Vergegenwärtigung der Inkarnation, vielmehr erscheint in diesem Kapitel des Johannesevangeliums die Menschwerdung auf die Eucharistie hinzustreben und sich in ihr zu vollenden. Die Eucharistie gibt am Geheimnis der Inkarnation Anteil. Figura resümiert seine Studien zu den griechischen Vätern, daß für sie »die 'Wandlung' im Mutterschoß, in welcher der ewige Logos durch Überschattung des Heiligen Geistes aus der Jungfrau Mensch wird, die Wandlung von Brot und Wein in den Leib und das Blut Jesu Christi vorwegnimmt.«[192] Die Klementinische Liturgie erwähnt die Inkarnation vor der Konsekration, weil in der Eucharistie das ganze Christusgeheimnis gegenwärtig wird. Wie der Logos menschlichen Leib annahm, so möge er im Heiligen Geist auch Brot und Wein in den Leib und das Blut Christi wandeln.

Der Leib des auferstandenen Christus ist von dem der Kirche nicht mehr zu unterscheiden; durch die Gegenwart des Auferstandenen im Mysterium der Eucharistie baut sich der »ganze Christus« auf. Die Kirche als der mystische Leib Christi geht der Kirche als Communio aller Gläubigen ebenso voraus, wie im Mysterium der Eucharistie die Wandlung der Kommunion vorausgeht. Indem die Inkarnation des Menschensohnes die ganze Schöpfung in sich einbezieht und ihr vollends Anteil am Mysterium seines Todes und der Auferstehung schenkt, ist die Vollendung da. Dazu heißt es im ersten Korintherbrief: »Wenn ihm aber alles unterworfen ist, dann wird der Sohn selbst sich dem unterwerfen, der ihm alles unterworfen hat, auf daß

190 R. Staats, Das Glaubensbekenntnis von Nizäa-Konstantinopel. Historische und theologische Grundlagen, Darmstadt 1996, 317.

191 Auch H. de Lubac, Corpus Mysticum, 40.

192 M. Figura, Eucharistie als sakramentale Inkarnation, 50f.

Gott alles in allem sei« (vgl. 1 Kor 15,23-28).
Was also in den Sakramenten als Teilhabe am Paschamysterium beginnt, erhält seine letzte Enthüllung am Ende der Zeiten, wenn alles Geschaffene endgültig in die Herrlichkeit Gottes verwandelt wird: »Dann wird das in den Logos aufgenommene Universum das Wort sein, das für ewig die Glorie Gottes besingt. Solange sich diese Aufnahme aller Dinge in Christus noch nicht vollzogen hat, richtet sich das Wort Gottes an den Menschen. Aber wenn alle Menschen, und in gewisser Weise das ganze Universum, durch das Wort in die Inkarnation einbezogen sein werden, dann wird das Universum sich in dem *Wort* an den Vater wenden.«[193]

c. Mysterium der Wandlung

Es gilt nun, den Prozeß dieser Umwandlung von Kosmos und Geschichte in ihre letzte Vollendung genauer zu betrachten und zu erwägen. Auszugehen ist nochmals von der Menschwerdung des Gottessohnes. Dumitru Staniloae gibt mit Recht zu bedenken: »Die menschliche Natur wurde zuerst in Christus verklärt. Also besteht der Grund der Verklärung, die in der Auferstehung zur Vollendung kommt, in der Menschwerdung des Gottessohnes. Wenn die Menschwerdung des Gottessohnes vom Heiligen Geist deswegen vollzogen wurde, damit der Sohn durch den Heiligen Geist mit dem Menschen in Verbindung trete, und wenn in der Auferstehung die menschliche Natur Christi vom Heiligen Geist erfüllt wurde, dann gelangt in der Auferstehung die Ausstrahlung des Geistes Christi in den glaubenden Menschen und in allen Dingen, die ihm gehören, zur höchsten Fülle.«[194]

---

[193] D. Barsotti, Christliches Mysterium und Wort Gottes. Einsiedeln 1957, 314f.

[194] D. Staniloae, Die Eucharistie als Quelle des geistlichen Lebens (= Koinonia - Oriens 2). Köln 1979, 6 f.

Es wurde schon deutlich: Das Leben Jesu ist eine einzige große Inkarnation und deren immer umfassender werdende Verwirklichung. Jesu Sterben bedeutet die Kulmination seiner Menschwerdung. In der Theophanie der Inkarnation verschmelzen seinshaft beide Welten, Himmel und Erde. Aufgrund der universalen Bedeutung der Menschwerdung muß das Offenbarungsgeschehen in Christus als das einzig wirklich »historische« Geschehen angesehen werden. So hat der einzelne in den Ereignissen des Lebens und der Geschichte seine eigene Existenz in die Beziehung und Abfolge jener Ereignisse zu stellen, wie sie sich im Leben Jesu ereignet haben.
Doch die göttliche Offenbarung ist mit der Auferstehung und Himmelfahrt nicht abgeschlossen. Mit Pfingsten setzt in einem gewissen Sinn eine neue Offenbarung ein, nämlich die des Heiligen Geistes. Zwischen Inkarnation, Erlösung und Auferstehung einerseits und Pfingsten andererseits besteht ein unendlicher Unterschied. Es gibt den Aspekt der Erfüllung und den der Vollendung, und beide gilt es zu unterscheiden: Was in der Inkarnation erfüllt wird, ist an Pfingsten vollendet. Was dort ein für allemal geschieht, nimmt an Pfingsten persönlich Gestalt an und wird in der Zeit aktuell gegenwärtig gesetzt im Leben jedes Christen. Vladimir Lossky unterscheidet hier »den christologischen Aspekt, einen objektiven und permanenten Charakter der christlichen Gemeinschaft im Christusereignis, und den pneumatologischen Aspekt, die persönliche Vereinigung des Menschen mit Gott auf existentielle Weise, welcher der Kirche einen dynamischen Charakter verleiht«[195]. Und in seinem Buch mit dem vielsagenden Titel »Nach dem Bilde und der Ähnlichkeit Gottes« führt Lossky aus: »Die Kirche ist das Werk des Sohnes und des Heiligen Geistes, welche vom Vater in die Welt gesandt worden sind. Wenn sie die neue Einheit der durch Christus gereinigten menschlichen Natur, den einen Leib Christi, bilden, so ist sie auch die Viel-

[195] R. Hotz, Sakramente, 224.

zahl der Personen, von denen jede die Gabe des Heiligen Geistes erhält. Das Werk Christi hat die gemeinsame Natur als Objekt, sie ist es, die in Christus losgekauft, gereinigt und neugeschaffen wurde. Das Werk des Heiligen Geistes wendet sich an die Personen, indem es jeder menschlichen Hypostase in der Kirche die virtuelle Fülle der Gnade mitteilt und aus jedem Glied des Leibes Christi einen Mitarbeiter (synergos) macht, der Gottes bewußt ist ... Das Erlösungswerk des Sohnes bezieht sich auf unsere Natur; das vergöttlichende Werk des Heiligen Geistes wendet sich an uns Personen. Aber die beiden sind untrennbar, das eine ohne das andere undenkbar, denn sie bedingen sich gegenseitig, sind eins im anderen gegenwärtig und schließlich nur eine einzige Heilsökonomie der heiligen Dreifaltigkeit, vollendet durch zwei göttliche Personen, die vom Vater in die Welt gesandt worden sind.«[196] Die Gemeinschaft, die durch das Kommen des Menschensohnes zwischen Haupt und Leib eröffnet ist, ebenfalls gewirkt im Heiligen Geist, wird an Pfingsten in der Kirche zur Vollendung geführt.[197]

Hierzu heißt es am Pfingsttag in der byzantinischen Liturgie: »Die Quelle des Geistes erschien den Erdenbewohnern und teilte sich

---

196 V. Lossky, A l'image et à la ressemblance de Dieu, 175.107; zitiert nach R. Hotz, Sakramente, 224. Erzpriester Pavel Florenskij kritisiert die vorschnelle Identifizierung des Werkes des Heiligen Geistes mit dem des erhöhten Herrn. Es darf mit Recht gefragt werden: »Was hindert eigentlich daran, die verschiedenen 'Energien' Gottes, die sich dem Menschen zu erkennen geben und mitteilen, ihn auf verschiedene Weise 'vergöttlichen', nicht exklusiv, aber als Eigentümlichkeit je einer der drei göttlichen Hypostasen zuzuordnen?« Vgl. P. Plank, Rez.: D. Wendebourg, Geist oder Energie, in: Ostkirchliche Studien (1984) 340.

197 Die Kirche ist eine Widerspiegelung der Trinität, wie Lossky weiter ausführt: »Die Kirche stellt gleichzeitig die Einheit der Natur und die Verschiedenheit der Personen entsprechend dem Bilde der Dreifaltigkeit dar. Wenn dem so ist, so erfordert dies in der Kirche eine andere Heilsökonomie als diejenige des Sohnes, welche die Einheit der Natur rekapituliert, eine Ökonomie nämlich, die sich an jede einzelne menschliche Person wendet, indem sie die Vielheit der Personen in der Einheit des Leibes Christi konsekriert. Das ist die Ökonomie des Heiligen Geistes, der Pfingstaspekt der Kirche« (V. Lossky, A l'image et à la ressemblance de Dieu, 187).

geistig in feuerflammende Ströme und übergoß lichtstrahlend die Apostel mit Tau. Zu einer Wolke von Tau ward ihnen das Feuer und zu einer regenspendenden Flamme, die sie erleuchtete. Durch sie haben wir in Feuer und Wasser die Gnade empfangen. Des Trösters Licht ist erschienen und hat die Welt erleuchtet.«[198] Die Pfingstpredigt des Apostels Petrus deutet die Ausgießung des Geistes als die Erfüllung aller göttlichen Verheißungen: »Hier geschieht das, wovon der Prophet gesprochen hat: Es wird geschehen in den letzten Tagen, spricht der Herr, daß ich von meinem Geist ausgieße über alles Fleisch. Alsdann werden eure Söhne und Töchter weissagen, die jungen Menschen werden Erscheinungen haben und die Greise Traumgesichte. Und ich, ich werde über meine Diener und Dienerinnen von meinem Geist ausgießen« (vgl. Apg 2,14-36, hier V. 16-18).
Pfingsten, der 50. Tag des Osterfestes, bedeutet nach den Regeln der alten Symbolik unüberbietbare »Fülle« (7x7 + 1). Pfingsten ist Ostern in (Über-)Fülle, in Vollendung. Am Tag von Pfingsten kommt das Osterfest an sein Ende, ohne etwas von seinem Glanz zu verlieren. Ostern gilt als »das Fest der Feste«, Pfingsten hingegen, wie Johannes Chrysostomus sagt, als »die Metropole, die Hauptstadt der Feste«, das größte Fest, das einzige Fest, das allen anderen ihren Festcharakter verleiht. In einer Pfingstpredigt heißt es bei Johannes Chrysostomus: »Heute endlich sind wir zur Höhe der Güter gekommen, gelangt zur Urheimat der Feste.«[199] Nicht anders lesen wir bei Augustinus in einer seiner Predigten: »Ostern war der Anfang der Begnadung, Pfingsten deren Krönung.«[200] Das Pfingstfest kann durch nichts anderes übertroffen werden, es gibt allem seine Gestalt und Lebendigkeit.[201]

---

198 Vgl. K. Kirchhoff, Osterjubel in der Ostkirche. Hymnen aus der fünfzigtägigen Osterfeier der byzantinischen Kirche. Zweiter Teil des Pentekostarion, Münster o.J., 184f.

199 Johannes Chrysostomus, Hom. in Sancta Pentecoste II (PG 50,463).

200 Augustinus, Sermo 43 (PL 28,1235ff.).

201 Olivier Clément beruft sich auf die Vätertheologie, wenn er schreibt: »Das Ziel der Inkarnation, des Kreuzes, der Auferstehung und Himmelfahrt des Herrn ist Pfingsten«

Nach Pfingsten, dem letzten und großen Tag, kehrt die Kirche in die Zeit des Alltags zurück, im Wissen, daß jede Zeit fortan Zeit nach Pfingsten ist. Deshalb rechnet die Ostkirche (und früher auch die Westkirche) alle Sonntage bis zur nächsten Osterzeit als »Sonntage nach Pfingsten«, denn die Kirche lebt in ihren liturgischen Vollzügen aus dem Geheimnis der Geistherabkunft. Sergej Bulgakov schreibt: »Die Kirche ist das Werk der Inkarnation Christi, sie ist diese Inkarnation: Gott assimiliert sich die menschliche Natur, und die menschliche Natur assimiliert sich das göttliche Leben; dies ist die Vergöttlichung (theosis) der menschlichen Natur, Konsequenz der Vereinigung der beiden Naturen in Christus. Aber das Werk der Durchdringung der Menschheit durch den Geist der Kirche hat sich nicht vermöge der Inkarnation allein oder durch die Auferstehung allein vollendet: 'Es ist gut für euch, wenn ich jetzt hingehe (zum Vater)' (Joh 16,7). Dieses Werk verlangte die Sendung des Heiligen Geistes, Pfingsten, welche die Verwirklichung der Kirche wurde.«[202]

Für die mystische Tradition der orientalischen Christenheit bedeutet Pfingsten das Hauptziel der Erlösung des Menschen, weil sich an Pfingsten etwas Neues vollzieht, das so noch nicht da war und durch nichts anderes übertroffen werden kann: Das Kommen des Heiligen Geistes an Pfingsten schafft ein »Mehr« gegenüber dem Wirken Christi. Vor seinem Heimgang zum Vater verheißt Christus seinen Jüngern das Kommen des Heiligen Geistes: »Ich sage euch die Wahrheit: es ist gut für euch, daß ich hingehe. Denn wenn ich nicht hingehe, kommt der Beistand nicht zu euch« (Joh 16,7). Der Heilige Geist fügt dem Wort Jesu nichts Neues hinzu, er teilt mit, »was er gehört hat« (Joh 16,13), aber er hört und bewahrt alles besser als die Menschen; unaufhörlich erinnert er sie an die Fülle der Erkenntnis und führt in die innigste Vereinigung mit dem auferstandenen Herrn: »Während

---

(O. Clément, A propos de l'Ésprit Saint, in: Contacts No. 85 [1974] 85).

202 S. Bulgakov, Pravoslavie. Paris 1965, 31f. (Übersetzung R. Hotz).

der irdischen Mission Christi vollzog sich die Verbindung der Menschen zum Heiligen Geist nur in Christus. Nach dem Pfingstfest hingegen vollzieht sich die Verbindung mit Christus nur im Heiligen Geist«; mit der Himmelfahrt endet die historische Sichtbarkeit des Herrn, »aber das Pfingstfest gibt der Welt die verinnerlichte Gegenwart Christi zurück und offenbart ihn jetzt nicht vor, sondern in seinen Jüngern«[203]. Der Heilige Geist führt »erinnernd« die Glaubenden in die Wahrheit ein und brennt alles fort, was die Menschen von Christus trennt. Denn der Heilige Geist trägt jenes Feuer in sich, das der Herr auf die Erde wirft (vgl. Lk 12,49), und erfüllt die Gläubigen mit aller Erkenntnis im Glauben, damit sie aus der Fülle des dreieinen Gottes leben. So pflanzt er die Kirche in das Leben der heiligen Dreieinigkeit als ihrem Fundament und Lebensquell ein, er bildet sie zu einer »Gemeinschaft, entsprungen aus der göttlichen Unveränderlichkeit und gleichförmig den himmlischen Geheimnissen«, wie Cyprian von Karthago sagt.[204]

Die Sendung des Heiligen Geistes an Pfingsten ist Quelle und Beginn der Kirche und ihrer Liturgie[205], aber auch allen geisterfüllten, geistlichen Lebens, wie Johannes Chrysostomus ausführt: »Gäbe es keinen Heiligen Geist, so könnten wir nicht sagen 'Herr Jesus'. 'Denn niemand kann sagen 'Herr Jesus' außer im Heiligen Geist' (1 Kor 12,3). Gäbe es keinen Heiligen Geist, so könnten wir Gläubige Gott nicht anrufen (Röm 8,15.26); wir sagen ja 'Vater unser, der du bist in den Himmeln'. Wie wir nun nicht 'Herr' sagen können, so können wir auch Gott nicht 'Vater' nennen. Woher wissen wir das? Vom Apostel, der da sagt: 'Da ihr aber Söhne seid, hat Gott den Geist

---

203 P. Evdokimov, L'Esprit Saint dans la tradition orthodoxe, 90.

204 Cyprian, De unitate eccl. 6 (PL 4,504).

205 »Das Leben der Kirche gründet«, wie G. Florovsky zutreffend bemerkt, »auf zwei korrelativen Mysterien, dem Mysterium des hl. Abendmahles und dem Mysterium von Pfingsten« (G. Florovsky, Le Corps du Christ Vivant, in: La Sainte Eglise Universelle. Neuchâtel-Paris 1948, 19.

Seines Sohnes in unsere Herzen gebracht, der schreit: Abba, Vater' (Gal 4,6). Wenn du [Gott] Vater nennst, so bedenke, daß du auf Antrieb des Heiligen Geistes dieser Anrede gewürdigt warst. Gäbe es den Geist nicht, so wäre das Wort der Weisheit und der Erkenntnis nicht in der Kirche; denn dem einen wird durch den Geist das Wort der Weisheit, dem anderen das Wort der Erkenntnis gegeben (1 Kor 12,8). Gäbe es keinen Heiligen Geist, so gäbe es keine Hirten und Lehrer in der Kirche; denn auch diese werden durch den Heiligen Geist [eingesetzt], wie Paulus sagt (Apg 20,28): 'In welcher euch der Heilige Geist zu Hirten und Bischöfen gesetzt hat'.«[206]

Damit läßt sich auch das Wirken des Heiligen Geistes in der Liturgie genauer erfassen. Die Worte der Epiklese lauten in der Chrysostomus-Liturgie: »So bringen wir dir diesen vernünftigen und unblutigen Gottesdienst dar und bitten und rufen und flehen dich an: Sende deinen Heiligen Geist auf uns und auf diese dargebrachten Gaben. Und mache dieses Brot zum kostbaren Leib deines Christus, und was in diesem Kelch ist, zum kostbaren Blut deines Christus, der du durch deinen Heiligen Geist die Verwandlung bewirkt hast.« Der universale Leib aller Gläubigen spricht diese Worte durch seinen Zelebranten, der das Haupt repräsentiert und das Erlösungsopfer für die ganze Welt und alle Menschen dieser Erde darbringt. Der Priester fleht in der ersten Person Plural: »*Wir* bitten dich, sende deinen Heiligen Geist auf uns und diese vorliegenden Gaben.« Die Epiklese ist kein Einzelakt des Priesters, sondern des ganzen versammelten Gottesvolkes: »Der Priester ruft zunächst zusammen mit der Gemeinde die Einsetzungsworte Christi in Erinnerung und tritt dann in ihrem Namen mit der Bitte vor Gott, daß er in der Kraft des Heiligen Geistes den verherrlichten Christus manifestiere. Der Heilige Geist ist es, der die dargebrachten Gaben zum Sakrament macht und mit der rettenden und heilenden Kraft erfüllt. Priester und Gemeinde treten

---

[206] Johannes Chrysostomus, De Sancta Pentecoste I (PG 50,458; übersetzt von K.C. Felmy).

miteinander vor Gott, damit der verheißene Geist sich einstelle.«[207] Es gibt keinen Zugang zum Vater außer durch den Sohn, und keinen Zugang zum Sohn außer durch den Heiligen Geist.[208] Durch ihn ist jedes Gebet, das in Übereinstimmung mit Gottes Plan steht, in gewissem Sinn schon im voraus erfüllt.[209] Ja, die Epiklese ist das stets erhörte Gebet.[210]

Es wäre ein Mißverständnis, nicht die Epiklese, sondern die durch den Priester wiederholten Worte der Einsetzung als die Mitte des Hochgebets anzusehen. Eine solche Sichtweise rückt die Repräsentation Christi in der Person des Priesters in den Vordergrund, wie wenn er an Christi Stelle die von ihm einst vollzogene Handlung in repräsentativer Weise von neuem durchzuführen hätte.[211] Gewiß, auch bei einer solchen Sichtweise könnte der Heilige Geist als der eigentliche Handelnde gelten; meist aber wird zu schnell von der

---

207 L. Vischer, Ökumenische Skizzen. Frankfurt/M. 1972, 46. Ein Grundgesetz der byzantinischen Liturgie wird darin deutlich, daß der Priester nie die erste Person Einzahl bei der Spendung der »mysteria« gebraucht, sondern er sagt »wir«. Das Volk pflegte die Epiklese ursprünglich mit einem »Amen« zu bestätigen. Dieser Grundzug kommt heute noch besonders deutlich bei der Verleihung eines kirchlichen Amtes zutage, aber auch in der römischen Liturgie mit der Antwort des Volkes: »Dank sei Gott!«.

208 Vgl. P. Evdokimov, L'Ésprit Saint dans la tradition orthodoxe. Paris 1969, 100f.

209 »Wenn zwei von euch auf Erden darin übereinstimmen, etwas zu erbitten, wird es ihnen zuteil werden von meinem Vater in den Himmeln« (Mt 18,19). »Wenn nun ihr, die ihr böse seid, euren Kindern gute Gaben zu geben wißt, wieviel mehr wird der Vater im Himmel den Heiligen Geist denen geben, die ihn darum bitten« (Lk 11,13). »Wenn ihr in mir bleibt und meine Worte in euch bleiben, bittet, um was ihr wollt, und es wird euch zuteil werden« (Joh 15,7).

210 R. Hotz, Sakramente, 229ff.

211 Im lateinischen Ritus spricht der Zelebrant »in persona Christi« stets in imperativer Art: »Ich taufe dich ...«, etc. Im byzantinischen Ritus (wie auch in den östlichen Kirchen ganz allgemein) wird der Gebrauch der Ich-Form sorgfältig vermieden und statt dessen - nach der Anrufung des Heiligen Geistes - ganz neutral das Geschehen der sakramentalen Handlung festgestellt: »Getauft wird der Knecht Gottes«, »Besiegelung der Gabe des Hl. Geistes«, »Gott vergebe es dir«, »Heile auch Deinen Knecht«, »Gekrönt wird der Knecht Gottes«, »Die Gnade des Hl. Geistes erhebt dich zum Diakon (Priester oder Bischof)«.

Konsekrationsvollmacht grundsätzlich auf die Rolle des durch sein apostolisches Amt autorisierten Priesters geschlossen. Ganz anders, sobald die Epiklese als das eigentliche Gebet der Anaphora angesehen wird.[212] Derselbe Geist, um den Christus vor seiner Himmelfahrt den Vater bittet, bewirkt die Gegenwart des Auferstandenen in den Sakramenten, speziell in der Eucharistie. Diese stellt ein fortwährendes Pfingstfest dar, denn in ihr empfangen die Gläubigen den himmlischen Geist, der sie in den »geistigen« Leib Christi integriert; sie alle erhalten so Anteil »an der Kommunion des Heiligen Geistes«.

Der Heilige Geist fügt die Gläubigen zu einer Koinonia zusammen, was aber nicht bedeutet, daß durch sein Wirken der einmalige Charakter des einzelnen aufgehoben wird. Eins in Christus, in dem alle füreinander Schwestern und Brüder sind, findet die Kirche gerade unter den Flammen des fortwährenden Pfingstfestes zur Verschiedenheit und Unterschiedenheit: »die Feuerzungen teilten sich und es setzte sich eine auf jeden unter ihnen«, als bzw. gerade weil sie »alle zusammen« waren (Apg 2, 1.3).

Dem Wirken des Heiligen Geistes ist es zuzuschreiben, daß Kirche und Eucharistie aufs engste zusammenhängen: Die Eucharistie enthält alle Mysterien in sich; durch sie wird die Kirche zum Leib Christi, nicht umgekehrt. Dumitru Staniloae führt hierzu aus: »Die Verwandlung des Brotes zum Leib und des Weines zum Blut des Herrn ist nicht mit der Umwandlung zu vergleichen, die in der Natur vorgeht; sie ist eine Wirkung des Heiligen Geistes, die wie alle Handlungen des Geistes eine Verklärung und eine Vergöttlichung der den Menschen umgebenden Natur erreicht und dies durch die Ausstrahlung der zuerst in dem menschlichen Wesen vorgenommenen Verklärung bewirkt. Und das geschieht, indem die Liebe Gottes zuerst

---

212 Beachtenswert ist, daß gerade die orientalischen Liturgien schon vor dem Einsetzungsbericht epikletische Gebete enthalten, die sich stufenweise bis zur eigentlichen Wandlungsepiklese (nach den Einsetzungsworten) erheben. Gleiches wird von römischer Seite aus heute zu sagen sein.

zum Menschen und wegen dieses Menschen und durch diesen auf alle ihm angehörigen Dinge sich ausbreitet. Darum beten wir in der Epiklesis, daß der Heilige Geist zuerst über uns, das heißt auf den Priester und die anwesende Gemeinde und dann auf die dargebrachten Gaben herabsteigen möge, weil ja diese von der Gemeinde dargebrachten Gaben die Gemeinde vertreten und von ihr als Nahrung angenommen werden.«[213] Es ist also keineswegs so, daß sich die Epiklese nur auf die Eucharistie oder gar nur auf die Wandlung der Gaben (Wandlungsepiklese) bezieht, sondern sie ergreift zuerst die versammelte Gemeinde.

Staniloae gibt auch die theologische Begründung für dieses Verständnis der Wandlung: »Der Heilige Geist hat zuerst den Leib Christi durch die Auferstehung verklärt, und darum wird diese Verklärung nicht über Brot und Wein als solchen vollzogen, sondern insofern sie die Gaben jener Gemeinde sind, die an Christus glaubt, damit Christus sich durch die verwandelten Gaben an die an ihn Glaubenden noch mehr hingibt. Durch den Glauben der Gemeinde an den auferstandenen Christus werden ihre Gaben in eine innere Verbindung zu Christus gebracht. Die menschliche Natur wurde zuerst in Christus verklärt. Also besteht der Grund der Verklärung, die in der Auferstehung zur Vollendung kommt, in der Menschwerdung des Gottessohnes. Wenn die Menschwerdung des Gottessohnes vom Heiligen Geist deswegen vollzogen wurde, damit der Sohn durch den Heiligen Geist mit dem Menschen in Verbindung trete, und wenn in der Auferstehung die menschliche Natur Christi vom Heiligen Geist erfüllt wurde, dann gelangt in der Auferstehung die Ausstrahlung des Geistes Christi in den glaubenden Menschen und in allen Dingen, die ihm gehören, zur höchsten Fülle. Das hat zur Folge, daß der von Christus während der Wandlung ausstrahlende Geist nicht nur die Gaben selbst durch deren Verwandlung berührt, sondern auch die ganze

---

[213] D. Staniloae, Die Eucharistie als Quelle des geistlichen Lebens, 5f.

glaubende Gemeinde, die an der Liturgie teilnimmt, selbst wenn nicht alle ihre Mitglieder zur Kommunion kommen. Alle lebenden und verstorbenen Mitglieder der Kirche erfreuen sich durch die Eucharistie einer Mitteilung des Geistes des auferstandenen Christus, und durch den Heiligen Geist wird eine stärkere Einheit unter ihnen selbst und zwischen ihnen und Christus geschaffen. Das wird in allen Liturgiegebeten nach der Wandlung bezeugt.«[214]

Eine Grundaussage der »eucharistischen Ekklesiologie« besteht darin, daß sich der Mitteilung des Heiligen Geistes nicht nur die anwesenden Gläubigen erfreuen, sondern auch »alle anderen lebenden und verstorbenen Gläubigen, insbesondere diejenigen, die von den Anwesenden namentlich erwähnt worden sind. Ein Gebet nach der Verwandlung erfleht: 'Gedenke, o Herr, dieser Stadt (oder dieses Dorfes), in der wir leben, und aller Städte und Dörfer und aller, die im Glauben in ihnen wandeln. Gedenke, o Herr, der Reisenden auf dem Wasser, auf dem Festland und in der Luft, der Kranken, der Leidenden, der Versklavten und befreie sie. Gedenke, o Herr, der Gabenbringenden und der Wohltäter in deiner heiligen Kirche und sende auf uns dein reiches Erbarmen.' Ein anderer Text betet für 'das Heil und die Vergebung der von den Knechten Gottes (es folgen die Namen) begangenen Sünden', dann 'für die Vergebung der Sünden und die Seelenruhe der Knechte Gottes (wieder folgen die Namen) am Ort des Lichtes [...] wo dein Antlitz leuchtet'.«[215] Nicht grundsätzlich anders verhält es sich in der römischen Tradition der Eucharistie, wie besonders im ersten Hochgebet deutlich wird. Zusammenfassend läßt sich somit sagen, daß sich alles in der Kirche dem Wirken des Heiligen Geistes verdankt, der ihr in ihrem Tun bleibend zugesagt ist.

---

214 Ebd., 6f.

215 Ebd., 7f.

3. Liturgie der Endzeit

Mit dem Mysterium der Wandlung, wie es sich in der Feier der Eucharistie vollzieht, hängt ein anderes zusammen, das schon angesprochen wurde, doch nach den letzten Überlegungen sich nun noch besser erfassen läßt, nämlich die endzeitliche Vollendung der Schöpfung durch den Heiligen Geist. Seit der Aufklärung wurde der Gottesdienst zunehmend als eine Art »Unterricht« und »Information« verstanden, was dazu führte, sein didaktisch-pädagogisches Element hervorzuheben. Aber die Feier der Liturgie erinnert nicht an vergangene Dinge, auch will sie nicht über wichtige Glaubenswahrheiten und Vollzüge informieren. In der eucharistischen Wandlung hebt vielmehr, wie dargelegt, die Verklärung von Kosmos und Geschichte bis zu ihrer letzten Vollendung an, so daß der Feier der Eucharistie eine universale, alle Zeiten umfassende Bedeutung zukommt. Die Liturgie führt in die Begegnung mit dem wiederkommenden Herrn der Endzeit.

a. Eschato-Logisch

Mit der Auferstehung ist ein Abschnitt der göttlichen Heilsökonomie beendet, der nicht übersprungen und überholt werden kann; doch stellt sie zugleich den endgültigen Auftakt einer ganz neuen Glaubensbeziehung zum erhöhten Herrn dar, da in der Feier der Liturgie die Heilsereignisse der Vergangenheit eschatologisch von Gott neu empfangen werden. Die Anamnese der Vergangenheit ist in der Liturgie eine Anamnese auf Zukunft hin.

Das liturgische Gedächtnis der Zukunft sprengt die klassisch-scholastische Problematik hinsichtlich der Bedeutung der Eucharistie als eines Memoriale. Denn die Feier der Eucharistie als Anamnese gründet nicht allein in der Vergangenheit - im Paschageheimnis Christi -, sondern bleibt auf die Zukunft hin ausgerichtet: Was in der Auferstehung erfüllt wurde, wird einst im kommenden Reich zur letzten Vollendung geführt. In der Liturgie fügen sich die historischen wie auch eschatologischen Dimensionen der göttlichen Ökonomie zu einem unteilbaren Ganzen.[216]

Gerade die griechischen Kirchenväter legen dar, daß die »Fülle der Zeit«, die in der geschichtlichen Heilstat des Kreuzestodes Christi und seiner Auferstehung angebrochen ist, in jeder Eucharistie aufs neue vergegenwärtigt wird, aber so, daß alles auf die letzte Vollendung weist: »Insofern stellt die Eucharistiefeier schon vorweg die kommende Herrlichkeit dar und macht sie verborgen gegenwärtig. Sie bildet den Treffpunkt zwischen der erlösenden Tat Christi, dem entscheidenden Ereignis der vergangenen Geschichte, und dem erlösten Endzustand der Schöpfung, auf den hin die Geschichte unterwegs ist. Als Realsymbol des Christusereignisses ist die Eucharistiefeier Realverheißung des kommenden Reiches.«[217]

Dies läßt den orthodoxen Theologen Paul Evdokimov die kosmische und universalgeschichtliche Bedeutung der eucharistischen Gaben unterstreichen: Die Eucharistie in dieser Welt verweist auf das kommende Reich Gottes, die Zeit von ihrem Anfang bis zum Ende umfassend und die Menschheit in die letzte Vollendung verwandelnd: «Durch das Christusbrot werden die Gläubigen das gleiche Brot, die gleiche eine und dreifaltige Liebe, das durch den Menschen gelebte priesterliche Gebet.«[218]

Gewiß, die »Anaphora« der heiligen Gaben und in ihnen die Darbringung der gesamten Schöpfung erinnert an das vergangene Paschamysterium und vergegenwärtigt dieses: »Eingedenk des Kreuzes, des Grabes, der Auferstehung ...« Doch die gottesdienstliche Gemein-

---

[216] Vgl. I. Zizioulas, Die Eucharistie in der neuzeitlichen orthodoxen Theologie, in: Die Anrufung des Heiligen Geistes im Abendmahl. Viertes Theologisches Gespräch zwischen dem Ökumenischen Patriarchat und der Evangelischen Kirche in Deutschland vom 6. bis 9. Oktober 1975 in der Evangelischen Sozialakademie Friedewald, Frankfurt 1977, 163-179, 176.

[217] A. Gerken, Theologie der Eucharistie, 72.

[218] P. Evdokimov, L'Orthodoxie, 124f.

schaft weiß sich symbolisch zwischen Vergangenheit und Parusie versetzt. Im Augenblick der Eucharistie durchdringt die himmlische Welt in apokalyptischer Weise die irdische Zeit. Die apokalyptische Dimension der Zeit bestimmt den ganzen Verlauf der Geschichte und des menschlichen Lebens. Die Zukunft ist die Quelle, »aus der Zeit und Welt hervorgehen und sich erneuern. Die Zeit entrollt sich von der Zukunft in die Gegenwart«[219]. Das bedeutet eine letzte »Relativierung« der Zeit: »Die Zukunft ist die Ursprungsdimension der Kontingenz jedes neuen Ereignisses, aber auch die Sphäre, von der wir das Ganzwerden des im Prozeß der Zeit Unabgeschlossenen und Unvollendeten erhoffen.«[220] Der Sinn des letzten Buches der Heiligen Schrift, nämlich der Apokalypse als »Offenbarung« des ganzen Heilsmysteriums Christi, liegt darin, uns, die wir in den letzten Zeiten leben, das verborgene Antlitz der Geschichte zu eröffnen. Denn dem Lamm gebührt alle Ehre, in ihm ruht aller Sinn der Geschichte.
Alles in der Feier der Eucharistie ist grundlegend eschatologisch ausgerichtet, denn in dem, was in ihr gegenwärtig wird, bricht die Vollendung der Menschheit an, das *eschaton*, in das der auferstandene Herr schon eingetreten ist und in das er anfangsweise alle Menschen mit sich geführt hat. Wie Patrick Regan[221] treffend bemerkt, handelt es sich letztlich nicht um ein eschaton, sondern um den *eschatos*, um den verklärten Christus, dessen Leben durch den Geist in uns ist. Er selbst ist die letzte Zeit, nach deren Anbruch wir uns im Glauben ausstrecken. Die Liturgie bedeutet demnach mehr als ein Ritus und Kult, den wir Gott darbringen, sie feiert das Kommen des erhöhten

---

219 Chr. Link, »Im Anfang ...«. Aufgabe und Ansatz einer Schöpfungslehre heute, in: W. Grab (Hg.), Urknall oder Schöpfung? Zum Dialog von Naturwissenschaft und Theologie, Gütersloh 1995, 153-175, hier 165.

220 W. Pannenberg, Das Wirken Gottes und die Dynamik des Naturgeschehens, in: W. Grab (Hg.), Urknall oder Schöpfung?, 139-152, hier 152.

221 P. Regan, Pneumatological and Eschatological Aspects of Liturgical Celebration, in: Worship 51 (1977) 346-347.

Herrn in unser Leben. Die Eucharistie ist das Erntefest der vorangegangenen Geschichte wie auch die Mitte der sich jetzt ereignenden wie auch künftigen Zeit. Diese universale, alle Epochen der Geschichte übergreifende Sicht der Eucharistie bestimmt grundlegend das Verständnis des Abendmahls.[222]

Der Hebräerbrief arbeitet die eschatologische Ausrichtung als Grundvollzug christlicher Existenz im Glauben heraus. Die Geschichte und das Leben der Gläubigen versteht der Brief an die Hebräer als eine Prozession zum Heiligtum Gottes, um dort Gott nahe zu sein, ihn zu sehen, zu loben und ihm Opfer darzubringen. Nicht wie die Hebräer nahen sich die Christen dem heiligen Berg, »sondern ihr seid hinzugetreten zum Berg Sion, der Stadt des lebendigen Gottes, dem himmlischen Jerusalem: zu den zahllosen Engelscharen und zum Festjubel (panegyrei), zur Gemeinde (ekklesia) der Erstgeborenen, die im Himmel aufgeschrieben sind - zu Gott, dem Richter über alle, zu den Seelen der vollendeten Gerechten, zu Jesus, dem Mittler des Neuen Bundes und zum Blut der Besprengung, das lauter ruft, als Abels Blut es vermochte« (vgl. Hebr 12,22-24).

Das christliche Leben bildet eine liturgische Prozession zum Heiligtum Gottes, ja, die Christen, die den neuen Glauben und das neue Leben annehmen, haben in gewissem Sinn das Ziel ihrer liturgischen Prozession schon erreicht. Dies ist ihnen möglich dank Jesus, dem einzigen Hohenpriester und wahren Mittler des Neuen Bundes. Von ihm heißt es in Hebr 8,1-2: »Wir haben einen solchen Hohenpriester, der sich zur Rechten des Thrones der Majestät im Himmel gesetzt

---

[222] In der östlichen Liturgie legt der Priester auf der runden Patene kleine Brotstücke um das »Lamm«, was die Versammlung des gesamten Kosmos um das ein für allemal geleistete Opfer Jesu zum Ausdruck bringt. So setzt die Liturgie des Herrenmahles bei der alttestamentlichen Verheißung des geschlachteten und sich für uns hingebenden Lammes Gottes ein, indem das transhistorische und verheißene Geschehen zu einer historischen Wirklichkeit wird, die im Leben Jesu sichtbar wurde und zugleich auf ihre letzte Vollendung am Ende der Zeiten hinweist, denn dann wird dem Lamm als dem Herrn der Geschichte alles unterworfen werden.

hat als priesterlicher Diener.«

Christus, der eine und vollkommene Priester, hat seine Liturgie auf Erden, besonders auf Golgotha vollzogen und lebt nun verherrlicht zur Rechten des Vaters, um dort die von ihm auf Erden begonnene Liturgie fortzusetzen und alle auf Erden Pilgernden in sie hineinzunehmen. Diese Hineinnahme zeigt sich in den irdischen Riten, unter deren Hülle die himmlische Liturgie Christi offenbar wird, denn sie bilden ab, was Christus im Himmel tut. Beide Liturgien bilden ein und dieselbe Realität und unterscheiden sich nur der Sichtbarkeit und der Fülle nach, ähnlich wie Symbol und Wirklichkeit.

Die ewige Liturgie erstreckt sich über alle Zeiten. Von dieser himmlischen Liturgie spricht das ganze Buch der Apokalypse. Es werden kultische Gegenstände und Riten genannt, die sowohl im jüdischen wie im christlichen Gottesdienst beheimatet sind (siebenarmiger Leuchter, Bundeslade, Rauchopferaltar), wie auch Elemente der irdischen Liturgie auf die himmlische übertragen werden (weiße Gewänder, Gesänge, Doxologien). Der Liturge, der das Rauchopfer beim Abendgottesdienst vollzieht, ist ein Abbild des Urbildes im Himmel, nämlich des Engels mit dem goldenen Rauchfaß (vgl. Apk 8,4). Selbst das Gotteshaus, Bau und Sinnbild der Kirche, ist ein Abbild des himmlischen Tempels wie auch die Gegenwärtigsetzung des neuen Himmels« und der »neuen Erde« (Apk 21,1), des »neuen Jerusalem« (Apk 21,2).

Die endzeitliche Ausrichtung der Liturgie zeigt sich auch im liturgischen Gesang. Der eigentliche Ort für das »Alleluja« in der Eucharistie ist die Kommunionspendung als Vorwegnahme des himmlischen Hochzeitsmahles, von dem es in Apk 19,6-7 heißt: »Ich hörte die Stimme einer großen Menge - sie war wie das Rauschen gewaltiger Wassermassen und das Dröhnen starker Donnerschläge -, die sprach: Alleluja! Der Herr unser Gott, der Allmächtige, herrscht. Laßt uns freuen und jubeln und ihm die Ehre geben, denn die Hochzeit des Lammes ist gekommen und seine Braut hat sich bereit gemacht.«

Ähnlich schreibt Augustinus[223]: »So töne dir von den Lippen das Alleluja! Alleluja singend laßt uns den Blick erheben zum Tag ohne Ende, zum Land der Unsterblichkeit. Laßt uns eilen zum ewigen Haus ... Wie Pilger singen, so laßt es uns singen: singen im Wandern. Der Gesang soll uns Trost sein in der Mühe!« So verbinden sich im Vollzug der Liturgie alle Zeiten der Geschichte, auf »apokalyptische« Weise durchdringen die künftigen Äonen die Vergangenheit und Gegenwart.[224]

Der rumänische Theologe Dumitru Staniloae zieht die Konsequenz aus den dargelegten Überlegungen, wenn er schreibt: »Damit wird uns gezeigt, daß im nächsten Äon alles eine universale Eucharistie sein wird, denn alles, was schon hier mit uns in Verbindung steht, wird in höchstem Maße in Christus verklärt sein. Dadurch wird er durchsichtig und durch alles in nächstem Maße ausstrahlen; und somit werden wir nicht nur alles um ihn sehen, betasten und mit Ihm in dieser Ausstrahlungsbeziehung bleiben, sondern er wird uns auch durch alles eßbar sein und wir werden Ihn in unserem Leib durch alles annehmen und durch alles wird er uns transparent sein und strahlen. Das ist die 'wirkliche, jenseitige Kommunion, um die wir beten, daß wir an ihr im lichtvollen Reich Christi teilhaben'.«[225]

b. Kairo-Logisch

Die Hervorhebung der Realpräsenz des erhöhten Herrn in der Eucharistie ist zwar dogmatisch korrekt, führte aber im Frömmigkeitsleben nicht selten zu einer Verdinglichung, da die Eucharistie vor allem als Gnadenmittel angesehen wurde. Die einseitige Betrachtung der Sakramente unter dem Gesichtspunkt der Gnadenvermittlung

---

223 Augustinus, Sermo 254,6; 245,3.

224 K. Koch, Eucharistie als Quelle und Höhepunkt des kirchlichen Lebens, 245f.; vgl. hierzu auch 239-244.

225 D. Staniloae, Die Eucharistie als Quelle des geistlichen Lebens, 14f.

und des geistlichen Nutzens hat einer Mechanisierung Vorschub geleistet; zudem kam es zu einer Verniedlichung der eucharistischen Sprechweise: »Christus kommt in unser Herz.« Seit der Neuzeit wurde in der Eucharistielehre immer mehr die Begnadung im individualistischen Sinne hervorgehoben, und die Kommunion galt als Begegnung mit den vielen in Christus. Aber in der Eucharistie wird die Kirche als »corpus Christi mysticum« aufgebaut, im Lebensaustausch aller, durch die Räume und Zeiten hindurch. Während der Wandlung berührt der Heilige Geist alle Gläubigen, selbst wenn einige nicht zur Kommunion gehen: Alle Lebenden und Verstorbenen der Kirche empfangen in der Eucharistie den Heiligen Geist.

Demnach ist die Realpräsenz des Herrn in der Eucharistie umfassender zu verstehen. Auszugehen ist von dem paulinischen »Christus lebt in mir«, das die restlose Ergriffenheit und Durchweihung der ganzen Existenz des Menschen von der Person Christi besagt. Paulus spricht aber auch vom »Leben in Christus«, nämlich auf Grund von Taufe und Eucharistie. Christus kommt nicht nur zu uns, er wandelt uns in sich selbst und seine Heilswirklichkeit um, damit wir ihn künftig leben. Augustinus sagt: »Freuet euch und staunet - ihr seid nicht nur Christen, ihr seid Christus geworden.«[226] Er meint hier den »ganzen Christus«, denn die Kirche und alle Gläubigen bilden in Christus eine mystische Einheit. Indem Christus seine Liebe dem Menschen zuwendet, weitet er sie auf alle ihm angehörigen Dinge aus.[227] Deshalb heißt es in der Epiklese der Chrysostomus-Liturgie, der Heilige Geist möge über uns, den Priester und die anwesende Gemeinde herabkommen, sodann auf die dargebrachten Gaben. Das besagt: Verklärung und Verwandlung vollziehen sich nicht über Brot und Wein als solchen, sondern insofern sie die Gaben der Gemeinde sind; durch die im Heiligen Geist verwandelten Gaben schenkt sich

---

[226] J. Tyciak, Theologie der Anbetung (= Sophia 14). Trier 1976, 181.

[227] Hierzu D. Staniloae, Die Eucharistie als Quelle des geistlichen Lebens, 6f.

der erhöhte Herrn an die Gläubigen, indem er sich mit ihnen auf mystische Weise vereint, aber er durchdringt mit seiner Gegenwart auch den ganzen Kosmos.

Ein solches Verständnis der Realpräsenz enthält eine entscheidende Aussage über die Größe und Würde des Menschen. Symeon sagt von seinem geistlichen Vater, Simeon dem Frommen, daß für ihn »alle seine Glieder und alle Glieder eines jeden anderen, alle Menschen und ein jeder für sich wie Christus waren. Er selbst war wie Christus und betrachtet wie Christus alle die, die getauft worden waren und Christus angezogen hatten«[228]. In gleicher Weise schreibt Gregor von Nazianz: »Gestern wurde ich mit Christus gekreuzigt, heute werde ich mit ihm verherrlicht. Gestern war ich mit ihm tot, heute empfange ich mit ihm das Leben. Auf, laßt uns Gaben dem darbringen, der unseretwegen gelitten hat und auferstanden ist ... Bringen wir als Gaben uns selbst, die für Gott ehrenvollste und seine ureigenste Schöpfung. Geben wir dem Bilde das, was zum Bilde gehört! Erkennen wir unsere Würde! Ehren wir das Urbild! Erkennen wir die Wirkkraft dieses Mysteriums und das, weshalb Christus starb! Werden wir wie Christus, da Christus ward wie wir. Werden wir seinetwegen Götter, da auch er unseretwegen Mensch wurde! Er nahm das Schlechtere an, um uns das Bessere zu schenken. Er wurde arm, damit wir durch seine Armut reich werden (2 Kor 8,9). Eines Sklaven Gestalt nahm er an (Phil 2,7), damit wir die Freiheit empfangen. Er stieg hinab, damit wir erhöht werden.«[229]

Das dargelegte Verständnis der Realpräsenz läßt die Feier des Herrenjahres tiefer verstehen. Realpräsenz bedeutet die Gegenwärtigkeit der gesamten Heilsgeschichte, mit allen ihren großen Einbrüchen und Theophanien, deren Mitte der Advent Gottes in der Fülle der Zeit ist, welcher sich am großen Tag des Herrn in der Parusie voll-

---

[228] Zitiert nach D. Staniloae, Die Eucharistie als Quelle des geistlichen Lebens, 25f.

[229] Gregor von Nazianz, Zum heiligen Osterfest, 1. Predigt, 4.5 (PG 35,397B-400A).

enden wird.[230] In diesem Sinn meint Realpräsenz zugleich die *Aktual*präsenz des Heils in der Zeit, wie sich an der Feier des Herrenjahres und seiner Feste deutlich erkennen läßt.[231] Dies soll im Folgenden am Weihnachtsfest dargelegt werden. Das Fest des 25. Dezember wird in den alten römischen Büchern noch nicht »in Nativitate Domini« genannt, obwohl der Terminus »nativitas« in den alten römischen Weihnachtsgebeten durchaus verwendet wird. Das Fest wird auch nicht als »natale genuinum« bezeichnet, vielmehr als »natale Domini«. Acht Tage später heißt es »octava Domini«, nicht »octava natalis Domini«. Die Liturgie von Weihnachten erinnert an den Augenblick der Geburt, feiert aber den damals Geborenen als den jetzigen Herrn. Die Eucharistie begeht das ganze, alle Zeiten umgreifende Heilsgeschehen, denn das Mysterium des Heils läßt sich nicht in Teilaspekte, einzelne Vollzüge oder Zeitabschnitte aufteilen.

So wird im Weihnachts- und Epiphaniekreis keineswegs nur der Geburt des Herrn gedacht, auch nicht bloß seiner Menschwerdung. Nein, Weihnachten und Epiphanie feiern das ganze Erlösungsmysterium, aber eben unter dem Gesichtspunkte der Menschwerdung.[232] Dabei feiert die Eucharistie von Epiphanie zugleich das Gedächtnis des Todes Christi, gilt ja die Taufe im Jordan als vorausweisendes Symbol der blutigen Kreuzestaufe. Gregor von Nazianz sagt in seiner Rede auf das Lichterfest: »Die Geburt haben wir schon früher in gebührender Weise gefeiert, ich, der Festführer, und ihr, und alles, was

---

230 Vgl. J. Tyciak, Theologie der Anbetung, 135-137.

231 Vgl. zu den folgenden Ausführungen besonders auch R. Berger, Ostern und Weihnachten. Zum Grundgefüge des Kirchenjahres, in: ALw 8 (1963) 1-20.

232 Indem Gott Fleisch annimmt, befreit und konsekriert er die ganze Menschheit. Durch seine Epiphanie in der Welt ist der ganze Kosmos geheiligt, verwandelt und - wie es in der großen Ankündigung der Geburt des Herrn im römischen Martyrologium der Weihnachtsvigil heißt, - konsekriert worden (»volens consacrare mundum«). Christi Ankunft hat die Welt konsekriert; darin besteht das Mysterium des Adventus Domini. Ein armenisches liturgisches Gebet lautet: »Durch die Menschwerdung des Eingeborenen vom Vater hast Du alle Welt erneuert, die Erde gemacht zum Himmelreich.«

in der Welt ist und über der Welt. Mit dem Stern liefen wir, mit den Magiern huldigten wir, mit den Hirten wurden wir von Licht umstrahlt, mit den Engeln sangen wir Gloria, mit Simeon nahmen wir in die Arme, mit Anna, der alten, keuschen Frau, legten wir Bekenntnis ab; und Dank sei dem, der als Fremder in sein Eigentum kam, da er den (eigentlichen) Fremdling verherrlichte. Heute aber ist eine neue Handlung Christi, und ein neues Mysterium! Ich kann die Freude nicht bezähmen, ich werde Gottes voll, beinahe werde ich wie Johannes (der Täufer) zum Frohbotschaftsverkünder, und wenn ich auch nicht Vorläufer bin, so komme ich doch auch aus der Wüste. Christus wird erleuchtet - wir wollen mit ihm aufstrahlen! Christus wird getauft, wir wollen mit ihm hinabsteigen, damit wir auch mit ihm hinaufsteigen.«[233]

Was hier am Geschehen von Weihnachten und Epiphanie aufgezeigt wird, läßt sich auf das ganze Herrenjahr ausweiten. In den Festen des liturgischen Jahres wird je neu das Kommen des erhöhten Herrn zu seiner Gemeinde begangen. So heißt es bei Leo dem Großen am Weihnachtstag: »Nicht nur ins Gedächtnis, sondern gewissermaßen vor unsere Augen tritt uns wieder das Gespräch des Engels Gabriel mit der staunenden Maria und die Empfängnis vom Heiligen Geist ... Heute wurde der Schöpfer der Welt aus jüngfräulichem Schoß geboren ... Heute erschien das Wort Gottes, mit Fleisch bekleidet. Heute lernten die Hirten den in der Substanz unseres Fleisches und unserer Seele geborenen Heiland durch die Stimme der Engel kennen.«[234]

In der Feier des Herrenjahres geht es um das eine und ganze Heilshandeln Christi, das in seiner Fülle durch die einzelnen Festmysterien spezifiziert wird. Deshalb wird in der byzantinischen Kirche während des Weihnachtsgottesdienstes nicht der Geburtsbericht gelesen, sondern der von der göttlichen Verehrung (Proskynese) durch

---

233 Gregor von Nazianz, Oratio XXXIX In Sancta Lumina (PG 36,356ff.).

234 Leo der Große, Sermo 26, in nativ.Dom. 6,1 (PL 54,212f.)

die Magier. Weil der damals in Bethlehem Geborene der jetzt und in alle Ewigkeit Erhöhte ist, darum feiern wir Weihnachten: »Das Kind ist uns geboren und der Sohn uns geschenkt, auf dessen Schultern die Kaisermacht (imperium) liegt« (Jes 9,5). Daß es in der Feier der liturgischen Feste im Herrenjahr um kein Gedächtnis im Ablauf historischer Ereignisse geht, läßt sich auch im Zeugnis der Kirchenmusik belegen. Der Quintaufstieg im »Puer natus est« geht über die übliche Weihnachtsvorstellung von der Kindwerdung, vom göttlichen Kind im lockigen Haar hinaus, wie auch die Lesung des Sonntags nach Weihnachten nicht von »parvulus« spricht, sondern von »puer«, ein Wort, das auf den »Knecht«, nämlich auf den Gottesknecht und damit auf das Paschamysterium hinweist.
Zusammenfassend läßt sich sagen, daß es in der Real- bzw. Aktualpräsenz der Eucharistie um die Gegenwärtigkeit des Paschageheimnisses geht, in dem die Heilsgeschichte ihren Höhepunkt erhält. Mit Recht betont Odo Casel, daß das kultische Mysterium das ganze Pleroma des Heiles enthält, die gesamte Heilsökonomie. Nicht anders feiert auch das Herrenjahr das ganze Heilsmysterium in je verschiedener Hinsicht. Ostern und Weihnachten haben denselben Festinhalt, variieren ihn aber unter verschiedenen Aspekten: »Ostern feiert und vergegenwärtigt die erlösenden Heilstaten Jesu als den siegenden Durchbruch des Pascha, der Auferstehung zur himmlischen Welt. Weihnachten vergegenwärtigt dieselbe Heilstat unter dem theophanischen Aspekt der grundlegenden Inkarnation und der im phänomenalen Raum kommenden und in jeder eucharistischen Feier vorweg geschehenden Wiederkunft des Herrn.«[235] Was mit diesem theophanischen Aspekt, von dem Julius Tyciak spricht, genauer gemeint ist, gilt es nun zu eruieren.

---

[235] J. Tyciak, Theologie der Anbetung, 142.

c. Theophano-Logisch

In vielen Weihnachtstexten finden sich österliche Hinweise.[236] Ein gallikanisches »Vere dignum« zum Schluß der Osterwoche läßt die Erlösung in einem Licht sehen, das mehr an das Fest von Weihnachten als an Ostern erinnert. Dabei öffnet sich der Blick auf die Wiederkunft des Herrn. Jedes Fest des Herrenjahres enthält eine eschatologische Aussage.[237]

---

[236] Dem ältesten und ursprünglichsten Jahresfest, dem Osterfest, fügen sich im ausgehenden 3. oder beginnenden 4. Jahrhundert die Feste von Epiphanie und Weihnachten an. Schon im zweiten Jahrhundert gibt es das Fest von Epiphanie: Klemens von Alexandrien (Strom. I,146, 1-2) bezeugt, daß die gnostische Sekte der Basilidianer die Taufe Christi in einer Nacht des Januars feiert, am 10. oder am 6. des Monats; doch dieses Fest verschwindet wieder bis zum vierten Jahrhundert. Die orientalische Epiphanie ist zuerst in Gallien bezeugt, wo sie vor 360 unter dem Namen *Theophania* oder *Apparitio* begangen wurde. Anfang des 5. Jahrhunderts gilt Epiphanie als Fest der drei miracula: als Offenbarung an die Weisen, bei der Taufe und zu Kana, während Weihnachten das Geburtsfest des Herrn blieb. An Erscheinung des Herrn ließ man sich zu Mailand für die Taufe an Ostern einschreiben, wie Ambrosius bezeugt, so daß der unbewegliche Feiertag mit dem beweglichen Osterkreis verbunden wurde. In die gleiche Richtung weist ein kirchlicher (in manchen Klöstern bis heute erhaltener) Brauch, während der Liturgie von Erscheinung die Daten der beweglichen Feste des kommenden Jahres in feierlichem Gesang bekanntzumachen: Die Gläubigen erfahren offiziell das Datum von Ostern und der anderen davon abhängigen beweglichen Feste, bis zum ersten Adventssonntag.

[237] Rupert Berger schreibt an die bisherigen Überlegungen anknüpfend: »Die Erlösungsvorstellung hat sich schließlich an Weihnachten-Epiphanie nicht anders als an Ostern in einer feierlichen Taufspendung ausgeprägt. Rom hat zwar die Taufe an Epiphanie als nicht apostolisch zurückgedrängt, dafür aber viel stärker als der Osten das Braut- und Hochzeitsmotiv festgehalten, die Braut- und Mutterschaft der Kirche, die in der Taufspendung lebendig wird. Zu nennen ist hier vor allem die berühmte Benediktusantiphon des Epiphaniefestes 'Hodie caelesti sponso'. Sie ordnet das Taufgeschehen dem Hochzeitsmahle ein, zu dem die Heidenvölker alle herbeiströmen, bei dem der wunderbare Wein gereicht wird. Dadurch wird eine noch engere Querverbindung hergestellt zur Osterfeier der Kirche, zum hochzeitlichen Mahl in der Osternacht. Darin sind Weihnachten und Ostern zuletzt noch verbunden in einer starken eschatologischen Ausrichtung. Im Advent und an Weihnachten wird diese heute wieder mehr betont; in der Osternacht ist sie leider nicht so lebendig, obwohl die Parusieerwartung mit an der Wurzel der Nachtfeier steht. Manche Ostertexte klingen dadurch für unser Empfinden geradezu weihnachtlich: 'Bei der zweiten Ankunft des Mittlers möchten wir in greifbarer Gabe empfangen, was wir jetzt nur als Verheißung zu erhoffen wagen' - 'So wie

Denn das Mysterium, das in der Liturgie gefeiert und begangen wird, ist die Vergegenwärtigung der göttlichen Heilstaten, nicht bloß erinnernd, sondern in Erwartung der Wiederkunft des erhöhten Herrn. Dies wird besonders deutlich in den Hodie-Antiphonen der weihnachtlichen liturgischen Feiern. In der Benediktusantiphon von Epiphanie heißt es: »Hodie coelesti sponso iuncta est ecclesia, quoniam in Jordane lavit Christus ejus crimina, currunt cum muneribus Magi ad regales nuptias et ex aqua facto vino laetantur convivae, alleluja. - Heute wurde dem himmlischen Bräutigam die Kirche verbunden, denn im Jordan wusch Christus ihre Schulden ab. Die Magier eilen mit Gaben zur königlichen Hochzeit und an dem aus Wasser verwandelten Wein erfreuen sich die Gäste. Alleluja.« Es handelt sich um die »tria mysteria« von Epiphanie: die Taufe Jesu im Jordan, die königliche Hochzeitsprozession der Magier und die Hochzeitsmahlfeier von Kana. In allen drei Aspekten des epiphanischen Geschehens wird die Vermählung mit der Ekklesia, die in der Erwartung der Wiederkunft des Herrn lebt, besungen. Dies sei nun kurz am Text der Benedictus-Antiphon von Epiphanie erschlossen.

Taufe im Jordan

Die östliche Liturgie begeht Epiphanie als Tauffest, und zwar als das Fest der Lichter (»Ta Phota«) und der Taufe (»Photismos«), während für die abendländische Liturgie immer Ostern das Tauffest war - eingefaßt in den paulinischen Gedanken des Mit-Christus-Geboren- und Mit-Auferstanden-Seins. Epiphanie und Ostern feiern zusammen das eine Erlösungswerk: Epiphanie unter dem johanneischen Akzent

---

wir die festlichen Mysterien der Auferstehung unseres Herrn begehen, so möchten wir auch bei seiner Wiederkunft mit allen Heiligen uns freuen dürfen'« (R. Berger, Ostern und Weihnachten, 16f.). Vgl. auch N. M. Denis-Boulet, Das Kirchenjahr (= Der Christ in der Welt IX,6). Aschaffenburg 1960, 56f.; H. Frank, Frühgeschichte und Ursprung des römischen Weihnachtsfestes im Lichte neuerer Forschung, in: ALw 2 (1952) 1-24. -

der Geburt aus Gott, deren Grundtatsache die Ankunft des Logos im Fleisch ist, und das Fest von Ostern unter dem Aspekt des Übergangs mit Christus in die neue Welt der Verklärung.
Die Antiphon »Hodie coelesti« erinnert an die syrische Vätertheologie, wie sie vermutlich zur Zeit der syrischen Päpste (6./ 7. Jh.) in die römische Liturgie eingegangen ist. In der byzantinischen Liturgie ist es bis heute Brauch, daß man an Epiphanie in einer feierlichen Prozession zu den Flüssen geht und eine Wasserweihe vollzogen wird, wodurch die Elemente der Erde in das Geheimnis des menschgewordenen Gottessohnes gestellt werden. Nicht anders, wie schon dargelegt, die römische Liturgie in der Prim der Weihnachtsvigil, in der es heißt, daß die Ankunft des Menschgewordenen die Welt konsekrierte.
Kyrill von Jerusalem betont in seinen Taufkatechesen, die er in der Grabeskirche von Jerusalem hielt, daß die Taufe Jesu im Jordan nicht um des Herrn, sondern um der Ekklesia willen geschah: Christus wollte die Gewässer heiligen und seiner Kirche Unverweslichkeit schenken. Auch die syrischen Väter heben die innere Einheit von Taufvermählung im Jordan und sakramentalem Taufgeschehen hervor. Die syrische Kirche betet an Epiphanie: »Im Sturm ward die Kirche ihrem himmlischen Bräutigam verlobt. Aus den Wassern machte er sie zur Braut. Gefeiert sei Christus, der dich sich zur Braut erkor aus den Wassern der Taufe. Am Brunnen verlobte Eliëser dem Isaak die Rebekka, am Brunnen nahm Jakob sich Rahel zur Braut, desgleichen nahm Mose Lippora zur Frau. So nahm auch der, der uns das Leben schenkte, die Kirche zur Braut aus dem Jordan durch Johannes Vermittlung. Du Kirche, schmuckgezierte Braut, du Braut des Königs und des Lichtes Tochter, preise und besinge den himmlischen Bräutigam, der in der Taufe Gewässer dich reinigte und heiligte in seiner Huld. Die ihr geladen seid zum Brautgemach des Bräutigams der Höhe und Gäste sollet sein bei jenem Hochzeitsmahl hochgefeiert. Schmücket euch mit unsterblichem Gewande, das der Heilige

Geist gewebt.«[238] So wird die Kirche in der Taufe des Herrn ihrem göttlichen Bräutigam vermählt und für das himmlische Hochzeitsmahl bereitet.

Anbetung der Magier

Von den Magiern wird in der Benedictus-Antiphon von Epiphanie gesagt: »currunt cum muneribus Magi ad regales nuptias«. Nur in der abendländischen Liturgie werden die Magier zu typischen Figuren des Epiphaniebildes, während die östliche Liturgie sie - wie schon angeführt - im Weihnachtsoffizium erwähnt. Erscheinung ist kein Fest der Heiligen Drei Könige - ein solches Fest gibt es nicht. Über die Magier sagt uns die Antiphon: Sie eilen mit Gaben nicht etwa zur Krippe von Bethlehem, sondern zum königlichen Hochzeitsmahl des Lammes. Hier wird im Sinne der Liturgie die historische Begebenheit abgewandelt zum großen Opferzuge der Jahrhunderte. In den Magiern eilt die opfernde Kirche der Völker zum Thron der Herrlichkeit, zur ewigen Herrlichkeit. So erscheinen die Magier als die Chorführer im Opfergang der vielen, die vom Aufgang bis zum Niedergang der Sonne kommen, um mit Abraham, Isaak und Jakob beim himmlischen Gastmahl zu sitzen. Diesen wohl eucharistischen Gedanken des Opferzuges hat die frühe Kirche in den Fresken der Kirche von San Apollinare Nuovo in Ravenna festgehalten: Da sehen wir an den Wänden der Basilika über den Pfeilern die opfernde Kirche, die ihre Gaben zum Altar bringt; auf der linken Seite eine Schar heiliger Frauen, die als Sinnbild der Kirche von den Magiern, den Erstberufenen aus den Völkern, in feierlichem Zug zum himmlischen Hochzeitsmahl angeführt werden.

---

[238] Zit. nach J. Tyciak, Theologie der Anbetung, 154.

Hochzeit zu Kana

Auch das dritte Mysterium, das in der Antiphon des Benedictus an Epiphanie angeführt wird, steht in einem messianischen bzw. eschatologischen Kontext: »et ex aqua facto vino laetantur convivae«. Früher wurde das Kanawunder am zweiten Sonntag nach Epiphanie bedacht. Augustinus sieht in seinem achten Vortrag über das Johannesevangelium das Geheimnis der Verwandlung als das Grundgesetz der Schöpfungs- und Heilsordnung. Denn Gott gießt aus den Himmeln die Wasser und läßt in den Reben den Wein hervorströmen, speist mit wenigen Körnern die Welten und sättigt in der Brotvermehrung die vielen. So offenbart sich in Brot und Wein das Lebensgesetz göttlicher Fruchtbarkeit. Mit der Hochzeit und dem Wunder der Wandlung beginnt die messianische Hochzeit der neuen Schöpfung. Augustinus führt dies folgendermaßen aus: »Da also, wie wir sehen, durch Jesus als Gott Herrliches geworden ist, was wundern wir uns, daß Wasser in Wein verwandelt wurde durch den Menschen Jesus? Ist er ja nicht so Mensch geworden, daß er verlor, was er als Gott war ... Der also hat dies gemacht, der auch die Welten, die Himmel und das All gemacht hat. Darum ist Großes, ja noch Herrlicheres ausgesagt: Ich glaube, daß er nicht ohne Grund gerade zu einer Hochzeit kam. Abgesehen von allen Wundern liegt in der Tatsache selbst ein Geheimnis voll des tiefen Sinnbildes. Klopfen wir an, daß er öffne und mit dem göttlichen Wein uns tränke, denn auch wir waren Wasser, und er hat uns zu Wein gewandelt, er hat uns schmackhaft (weise) gemacht, denn wir schmecken nach seinem Glauben, die wir früher unschmackhaft (unweise) waren. Vielleicht gehört es gerade zur Weisheit, Gott zur Ehre und zum Lobe seiner Majestät und mit Liebe zu seiner allmächtigen Barmherzigkeit zu verstehen, was bei diesem Wunder geschehen ist.«[239]

---

[239] Zit. nach ebd., 154.

Mit dem Eintritt des Gottessohnes in die Menschheit wird die Hochzeit zum unüberbietbaren Typos der neuen Welt und messianischen Freude: »Das Wort ist der Bräutigam und die Braut das menschliche Fleisch und beides der Eine Sohn Gottes und zugleich der Sohn des Menschen. Indem Er das Haupt der Kirche wurde, war jener Schoß der Jungfrau Maria sein Brautgemach; dort ging er hervor wie ein Bräutigam aus seiner Brautkammer, wie die Schrift sagt: 'Und einem Bräutigam gleich, der hervorgeht aus seiner Kammer, frohlockte er, zu laufen, wie ein Held seine Bahn.' (Ps 19; 18,6).«[240] Die sechs steinernen Krüge bezieht Augustinus auf die sechs Zeitalter vor Christus; die Wasser der Vorbilder wandeln sich in den Wein der Erfüllung: »Wem sollte es nicht klar sein, daß in dem, was damals geschah, Zukünftiges vorgebildet wurde [...] so dürfen wir jetzt Christus überall suchen und aus allen Krügen den göttlichen Wein trinken.«[241]
Die Hodie-Antiphon des Benedictus an Epiphanie besingt demnach die Kirche, die in der Taufe des Herrn mit ihm vermählt wurde und in den Sakramenten der Taufe und Eucharistie den Menschen Anteil gibt an den Heilsgaben der Erlösung und der Auferstehung, und die voller Hoffnung auf die verheißene Wiederkunft des Herrn schaut.
Das angeführte Beispiel mag genügen, um darzulegen, daß an den Festtagen des Herrenjahres immer auch eschatologische Inhalte und Aussagen gegeben sind. Jede Liturgie schaut in die Zukunft, »bis Du kommst in Herrlichkeit«.

---

[240] Ebd., 157f.

[241] Augustinus, In Joannis Evangelium IX,6 (PL 35,1461).

V. KONKRETISIERUNG

Nach den Überlegungen zur schöpfungstheologischen Grundlegung der Eucharistie geht es nun um die Frage nach ihrer konkreten Verortung in den liturgischen Vollzügen. Einige exemplarische Hinweise mögen genügen.

1. Der neue Kosmos der Kirche

Nach Nikolaus Kabasilas sind die Sakramente die Meisterwerke der Schöpfung: Durch sie wird der ganze Kosmos erneuert. Die neue Schöpfung ist nicht auf die erste aufgepfropft, nicht die Reinschrift nach dem ersten Entwurf, sondern Christi Leib mit und in der ersten Schöpfung. Indem die Bundeszeichen in Christus vom Menschen erkannt und in der Feier der Sakramente begangen werden, erscheint die Schöpfung wieder als das, wozu sie von Anbeginn geschaffen war. Wie sich Christus vor seiner Auferstehung unter den Menschen in der Schlichtheit eines Menschen verhielt, so bleibt es auch, nachdem er »in seine Mysterien« übergegangen ist: Die Sakramente, in denen sich die »Wundertaten« des Alten Bundes und die Heilswerke des irdischen Jesus vollenden[242], vollziehen sich in schlichten Zeichen[243],

---

[242] Orthodoxe Theologen des letzten Jahrhunderts nahmen eine »direkte« und eine »indirekte« (also eine im Auftrage des Herrn durch die Apostel vollzogene) Einsetzung der Sakramente durch Christus an. In den Worten und Taten des Herrn finden sich, wie man sagt, bereits die grundlegenden Elemente, die zur Entfaltung der einzelnen Sakramente gehören. Als solche stehen die Sakramente zugleich in einem ekklesialen Kontext, denn sie führen das göttliche Heilswerk fort, unter dem Wirken des Heiligen Geistes. In orthodoxen Dogmatiken werden die Sakramente meistens nach der theologischen Darlegung zum Pfingstfest beschrieben.

[243] Thomas von Aquin erklärt über die Sakramente als wirkmächtige Zeichen, daß die geistig-leibliche Natur des Menschen nur »durch sinnenfällige Dinge zur Erkenntnis der übersinnlichen Dinge gelangt« (S.th. III. q.60, a.4), »denn all unser Erkennen beginnt in den Sinnen« (S.th. III. q.60, a.4 ad 1). Die übersinnlichen Wirkungen »haben nur insofern die Eigenart von Zeichen, als sie selbst durch Zeichen offenbart sind«, und in diesem Sinne »heißen auch nicht sinnenfällige Dinge in gewisser Hinsicht Sakramente« (S.th. III.

die sich in ihrer eigentlichen Bedeutung selbst für die Glaubenden kaum ausloten lassen. In seinen Meisterwerken, nämlich in den Sakramenten, offenbart Gott ein Minimum an Erscheinung und ein Maximum an lebensspendender Wirkmächtigkeit. In den einfachen Zeichen von Brot, Wein, Öl und Wasser hebt die neue Schöpfung an, und die Schlichtheit dieser Zeichen mag wie ein Garant dafür gelten, daß die Schöpfung nicht ersetzt oder aufgehoben wird durch die Neuschöpfung im Heiligen Geist, wohl aber erneuert. Aber nicht die Schöpfung in sich, der neue Kosmos ist die Kirche.

Eine rein christologische Betrachtung der Kirche genügt nicht, ist sie doch - wie die griechischen Väter betonen - eine »Kirche des Heiligen Geistes«. Deshalb müssen die sakramentalen »Mysteria« pneumatologisch grundgelegt gesehen werden. Bei Alexander Schmemann heißt es dazu: »Die Kirche ist der Eintritt in das auferstandene Leben Christi, Kommunion mit dem ewigen Leben und 'Freude und Friede im Heiligen Geist'. Und das ist die Erwartung des Königreiches, dessen 'Tag keinen Abend kennt'. Es geht dabei nicht um irgendeine 'andere Welt', sondern um die Erfüllung aller Dinge und allen Lebens in Christus.«[244] Das alles wird gewirkt im Heiligen Geist. Schon Jahre vor dem II. Vatikanum schreibt Paul Evdokimov: »Fortsetzung von Pfingsten und Fortsetzung der offenbarenden Funktion des Heiligen Geistes, so offenbart die Kirche ständig ihre Identität mit Christus, welcher Wahrheit, Leben und Weg ist, was die Kirche selber zum Sa-

---

q.60, a.4 ad 1). Da nur Gott allein den Menschen heiligen kann, kommt es auch ihm allein zu, die Dinge zu bestimmen, durch welche der Mensch geheiligt werden soll. Deshalb sind die Sakramente von Gott eingesetzt (S.th. III. q.60, a.5). Wegen ihrer Mehrdeutigkeit bedürfen die sinnenfälligen Dinge der näheren Bestimmung durch das (Gottes-)Wort: »In den Sakramenten verhalten sich die Worte nach Art der Form, die sinnenfälligen Dinge aber nach Art des Stoffes. Bei allen aus Stoff und Form zusammengesetzten Dingen ist aber der bestimmende Grund die Form, welche gleichsam Ziel und Grenze des Stoffes ist« (S.th. III. q.60, a 7). Deshalb hat das Wort im Sakrament den Vorrang vor dem sichtbaren Element, es ist restlos von Gott abkünftig.

244 A. Schmemann, Aus der Freude leben, 132f.

krament der Wahrheit und des Lebens erhebt.«[245]
Pseudo-Dionysios überliefert es in seiner kirchlichen Hierarchie[246] schon als eine sichere Tradition, daß die Eucharistie kein Mysterium unter anderen, sondern das Mysterium aller anderen Mysterien ist. Für Pseudo-Dionysios ist die Eucharistie das Mysterium der Gemeinschaft (koinonia) und der Vereinigung (synaxis)[247], weil sie »als Krone der betreffenden einzelnen Heiligungsmittel die Vereinigung des Geweihten mit dem Einen auf heilige Art bewirkt und seine Gemeinschaft mit Gott durch das gottverliehene Geschenk der vollendeten mysteria in abschließender Weise herbeiführt«[248]. Die Sakramente sind kein eigenständiger, in sich existierender und vollzogener »Corpus« von sieben heiligen Handlungen, die von den übrigen Vollzügen der Kirche getrennt sind; sie bilden vielmehr die wesentlichen und unersetzbaren Grundvollzüge der Kirche, in denen die anderen aufgehoben sind. In den Sakramenten (aber auch, wie sich zeigte, in den Sakramentalien) baut Gott sein Volk, seine Kirche auf, indem er alles in allem wirkt (1 Kor 12,6).[249]
Nach Otto Semmelroth[250] sind die sieben Sakramente konkrete »Ausformungen des Ursakramentes Kirche«. Alle Mysterien der Kirche wiederum bleiben auf die Eucharistie hingeordnet und vollenden sich in ihr.[251] Die Eucharistie jedoch ist kein Mysterium in der Kirche,

---

245 P. Evdokimov, L'Orthodoxie, 264.

246 Ps.-Dionysios, Hier. eccl. III, I (BKV Bd. II, [1911], 117).

247 Ebd., 118.

248 Ebd.

249 R. Hotz, Sakramente, 217.

250 O. Semmelroth, Die Kirche als Ursakrament. Frankfurt/M. ^{2}1955, 48.53.

251 Henri de Lubac schreibt: »Die Kirche ist eine geheimnisvolle Ausweitung der Trinität in die Zeit hinein, die uns nicht allein auf das Leben mit ihr vorbereitet, sondern uns bereits daran teilnehmen läßt. Sie stammt aus dem dreieinigen Leben und ist davon erfüllt.« H. de Lubac, Geheimnis, aus dem wir leben. Einsiedeln 1967, 41f.; auch: »Beide: Eucharistie und Kirche, sind der Leib Christi, und der Leib Christi ist nur einer« (H. de

sondern das Mysterium der Kirche selbst.[252] Anders gesagt: Die Kirche ist das universale »Sakrament der Menschheit«, »während die sakramentalen Einzelhandlungen die Sakramente für die einzelnen Menschen sind«[253].

Bereits in der ersten Session des II. Vatikanum wurde der Wandel im Ansatz der Ekklesiologie offenbar, als im zweiten Artikel der »Konstitution über die heilige Liturgie« die Kirche nicht mehr ihrem juridischen Aufbau, sondern ihrem sakramentalen Wesen entsprechend als Ursakrament beschrieben wurde, ein Ansatz, der später in der »Konstitution über die Kirche« fortgeführt wurde. Karl Rahner ergänzt diesen Ansatz des Konzils, indem er die den einzelnen Sakramenten zukommenden Eigentümlichkeiten auf die Kirche als ganze überträgt: »Letzteres ist darum schon legitim, weil die Kirche ja Sakrament des Heiles der Welt und der Einheit der Menschheit als heilsschaffender Einheit in Gott sein soll, also zwischen der Kirche einerseits und Heil und Einheit andererseits ein Unterschied gemacht und eine Beziehung gleichzeitig hergestellt wird, die als 'sacramental' gekennzeichnet wird, also konkret nur darin bestehen kann, daß die

---

Lubac, Die Kirche. Eine Betrachtung, Einsiedeln 1967, 138).

252 Die Kirche ist darum immer mehr als eine »Institution«. Vgl. hierzu P. Evdokimov, Eucharistie - Mystère de L'Eglise, in: La pensée Orthodoxe 13 (1968) 53.

253 Ebd.: »Jedes mysterion ist immer ein Ereignis *in* der Kirche, *durch* die Kirche und *für* die Kirche. Es schließt jegliche Atomisierung aus, welche den Akt von demjenigen isoliert, der ihn empfängt. Jedes mysterion wirkt sich auf den ganzen Leib aller Gläubigen aus. Die Taufe ist eine Geburt in der Kirche und diese wird dabei um ein Mitglied reicher. Die sakramentale Absolution 'gibt' den Pönitenten der Kirche 'zurück'. Die Verheirateten erhalten vor allem Zugang zum eucharistischen Mahl, bekleidet mit der Würde des ehelichen Priestertums. Die Weihe macht den Bischof zum Zeugen der Eucharistie. Schließlich sind in der Eucharistie alle vereint in der Kommunion des gleichen Geistes. Auf diese Weise übersteigt jedes mysterion das Partikuläre auf seine universelle (katholische) Resonanz hin. Und die verliehenen Gaben werden für alle sichtbar gemacht, denn letztlich bezeugt die Kirche in der Eucharistie die Herabkunft des Heiligen Geistes und den Empfang aller Gaben. Deshalb war in der alten Praxis jedes mysterion ein organischer Bestandteil der eucharistischen Liturgie, welche auf das Verliehene und das Empfangene eine Art definitives Siegel einprägte.«

Kirche das geschichtliche Zeichen ist, das den Heil und Einheit schaffenden Willen Gottes gegenüber der Welt geschichtlich zur Erscheinung bringt und dadurch auch 'bewirkt'.«[254]
Die Kirche, nicht der Kosmos, ist der »Leib Christi«. Hans Urs von Balthasar bemerkt (unter Hinweis auf Eph 1,22-23 und seine Kommentierung bei Heinrich Schlier) mit Recht: »Als 'Fülle' Christi wird Kirche nur insofern bezeichnet, als sie auch sein Leib genannt wird. Der Kosmos ist nie der Leib Christi. Christus steht deshalb, auch wenn er beidemale als 'Haupt' bezeichnet wird, zum Kosmos anders als zur Kirche. Sie allein hat innerlich Anteil an seinem Leben, Sterben und Auferstehen, sowohl durch Taufe und Eucharistie wie durch ein im Glauben gelebtes Dasein. Sie allein wächst durch das liebende Zusammenwirken der Glieder 'zur Mannesreife des Pleromas Christi' heran (Eph 4,13). Aber die Kirche ist keine in sich geschlossene Größe, sondern in ihrem ganzen Wesen zum Kosmos hin offen. Von einer 'kosmischen Kirche' wird man nicht sprechen, wohl aber von einer 'über sich hinausweisenden Kirche'.«[255] Denn sie stellt die »Welt in ihrem Übergang« vom Tod zur Auferstehung dar; sie darf darum als »das kosmische Mysterium des Auferstandenen bezeichnet werden.[256] Paul Evdokimov formuliert sogar: »Die Kirche ist Omni-Sakrament und bewirkt durch ihre Macht jedes mysterion, weil sie die Eucharistie ist. Alles ist darin eingeschlossen, und man kann nicht weitergehen.«[257] Nikolaj Afanas'ev geht sogar noch weiter; er spricht

---

254 K. Rahner, in: E. Jüngel/K. Rahner, Was ist ein Sakrament? Freiburg-Basel-Wien 1971, 76. In dieser Auffassung von Schmeman widerspiegelt sich das kosmische Denken der griechischen Väter, die in der Eucharistie den Treffpunkt zwischen der erlösenden Tat Christi und dem erlösten Endzustand der Schöpfung sehen, und zwar so, daß die Eucharistiefeier als Realsymbol des Christusereignisses auch zum Realsymbol des kommenden Reiches wird.

255 H.U. von Balthasar, Theologik. Bd. II, Einsiedeln 1985, 281f. Vgl. auch S. Strukelj, Inkarnation - Fülle der Schöpfung, in: IKaZ 32 (2003) 19-29, hier 22.

256 O. Clément, La vie et l'oeuvre de Paul Evdokimov, in: Contacts No. 73-74 (1971) 66.

257 P. Evdokimov, L'Orthodoxie, 266.

sich dagegen aus, die Eucharistie als eines der sieben Mysterien der Kirche zu betrachten, sie ist für ihn Quelle, Mitte und Ziel aller Mysterien in der Kirche.[258]

Grundsätzlich läßt sich festhalten, daß die Sakramente nicht irgendwelche rituellen Vollzüge und Gottesdienstformen, sondern die Quellgründe all dessen sind, aus dem sich die Kirche begründet und der christliche Glaube nährt. Alles in der Kirche ist Sakrament, insofern sie sich aus der Eucharistie aufbaut. In ihr wird auf einzigartige und unüberholbare Weise das ganze göttliche Heilswerk zusammengefaßt und der Kirche zugetan; in ihrer Feier handelt der auferstandene Herr wirkmächtig an seiner Kirche.[259] So stellt die Kirche in der Feier der Sakramente den neuen Kosmos christlichen Lebens dar.

2. Das neue Gewand des Heils

Das liturgische Gewand läßt sich als eine weitere Konkretion der Eucharstie als Neuschöpfung in Christus ansehen. Bei dem liturgischen Gewand geht es nicht bloß darum, den Vorsteher als Leiter der Versammlung hervorzuheben. Auch läßt sich die Frage nach der Sinnhaftigkeit von liturgischen Gewändern nicht vorschnell einfach mit

---

258 Wenn die römisch-katholische Theologie - vor allem seit dem II. Vatikanum - die Kirche als Ursakrament bezeichnet, dem die Sakramente entstammen, steht das in direktem Gegensatz zur eucharistischen Theologie Afanas'evs. Hierzu K.C. Felmy, Die orthodoxe Theologie der Gegenwart, 175.

259 Es gibt aber auch andere Weisen der Gegenwärtigkeit des auferstandenen Herrn. In die Liturgiekonstitution wurde die Erklärung eingefügt, daß Christus »vor allem« (maxime) unter den eucharistischen Gaben zugegen ist (SC 7): »Um dieses große Werk (das Heil vermittels des Dienstes der Kirche) zu verwirklichen, ist Christus seiner Kirche immerdar gegenwärtig, besonders in den liturgischen Handlungen. Gegenwärtig ist er im Opfer der Messe sowohl in der Person dessen, der den priesterlichen Dienst vollzieht [...] wie vor allem in den eucharistischen Gestalten. Gegenwärtig ist er mit seiner Kraft in den Sakramenten, so daß, wenn immer einer tauft, Christus selber tauft. Gegenwärtig ist er in seinem Wort, da er selbst spricht, wenn die heiligen Schriften in der Kirche vorgelesen werden. Gegenwärtig ist er schließlich, wenn die Kirche betet und singt.«

der Modernisierung des Schnitts beantworten[260] oder unter Hinweis auf die schlichte Ausstattung, indem das liturgische Kleid schon aufgrund seines vom Alltag abstechenden Schnitts eine Amtstracht darstellt.[261]

Die Liturgiekonstitution sagt wenig über das liturgische Gewand. Im 7. Kapitel heißt es im Kontext der Aussagen über die sakrale Kunst (Art.122-130): »Bei der Förderung und Pflege wahrhaft sakraler Kunst mögen die Ordinarien mehr auf edle Schönheit bedacht sein als auf bloßen Aufwand. Das gilt auch für die heiligen Gewänder.«[262] Über derartige Bestimmungen hinaus ist nach einer (sakramenten-)theologischen Sinngebung des liturgischen Gewandes zu suchen, die es auf dem Hintergrund unserer bisherigen Überlegungen zur eucharistischen Feier nun zu entfalten gilt.[263]

---

260 In der liturgischen Gewandung drückt sich immer auch die jeweilige Zeit- und Glaubensauffassung aus; vor allem zeigt sich in der Verwendung der liturgischen Gewänder, was und wie man gerade über die Liturgie und ihre Bedeutung im Leben des Glaubens denkt. Vielleicht darf hier zurückgefragt werden, ob sich in der gegenwärtigen Ratlosigkeit bezüglich des liturgischen Gewandes nicht auch ein »Zeichen der Zeit« wie auch der Notwendigkeit einer Reform aus dem Glauben anzeigt.

261 Das liturgische Gewand hat, wie das II. Vatikanum sagt, »schlicht und wahr« zu sein. In einem offiziellen Text der Deutschen Bischofskonferenz heißt es: »Wenn die Feier in einem gottesdienstlichen Raum stattfindet, sollen Albe, Stola und Meßgewand benutzt werden, sonst in der Regel wenigstens Albe und Stola. In außergewöhnlichen Fällen kann die Kennzeichnung des Priesters, wie sie bei der Spendung anderer Sakramente vorgeschrieben ist, noch als ausreichend angesehen werden, wobei selbstverständlich die Stola niemals fehlen darf« (Sekretariat der Deutschen Bischofskonferenz, Arbeitshilfen 41: Dokumente zur Meßfeier, Bonn 1985, 168f, Nr. 28).

262 SC 124; vgl. auch SC 128.

263 Vgl. zu den folgenden Ausführungen vor allem R. Berger, Liturgische Gewänder und Insignien, in: Gestalt des Gottesdienstes - Gottesdienst der Kirche. Handbuch der Liturgiewissenschaft. Bd. III, Regensburg 1987, 309-346, hier 315f.; J. Braun, Die liturgische Gewandung im Occident und Orient nach Ursprung und Entwicklung, Verwendung und Symbolik, Freiburg 1907 (Nachdruck Darmstadt 1964), bes. 190-200; R. Kaczynski, Über Sinn und Bedeutung liturgischer Gewänder, in: Das Münster 32 (1979) 94-96; M. Kunzler, Indumentum Salutis. Überlegungen zum liturgischen Gewand, 52-78; R. Lesage, Liturgische Gewänder und Geräte. Aschaffenburg 1959.

Dem Gewand kommt insofern keine bloß dekorative Bedeutung zu, als es zu den liturgischen Zeichen und Symbolen gehört, die es nicht um ihrer selbst willen gibt; vielmehr erhalten sie ihre Bedeutung dadurch, der Begegnung zwischen Gott und Mensch zu dienen. Diese Begegnung ereignet sich mitten im menschlichen Dasein, sie trägt die Zeichen des Humanum an sich. So ist es nötig, wie Arno Schilson bemerkt, »die anthropologischen Grundlagen, Konstanten und Implikationen der Liturgie klar herauszuarbeiten«[264]. Um das liturgische Gewand in seiner ganzen Sinnhaftigkeit zu verstehen, ist auszugehen vom Phänomen des Kleides, das den Leib des Menschen bedeckt.
Den Satz des Konzils von Vienne »Anima est forma corporis« aufgreifend, entwirft Romano Guardini in seiner »Liturgischen Bildung« die Grundzüge eines »ek-sistentialen« Menschenbildes: »Das Symbolverhältnis schlechthin nun ist das von Leib und Seele. Der menschliche Leib ist die Analogie der Seele in der sichtbar-körperlichen Ordnung ... Im Leib setzt sich die Seele ins Körperliche, in ihr eigenes 'Symbol'.«[265] In der ek-sistentialen Nachaußensetzung der Seele ist die Ausdrucksform der Leiblichkeit allein nicht hinreichend: »Um die Fülle des Seelischen auszusprechen, genügen die Ausdrucksmöglichkeiten des Körpers mit seinen Flächen, Linien und Bewegungen keineswegs. Der Mensch weitet sich aus, indem er die Dinge der Umwelt in den Körperbereich aufnimmt.«[266]
Sich gleichsam ver-«äußernd«, weitet sich der Mensch aus, indem er Kleid, Gerät und Wohnung zur symbolischen Gegenwärtigsetzung seiner selbst macht: »Zunächst werden die Ausdrucksmöglichkeiten der leiblichen Gestalt, ihre Maße, Verhältnisse und Bewegungen

---

264 A. Schilson, Liturgie und Menschsein. Überlegungen zur Liturgiefähigkeit des Menschen am Ende des 20. Jahrhunderts, in: LJ 39 (1989) 206-227, hier 212.

265 R. Guardini. Liturgische Bildung. Versuche. Rothenfels/Main 1923, 22. Siehe auch A. Schilson, Liturgie und Menschsein, in: LJ 39 (1989) 206-227, bes. 217ff.; K. Richter und A. Schilson, Den Glauben feiern. Wege liturgischer Erneuerung, Mainz 1989.

266 R. Guardini. Liturgische Bildung. 22.

durch die Kleidung bereichert. Falten, Farbe, der Schmuck und das Verhältnis der Gewandstücke zueinander schaffen neue Formen. Gestalt und Bewegung des Körpers werden in vielfältiger Weise betont und weiterentwickelt.«[267] Dabei erweist sich das Kleid als unmittelbares, ja als das unmittelbarste »Medium« zwischen dem Menschen und seiner Umwelt, es wird zum Ausdruck seiner Persönlichkeit.[268]

Die tiefste Aussage der Kleidung als «ek-sistentialem« Ausdruck der Persönlichkeit findet sich in ihrer theologischen Bedeutung. Nach Augustinus dient das Kleid vor allem der Bedeckung der menschlichen Nacktheit und »Fleischlichkeit« (die nicht mit seiner Leiblichkeit identisch ist) und wird so zum Ausdruck der menschlichen Schwäche und Todesverfallenheit.[269] Anders der Mensch im Paradies, der in und trotz seiner »Nacktheit« in unmittelbarer Nähe zu Gott steht; er ist nicht »nackt«, sondern mit der Gnade Gottes wie mit einem Kleid umhüllt. Seine wirkliche Nacktheit wird ihm in der ursündlichen Trennung von Gott deutlich. Bekleidet der Mensch seine Nacktheit mit einem Gewand, so deshalb, um nicht nur »basar«, Fleisch, zu sein: »Das Kleid, das der gefallene Mensch trägt, ist Andenken an das verlorene Kleid, das der Mensch des Paradieses getragen hat. Es ist so sehr lebendige Erinnerung daran, daß jede Veränderung und Erneuerung des Kleides in der Mode, die wir bereitwillig auf uns nehmen, weil sie uns einen neuen Ansatz zu einem Verständnis unserer selbst verheißt, doch nur die Hoffnung nach dem verlorenen Kleide weckt, das allein unser Wesen deutet, allein unsere

267 Ebd., 34.

268 K. Horn, Das Kleid als Ausdruck der Persönlichkeit. Ein Beitrag zum Identitätsproblem im Volksmärchen, in: Fabula 18 (1977) 75-104. Es reicht also nicht, das Gewand aus dem Bedürfnis nach Schutz vor klimatischen Widrigkeiten oder als Ausdruck des menschlichen Schamgefühls zu erklären.

269 »Vestimentum bene intelligitur in honorem, quia nuditatem contegit. Est enim unusquisque homo infirmus« (Augustinus, Sermo 46,6 [CChr.SL 41,553]).

Würde sichtbar machen kann.«[270] So drückt sich in der Bekleidung des Menschen zugleich seine Sehnsucht und Suche nach dem verlorengegangenen Gewand der »doxa« aus, mit der er im Paradies angetan war.

Im Alten Testament ist, wie Michael Kunzler herausarbeitet, »der (hohe-)priesterliche Ornat Ausdruck jener doxa, mit der Gott selbst 'bekleidet' ist und mit der er nach Ps 104,1-2 auch die Welt umgeben hat. Die Herrlichkeit des Priestergewandes ist ein Abglanz der Kabod Jahwes. Solche Nachahmung der göttlichen Herrlichkeit durch das Gewand dient kultischen Zwecken; in das Gewand als Bildnis der göttlichen doxa gehüllt, nähert sich der Priester Gott«[271]. Im kultischen Gewand drückt sich der Wunsch aus, »in kleidhafter Nachahmung der göttlichen doxa sich der Gottheit möglichst wenig entfremdet durch Sünde und kreatürliche Begrenztheit zu nahen, um im Kontakt mit ihr als mysterium tremendum nicht gefährdet zu werden«[272].

Im Neuen Testament liegt eine ganz andere Theologie des Gewandes vor: »Es dient nicht mehr als Mittel kultischer Kommunikation mit Gott unter Nachahmung seiner doxa, hat aber sehr wohl etwas mit dieser Herrlichkeit zu tun, indem es leibliches Ausdruckszeichen für den Wiedereintritt des Menschen in die göttliche doxa durch die Taufe wird.«[273] Durch das Geschenk der Taufe erhält der Mensch Anteil an der göttlichen Herrlichkeit, die er im Paradies durch den Sündenfall verloren hat. Er wünscht, »Christus anzuziehen« (Gal 3,27) und von ihm »überkleidet zu werden« (2 Kor 5,14).

Demnach geht es im liturgischen Gewand - noch vorgängig zum

---

270 E. Peterson, Theologie des Kleides, in: Benedikt. Monatsschrift 16 (1934) 347-356, hier 352f.

271 M. Kunzler, Indumentum salutis, 60; vgl. E. Haulotte, Symbolique du vêtement selon la Bible. Paris 166, 184f. Der (hohe-)priesterliche Ornat hat die Farben des Himmels.

272 M. Kunzler, Indumentum salutis, 60f.

273 Ebd., 61.

Gewand des Amtsträgers - um eine Theologie des Kleides als Gesamtausdruck der christlichen Existenz im Glauben.[274] Dabei mag es erstaunen, daß hier von einer Theologie des Kleides und nicht des Leibes die Rede ist. Die Theologie interessiert sich in erster Linie für das Kleid, insofern es den Leib bedeckt und ihn einhüllt. Die Griechen sprechen von dem Leib als dem »Kleid« der Seele, und sie hoffen, daß die Seele dieses Kleid ablegt. In 2 Kor 5,4 hingegen wird hier voller Angst gesprochen: »Wir möchten lieber nicht entkleidet (vergleiche im Vers davor: »nicht nackt befunden werden«), sondern überkleidet werden, damit das Sterbliche vom Leben verschlungen werde«. Demnach ist das Kleid für Paulus Garant des Lebens, Verschlingung des Sterblichen durch das Leben, während Entkleidung so viel wie Orientierung auf den Tod hin bedeutet. Wenn der Grieche sich in den gymnischen Agonen entkleidete, orientierte er sich auf den Tod hin (wie die Wettkämpfe anfangs ja auch zu Ehren der Toten begangen wurden), wie auch der (verstorbene) Heros von den Griechen nackt dargestellt wurde. Paulus aber sucht nicht den Tod, sondern das Leben; ihm geht es nicht um die Seele, die an einen sterblichen Leib gebunden ist; er wünscht etwas zu besitzen, das höher als die Seele ist, und das ist für ihn das Pneuma. Darum hat er Angst vor dem Entkleidetwerden und wünscht ein Kleid, das wie ein Mantel seine körperliche Existenz einhüllt. In diesem Sinn ist das Gewand bei Paulus Überwindung des primitiven Dualismus von Leib und Seele, von Bedeckung und Nacktheit; es wird zum Ausdruck für die Offenbarung einer göttlichen Realität, die die Gegebenheiten des Lebens, so auch den Dualismus von Leib und Seele, transzendiert.
Das Kleid, das den Menschen umhüllt, bedeckt den Leib des Menschen, nicht nur seine Seele. Damit enthält das liturgische Gewand

[274] Vgl. zum folgenden E. Peterson, Theologie des Kleides, 347-356. Die Darstellung greift nur einen theologischen Aspekt des liturgischen Gewandes auf, der aber gegenwärtig nicht so häufig thematisiert und doch von zentraler Bedeutung für eine Theologie der Eucharistie ist.

die theologische Aussage über die Auferstehung des Leibes: Das himmlische Kleid überdeckt den natürlichen, sterblichen Leib des Menschen. Der menschliche Leib ist ein Kleid im Hinblick auf die Seele, aber der himmlische Leib umkleidet wie eine Hülle und ein Mantel Leib und Seele. Das liturgische Kleid richtet sich also nicht auf den körperlichen Ausdruck, sondern wird zum Symbol der geglaubten und erwarteten Wirklichkeit. Das liturgische Gewand ist weniger ein Ausdruck als eine Predigt.

Insofern das liturgische Obergewand eine Aussage des Übernatürlichen enthält, darf von einer *Theologie* des Kleides gesprochen werden. Dabei handelt es sich um eine Theologie des *weißen* Kleides. In der Taufe gewinnt der Mensch das Kleid der göttlichen Gnade, welches Adam im Paradies verloren hat und ihn nackt werden ließ. Die Verleihung des Kleides in der Taufe ist mehr als eine bloße Verkleidung, denn dem Taufkleid entspricht die Wirklichkeit des neuen Menschen, welcher der auferstandene Christus ist, der das Sterbliche des ersten Kleides des Menschen verschlingt.

Die neue Existenz im Glauben findet ihren angemessenen Ausdruck in dem theologischen Sinngehalt des Kleides. Es stellt den Übergang vom ersten zum zweiten Adam dar, nämlich im Ablegen des alten Adam und im Anlegen des neuen Menschen: »So wird das Kleid als Mittel des menschlichen Schmuckbedürfnisses und der zierenden Bedeckung des vergänglichen Fleisches zum sinnenhaften Ausdruck einer im Glauben gründenden neuen Wirklichkeit und damit auch zu einem gottesdienstlichen Symbol, das seine Begründung im Humanum hat; das Kleid an sich wird zum Taufkleid und auch zum liturgischen Gewand.«[275] Nur wenn man eine klare Vorstellung vom

[275] M. Kunzler, Indumentum salutis, 61. Er führt weiter aus: »So steht das festliche Kleid zur Feier der Liturgie (beim Klerus ebenso wie bei den Laien) in direkter Kontinuität zur Symbolik des Taufkleides; es war (und ist) weit mehr als eine Kenntlichmachung des Vorstehers oder der Rangstufen der anderen 'Hierourgen', sondern dient der anamnetisch-proleptischen Symbolisierung der neuen Wirklichkeit der Christenexistenz, wie sie 2 Kor 5,2b ausdrückt und in der Feier der Liturgie ständig neu aktualisiert wird. Das

eschatologischen Charakter des Christentums und seiner Liturgie hat, wird eine solche Theologie des liturgischen Gewandes verständlich.

Eine Theologie des Gewandes, wie sie hier skizziert wurde, ist von großer Bedeutung. Mit Recht fragt Kunzler, ob nicht ohne einen solchen Ansatz die liturgische Kleidung eines Tages als funktionslos und unverständlich abzuschaffen sei.[276] Nur im Rahmen der dargelegten theologischen Ausdeutung erscheint das liturgische Gewand als Ausdruck der kreatürlichen Bezogenheit des Menschen auf Gott, aber auch seiner eschatologischen Vollendung, die im Heilsgeschehen der Inkarnation und Auferstehung gründet und in der Feier der Liturgie ihre proleptische Erfüllung findet.[277] Die Entfremdung zum Alltäglichen, die im liturgischen Gewand zum Ausdruck kommt, gehört konstitutiv zu ihm, sie erklärt sich aus der Entfremdung des Gläubigen zur »Welt« und seiner Sehnsucht nach der letzten »Heimat

---

Alltagskleid kann dies nicht leisten; könnte es dies, es wäre auch niemals zur Ausbildung eines eigenen Taufkleides gekommen. Das Alltagskleid steht eben für die existentiellen Bezüge des Alltags, in dem die Erfordernisse dieses Äons im Vordergrund stehen und nicht die Verwiesenheit des Menschen auf Gott ... Für die eigentliche liturgische Gewandung der Kleriker ergab sich freilich eine andere Entwicklung: Man behielt für die zelebrierenden Kleriker die spätantike Feiermode bei, als sich bei der Gemeinde, insbesondere in Folge der Völkerwanderung, andere Kleidformen durchgesetzt hatten. Erst damit wurde diese Gewandung zu einer eigenen 'liturgischen Kleidung', noch ergänzt durch die Insignien staatlichen Ursprungs nach der konstantinischen Wende. Dies führte dazu, daß die liturgische Kleidung aufgrund ihres Unterschiedes zum gewöhnlichen Kleid zur rangmäßig exakt abgegrenzten Unterscheidung der Amtsträger in der liturgischen Versammlung wurde. Das Festhalten an antiquierten Formen mußte aber dann, wenn es nicht auf der Grundlage einer Theologie des Kleides an sich geschah, derart theologisch legitimiert werden, indem man den einzelnen Gewandstücken eine nachträgliche symbolische Bedeutung gab« (ebd., 62f.).

[276] Vgl. hierzu auch E.J. Lengeling, Wort, Bild, Symbol in der Liturgie, in: LJ 30 (1980) 230-242, bes. 240-242.

[277] Kunzler bezieht dies mit Guardini auf das weiße Linnen der Albe: Sie ist zwar in der Allegorese immer wieder auf die Reinheit des Menschen bezogen worden, aber wahre Reinheit steht nicht moralisierend einfordernd am Anfang, sondern am eschatologischen Ende als Erlösungstat Gottes.

im Himmel«: »Weil dieses Leben höher ist als das, wozu die gewöhnliche Wirklichkeit Gelegenheit und Ausdrucksform gibt, so nimmt es sich die entsprechenden Weisen und Gestalten aus jenem Bereich, in dem es sie allein findet, nämlich aus der Kunst. Es spricht in Maß und Melodie, es bewegt sich in feierlicher, gebundener Gebärde; es kleidet sich in Farben und Gewänder, die nicht dem gewöhnlichen Leben angehören.«[278] Alfons Kirchgässner betont gleichfalls den Entfremdungscharakter als konkreten Ausdruck für das Leben im Glauben; unter Hinweis auf das Wort »fromm« legt er dar, daß es sich von »fremd« ableite und damit aussage, daß der Glaubende »fremd« für das Alltägliche bzw. für die diesseitige Welt sei.[279] In diesem Sinn kommt dem liturgischen Gewand ein »fremder« Charakter zu, und zwar auf Grund seines eschatologischen Gehaltes, der sich in ihm ausdrückt.

Noch ein Wort zum liturgischen Gewand als *Amtskleidung* des Liturgen. Ihr Sinn läßt sich aus der Bedeutung des kirchlichen Amtes erfassen. Michael Kunzler[280] schlägt vor, in der Amtstheologie besser von einer Christusikonographie als von Christusrepräsentanz zu sprechen. Christus bedient sich nämlich des Priesters als einer menschlichen Ikone, durch die er heilswirksam handelt.[281] Nach Bischof Kurt Koch ist das Amt jener »Raum der Anwesenheit Gottes nach Art der Schekinah«, die der orthodoxen Lehre von der Identität der Gnade mit dem göttlichen Weltbezug »kat' enérgeian« gleich-

---

278 R. Guardini, Vom Geist der Liturgie. Freiburg-Basel-Wien 1983, 101.

279 A. Kirchgässner, Der Mensch im Gottesdienst, in: LJ 15 (1965) 229-238. Er schreibt: »Das Wort fremd, vom althochdeutschen fram, besagt soviel wie vorwärts, entfernt, weg; fromm heißt fremd, also in einer entfernten, jenseitigen Welt heimisch. Diese jenseitige Welt kommt zu uns über die Grenze in der liturgischen Feier, und zwar in Zeichen, die nicht aufgehen, nicht aufgehen können in diesseitigen Vorstellungen, die also etwas Fremdartiges wie ein Gewölk um sich haben« (233).

280 M. Kunzler, Indumentum salutis, 70f.

281 Eine solche Christusikonographie gilt es noch systematisch zu entfalten, vor allem gegen jede Form des Klerikalismus.

kommt: »Im liturgischen Gegenüber des Priesters manifestiert sich heilssicher die Gnade als Weltbezug der Trinität, wie sie in der Inkarnation des Logos menschliche Ästhetik annahm.«[282] Der Priester leistet den Dienst der ikonographischen Gegenwärtigsetzung des eigentlichen Liturgen Christus. Dies bedeutet für das priesterliche Gewand, daß es keine Kultkleidung ist, wie sie in anderen Religionen vorkommt, sie gehört zur Darstellung der liturgischen Symbolik und des sakramentalen Gegenüber Christi zur Gemeinde.

Kurz gesagt, es geht bei der liturgischen Gewandung letztlich nicht um eine Berufskleidung, auch nicht um ein schmuckhaftes Kleid aus Anlaß der Festlichkeit, der mit ihm zum Ausdruck kommt, sondern um eine *theologische* Aussage: In dem Gewand ist eine Grundaussage der Sakramententheologie enthalten, nämlich die der Neuschöpfung des Menschen in Christus. In einer zweiten Hinsicht werden mit dem liturgischen Gewand die unterschiedlichen Dienste in der Liturgie im Sinne eines sakramental-ikonographischen Gegenübers ausgedrückt, gleichsam wie zur »Garantie«, denn im Handeln des Amtsträgers wird dem Gläubigen unverbrüchlich zugesagt, daß Christus in ihm sein Heil wirkt.

3. Die neuen Sinne des Glaubens

Noch ein dritter Aspekt ergibt sich aus dem vorgestellten sakramententheologischen Ansatz der Eucharistie als Neuschöpfung in Christus. Metropolit Philaret von Moskau gibt zu bedenken: »Kein einziges der Mysterien der geheimsten Weisheit Gottes darf uns fremd oder völlig transzendent erscheinen, sondern wir sollen in aller Demut unseren Geist an die Kontemplation der göttlichen Dinge gewöhnen«.[283] Mit anderen Worten: Das Dogma, das eine geoffenbarte

---

282 K. Koch, Kirchliches Leben im Zeichen des Mysteriums Gottes, in: A. Schilson (Hg.), Gottes Weisheit im Mysterium. Vergessene Wege christlicher Spiritualität, Mainz 1989, 298-332, bes. 320-322.

283 Predigten und Ansprachen von Bischof Philaret. Moskau 1844, (in russischer Sprache),

Wahrheit ausdrückt, welche wie ein unerforschliches Mysterium erscheint, muß von uns durch einen seelischen Prozeß so erschlossen werden, daß wir nicht das Mysterium unserer Erkenntnisweise anpassen, sondern selbst eine tiefgreifende Umgestaltung und Umwandlung unseres Geistes durchleben, um zur Erfahrung fähig zu werden. Dazu muß der Christ einen bedeutenden Teil seines Lebens im Gotteshaus verbringen.[284] Denn die Liturgie führt leiblich und sinnenhaft nachvollziehbar in den Glaubensvollzug. Johannes Chrysostomos sagt hierzu: »Christus hat uns die Möglichkeit gegeben, uns von seinem Leibe zu sättigen; dadurch erhob er uns zu einer noch engeren Freundschaft und zeigte uns seine Sehnsucht nach uns, denn er gibt sich nicht denen, die ihn nur schauen möchten, sondern jenen, die ihn betasten und essen wollen, die sich in seinen Leib einpflanzen, sich mit ihm vereinigen und die ihre ganze Sehnsucht nach ihm sättigen wollen«.[285]

Der Mensch hat den Auftrag, in seinem Leben das Übermaß göttlicher Liebe und Schönheit leibhaft auszubuchstabieren.[286] Nicht äu-

---

2. Teil, 87

284 Der russische Theologe Pavel Florenskij schreibt, wenn auch eher in polemischer Absetzung: »Es wird erzählt, daß man das Schwimmen im Ausland jetzt an Geräten, auf dem Boden liegend, lernt. Genau so kann man auch Katholik oder Protestant werden - nach Büchern, ohne irgendwie mit dem Leben in Berührung zu kommen - im eigenen Arbeitszimmer. Aber um orthodox zu werden, muß man augenblicklich in das Element der Orthodoxie selbst eintauchen, orthodox zu leben beginnen - einen anderen Weg gibt es nicht.« P. Florenskij, Der Pfeiler und die Grundfeste der Wahrheit, in: Östliches Christentum. Dokumente. Hrsg. von N. von Bubnoff und H. Ehrenberg. Bd. II, München 1925, 21.

285 Zit. nach D. Staniloae, Die Eucharistie als Quelle des geistlichen Lebens. Köln 1979, 13f.

286 Im Licht der Bibel hat das Heil nichts Juridisches an sich, es ist kein Richterspruch. Das hebräische Verb *yacha* bedeutet: jemanden ins Weite, ins Wohlbehagen führen. Im weitesten Sinne besagt es: befreien aus Gefahr, Krankheit, Tod, und schließlich *heilen*, was ganz genau die Wiederherstellung des vitalen Gleichgewichtes bedeutet. Das Substantiv *yecha*, Heil, bezeichnet die totale Befreiung, die schließlich zum Frieden - schalom - führt.

ßerliche Tugendakrobatik, sondern die lebenslange Ausprägung des innersten »Bildes« der Schöpfung, wie es die Jünger in der verklärten Gestalt des Menschensohnes schauen durften, ist das Ziel gläubiger Existenz. Davon spricht Paulus, wenn er das Wachsen in der Erkenntnis Jesu - fern von jeder bloß geistigen Erhebung - als leibliche Ausprägung des Christusbildes im eigenen Dasein versteht.

Diese leibliche Ausprägung beginnt mit der *Wachheit des Geistes in den Sinnen*. Die Spiritualität des christlichen Glaubens in Ost und West lautet nicht wie die Anweisung fernöstlicher Meditationspraktiken: Augen schließen, leer werden, sondern: die Augen öffnen, die Wunder der Schöpfung und des Menschen schauen. Ohne die Öffnung der Sinne gibt es keinen Glauben, keine Theologie und keine Spiritualität.[287] Kein Heil ohne irdische Entsprechung! Damit der Mensch Gott in den Dingen der Schöpfung und in den Geschehnissen seines Lebens erkennen kann, heilt Christus vor seinem Heimgang zum Vater die kranken Sinne des Menschen, den Blinden, den Lahmen, den Tauben, den Stummen. Erst der Geheilte kann wie jeder seiner Sinne Mächtige aus dem inneren Erkennen und aus der Klarheit seines kreatürlichen Urteils Ja sagen zu Jesus. Nicht anders sind die Wunder Christi zu verstehen; sie zeigen, daß der Mensch erst aus der Einheit von Schauen, Hören, Riechen, Tasten und Schmecken urteilen, antworten und nachfolgen kann. Die Gesundung und Entfaltung der Sinne zielt auf kein Genießen wie beim Schlemmer, sondern auf Differenzierung und Unterscheidung der Geister in der leibhaften Nachfolge.

Das Geschenk der geheilten Kreatürlichkeit befähigt den Menschen, in seinem Leben dem Herrn »leibhaft« zu entsprechen und alles

---

[287] Die Theologie der Sinne hat nichts mit einem oberflächlichen Naturalismus gemeinsam, da sie die Erfahrungskraft menschlicher Möglichkeiten übersteigt und auf Christus zurückführt. Nach Johannes von Damaskus, bei dem sich die Theologie der Sinne vorgebildet findet, hat der ewige Sohn Gottes aus den vielen Elementen der Erde die Materie seines irdischen Leibes angenommen, um sie in der verklärten Gestalt der kommenden Weltzeit heimzunehmen zu seinem himmlischen Vater.

Erdhafte in die Beziehung zu Christus hineinzunehmen. Was damit gemeint ist, hat Konrad Weiß in seinem Gedichtzyklus »Wettlauf des Knechtes mit Gott, mit der Erde und dem Menschen«[288] verdeutlicht. Als der Mensch im »Wettlauf« mit seinem Schöpfer zu sehr damit beschäftigt ist, »himmlisch« sein zu wollen, hält Gott ihn schließlich an und ruft ihm zu: »Irdisch hab' ich dich gewollt!« Wer vom Himmel träumt oder »vollkommener« sein möchte: eindeutiger, friedvoller, froher und entschiedener, steht in der Gefahr, den Boden unter den Füßen zu verlieren, schließlich sogar Gott selbst. Nicht im Himmel, auf der Erde will Gott seinem Geschöpf begegnen. Der Abstand zwischen Schöpfer und Geschöpf muß vom Menschen eingehalten, aber auch »verwandelt« werden: Irdisch hat der Knecht seinen Herrn zu suchen und zu finden. Liturgie, Gebet und Studium der Heiligen Schrift haben das eine Ziel, daß der Mensch geerdet wird und ganz erdverbunden, eben »irdisch« bleibt.

So enthält der Glaube an den Menschensohn nicht nur eine Theologie der Sinne, sondern auch eine *Theologie des Leibes*. Er ist das Ende der Wege Gottes, und ohne den Leib gibt es keinen Glauben. Leibhaftig sollen die Gläubigen, sagt Bonaventura, »durch ihr *Tun* sichtbar werden lassen, daß sie durch den Glauben zur *Erkenntnis* der Wahrheit gelangt sind«[289]. Dann wird ihnen leibhaftig zuteil, was die Jünger auf dem Berg Tabor in der verklärten Gestalt des Erlösers schauen durften.

Die Verklärung auf dem Berg Tabor war keine beiläufige Episode im Leben Jesu, sondern enthält eine universale Aussage über den Menschen und den Kosmos. Die ganze Schöpfung ist in das Licht der Verklärung des Menschensohnes aufgenommen. Kosmos, Mensch und Zeit haben schon jetzt Anteil am neuen Leben des Auferstandenen und gehen so ihrer vollendeten, ewigen Gestalt in der Ewigkeit ent-

---

288 K. Weiß, Gedichte 1914-1939. München 1961, 134-147, hier 134 (1. Strophe).

289 W. Dettloff, Die Geistigkeit des hl. Franziskus, in: WW 19 (1956) 197-211, hier 205.

gegen. Ausdrucksgestalten dieses neuen, verklärten Lebens sind das Bild und der liturgische Raum, die immerwährende Stundenliturgie im Rhythmus des nicht untergehenden Lichtes und im Verlauf des Herrenjahres die Feier der Stationen des Heils, weiterhin die Größe und Würde des menschlichen Lebens, die auf dem Antlitz des Menschen widerstrahlen, und schließlich das Übermaß der göttlichen Schönheit, das den Menschen zu einem neuen Tun und zu einer neuen Gemeinschaft im Glauben anleitet und ihn mit allen Sinnen leibhaft dem wiederkommenden Herrn entgegengehen läßt.

Über die Vereinigung, die sich in der Liturgie leibhaft nachvollziehbar ereignet, führt Symeon der Neue Theologe aus: »Wir werden zu Gliedern Christi und Christus wird zu meinen Gliedern, Christus wird zu meiner Hand, mit dem Unwürdigen, zu meinem Fuß. Und ich, der Unwürdige, bin die Hand Christi, der Fuß Christi. Ich bewege meine Hand, und meine Hand ist der ganze Christus. Wenn du es willst, kannst du zu einem Glied Christi werden. Aber nicht nur ich mit meinen Gliedern gehöre Christus, sondern ein jeder andere Gläubige, der an seinem Leib und an seinem Blut teilhat. Dadurch empfinden wir uns alle wie ein einziger in Christus.«[290] Der Prozeß der Vereinigung bedarf aber immer neu der Reinigung und Läuterung: »Aber damit mein Mund Christi Mund werden kann oder der Mund Christi mein Mund werden kann, muß mein Mund geläutert werden, denn ich muß mich selbst läutern, damit Christus durch meinen Mund nur seine lauteren Worte aussprechen kann, oder damit ich durch seinen Mund seine lauteren Worte ausspreche. Ich werde somit zu einem vollgültigen Glied Christi. Dasselbe gilt auch für meine Augen und für meine Hand, wenn sie Christi Hand und Auge werden: sie müssen lauter sein, damit Christus alles durch meine Augen in Lauterkeit anschauen und durch meine Hand seine Taten, seine Werke vollbringen kann. Schon vor der Heiligen Kommunion bemühe

---

[290] Zitiert nach D. Staniloae, Die Eucharistie als Quelle des geistlichen Lebens, 25f.

ich mich einerseits, diese Lauterkeit zu erwerben, andererseits läutert uns Christus selbst, indem er sich uns in der Kommunion hingibt.«[291] Zusammenfassend läßt sich sagen: Die Wirkkraft der Liturgie liegt wohl darin, daß sie weniger lehrt als den Glauben ins Leben umsetzt, und daß sie die Wahrheit weniger begrifflich erfassen als am eigenen Leib und mit allen Sinnen lebendig erfahren läßt. Der Vollzug der Liturgie bleibt nie rein äußerlich; vielmehr werden die äußeren Haltungen in das leibhaftige Ausdrucksverhältnis der Seele hineingenommen. So führt die Liturgie zu einer Wachheit des Geistes in den Sinnen als konkreter Ausdrucksgestalt dessen, daß der Mensch eine Neuschöpfung in Christus ist. »Der Leib ist das Ende der Wege Gottes.«

4. Die neue Zeit der Erfüllung

Die Sakramentenlehre des Abendlandes blickte seit dem Hochmittelalter vor allem auf den »effectus«, auf die Wirksamkeit der Sakramente. Die Kirchenväter hingegen wandten sich vor allem den Fragen um Zeichen und Zeichenhaftigkeit zu. Was das Neue Testament mit »Semeion« bezeichnet, nennen sie Symbol als die Ganzheit von Zeichen und Wirkung, von Bild und Gegenwärtigkeit. Das Symbol vergegenwärtigt eine Wirklichkeit, die unter Formen zeichenhaft verhüllt bleibt und dennoch geheimnisvoll Teilhabe am Original schenkt. In diesem Sinn setzt das Sakrament die Wirklichkeit der göttlichen Heilstat unter zeichenhaften Bildern und Riten gegenwär-

---

291 D. Staniloae kommentiert: »Und wenn Theophanes von Nikäa vom Priester verlangt, daß seine Hand, die den Leib des Herrn hält, reiner als das Löffelchen sei, und sein Mund, der diesen Leib empfängt, reiner als der Kelch sei, denn die Reinigung der Hand und des Mundes bedeuten eine auf das Innere zielende Bemühung, so gilt dieses auch für die Gläubigen, welche die Kommunion empfangen. Deswegen fasten und beichten die Gläubigen vor der Kommunion, sie versöhnen sich mit ihren Schuldnern und halten sich fern von jeder Sünde. All diese Zeichen der Spiritualität führen durch häufige Wiederholung der Gläubigen zu einer in ihrem Wesen tief eingeprägten Spiritualität, die zu einem Merkmal ihres Lebens wird« (D. Staniloae, Die Eucharistie als Quelle des geistlichen Lebens, 26).

tig.
Der liturgische Raum und die liturgische Zeit repräsentieren das Ganze der göttlichen Ökonomie, indem sie an einem Ort und in einem Augenblick symbolisch das ein für allemal dargebrachte Opfer Jesu hier und jetzt vergegenwärtigen. Taufe, Eucharistie, jeder Gottesdienst der Kirche, die Verkündigung des Evangeliums mit eingeschlossen: sie bilden die innere Mitte im Leben des einzelnen, aber auch der ganzen Geschichte, werden doch Himmel und Erde zur Einheit zusammengeführt. Eine solche universale Sicht der Liturgie bestimmt, wie schon dargelegt, das theologische Konzept des Herrenjahres und der Stundenliturgie; doch seien im folgenden einige noch nicht genannte Aspekte hinzugefügt.

a. Herrenjahr

Gregor von Nazianz gehört zu den ersten, die vom liturgischen »Heute« des Heils gesprochen haben. Seine Worte, die schon angeführt wurden, sind in den großen Osterkanon der byzantinischen Liturgie eingegangen: »Gestern wurde ich mit Christus gekreuzigt, heute werde ich mit ihm verherrlicht. Gestern wurde ich mit ihm getötet, heute werde ich mit ihm zum Leben erweckt. Gestern wurde ich mit ihm begraben, heute bin ich mit ihm auferstanden.«
Das in der Liturgie gegenwärtig erfahrene Heil wird in der Feier des Herrenjahres entfaltet, jedoch gemäß den Facetten der einzelnen Festinhalte. Das Heil ist hier und jetzt neu gegenwärtig, und zwar unter den eucharistischen Gestalten von Brot und Wein, aber so, daß nicht nur Christus, sondern auch die von ihm gewirkten Heilstaten sakramental gegenwärtig werden - zum Heil jedes Menschen, wie Gregor von Nazianz betont: »Wieviele Feste, den jeweiligen Geheimnissen Christi entsprechend, werden mir doch geschenkt! Doch alle haben sie nur ein Ziel: meine Vollendung und Neugestaltung und

meinen Aufstieg zum ersten Adam!«[292]

Der Mensch, auf Gott hin als sein Ebenbild geschaffen, erhält im Mitvollzug der Erlösungsfeier seine ursprüngliche Würde wieder: »Bringen wir als Gaben uns selbst, die für Gott ehrenvollste und seine ureigenste Schöpfung. Geben wir dem Bild das, was zum Bilde gehört! Erkennen wir unsere Würde! Ehren wir das Urbild! Erkennen wir die Wirkkraft dieses Mysteriums und das, weshalb Christus starb! Werden wir wie Christus, da Christus ward wie wir. Werden wir seinetwegen Götter, da auch er unseretwegen Mensch wurde! Er nahm das Schlechte an, um uns das Bessere zu schenken. Er wurde arm, damit wir durch seine Armut reich werden (2 Kor 8,9). Eines Sklaven Gestalt nahm er an (Phil 2,7), damit wir die Freiheit empfan-gen. Er stieg hinab, damit wir erhöht werden.«[293]

Es gibt kein heilsgeschichtliches Gestern oder Morgen; beides wird vielmehr für den Gläubigen eingeholt im Heute der Liturgie und ihrer Feier im Herrenjahr. Die Liturgie ergründet das Geheimnis des Glaubens nicht denkerisch, alles drängt in das Gotteslob, das die versammelte Gemeinde aller Gläubigen Gott entgegenbringt. Hierzu heißt es bei Pseudo-Dionysios: »Nicht alle Geheimnisse können wir feiern, noch sie verstehen und anderen erklären. Jedoch die Geheimnisse, die von dem gotterfüllten Hierarchen im Anschluß an die heiligen Schriften gepriesen und liturgisch in den Mysterien vollzogen werden, wollen wir, soweit es uns möglich ist, besprechen, nachdem wir zuerst gebetet haben, damit das Geistwehen der heiligen Heilsordnung uns erfülle.«[294]

Im »Jahreskranz der Güte Gottes«, wie das Herrenjahr auch bezeichnet wird, bricht die neue Zeit der Auferstehung in unsere Tage, Wo-

---

292 Gregor von Nazianz, Auf die Erscheinung Gottes oder die Geburt des Erlösers, 38. Predigt, 38 (PG 36,312ff.).

293 Gregor von Nazianz, Zum heiligen Osterfest, 1. Predigt, 4,5 (PG 35,397B-400A).

294 Ps.-Dionysios, Hier.eccl. 3,11 (zitiert nach BKV Bd. 2 [1911] 138).

chen, Jahre ein und durchdringt unsere alte Zeit. Jetzt, »heute«, können wir an der neuen Zeit des Heils teilnehmen. Das Heute des lebendigen Gottes, in das der Mensch eintreten darf, ist die »Stunde« Jesu, in der sich alle Zeit erneuert. Nicht aus der ersten Schöpfung bricht der Tag an, wie jene Tage, von denen es heißt: »Es wurde ein Abend und es wurde ein Morgen«, der österliche Psalm heißt hingegen: »Das ist der Tag, den der Herr gemacht hat, wir wollen uns freuen und jubeln« (Ps 117,24). Es ist kein Tag wie die anderen, nach dem Rhythmus von Sonnenaufgang und -untergang, vielmehr schenkt Christus das Licht des Lebens, die Fülle der Zeit. Der Tag der Auferstehung bricht nicht wie eine Erinnerung oder wie ein abstraktes Ideal ein, es ist die immerwährende Energie des heiligen Geistes in unsere Zeit hinein. Der Tag der Auferstehung schenkt der Zeit gleichsam sakramentalen Charakter, denn die Feier des Herrenjahres enthält, was sie feiert.

Vom Ostertag aus nimmt die neue Auferstehungszeit das ganze Jahr in Beschlag. Der österliche Tag zieht unser zyklisches Jahr aus dem Todeskreis mit sich fort, da die Wiederholung ein Geständnis unserer Machtlosigkeit ist. Die aber mit Christus auferstanden sind, begehen das Jahr »liturgisch«, nicht im Sinne eines Festkalenders, sondern als Entfaltung des Mysteriums der Auferstehung und des neuen göttlichen Lebens in den Rhythmen menschlicher Zeit.

Im Ablauf des Gnadenjahres teilt der Herr seiner Kirche die Fülle seines Geheimnisses mit. Die heilige Woche vorbereitend, sind da zuerst die sieben Wochen der großen Fastenzeit, in der wir die Stadien der Rückkehr der neuen Schöpfung ins Paradies durchleben, und das Osterfest weiterführend folgen die sieben Wochen bis Pfingsten. In der Mitte des Herrenjahres steht Ostern. Der Ostertag ist die Erfüllung der Großen Woche, die ihrerseits sakramentalen Charakter hat. Während der sieben Tage vor Ostern wird das liturgische Gewicht der ersten Schöpfung nicht außer Kraft gesetzt, es erfüllt sich vielmehr, indem es zum Ereignis der neuen Schöpfung in Christus wird. Dem Ostertag folgt keine chronologische Woche mehr, sondern die Hindehnung jenes Tages, der keinen Abend kennt. Während dieser alles erneuernden Woche wird die Osterliturgie immerfort gefeiert, nicht wiederholt, ist sie doch jedesmal neu. Diese eigentlich sakramentale Woche wird zum Prototyp, zum Prägstock aller Wochen des liturgischen Jahres. Der heilige Gregor von Nyssa sagt: »Der Christ lebt die ganze Woche seines Lebens das einzige Ostern und läßt diese Zeit Licht werden.«[295] Origenes betont: »An keinem einzigen Tag feiert der Christ nicht Ostern.«[296]

Der Auferstehungstag überstrahlt das ganze Jahr, verwandelt es und dringt in die kleinsten Parzellen der Zeit vor. Wir bitten: »Gib uns heute unser wesentliches Brot«, das Brot dieses wesentlichen Tages (gemäß der Übersetzung der Kirchenväter von »hyperousios« als »super-essentialis«). Der sakramentale Tag, an dem immer wieder die Wandlung unseres Lebens in die neue Zeit des Glaubens gefeiert wird, ist der Sonntag, der Tag des Herrn (Apk 1,10). Von der Eucharistie her ist der Sonntag die befruchtende Anamnese, welche uns die ewige Liturgie vergegenwärtigt und daran teilnehmen läßt. Am »Tag der Versammlung« nehmen die Gläubigen die Kommunion aller Heiligen in der Trinität vorweg. Da »der Vater immerfort wirkt« (Joh 5,17), ist es ein Ruhetag, aber der Ruhe Gottes, also schöpferische Liturgie, wie Origenes betont: »Der Vollkommene, der in Worten, Taten, Gedanken immer mit dem Wort Gottes beschäftigt ist, lebt stets in den Taten des Wortes, und alle Tage sind für ihn Sonntag.«[297]

Das Herrenjahr bestimmt sich im Zueinander von Advent und Parusie, von erster und zweiter Ankunft des Herrn, so daß der Ablauf des Herrenjahres als eine einzige Feier der Ankunft des Herrn (Adventus Domini[298]) angesehen werden muß: »Advent ist also eigentlich

---

295 Gregor von Nyssa, In Christi resurrectionem. Oratio II (PG 46,628CD).

296 Origenes, Contra Celsum 8,22.

297 Ebd.

298 Zum antiken Begriff des »adventus« und seinem Verständnis schreibt Ildefons Herwegen:

der richtige Name für die ganze erste Zeit des Kirchenjahres bis zur Paschavorbereitung, ja in gewissem Sinne für das ganze Kirchenjahr, da ja auch Pascha die Erwartung der Parusie ist, und nicht nur Erwartung, sondern auch erste pneumatische Erfüllung, weil der Herr durch die Auferstehung und Himmelfahrt in die ewige Glorie eingegangen ist, zu der er die Kirche einst heimholen wird.«[299]

Die Heilsgeschichte steht zwischen erstem und letztem Advent, zwischen dem ersten Advent der Heilsankunft des Herrn und dem zweiten Advent seiner Wiederkunft (Parusie). Damit ist der Advent die christliche Lebensform schlechthin; er feiert die Erfüllung des Heilsmysteriums in der eschatologischen Erwartung auf die Wiederkunft des Herrn. Im Ablauf des Herrenjahres vollziehen die Gläubigen auf ihrem Glaubensweg die einzelnen Heilsmysterien des Lebens Jesu mit, um so dem Menschensohn nachzufolgen. Darin erweist sich die Nachfolge nicht bloß als Übernahme eines Vor- und Leitbildes, sondern als Angleichung an das Urbild Christus durch Vereinigung mit ihm im Heilsmysterium der liturgischen Feier.

»Der Advent des Herrschers war der erste und höchste Glücks- und Festtag für die Stadt. Kam doch in der geheiligten und vergöttlichten Gestalt des Königs oder Kaisers der Gott selbst zu einer Stadt, um sie mit seinem Leben und seinem Heil zu erfüllen und mit seiner Gnade zu überschütten. Unbegrenzte Hoffnungen und unendlicher Jubel begleiteten daher den Advent des Königs. Die Stadt ging dem Kommenden entgegen zur Hypapantesis, zur Begegnung. Abordnungen zogen weit hinaus, bis zu dreißig Meilen; andere warteten in der Nähe der Stadt. Vor den Stadtmauern war die Bevölkerung aufgereiht, nach ihren Ständen geordnet; sie standen die Straßen entlang, durch die der Herrscher in die Stadt einzog, weiß gekleidet, das Haupt bekränzt, Fackeln und Kerzen in den Händen. Weihrauch wurde verbrannt, wohlduftende Öle wurden ausgeschüttet, Blumen gestreut und Teppiche ausgebreitet. Oft wurden auch Götterbilder oder andere Kultgegenstände dem Kommenden zur Begrüßung entgegengetragen« (I. Herwegen, Alte Quellen neuer Kraft. Düsseldorf 1920, 134f.). Es wurden beim Einzug Akklamationen, »Litaneien«, gesungen, und die Stadt wurde zu einer heiligen Gottesstadt begnadet.

299 I. Herwegen, Alte Quellen neuer Kraft, 30.

Die Mitte aller Heilsmysterien bildet das Paschageheimnis, welches nach der Liturgiekonstitution der Inhalt jeder Eucharistiefeier ist. Das Paschamysterium bestimmt die ganze Feier des Herrenjahres, vor allem seine Hauptfeste. In den liturgischen Texten werden Weihnachten und Epiphanie wie Ostern als »Feste unserer Erlösung« bezeichnet. Die Heilsaussage vom »commercium« findet sich vor allem in der Liturgie vom Tag der Geburt, aber auch in der Feier der Auferstehung. Am Fest von Weihnachten besingt die byzantinische Liturgie die Erlösung, die mit der Menschwerdung des Gottessohnes anhebt, sie öffnet wieder das Tor zum Paradies. In der orthodoxen Vigilfeier zum Weihnachtsfest heißt es im Theotokion: »Er ist tatsächlich für uns von der Jungfrau geboren, er hat die Kreuzigung erduldet, mit dem Tod hat er den Tod vernichtet, und in der Auferstehung hat er gezeigt: welch ein Gott.«

In den Menologien der byzantinischen Liturgie finden wir die Überschrift: »Die Geburt unseres Herrn, Gottes und Heilandes Jesus Christus dem Fleische nach.« Manche Minäen haben den Zusatz: »Ostern; dreitägiges Fasten«. Darin zeigt sich, daß die Feier von Weihnachten und die Vorbereitung auf dieses Fest zugleich an das »Ostern des Kreuzes« (Karwoche) erinnert: Mit der Menschwerdung beginnt die Entäußerung der Gottheit, und die Geburt in der Höhle ist der Anfang des Kreuzweges Christi. Die byzantinische Nachtfeier zum Weihnachtsgottesdienst wird eröffnet mit dem Abstieg Christi zur Unterwelt, in dem die grenzenlose Entäußerung der Gottheit sichtbar wird, die mit der Menschwerdung des Gottessohnes anhebt und an Ostern zum Sieg über den Tod wird. In der Osternacht erfährt der Gläubige seine eigene Auferstehung feiernd voraus und erlebt sie sakramental als die Fülle aller Zeiten.

Die innere Einheit von Ostern und Weihnachten, die Martin Herz und Rupert Berger[300] herausgearbeitet haben, läßt sich noch tiefer er-

[300] M. Herz, Sacrum commercium, in: MThSt 15 (1958) 301; R. Berger, Ostern und Weihnachten, 1-20.

fassen. Die byzantinische Liturgie verwendet als Osterevangelium den Prolog aus Joh 1, den Rom an Weihnachten vortragen läßt, und verliest in der Weihnachtsnacht den Schöpfungsbericht von Gen 1, der in der lateinischen Liturgie die Osternacht eröffnet. In den liturgischen Texten des Osterfestes finden sich auch Motive von Weihnachten. Am Sonntag der Vorväter, »die Christus verkündigt haben, das Leben und die Auferstehung unseres Geschlechts«, also am vorletzten Sonntag vor Weihnachten, wird auf die drei Jünglinge im Feuerofen verwiesen, die sonst als Typos der österlichen Errettung verwendet werden. Die byzantinische Liturgie liest am Festtag der Geburt Mariens den Christushymnus des Philipperbriefes, der in der lateinischen Liturgie am Palmsonntag das Gedächtnis des Leidens unseres Erlösers eröffnet: Der Sohn Mariens ist der Gekreuzigte! Ihm huldigt die griechische Kirche am Sonntag vor Weihnachten nicht anders als die römische Kirche am Freitag vor Ostern mit dem Trishagion: »Heiliger Gott, Heiliger Starker, fleischgewordener Sohn.« Schließlich ist das Thema Erlösung an (Weihnachten und) Epiphanie wie auch an Ostern durch eine feierliche Taufspendung geprägt.[301] Die Einheit von Weihnachten und Ostern zeigt sich auch am Himmelfahrtsfest, wozu Martin Herz schreibt: »Die Himmelfahrt ist Krönung und Abschluß des wunderbaren heilsgeschichtlichen Tausches und gleichsam göttliche Besiegelung der bleibenden Verbindung von Gottheit und Menschennatur in dem einen Mittler. An diesem Tag hat Christus nach den Worten einer anderen Präfation 'das Ziel des göttlichen Geheimnisses vollbracht und die Aufgabe der alten Heilsordnung erfüllt'. Er war herabgestiegen, um in seiner Menschwerdung unsere Natur anzunehmen; nun steigt er auf, um dem Menschen Teilhabe an seiner Herrlichkeit zu gewähren.«[302] Trotz der inneren Einheit der beiden Feste kam es zu einer immer markanteren

[301] Obwohl Rom die Taufe an Epiphanie später als nicht-apostolisch zurückdrängte.

[302] M. Herz, Sacrum commercium, 302.

Differenzierung, die in dem sich wandelnden Christusverständnis begründet ist. Es kann demnach von einer »österlichen Begehung der Erlösung« und einer »weihnachtlichen Begehung der Erlösung«[303] gesprochen werden. Was in der Inkarnation, Auferstehung und an Pfingsten erfüllt wurde, vollendet sich in und mit der Feier der Liturgie während des Herrenjahres, und was damals ein für allemal geschah, nimmt in der Zeit und im Leben des Christen aktuell Gestalt an. Mit dem angeführten Beispiel der beiden Feste von Ostern und Weihnachten wird überdeutlich, auf welche Weise das Herrenjahr mit seinen Festen die Synthese des christlichen Glaubens darstellt, nicht als bloßes Gedächtnis, sondern in der Gegenwärtigsetzung der Neuschöpfung in Christus.

b. Stundenliturgie

Der Anlaß zur Feier der Stundenliturgie, wie er gerade in den Hymnen erscheint, ist die Erfahrung des Kosmos, vor allem im Aufgang und Niedergang der Sonne, des Tageslichtes. Die tägliche Erfahrung wird im Licht des Glaubens auf Christus und das Erlösungsgeschehen hin gedeutet. Einer der ältesten Hymnen ist das »Phos hilaron«.[304] Es kommt gegenwärtig in der römischen Stundenliturgie am Donnerstag der zweiten und der vierten Woche vor und bildet den Höhepunkt der byzantinischen Vesper. Der Hymnus preist Christus als das Licht, das den Menschen erleuchtet:

Freundliches Licht, Abglanz der Herrlichkeit
des unsterblichen, himmlischen Vaters,
der allheilig und selig ist,
Jesus Christus.

---

303 R. Berger, Ostern und Weihnachten, 17-19.

304 Schon Basilius bezeugt ihn als alte Überlieferung. Die byzantinische Tradition schreibt den Hymnus dem Martyrer Athenogen (gest. um 169) zu. Sein Ursprung ist nicht später als im 3. Jh. anzusetzen.

Gelangt bis an der Sonne Untergang,
da wir schauen das abendliche Licht,
lobsingen wir dem Vater und dem Sohn
und Gott, dem Heiligen Geist.

Würdig bist Du, zu jeglicher Zeit
gepriesen zu werden mit beseligten Stimmen.
Gottes Sohn, der Du das Leben schenkst,
Dich verherrlicht das Weltall.

Im Hymnus »Phos Hilaron« finden sich Gedanken und Symbolworte wieder, die für die frühe Kirche in ihrem Gebet entscheidend waren, speziell ihre schöpfungstheologische Lichtsymbolik.[305]
Die Taufsymbolik von Christus als Licht des neuen Lebens, die der Hymnus anspricht, wird auf die Symbolik von Christus als der »Sonne der Gerechtigkeit« ausgeweitet. Er ist das »aufgehende Licht aus der Höhe«, das Zacharias im *Benediktus* (Lk 1,78) besingt, das in der römischen wie in der byzantinischen Stundenliturgie seinen Platz hat. Aufgang und Untergang der Sonne werden in diesem neutestamentlichen Gesang zum Symbol für das aufgehende Licht aus der Höhe, das alle Menschen erleuchtet. Das Symbol der Sonne wird jedoch bejahend und verneinend, offenbarend und verhüllend zugleich verwendet: Die Sonne, die am Abend ihren Lauf vollendet, und der Mensch, der sein Tageswerk erfüllt hat, stehen nicht am Ende, sondern unter dem Zeichen einer sich erschöpfenden und doch sich wieder erneuernden Lebenskraft. Sie weisen über sich hinaus auf jenes Licht und Leben, das keinen Untergang und keine Erschöpfung kennt.
Wie jedes Symbol hat auch das Licht apophatischen (verneinenden) und kataphatischen (dem Gemeinten angemessenen) Charakter. Das

305 Vgl. zu den folgenden Ausführungen M. Schneider, Zum Beten mit den Psalmen. Köln 1999; H.-J. Schulz, In deinem Lichte schauen wir das Licht. Mainz 1980.

Licht der Sonne kann nur dann auf Christus, das wahre Licht, hinweisen, wenn wir in diesem Symbol alle Begrenztheit und Vergänglichkeit verneinen; und doch bleibt es gültiges Symbol, denn Christus selbst hat sich als Licht der Welt bezeugt. Kein Symbol, auch nicht das der Sonne, kann die Unauslöschlichkeit dieses Lichtes anzeigen. Geht also das Sonnenlicht am Ende des Tages zur Neige, gilt es zu wissen, daß das wahre Licht keiner Finsternis verfällt und den Menschen nicht der Finsternis überläßt. Vielmehr wird der milde abendliche Glanz der Sonne zur Verheißung eines neuen Tages. Die abendliche Sonne bleibt, selbst wenn sie untergeht, kein Symbol des Untergangs, sondern wird zum Symbol unvergänglichen Lichtes. Hier erfüllt sich, um was die Emmausjünger bitten: »Herr, bleibe bei uns, denn es will Abend werden, und der Tag hat sich geneigt« (Lk 24,29), nach der Auferstehung des Herrn ein Wort voller Zuversicht und Gewißheit.

Der Glaube bedarf solcher kosmischen Symbole, wie sie das Licht und die Sonne sind, denn in ihnen drückt sich die Sieghaftigkeit des Glaubens aus. Der Glaube kann sich solcher Symbole nicht entledigen, weil sie in der Schöpfung und im Vollzug des Lebens den Glauben im Ablauf der Welt und der Zeit verorten und den Menschen in die Dimension des neuen Lebens in Christus erheben. Jesus selbst bringt das Reich Gottes in Form von Gleichnissen zum Ausdruck und bedient sich dabei nicht nur einer bildhaften Sprache, sondern setzt inmitten des Kosmos Zeichen für den Anbruch der neuen Lebenswirklichkeit.

Ohne Symbolschau und ihre Meditation gibt es keine Verinnerlichung der Offenbarung. Symbole können nicht beweisen, doch vermitteln sie, wenn man auf sie eingeht, die nachhaltigste Überzeugung. Die Evangelien lassen keinen Zweifel daran, daß die Botschaft vom Reiche Gottes dem Menschen in Gleichnissen und Symbolen zuteil wird. Programmatisch für die Botschaft vom Gottesreich heißt es in Mk 4,11-13: »Euch ist das Geheimnis des Gottesreiches gegeben; denen aber, die draußen sind, wird alles in Gleichnissen zuteil, auf daß sie hinsehen und doch nicht sehen, hinhören und doch nicht verstehen« (Jes 6,9). Und er sprach zu ihnen: »Ihr versteht diese Gleichnisse nicht? Wie werdet ihr dann alle Gleichnisse verstehen?«

Das Mysterium des Glaubens wird in Gleichnissen erfahrbar. Der Unterschied zwischen denen, »die draußen sind und nicht sehen«, und denen, die das »Geheimnis erkennen«, liegt in der Art und Weise des Sehens und Hörens, die Glauben und Unglauben voneinander trennt. Wer »draußen« ist, dem bleibt das Gleichnis des Glaubens eine »Para-bolé« des »Diá-bolos«; wer jedoch »von innen« hört und glaubt, dem wird das Gleichnis (die Parabolé) zu einem »*Sym-bolon*«, einem wahrhaft »Zusammengefügten«.

Das kosmische Symbol des Lichtes ist aber nicht die einzige Deutungsweise der Stundenliturgie. Es kommt ein zweites Element hinzu, nämlich die »Erinnerung« an das Heilsgeschehen in Christus, besonders an seine Passion. Die Glaubensaussagen von Schöpfung und Erlösung werden in der Tagzeitenliturgie miteinander verbunden zum Bekenntnis auf Christus als Herrn aller Zeit. Die erwähnte heilsgeschichtliche, soteriologische Ausrichtung dieser kosmischen Lichtsymbolik kommt besonders in den römischen Hymnen zur *Terz*, *Sext* und *Non* zum Ausdruck: Die Symbolik des Sonnenlaufs wird an die jeweilige Tageszeit und deren heilsgeschichtliche Bedeutung angebunden, sie eröffnet dem Tagewerk des Christen und dem Ablauf der Tagzeiten eine neue Dimension, die über die Schöpfungssymbolik von Kosmos, Aionen- und Zeitenablauf hinausgeht, denn alles wird gesehen und gedeutet mit Blick auf das heilsgeschichtliche Erlösungsgeschehen in Christus. Die Zeiten werden so zum Spiegelbild jenes »Zeitenpleroma« (Eph 1,10), das nicht von Kosmosophie, sondern vom Heilswerk Christi bestimmt ist. Der Kairos einer jeden Zeit steht unter dem Hoffnungszeichen von Kreuz und Auferstehung.

Was sich während des Herrenjahres in der Abfolge der verschiedenen Feste als eine innere Einheit darstellt, läßt sich durch Überlegungen zur Stundenliturgie noch vertiefen. Die Kirche versteht die Feier der

Eucharistie und des Stundengebets als die beiden Grundformen der »Liturgie«.[306] Um das örtlich und zeitlich begrenzte Ausmaß zum universalen Maß auszuweiten, schuf die Kirche ein auf einen Zeitraum von 24 Stunden konzentriertes Gottesdienstleben, das mit der Vesper beginnt, die den vorbereitenden und alttestamentlichen Charakter des Evangeliums symbolisiert und dann seinen Höhepunkt am Morgen in der eucharistischen Liturgie findet. Jede Hore ist ein Herrengedächtnis, so daß sich von selbst der Vergleich mit dem Jahr des Herrn aufdrängt. Die Stundenliturgie projiziert die Thematik des Herrenjahres gleichsam auf einen Tag. So wird jeder Tag zu einem Kirchenjahr in Tagesprojektion. In der Mitte des Tages steht wiederum das Paschamysterium. Das Gebet zu den Stunden des Tages hat seine Mitte im Gedächtnis der Eucharistiefeier, so daß die Stundenliturgie zu einer täglichen Osterfeier wird, von der Einsetzung des Abendmahls und dem Ölbergleiden bis hin zum Todesleiden und der Auferstehung und Wiederkunft. Genau diesem Passions- und Osterweg des Triduum Sacrum geht die Abfolge der Horen in der Stundenliturgie nach. Bei der ersten Vesper entdecken wir das Thema »Schöpfung«. Die Lesehore spricht von der Wiederkunft. Die Terz bedenkt im Hymnus die Herabkunft des Heiligen Geistes. Die Sext erwähnt die Arbeit im Weinberg des Herrn. Die Non erinnert an den Tod des Herrn, des Lammes, das uns durch sein Blut erkauft, und zugleich an die Kraft seines Namens, die sich beim Wunder des Petrus und Johannes an der Tempelpforte offenbart. In dem Magnifikat der Vesper klingt das Lob der Menschwerdung auf. An anderen Tagen schauen wir bei der Sext auf Petrus, der in Jaffa beim Gebet seine Vision von der Eingliederung der Heiden in die Kirche hatte. Bei der Non ist die Rede von dem Engel, der dem Hauptmann Kornelius den Weg zur Taufe weist, oder von den ausgebreiteten Armen des Gekreuzigten. Jeden Freitag gehen wir einen kleinen Kreuzweg,

---

306 Deshalb ist auch besser von »Stunden*liturgie*« zu sprechen.

zur Stunde der Terz über die Straße zur Kreuzigung, bei der Sext zum Kreuz, bei der Non hören wir von der Begnadigung des Schächers.

Nicht die Quantität, sondern die Qualität der einzelnen Horen ist seit der frühen Kirche entscheidend. Der Tag, wie ihn die Stundenliturgie begeht, ist eine Osterfeier, und in die einzelnen Horen fügen sich die Bilder der heiligen Drei Tage vom Leiden und der Auferstehung des Herrn. Da es täglich geschieht, entsteht ein immerwährendes Ostern. So handelt es sich in der Stundenliturgie um ein »Herrenjahr im kleinen«. Doch während in der Liturgie des Herrentages alles geschenkt wird, wird während der Stundenliturgie alles dargebracht.

Die Stundenliturgie ist aufs engste mit dem Gebet der Psalmen verbunden. In ihnen wird die ganze Heilsökonomie zum Gebet, denn in den Psalmen werden die Wundertaten, die Gott in der Geschichte gewirkt hat, besungen - aber im neutestamentlichen Sinn, wie in den Hymnen der einzelnen Horen deutlich wird. Die biblischen Lesungen der Stundenliturgie vollenden, was in den Psalmen verheißen wird. So schreiten wir nicht nur durch erwartendes Gebet dem ankommenden Wort entgegen, sondern, auf Gottes Wort hörend, begegnen wir ihm im Beten der Psalmen. Aber auch die Feier der Liturgie ist immer wieder von Worten der Psalmen begleitet (z.B. Eröffnung - Introitus, Gabenbereitung - Offertorium, Kommunionvers).

Die Psalmen verkünden - wie die ganze Heilige Schrift - das Kommen des Menschensohnes (Justin). Schon vor der Menschwerdung ist er in der Welt am Werk: Er ist das Licht am Anfang der Zeiten (Gen 1,3); er spricht zu Moses aus dem brennenden Dornbusch (Ex 3) und führt sein Volk aus dem Sklavenhaus Ägypten (Jud 1,5); er ist der »geistige Fels«, der den Israeliten auf dem Zug durch die Wüste das Wasser gibt (1 Kor 10,4).[307]

Der Menschgewordene, der hinter der Stimme der Heiligen Schrift steht, bezieht das im Alten Bund über ihn Gesagte auf sich selbst. Bei der Tempelreinigung wendet Christus Psalm 69,10 auf sich an: »Der Eifer für dein Haus verzehrt mich« (Joh 2,17). Der Auferstandene unterweist die Emmausjünger, »was im Gesetz des Mose, bei den Propheten und in den Psalmen über mich geschrieben steht« (Lk 24,44), und eröffnet ihnen den Sinn der Schriften: »Er sprach zu ihnen: So steht geschrieben, daß Christus leiden und am dritten Tag von den Toten auferstehen werde« (Lk 24,45). Der Hebräerbrief (2,12) führt Worte aus dem Psalter an, als seien sie selbstverständlich Worte Christi.

Das Christentum hat keinem Buch des Alten Testamentes eine größere Bedeutung zugemessen als dem Psalter. Von Ostern her wurde gemäß dem Zeugnis der Heiligen Schrift die Abfolge der großen Stationen des Heils in der Liturgie der Feste so gestaltet, daß die Psalmen in diesen Festrhythmus eingebunden sind. In der Feier der Eucharistie und Stundenliturgie werden Worte der Psalmen aufgegriffen, um mit ihnen Gott in gebührender Weise zu loben (»ut bene ab hominibus laudetur Deus, laudavit se ipse Deus«[308]) und die Stationen des Heils von innen her zur Erfahrung bringen. So lernt der Beter, Jesus im Lobpreis der Psalmen immer tiefer zu erkennen. An Ostern heißt es mit Psalm 118,24: »Das ist der Tag, den der Herr gemacht, laßt uns jubeln und frohlocken an ihm«, und mit der Verheißung von Psalm 139, 5-6: »Auferstanden bin ich und jetzt immer bei dir, alleluja. Du hast auf mich deine Hand gelegt, alleluja. Wie wunderbar ist dein Wissen um mich, alleluja.« Das Fest Christi Himmelfahrt wird

[307] Ausführlich dargestellt bei L. Scheffczyk, Vox Christi ad Patrem - Vox Ecclesiae ad Christum. Christologische Hintergründe der beiden Grundtypen christlichen Psalmenbetens und ihre spirituellen Konsequenzen, in: H. Becker/R. Kaczynski (Hgg.), Liturgie und Dichtung. Ein interdisziplinäres Kompendium. Bd. II, St. Ottilien 1983, 579-614.

[308] Augustinus, Enarr. in Ps 144,1 (PL 37,1869).

betrachtet mit dem Psalm 24,7-10: »Ihr Tore, hebt euch nach oben, hebt euch, ihr uralten Pforten; denn es kommt der König der Herrlichkeit«, und mit dem Psalm 68, 18-19: »Der Herr auf dem Sinai im Heiligtum, er stieg auf in die Höhe und führte gefangen die Gefangenschaft.« An Pfingsten betet die Liturgie mit dem Psalm 104,30: »Sende aus deinen Geist, und alles wird neu geschaffen, und du wirst das Antlitz der Erde erneuern.« An Weihnachten heißt es mit dem Psalm 2,7: »Der Herr sprach zu mir: Mein Sohn bist du, ich habe dich heute gezeugt!«, mit dem Psalm 118,26-27: »Gepriesen sei, der da kommt im Namen des Herrn; Gott unser Herr hat uns erleuchtet«, und mit Psalm 89,12-15 lobsingt die Kirche: »Dein sind die Himmel, dein ist die Erde, der Erdkreis und seine Fülle, du hast ihn gegründet. Auf Recht und Gerechtigkeit ruht dein Thron.« In der Quadragesima heißt es mit dem Psalm 45,11-12 gemäß der Auslegung der Kirchenväter: »Vergiß deine Heimat (= Schmutz) und deines Vaters Haus (= Armut), denn der König verlangt nach deiner Schönheit.«

Wie kommt es, daß die Kirche an ihren Festen gerade mit der Stimme der Psalmen das christliche Glaubensgeheimnis besingt? Die Psalmen sind nicht nur das ständige Bundesgedenken Israels und der Dank für die Nähe Jahwes zu seinem Volk, Christus selbst hat den Psalter angenommen, und zwar um unsretwillen. Demnach geht es im Psalmengebet als liturgischer Feier um die innige Vereinigung mit dem Menschensohn. Indem die Eucharistie und die Stundenliturgie auf die Psalmen zurückgreifen, führen sie in die Lebensschule des Herrn und lassen auf seine »Stimme« hören.[309] Die einzigartige Bedeutung der Psalmen liegt darin, daß Christus während seines ir-

---

[309] Augustinus, Enarr. in Ps 56,1. In der Vereinigung mit dem Herrn erfährt der Beter zugleich die tiefste Gemeinschaft mit allen Menschen. Johannes Paul II. schreibt hierzu: »Der Sohn Gottes hat sich in seiner Menschwerdung gewissermaßen mit jedem Menschen vereinigt ... Christus ist mit jedem Menschen, ohne Ausnahme, in irgend einer Weise verbunden« (Redemptor hominis [4. 3.1979], Nr. 8.14). Wie die Hypostase des Herrn alle Menschen in sich faßt, so kann jeder Mensch in der Einheit des Christusleibes die anderen Menschen einschließen.

dischen Lebens wie jeder Jude den ganzen Psalter gebetet hat. Noch am Ende seines Erdenweges ruft er mit dem Wort des Psalmisten aus: »Vater, in deine Hände befehle ich meinen Geist« (Lk 23,46; Ps 31,6). Im Beten der Psalmen vollzieht der Menschensohn seinen äußersten Abstieg: Er betet - mit uns - so, wie er in der Gottheit nicht zum Vater gebetet hat, nämlich mit menschlichen Worten. Er erniedrigt sich in das Gebet seines Volkes und macht sich »in allem den Menschen gleich - außer der Sünde«, also dem Menschen mit seinen konkreten Sehnsüchten, Gefühlen, Bitten, Wünschen, Ängsten und Nöten des Herzens.

Warum erniedrigt sich der Menschensohn in das Gebet seines Volkes?[310] Benedikt von Nursia sagt hierüber in der ihm eigenen Kürze und Prägnanz sehr Wesentliches aus. Da der ganze Kosmos die Größe und Schönheit des Schöpfers verkündet (Ps 95,10-12), sieht Benedikt »überall die göttliche Gegenwart, und an jedem Ort schauen die Augen des Herrn auf Gute und Böse« (RB 19,1). Dies sollen wir besonders glauben, »wenn wir dem göttlichen Dienst beiwohnen« (RB 19,2). Benedikt sagt nicht, daß wir den Gottesdienst verrichten, sondern daß wir ihm beiwohnen (adsistimus), denn im Gottesdienst erhalten wir Anteil an dem, was Gott in und an uns wirkt.

In ihren Ausführungen über das Wirken Gottes in der Liturgie spricht die Constitutio des II. Vatikanum - eher an verborgener Stelle (SC 11) und wie in einem Nebensatz - die Quintessenz des Väterdenkens der Frühzeit an: Es ist »notwendig, daß die Gläubigen mit recht bereiteter Seele zur heiligen Liturgie hinzutreten, daß ihr Geist mit ihrer Stimme zusammenklinge (ut mentem voci accomodent)«. Es handelt sich dabei um einen Verweis auf die Regel Benedikts, der als solcher nicht ausgewiesen wird. Der heilige Benedikt schreibt in seiner Regel am Schluß des 19. Kapitels: »Beachten wir also, wie wir uns

---

310 Vgl. zum Eolgenden auch V. Warnach, Mens concordet voci. Zur Lehre des heiligen Benedikt über die geistige Haltung beim Chorgebet nach dem 19. Kapitel seiner Klosterregel, in: Liturgisches Leben 5 (1938) 169-190.

im Angesicht Gottes und seiner Engel verhalten müssen, und stehen wir so beim Psallieren, daß Herz und Stimme in Einklang sind: ut mens nostra concordet voci nostrae« (RB 19,6-7). Es heißt nicht, die Stimme solle mit dem Geist zusammenklingen, sondern umgekehrt: der Geist mit der Stimme. Während Franziskus sagt, »daß unsere Stimme mit dem Geist in Einklang stehe, unser Geist aber mit Gott: ut vox concordet menti, mens vero concordet cum Deo«[311], kommt Benedikt zur umgekehrten Aufzählung. Mit dem Wort »mens« bezeichnet er den inneren, geistlichen, begnadeten Menschen in seiner geistig-geistlichen Ganzheit, der von der mahnenden »göttlichen« und »süßen Stimme« seines Herrn (Prol. 26f.49) wachgerufen wird: »Öffnen wir unsere Augen dem vergöttlichenden Licht und vernehmen wir mit aufgeschreckten Ohren, wie uns die göttliche Stimme täglich durch ihren Ruf ermahnt« (Prol. 9).

Die »divina vox« lädt uns zu einem heiligen Lebenswandel ein, nämlich in unseren Werken und Taten die Stimme des Herrn nachzuahmen (RB 7). Benedikt fügt dem Wort »vox« noch das »nostra« hinzu: »ut mens nostra concordet voci nostrae«. Dies heißt für das Gebet der Psalmen in der Stundenliturgie: Äußerlich ist es »unsere Stimme«, die im Gebet der Psalmen ertönt, doch unsere Worte sind Gottes Worte. Die Verheißung bei Jeremias: »Ich lege meine Worte in deinen Mund« (Jer 1,9) ist für den Christen, wie die »Apostolischen Konstitutionen« sagen, erfüllt: »Für alles sagen wir Dir durch Christus Dank, der Du uns die artikulierte Stimme gegeben hast zum Lobpreis [...] und das Gehör zum Aufnehmen der Stimme«.[312] Wenn der Beter die Psalmen und die liturgischen Gebete spricht, vereint sich im Klang der Stimme sein Geist, sein inneres Menschsein, mit dem Logos. Darin geschieht die innere geist-leibliche Hingabe an den Sohn, der im Beter, eben mit dem Laut seiner Stimme, zum Vater betet.

---

311 H. Dausend, Der Franziskanerorden und die Entwicklung der kirchlichen Liturgie, in: Franziskanische Studien 11 (1924) 169f.

312 Apostolische Konstitutionen, VII 38,4; vgl. VIII, 12,10.

Das Beten der Psalmen in der Stundenliturgie erfordert mehr als nur eine äußere Aufmerksamkeit auf die heiligen Texte. Der ganze innere Mensch (mens) soll seinsmäßig mit dem göttlichen Wort der Liturgie zusammenwachsen, um ein Herz mit ihm zu werden (concordet). In der »vox« des Beters erklingt die Stimme des gegenwärtigen ewigen Logos, der in uns zum Vater betet. »Im Namen Christi bitten« heißt für Cyprian »mit dem Ihm eigenen Gebet bitten«[313]. Hier zeigt sich die äußerste Form der Innewerdung: Indem der Beter die Psalmen spricht, weiß er sich unmittelbar - auch seinsmäßig - mit dem Herrn eins. Im Gebet der Stundenliturgie vereinen die Gläubigen ihr Inneres (also ihr durch die Taufe in Christus und seine Nähe durchtränktes Wesen) mit der Stimme des Menschensohnes, daß sie sich in seinem Gebet zum Vater aufgehoben wissen. Die Stundenliturgie erweist sich damit mehr als ein rein äußerlich zu absolvierendes Officium und Pflichtgebet; sie führt in die betende Hingabe an den Herrn, der den ganzen Kosmos und alle Zeiten in sein neues Leben der Auferstehung führt.

---

313 Cyprian, De Dominica orat.3 (PL 4,538).

VI. VERTIEFUNG

Die bisherigen Überlegungen zeigen, wie zentral die Feier der Eucharistie für das Verständnis des Kosmos und des christlichen Lebens im Ablauf der Zeiten ist. Nun soll dargelegt werden, inwiefern die Eucharistie auch die Mitte theologischen Denkens ist. In der Theologie geht es ja nicht um Fragen, die im rein wissenschaftlichen Bereich bleiben, sondern um die gläubige Durchdringung der Schöpfung, der Heiligen Schrift, der Kirche, der Sakramente und des Lebens. In einer Begegnung zwischen Robert Grosche und Abt Ildefons Herwegen OSB aus Maria Laach machte der Kölner Stadtpfarrer die hintergründige Aussage: »Könntet ihr eure Mysterientheologie aristotelisch ausdrücken, hättet ihr gewonnen.« Damit gibt er die Frage zu bedenken, wie der Zusammenhang von Liturgie und Theologie, von Lobpreis und Dogma genauer zu fassen ist und inwiefern sich aus der Feier der Liturgie ein theologischer Ansatz entfalten läßt. So sollen die schon ausgeführten Überlegungen zum Sakrament der Eucharistie als Quelle und Höhepunkt christlichen Lebens nochmals aufgegriffen und für das erfragte Verständnis der Theologie, ihres Wesens und ihres Auftrags fruchtbar gemacht werden.

1. Christozentrische Ausrichtung

Die Frage nach dem Wesen der Theologie wurde für Romano Guardini wie auch für manchen anderen Theologen der Gegenwart von sehr existentieller Bedeutung.[314] Dem Privatdozenten zerbricht in der Begegnung mit dem Kantianismus der Glaube seiner Kindheit; seine Bekehrung wird für ihn zur Überwindung Kants. Der evangelische Exeget und Historiker Erik Peterson erkennt im Disput mit Adolf von Harnack und Karl Barth das Ungenügen der Dialektik und ent-

---

[314] J. Ratzinger, Von der Liturgie zur Christologie, in: ders., Wege zur Wahrheit. Düsseldorf 1985; H.B. Gerl, Romano Guardini. Mainz 1985, 52-76.

faltet einen neuen Ansatz der Theologie und Schriftauslegung. Heinrich Schlier lehnt das Selbstverständnis einer rein akademischen Theologie ab, weil jede Theologie ohne ihren Rückbezug auf die Kirche hinkt.[315]

Es geht hierbei nicht um das Aufzählen biographischer Einzelschicksale; hinter ihnen steht eine Grundfrage des Glaubens, die so alt wie das Christentum selbst ist. In dem Vermittlungsprozeß zwischen dem christlichen Glauben und der philosophischen Ethik Platos und der »Vorbildethik« der mittleren Stoa kam es zu einer grundsätzlichen Verschiebung im christlichen Glaubensverständnis, denn nun soll der Mensch durch die abbildliche Nachahmung der göttlichen Idee in Erkenntnis und Tugendleben zur Ähnlichkeit mit Gott und dadurch zum wahren Leben gelangen. Statt der paulinischen »Mimesis« und des synoptischen »Akoluthein« tritt immer mehr die hellenistisch-ethische Vorstellung der »Homoiosis«, der Verähnlichung mit Gott, in den Vordergrund: Die Vollzüge des Glaubenslebens lösen sich zunehmend aus ihrer Rückbindung an das Leben in Christus, wie es in den Sakramenten, speziell der Eucharistie, grundgelegt und gefeiert wird. Der heilsgeschichtlich fundierte Terminus »Typos«, nämlich das geschichtliche »Vor-Bild« als situatives Nachvollziehen des Typos Christi im eigenen Leben, gerät in den Hintergrund, da nun das Vorbildhafte in Christus betont wird. W. Fürst resümiert: »In der *Verbindung* der biblischen mit der hellenistischen Denkweise liegt m.E. die Ursache für die spätere *Ablösung* der 'Akoluthia'- und 'Mimesis'-Vorstellung durch die der 'Homoiosis' im Sinn der Verähnlichung mit der göttlichen Idee in der Tugendliebe. Offensichtlich folgte hieraus dann auch die quasi-ethische Umdeutung der Trias-Formel 'Glaube, Hoffnung, Liebe' zu 'göttlichen Tugenden', später zu 'Pflichten gegen Gott'.«[316]

---

315 H. Schlier, Die Verantwortung der Kirche für den theologischen Unterricht, in: ders., Der Geist und die Kirche. Freiburg 1980, 241-250.

316 W. Fürst, Nachfolge - Nachahmung - Verähnlichung. Formen figuraler Mimesis und die

Selbst die Liturgie wird fast ausschließlich nur noch als »ein Gott geschuldeter Dienst« verstanden. Seit der Scholastik wird die Verehrung Gottes durch den Menschen in das Tugendsystem eingeordnet, der »Kult« gilt als eine Verwirklichung der Kardinaltugenden, speziell der Gerechtigkeit. Gebührt es doch dem Geschöpf, seinem Schöpfer den geschuldeten Kult (cultus debitus) der Anbetung und Verehrung entgegenzubringen.[317] Diese Sicht setzte sich im 19. Jahrhundert endgültig durch und fand Aufnahme in das Kirchenrecht von 1917 (c.1256).

Hier ist neu an die entscheidende und durchaus berechtigte Korrektur Romano Guardinis zu erinnern, der Anfang der zwanziger Jahre von einem Primat des Logos vor dem Ethos spricht.[318] Aufgabe der Theologie sei es, sich selbst zurückzunehmen und in der Geschichte Gottes mit den Menschen die Begegnung mit dem *Sein* Gottes zu ermöglichen. Die mittelalterliche Theologie, so legt Guardini dar, gibt der Erkenntnis den Vorrang gegenüber der Tat. Konkret beinhaltet diese Verhältnisbestimmung den Vorrang des beschaulichen Lebens vor dem tätigen. Sobald in der Neuzeit das Erkenntnisvermögen des Menschen einer grundsätzlichen Kritik unterworfen wird, verlagert sich der Schwerpunkt des geistig-geistlichen Lebens, da nun dem Willen bzw. dem persönlichen Urteilen der Vorrang beigemessen wird: Der Tat und damit dem Wollen des auf sich selbst gestellten

---

entscheidende Stilfrage der Glaubensüberlieferung. Pastoraltheologische Perspektiven, in: R. Englert/U. Frost/B. Lutz (Hgg.), Christlicher Glaube als Lebensstil. Stuttgart-Berlin-Köln 1996, 45-74, hier 56f.

317 So heißt es bei Thomas von Aquin: »Quia ex duplici natura compositi sumus, intellectuali scilicet et sensibili, duplicem adorationem Deo offerimus, scilicet spiritualem, quae consistit in interiori mentis devotionem et corporalem, quae consistit in exteriori corporis humiliatione« (S.th. 2,2 q.84 a.2). Siehe hierzu auch M. Kunzler, Porta Orientalis. Fünf Ost-West-Versuche über Theologie und Ästhetik der Liturgie, Paderborn 1993, 6ff. 690ff.

318 So J. Pieper über seine erste Begegnung mit R. Guardini: J. Pieper, Noch wußte es niemand. München 1976, 69ff.

einzelnen wird eine immer größere, schließlich sogar ausschließliche Bedeutung zugesprochen; dem entsprechend heißt es bei Immanuel Kant: »Nur das, was wir selbst machen können, verstehen wir aus dem Grunde.«[319] Es kommt zur Formulierung eines Primats des Ethos vor dem Logos, wobei die Wahrheit als eine sittliche, vitale Tatsache angesehen wird, gestärkt und absolut gesetzt durch das persönliche, den einzelnen ergreifende Glaubenserlebnis. Diese Entwicklung in der abendländischen Geistesgeschichte, wie sie Guardini aufzeichnet, führt zu einer kopernikanischen Wende: »Im Anfang war die Tat« (so Johann Wolfgang von Goethe).

Aber im christlichen, zumindest im katholischen Glaubensverständnis, kann das menschliche Wollen die Wahrheit weder begründen noch ausweisen, es hat sich ihr gegenüber als unzuständig zu bekennen. An erster Stelle im Glauben steht nicht das Handeln, sondern das Sein und das Werden: »Nicht was getan wird, ist das Letzte, sondern was ist. Und nicht die moralische, sondern die metaphysische Weltanschauung, nicht das Werturteil, sondern das Seinsurteil, nicht die Anstrengung, sondern die Anbetung ist das Endgültige.«[320] Die Liebe aber, so folgert Guardini, ist insofern das »Größte«, als die Wahrheit in Liebe getan werden will, über alles Sollen und Sein hinaus. Kurz gesagt: Im Christentum gilt der Primat der Wahrheit, jedoch »in Liebe«.[321]

---

319 I. Kant, Brief an Johann Pflücker am 26.1.1796, in: Kants Briefwechsel III, 1795-1803, in: ders., Gesammelte Schriften. Bd. XII, Berlin 1922, 57.

320 R. Guardini, Vom Geist der Liturgie. Freiburg-Basel-Wien 1953, 139f.

321 Hieraus erklärt sich für Romano Guardini, daß die Liturgie dem Logos den Vorrang gibt, und zwar in der Anbetung und Verherrlichung der göttlichen Wahrheit. »Daher sucht sie so wenig unmittelbar zu erziehen und Tugend zu lehren ... Die Liturgie scheint aber nur sich um das Handeln und Streben und den sittlichen Stand der Menschen so wenig zu bekümmern. Denn in Wirklichkeit weiß sie sehr wohl: wer in ihr lebt, wird wahr, gesund und befriedet in seinem innersten Wesen« (R. Guardini, Vom Geist der Liturgie, 142f.).

Darum ist eine Grundaussage der Theologie neu zu erörtern. Die abendländische Theologie bedenkt vor allem das Leben Jesu und seinen Kreuzestod (der Protestantismus machte den Karfreitag zum Feiertag schlechthin) und bestimmt seit Augustinus die Erlösung vornehmlich als Versöhnung des Sünders mit Gott und als Tilgung der Erbschuld. - Aber Gott befreit den Menschen nicht nur von aller Sünde, um ihn mit seiner Gnade zu heiligen, er läßt ihn auch einen Blick in sein verborgenes Wesen tun, das selbst den Engeln unbekannt bleibt. Indem Gott seinen Sohn am Kreuz für die Menschen dahingibt, dringt in der Offenbarung seines dreifaltigen Wesens zugleich ein Strahl jenes Lichtes, in dem er selbst wohnt, in das Leben der Menschen. Der Nachvollzug dessen ereignet sich, wie deutlich wurde, in der Liturgie. Sie ist nie Frömmigkeitsübung, auch nicht die vornehmste unter vielen anderen, sondern Hingabe und Innewerdung der Kirche, zeitliches Gegenwärtigwerden des innergöttlichen Heilsplans. In der Liturgie wird die im Menschensohn eröffnete Geschichte des Heils zur Synthese geführt, der Mensch erhält in der Eucharistie Anteil an der göttlichen Wirklichkeit.

Christus ist keine Lehre, sondern die Wahrheit. Er ist, was er tut. Seine Jünger müssen tun, was er tat, um im Tun eine Ahnung davon zu bekommen, wer er ist (Joh 7,17; 8,31f.). Doch nicht aus sich selbst schaffen sie das zu Verwirklichende, Christus vollzieht es in ihnen. Je mehr also einer ein »Meister« werden will, desto mehr muß er Schüler bleiben. Dieses Zueinander von Meister und Schüler findet seine konkrete Umsetzung in der »Nachfolge«. In der Heiligen Schrift ist von einem Mit-Wandern und Nach-Laufen die Rede (Mt 16,24), das bloße Mitgehen schenkt noch keinen inneren Fortschritt bzw. keine Belehrung, dies bewirkt allein die dabei sich immer tiefer vollziehende Identifikation mit dem Menschgewordenen, wie sie gerade durch die Taufe und die Eucharistie gegeben ist.[322]

---

[322] Vgl. die Ausführungen über Nachfolge bei H.U. von Balthasar, Nachfolge und Amt, in: ders., Sponsa Verbi. Skizzen zur Theologie. Bd. II, Einsiedeln 1961, 80-147.

Der Vorgang des Nachfolgens wird so unmittelbar verstanden, daß sich daraus, wenigstens im Neuen Testament und in der frühen Kirche, noch kein Substantiv »Nachfolge« bildet. Wohl ist von einem Mit-Sein die Rede, das mehr ist als ein »Zu-ihm-Kommen« (Lk 14,26-27) und »Mitherumziehen« (Joh 6,6). Nach der Auferstehung hingegen gibt es kein Mit-Sein, nur ein *In-Sein* (»in Christus«) und ein »Mit-Sein« Christi mit uns (Mt 28,20). Denn »im Mittelpunkt der neutestamentlichen Briefliteratur steht nicht mehr die Verkündigung vom Kommen des Gottesreiches; an ihre Stelle ist vielmehr die Taufe auf Tod und Auferstehung Jesu Christi selbst getreten. Was Jesus in seiner Rede vom Kommen der Gottesherrschaft verkündet hatte, sah die Urkirche nun in der Taufe realisiert. In der Taufe verdichtet sich der Exodus des Gottesreiches und geht in ihr weiter ... Die Taufe ist somit die entscheidende Grundlage für jene Zugehörigkeit zu Jesus Christus, die sich im persönlichen Mit-Ihm-Sein konkretisiert.«[323]
Das Johannesevangelium fügt einen weiteren Aspekt hinzu: Während Paulus von einer Schicksalsgemeinschaft zwischen Christus und dem Christen spricht, betont Johannes mehr die apostolische Wirklichkeit buchstäblichen Hinten-nach-Folgens bis in die letzten Zeiten hinein: Sie folgen dem Lamm, wohin immer es geht. Wer dem Menschensohn folgt, wird ihm auch durch Leid, Tod und Auferstehung folgen, um so in die Lebensgemeinschaft mit Gott zu gelangen.
Der Menschensohn ist der authentische »Theologe«, der einzige »Ausleger« des Vaters, er übersetzt die ursprüngliche Rede Gottes von Gott (theo-logia) in eine menschlich verständliche Sprache. Dabei entleert er sich im Gehorsam gegenüber dem Vater so radikal, daß sich im Schweigen des Todes sein eigenes Wort erschöpft. Vom Heiligen Geist in der Wahrheit geheiligt, wird - seiner Bitte entsprechend - seine »Heiligung« auch den Jüngern zuteil. Gleich den Jüngern wird im Leben der Heiligen exemplarisch deutlich, daß es sich bei der

---

323 K. Koch, Fenster sein für Gott. Unzeitgemäße Gedanken zum Dienst in der Kirche, Fribourg 2002, 19f.

Nachfolge um eine biographische Exegese des Lebens Jesu handelt. Der christliche Erkenntnisweg führt also - jede (Erkenntnis-)Theorie übersteigend - in die Praxis der Nachfolge: Wer im Gehorsam tut, was ihm aufgetragen ist, wird gott-»erfahren«.

Die letzte Instanz im Glauben ist nicht das Denken bzw. der Begriff von Gott, sondern der Sohn: er allein dringt in das unzugängliche Licht Gottes vor. Der Person Jesu kann sich keiner auf rein logische Weise nähern, ihm gegenüber ist nur die existentielle Haltung des Glaubens möglich.[324] Was dies für eine Grundlegung der Theologie bedeutet, darüber findet sich eine wichtige Vorüberlegung bei Erik Peterson. Auf die Frage: »Was ist Theologie?«, antwortet er, daß diese sich aus der Offenbarung in Christus herleitet. Der theologische Disput verläuft nicht offen und vage, vielmehr erhält er durch die Offenbarung jene letzte Klarheit und Eindeutigkeit, durch die der Mensch in seinem Fragen und Überlegen eine Antwort findet. Theologie gibt es nur insofern, als die Offenbarung eine notwendige Erkennbarkeit in sich birgt. Mit dem Kommen des Menschensohnes wird ein Reden von Gott möglich: »Nur unter der Voraussetzung, daß Gott Mensch geworden ist und uns dadurch eine Teilnahme an der scientia divina ermöglicht hat, nur unter dieser Voraussetzung ist es sinnvoll, in der Theologie von einem realen, wenn auch nur analogen, Erkennen Gottes zu sprechen.«[325]Alles, was Christus »von« Gott sagt, ist von Gott »gesagt«: »Die Propheten *sagen* das Wort Gottes; Christus, als das Wort Gottes, *redet* von Gott; die Kirche aber *spricht* ... Sagen gibt es nur dort, wo man 'etwas zu sagen hat'. Das gilt von den Propheten, die Gottes Wort zu sagen hatten. Christus 'hat' gar nicht in dieser Weise das Wort Gottes zu sagen, weil er es ist, und darum redet er. In dem, daß die Kirche *spricht*, liegt immer

---

324 E. Peterson, Was ist Theologie?, in: G. Sauter (Hg.), Theologie als Wissenschaft. Aufsätze und Thesen, München 1971, 132-151 (Nachdruck von E. Peterson, Theologische Traktate. München 1951, 9-43).

325 Ebd., 136.

etwas richterlich Bestimmung Treffendes, Gehorsam Forderndes«, das wie ein Urteil gesprochen, nie aber gesagt oder geredet wird.[326] Das Sagen der Propheten ist nach Peterson eine Vorbereitung auf das Reden des Logos, deshalb kennen die Juden eine Exegese und Predigt, aber keine Theologie. Theologie gibt es nur im Christentum und im Glauben an den Menschgewordenen. Die Apostel verkünden und die Martyrer bezeugen, aber sie treiben keine Theologie, denn Theologie treiben ist etwas anderes als verkünden und bezeugen. Theologie ist kein Schreiben von Gott, kein Reden von Gott, keine Prophetie und keine Verkündigung, keine Bezeugung und keine Lehre: »Die Theologie ist der konkrete *Vollzug* dessen, daß der Logos Gottes konkret von Gott geredet hat, so daß es also konkrete Offenbarung, konkreten Glauben und konkreten Gehorsam gibt.«[327] Das Dogma wiederum ist der konkrete Ausdruck dafür, daß Gott in der Menschwerdung dem Menschen nahe gekommen ist und dort seinen Rechtsanspruch erhebt, der sich in den Sakramenten fortsetzt. Die Prophetie kann sich nicht in Dogma und Sakrament konkretisieren, weil zur Zeit der Propheten das Wort Gottes noch nicht so abgeschlossen und endgültig ist wie in der Offenbarung Christi. Erst mit ihr gibt es das Dogma, und zwar als die Verlängerung des Redens Christi von Gott, ohne daß ein solches Reden mit der Autorität Christi gleichgesetzt werden kann: Es handelt sich um eine abgeleitete, von Christus herkommende Autorität: »Gott *hat* geredet in seinem Sohn. Das ist es, was das Dogma sagt und wovon allein die Theologie lebt.«[328]

Aus dem dargestellten Ansatz theologischen Denkens folgt ein Primat der Liturgie vor der Diakonie. Augustinus erklärt dies durch seine Unterscheidung von »exemplum« und »sacramentum«. Ist Jesus

[326] Ebd., 141.

[327] Ebd., 145f.

[328] Ebd., 151.

nur ein »Exempel« christlichen Lebens und Handelns, dann macht man, wie Martin Luther bemerkt, »auss Christo eynen Moysen«, also einen neuen Gesetzgeber.[329] Eberhard Jüngel führt hierzu aus: »Eine nur die Beispielhaftigkeit Jesu herausstellende Christologie reduziert [...] die Bedeutung Jesu Christi auf die Rolle eines Heiligen, der sein Leben zwar auch zu opfern vermag, aber mit dem eigenen Lebensopfer nur zu appellieren, das Leben der Menschheit jedoch nicht effektiv zu ändern vermag. Effektiv wird das Leben der Menschheit nur dadurch verändert, daß sich das Verhältnis der Menschheit zu Gott ändert.«[330] Was für jede Theologie (und speziell Christologie) gilt, wird zum Grundbekenntnis der Eucharistiefeier: Christus ist das unüberholbare »sacramentum salutis«.

Es wäre ein Mißverständnis, aus der sakramentalen Begründung christlicher Existenz zu folgern, daß sich das Leben im Glauben mit der Feier der Eucharistie erschöpft. Das Kommen des Menschensohnes ist kein Exempel für eine Wahrheit, sondern ihre Offenbarung - aber in und mit dem eigenen Leben. So verhält es sich auch bei denen, die ihm nachfolgen: Wie Christus nicht seine Ehre sucht, sondern die Ehre dessen, der ihn gesandt hat, so demonstriert Paulus nicht sich selbst; er ist vielmehr bestrebt, sich in seiner Existenz restlos von Gott in Dienst nehmen zu lassen. Während der »Psychiker« den Geist nur »theoretisch« hat, ohne ihn zu realisieren, versteht der »Pneumatiker« alles »geistig«, das heißt: »realistisch«. Der eine versteht nicht, was Gottes Geist ist, so daß ihm Gottes Weisheit als Torheit erscheinen muß (1 Kor 2,14), der Pneumatiker aber erkennt sich und die Welt in der »geistigen« und damit einzig wahren Dimension

329 M. Luther, Kirchenpostille 1522, in: WA 10,I,10,20; vgl. auch K. Koch, Fenster sein für Gott. Unzeitgemäße Gedanken zum Dienst in der Kirche, 29f.

330 E. Jüngel, Das Opfer Christi als sacramentum et exemplum. Was bedeutet das Opfer Jesu Christi für den Beitrag der Kirchen zur Lebensbewältigung und Lebensgestaltung?, in: ders., Wertlose Wahrheit. Zur Identität und Relevanz des christlichen Glaubens. Theologische Erörterungen. Bd. III, München 1990, 261-282, hier 267.

des Glaubens, deshalb vermag er das authentische Zeugnis von der Wahrheit des Glaubens zu geben. Er läßt die »fleischliche« Verständnisweise hinter sich und dringt zum »Geist« vor (Paulus), um so im »Fleisch« den »Geist« zu hören, zu sehen und zu tasten (Johannes). Der Buchstabe allein nützt nichts, der Geist macht lebendig, nur er macht den Buchstaben zum gelebten Wort in Fülle.

Wie sehr Gottes Wort in die Existenz drängt, wird an seiner Wirkmächtigkeit im Leben des Glaubenden konkret ablesbar: »Ohne diese Heiligkeit des dargelebten Wortes hätte die Heiligkeit des (in der Liturgie) angebeteten Wortes keine volle Menschwerdungs-Wahrheit mehr. Die Glaubwürdigkeit des weltförmigen Wortes (die aus seiner Kraft stammt, Theorie in Existenz zu wandeln, Amt in gelebte Heiligkeit, Theologie in christliche Praxis, Überlegung in unwiderbringliches Lebenszeugnis bis zum Martyrium): diese Glaubwürdigkeit stammt je aus der Anbetung, der Hingabe und Auslieferung der gesamten Existenz in Glaube, Liebe und Hoffnung nach innen.«[331] Das bedeutet für die Theologie, daß sie sich, wie bei Paulus, in der Existenz gelebten Glaubens entfaltet.

Was Gott in Christus dem Menschen sagen will, kann weder an der Welt im ganzen noch am Menschen im besonderen abgelesen werden, erst recht nicht seine Normierung erhalten; es ist unbedingt theologisch, besser theo-pragmatisch: Tat Gottes auf den Menschen zu, Tat, die sich selbst vor dem Menschen auslegt. Aber die Tat Gottes ruft die Tat des Menschen hervor. Die verstehende Aufnahme göttlicher Kundgabe ist für den Menschen einzig als Tat, das heißt: als Nachfolge realisierbar, und zwar als »Heiligkeit«. Sie ist eher eine objektive als eine subjektive, mehr eine »methodologische« als eine asketische oder ethische Haltung. Die einzig mögliche Aussage über Gott ist die Existenz im Glauben, und zwar als authentische Nachfolge in Heiligkeit.

---

331 H.U. von Balthasar, Der Ort der Theologie, in: ders., Verbum caro. Skizzen zur Theologie I, Einsiedeln 1960, 161.

Der christliche Osten betont im Gefolge der Kirchenväter, daß theologisches Denken nur insofern dem göttlichen Mysterium der Dreieinigkeit entspricht, als es die Fülle der Heilswirklichkeit wahrt, ohne sie in Einzelaspekte aufzulösen. Der Theologe hat sich dem großen Mysterium des Glaubens in der Haltung der anbetenden Ehrfurcht zu nahen, wie Michael Schmaus betont: »Weil Gott, und zwar der in Liebe sich erschließende und am Menschen handelnde Gott, 'Gegenstand' der theologischen Wissenschaft ist, bedarf es zu einem sachgerechten und erfolgreichen Bemühen in dieser Wissenschaft jener Haltungen, welche dem Menschen Gott, dem Schöpfer und Heilsbringer gegenüber geziemen, also der Haltung der Ehrfurcht und Verehrung, der Anbetung und der Liebe ... Würde [der Theologe] diese Haltungen verleugnen, dann würde er sich nicht bloß ein religiös-sittliches Versagen zuschulden kommen lassen, sondern auch ein wissenschaftliches.«[332]
Thomas von Aquin hat etwas von dem sich schon damals auftuenden Riß in der Theologie gespürt. So erscheint ihm am Ende seines Lebens nicht nur all das, was er geschrieben hat, als »Spreu«, vielmehr sagt er in einer Universitätspredigt mitten im averroistischen Streit: »Ein altes Mütterchen weiß mehr vom Glauben als einst alle Philosophen miteinander.«[333] Thomas unterscheidet zwischen der intellektuellen Erkenntnis der theologischen Wissenschaft und der spirituellen Weisheit des christlichen Lebens, ohne daß er es zwischen beiden zu einem Bruch kommen läßt. Thomas bleibt bestrebt, die Weisheit des Glaubenswissens mit der Weisheit des Glaubenslebens in der Person des Theologen zu verbinden. Was aber bei Thomas noch geeint ist, wird im weiteren Verlauf der Glaubensgeschichte auseinanderfallen: Die Theologie hebt sich als Universitätswissenschaft von dem christlich-kirchlichen Leben ab und beide werden relativ eigen-

[332] M. Schmaus, Katholische Dogmatik. Bd. I, München 1960, 36.

[333] Thomas von Aquin, Sermo III; zit. nach M.-D. Chenu, Das Werk des hl. Thomas von Aquin. Heidelberg-Graz-Wien-Köln 1960, 367.

ständige Größen.[334]

Mit dieser Entwicklung ist nicht nur ein theologiegeschichtliches, sondern vor allem ein theologisches, ja christologisches Problem der Gegenwart thematisiert, das schon kurz angesprochen wurde, doch einer weiteren Entfaltung bedarf. Gegenüber allen humanistischen Verkürzungen des christlichen Glaubens und allen Formen eines Kulturkatholizismus ist darzulegen, daß der Glaube und der Auftrag der Theologie desavouiert würden, wenn man meint, der Christ müsse nur dem Menschen Jesus nachfolgen, nicht aber dem Gottessohn. Mit dieser Zerteilung der zwei Naturen Christi in ein menschliches Vorbild und einen existentiell uns nicht angehenden Gottessohn ist der Glaube verkleinert und entwertet. Der Weg des Glaubens führt in die Nachfolge des ganzen und ungeteilten Christus, ist »also gerade auch die Nachfolge ins Göttliche hinein«[335].

Christus hat dem Menschen nicht nur eine neue Verhaltensweise eröffnet, durch ihn erhält der Mensch, wie schon dargelegt wurde, Anteil am göttlichen Leben. Deshalb entfaltet sich das Leben in Christus als eine neue Weise der Begegnung mit dem Sein Gottes. »Für uns ist Christus«, schreibt Kabasilas, »nicht mehr bloß ein Vorbild, das wir nachahmen sollen, auch nicht mehr nur ein Gesetzgeber, dem zu gehorchen ist. Er ist auch nicht bloß die Ursache für unsere Gerechtigkeit, sondern selbst das Leben und die Gerechtigkeit in uns.«[336] Für eine Theologie, die aus der Feier der Liturgie ihren Ansatz nimmt, wird der Primat des Logos durchzuhalten sein. Jesus Christus ist mehr als das Idealbild menschlichen Lebens und mehr als ein Vorbild

---

334 W. Fürst, Praktisch-theologische Urteilskraft, 507-514. Dieser Entwicklung ist ausführlich nachgegangen in: M. Schneider, Die Wende um 1200. Der neue Weg in der abendländischen Theologie und Spiritualität, Köln 1998.

335 J. Ratzinger, Ein neues Lied für den Herrn. Christusglaube und Liturgie in der Gegenwart, Freiburg-Basel-Wien 1995, 18f. 33ff. E. Peterson, Zeuge der Wahrheit, in: ders., Theologische Traktate. München 1951, 165-224.

336 N. Kabasilas, Über das Leben in Christus (PG 150,612D-613A).

menschlicher Tugenden, er führt unmittelbar auf den Weg zu seinem Vater. Deshalb kann Augustinus schreiben: »ascendit Christus in caelum: sequamur eum.«[337]

Der Auferstandene schenkt seiner Kirche in den Sakramenten mehr, als was sie lehrhaft erfassen kann. Das der Kirche anvertraute depositum fidei übersteigt alles, was je auf theologischem Weg erschlossen werden kann. Je klarer und entschiedener ein Theologe aus der kirchlichen Überlieferung denkt, wie sie in der Feier der Liturgie und im Dogma konkret festgehalten ist, desto fruchtbarer und umfassender wird seine Theologie sein.

Als in Worte eingegangenes liturgisches Bekenntnis gilt das Dogma auch als Norm geistlichen Lebens. Was in der Liturgie gefeiert wird und im Dogma seine verbindliche Aussage findet, ist in das konkrete Leben aus dem Glauben zu übersetzen. Insofern darf von einem »Dogma in actu«[338] gesprochen werden: »Das Wort Gottes bewahren heißt vor allem, es in die Tat umzusetzen. So sind Dogmen weniger das Ergebnis einer dialektischen Reflexion über Texte als der Ausdruck einer beständigen und im Leben erprobten Wirklichkeit.«[339]

Die Aussage eines Dogmas versteht nicht, wer versucht, seinen formulierten Inhalt zu erfassen, es bedarf vielmehr des Bemühens, den eigenen Glaubensweg in der dogmatischen (also christologischen und liturgischen) Lebensformung zu bewahren. Dogmen sind Ausdruck einer im Leben erprobten und immer neu einzuholenden Wirklichkeit, wie sie in der liturgischen Feier der einzelnen Sakramente, vor allem aber in der Eucharistie grundgelegt ist. Somit läßt sich sagen, daß Liturgie und Theologie denselben Grundinhalt und dieselbe Grundaussage haben: Christus ist das universale Sakrament des Heils.

---

337 Augustinus, Sermo 304,4 (PL 38,1397).

338 H.U. von Balthasar, Katholisch. Aspekte des Mysteriums, Einsiedeln ²1975, 38.

339 W. Kasper, Art. »Dogma/Dogmenentwicklung«, in: P. Eicher (Hg.), Neues Handbuch theologischer Grundbegriffe. Bd. I, München 1984, 176-193, hier 189.

Deshalb ist auch in der theologischen Existenz der Primat des Logos vor dem Ethos, des Seins im Glauben vor dem Handeln aus dem Glauben durchzuhalten. Nicht nur der Vollzug des Glaubenslebens, auch das theologische Denken bleibt rückgebunden an das, was in den Sakramenten, speziell in der Eucharistie, grundgelegt ist und immer neu gefeiert wird.

Um die Fülle des Heilsmysteriums zu erfassen, bedarf die Theologie gegenüber der metaphysischen Redundanz der Neuscholastik eines heilsgeschichtlichen Ansatzes, wie ihn Hugo von St. Viktor[340] und die Alexandersumme[341] entworfen haben. Eine heilsgeschichtlich ausgerichtete Theologie wird von dem ausgehen, was geschehen ist, nicht von dem, was (nachträglich) systematisch geordnet worden ist. Auf welche Weise wäre ein solcher Ansatz genauer zu entfalten?

Wie kaum ein anderer Theologe vor und nach ihm hat Irenäus von Lyon die Erfüllung des Heilsplanes in ihrer Bedeutung für die Erwählung des Menschen bedacht. Sie ist für ihn die Quelle aller Neuheit. Er schreibt: »Ihr sollt wissen, daß er alle Neuheit gebracht hat, indem er sich selbst brachte, der zuvor verheißen worden war: denn angekündigt war eben dies, daß die Neuheit käme, um den Menschen zu erneuern und zu beleben.«[342] Diese Neuheit ist zugleich das Älteste, es steht am Ursprung der Schöpfung des Menschen und der Welt. Im Neuen, das Christus bringt, enthüllt sich das Geheimnis des Alten: »Er hat uns erwählt in Christus schon vor Grundlegung der Welt [...] uns vorausbestimmend zur Annahme an Kindes Statt durch und in Christus« (Eph 1,4-5). Gott hat in seinem Ratschluß alle Menschen vorherbestimmt, »dem Bild seines Sohnes gleichförmig zu werden« (Röm 8,28-29): »Ihr seid erkauft worden aus eurem verkehr-

---

340 Hugo von St. Viktor, De sacr. prol. c. 2 (PL 176,183f.), und: In hier.cael.c. 1 (PL 175,923ff.).

341 Alexander von Hales, S. theol. tract. intr. q.1 c.3 resp.6 a: Theologia est scientia de substantia divina cognoscenda per Christum in opere reparationis.

342 Irenäus von Lyon, Adv.Haer. IV 34,1.

ten, von den Ahnen übernommenen Wandel, durch ein kostbares Blut wie von einem Lamm ohne Fehl und Makel, dem Christi; ausersehen war er vor Grundlegung der Welt, offenbart aber ist er am Ende der Zeiten um euretwillen« (1 Petr 1,18-20). Die Schöpfung ist erwählt im »Lamm«, dem Urheber der Welt; in ihm wird die ganze Menschheit mit Gott versöhnt. Aber schon mit der Inkarnation des Menschensohnes ist die ganze Schöpfung erneuert und emporgehoben. In diesem Sinn gedenkt die Basilius-Liturgie bei der Konsekration speziell der Erwählung Israels, des Exodus, der Thora und des Einzugs in das Gelobte Land, aber auch der Erschaffung von Sonne und Sterne in all ihrer Pracht und Herrlichkeit, weil im Menschensohn die alten Zeichen des ersten Bundes erfüllt und vollendet sind; alles im Wort Geschaffene ist letztlich darauf angelegt, Leib Christi zu werden.

Mit dem Kommen des Menschensohnes hebt die Verklärung des Kosmos an. Was seit Anfang der Welt auf verborgene Weise die Mitte der Schöpfung ist, offenbart sich in der Lebenshingabe des Menschensohnes am Kreuz als »die Ökonomie des Mysteriums, das von Ewigkeit her in Gott, dem Schöpfer des Alls, verborgen war« (Eph 3,9): »Er ist unser Herr; er selbst hat sich in den letzten Zeiten zum Menschen gemacht, während er bereits in der Welt und im Unsichtbaren alle geschaffenen Dinge stützte und sich in der Form des Kreuzes der gesamten Schöpfung eingeprägt fand; als das Wort Gottes, das alle Dinge lenkte und fügte.«[343] Der Menschensohn offenbart das Mysterium des Willens des Vaters, nämlich den gnädigen Ratschluß, in der Fülle der Zeiten »alle Dinge in Christus zusammenzufassen« (Eph 1,9-10). Im Kreuzesgeschehen von Golgotha wird die Mitte von Schöpfung und Zeit offenkundig. Deshalb bezeichnet Irenäus den in Gethsemane angenommenen Kelch (Lk 22,42) als den »Kelch der

---

343 Ebd., V 18,3.

Synthese«[344] als »Zusammenfassung« der ganzen Schöpfung und Geschichte in Christus. So läßt sich sagen, daß gerade der heilsgeschichtliche Ansatz der Liturgie das Modell für die »dogmatische« Theologie vorlegt; mit ihm ist auch das Grundprinzip christlichen Glaubens, nämlich der Primat des Logos vor dem Ethos, gewahrt.

2. Trinitarische Begründung

Die theologische Aussage über die Schöpfung reduzierte sich in den vergangenen Jahrhunderten meist darauf, daß alles Geschaffene in Gott seine Ursache hat. Das bedeutet ein Minimum an objektivem Gehalt und subjektivem Vollzug. Ferner vollzog sich mit der Neuzeit ein grundlegender Wandel zu einem rein profanen bzw. säkularen Weltverständnis. Ein Vorgang, der von theologischer Tragweite ist. Schon Friedrich Wilhelm Joseph Schelling[345] und Franz Xaver von Baader[346] weisen darauf hin, daß in dem Augenblick, wo der Glaube die Welt verliert, er in gleicher Weise Gott verliert. Die Frage nach der Schöpfung hängt aufs engste mit der Gottesfrage zusammen. Georg Wilhelm Friedrich Hegel schreibt: »Es hat eine Zeit gegeben, wo alle Wissenschaft eine Wissenschaft von Gott gewesen ist; unsere Zeit dagegen hat das Ausgezeichnete [d.h. das Charakteristikum] von allem und jedem, und zwar von einer unendlichen Menge von Gegenständen zu wissen, nur nichts von Gott.«[347] Einer gottlosen Welt entspricht ein weltloser Gott. Wenn Thomas von Aquin sagt: »Wie

---

344 Ebd., III 16,7.

345 F.W.J. von Schelling, Schriften zur Religionsphilosophie 1841-1854 (WW VI. München 1959, 360f.): »Liegt es nicht am Tage, daß zugleich und in demselben Verhältnis, in welchem die Natur immer mehr jeder Göttlichkeit entledigt, zum bloßen, toten Aggregat herabsank, auch der lebendige Monotheismus sich immer mehr in einen leeren, unbestimmten, inhaltslosen Theismus verflüchtigte?«

346 F.X. von Baader, Gesammelte Schriften zur Philosophischen Anthropologie, in: ders., Sämtl. Werke. Bd. IV. Aalen 1963, 297.

347 G.F.W. Hegel, Glauben und Wissen (1802) (Philosophische Bibliothek 62b), Hamburg 1962.

die Seele ganz in jedem Teil des Körpers ist, derart ist auch der ganze Gott in allen Geschöpfen und in jedem einzelnen«[348], so ist gerade dies heutzutage zur Frage geworden: Kann der Mensch die Welt noch als eine bzw. *die* Ausdrucksgestalt der Gegenwart Gottes erfahren?
In Christus geschieht die eine große rettende, erlösende und erhöhende Vermählung von Gottheit und Menschheit. Demnach geht jede theologische bzw. christologische Aussage ungemindert in die soteriologische Verkündigung über, so daß der Osten in der Soteriologie gleichsam »nur« eine Anwendung des christologischen Dogmas sieht. Die Idiomengemeinschaft, der wunderbare Austausch der Eigentümlichkeiten der göttlichen Natur mit der menschlichen und der menschlichen mit der göttlichen Natur trägt »erlösenden Charakter«. Erlösung bedeutet nicht allein Fortnahme von Sündenschuld, sondern meint die heilsgeschichtliche Zusammenfassung der Menschheit in Christus.
Zwischen Deismus (bzw. einer gottlosen Welt) und Pantheismus steht, wie deutlich wurde, das sakramentale Verständnis der Schöpfung: »Gott tut alles, was er wirkt, um sich selbst offenbar zu machen.«[349] Im Rahmen einer eucharistischen Deutung der Schöpfung ist das Geschehen auf dem Tabor von entscheidender Bedeutung. Die Ostkirche sagt von der Stunde der Verklärung auf dem Berg, daß sich nicht Christus wandelte, sondern die Augen der Jünger durften für einen Augenblick schauen, was ihnen sonst verborgen war.[350] Sie sahen die verborgene Gegenwart des Herrn in seiner Schöpfung. Alles in der Schöpfung will auf die »vestigia Dei« in ihr verstanden und ge-

[348] Thomas v. Aquin, S.th. 1,q.8.

[349] Bonaventura, In II sent. 16,1,1.

[350] Am Beginn der eucharistischen Anaphora erfolgt die Aufforderung: »Laßt uns schön stehen, laßt uns mit Ehrfurcht stehen!« Die byzantinische Erklärung bezieht dies zuweilen auf die Aussage des Petrus in der Verklärungsgeschichte (Mt 17,4) und deutet sie als Aufforderung zum Stehen in der Verklärung. Diese Aufforderung finden wir auch am Beginn des Vaterunsers.

deutet werden.
In den sechziger Jahren ging es in der Diskussion um die Schöpfungstheologie vor allem um den Nachweis, daß die traditionelle Unterscheidung von »sakral« und »profan« aufzuheben ist: Es gibt nichts, das Gott nicht gemacht hat. Schon bald kam es zu einer anthropozentrischen Pointierung der Schöpfungstheologie, in der der Mensch, die Krone der Schöpfung, als das eigentliche und wahre Gegenüber Gottes gesehen wurde. Gleichzeitig dazu geschah noch eine andere Akzentverschiebung in der Schöpfungstheologie: Sprach die Theologie seit Tertullian bis zu Thomas von Aquin von den zwei Büchern der Offenbarung, und zwar dem *Buch der Natur* und dem *Buch der Heiligen Schrift*, so ist seit der Neuzeit meist nur noch von einem einzigen Buch die Rede, nämlich dem der Heilsgeschichte. Darüber tritt der Schöpfungsgedanke in den Hintergrund; er verliert seine Relevanz auch in der Eschatologie, die meist nur als Vollendung des einzelnen bedacht wurde, ohne Ausblick auf die universale Eschatologie und die Vollendung der Schöpfung.[351]
Ein möglicher Neuansatz in der Schöpfungslehre liegt in ihrer Begründung aus der Trinitätstheologie: Die Protologie ist trinitarisch grundgelegt. Wäre Gott einpersonal, bliebe dem Menschen nur die Geste der absoluten Unterwerfung und Prostratio unter den, der er selbst nicht ist. Wäre Gott zweipersonal, gäbe es für eine Schöpfung keine Möglichkeit, denn die Liebesbeziehung zwischen den beiden göttlichen Personen würde nur noch den Blick füreinander gestatten. Einzig bei einem dreipersönlichen Gott läßt sich ein völliges Einswerden der drei Personen mit gleichzeitiger Zuwendung zur geschaffenen Wirklichkeit denken: »Der Heilige Geist stellt die Kraft dar, durch die die Liebe, die zwischen Vater und Sohn vorhanden ist, auch auf andere Subjekte ausgedehnt wird. Er verleiht einem Dritten

351 Vgl. zum folgenden K. Koch, Schöpfung als Sakrament. Christliche Schöpfungstheologie jenseits von Gottlosigkeit und Vergöttlichung der Welt, in: R. Liggenstorfer (Hg.), Schöpfung und Geschichte (FS Paul Mäder). Romanshorn 1991, 31-53.

das Recht zur Teilnahme an dem Dialog der Liebe zwischen den beiden, ein Recht, das er den geschaffenen Subjekten eröffnet.«[352] In der göttlichen Dreieinigkeit bestätigt die jeweils dritte Person die Liebesbeziehung zwischen den beiden anderen und läßt dabei Raum für etwas, das von Gott unterschieden ist, nämlich die Schöpfung[353]: Die Schöpfung ist ein freier Akt des Vaters, der »im Sohn auch die Möglichkeit und das Dasein einer von ihm unterschiedenen Schöpfung bejaht, sowie auch des Geistes, der beide in freier Übereinstimmung verbindet«[354].

Der innere Zusammenhang von Schöpfung und Trinität findet sich beispielhaft dargelegt bei Bonaventura. Für ihn ist die Dreieinigkeit das tiefste Geheimnis der Schöpfung. Weil alles auf den Logos hin geschaffen ist, versteht Bonaventura die Schöpfung als das »Ursakrament« des Glaubens, gemäß der Intention Gottes, sich in den Dingen zu offenbaren. Was der Mensch durch den Sündenfall verloren hat, erkennt er durch die Offenbarung wieder neu, nämlich jenes erste Buch Gottes, das die Schöpfung ist. Gewiß, der Kosmos ist nicht die Offenbarung Gottes und kann auch nicht mit ihr gleich gesetzt werden, auch nicht Gottes Ebenbild, wohl aber trägt er die »vestigia Dei« in sich. Um diese Spuren Gottes in der Natur weiß, wer Gottes Offenbarung kennt.

Das Buch der Heiligen Schrift ist demnach der Schlüssel zur Erkenntnis des Kosmos, es hilft dem Menschen, das Buch der Schöpfung neu zu deuten und in der Schöpfung die Heilswahrheiten abzulesen und

---

352 D. Staniloae, Orthodoxe Dogmatik. Bd. I, Zürich-Einsiedeln-Köln 1985, 280.

353 M. Kunzler, Die Liturgie der Kirche, 41f.; unter Berufung auf H.U. von Balthasar, Die Würde des Gottesdienstes, in: IKaZ 7 (1978) 481-487.

354 W. Pannenberg, Systematische Theologie. Bd.II, 45. Bei Basilius heißt es: »Sieh bei der Erschaffung dieser Wesen den Vater als den vorausliegenden Grund, den Sohn als den schaffenden, als den vollendenden Geist, so daß die dienenden Geister im Willen des Vaters ihren Anfang haben, durch die Wirksamkeit des Sohnes in das Sein geführt werden und durch den Beistand des Geistes vollendet werden« (Basilius, Über den Heiligen Geist, 31d [PG 32,136 B]).

zu verstehen, wie Abraham in den zahlreichen Sternen am Himmel die Größe seiner Nachkommenschaft schaut, Jakob im Traum die Leiter, auf der die Engel auf- und niedersteigen, und Ijob im Schauen auf die Gestirne seine wirkliche Größe vor Gott erfährt. Wer das Buch der Natur aus dem Buch der Heiligen Schrift versteht und zu deuten versteht, erkennt die Gegenwart des dreieinen Gottes in der Schöpfung.

Aus dem trinitätstheologischen Ansatz, der sich aus unseren Überlegungen zur Schöpfungslehre ergibt, lassen sich einige Aussagen der Pneumatologie besser erfassen. Die Jünger durften zur Stunde der Verklärung des Herrn im Vorausgriff auf die letzte Vollendung der Schöpfung schauen und erkennen, daß durch das Kommen des Menschensohnes der ganze Kosmos neu geworden ist. Die alles erneuernde Kraft aber, die unentwegt die ganze Schöpfung ihrer vollendeten und verklärten Vollgestalt entgegenführt, ist der Heilige Geist.[355]

Eine im Osten sehr bekannte und beliebte Sammlung asketischer Schriften trägt den Titel »Philokalie«, was soviel bedeutet wie: »Liebe zum Schönen«. Damit soll ausgedrückt werden, daß ein geistlicher Mensch, ein »Gottgelehrter«, nicht nur gut, sondern auch *schön* ist. Während die christologische Tradition von Antiochien den Nachdruck auf die Offenbarung des Logos in seiner Menschheit legt,

---

[355] »Im Gegensatz zur lateinischen Theologie haben die orientalischen Theologen stets die Bedeutung des Heiligen Geistes im sakramentalen Geschehen hervorgehoben. Dieser Gegensatz wird besonders augenfällig, wenn man bei der Lektüre der Konzilstexte von Florenz (Dekret für die Armenier) und insbesondere von Trient (7. Sitzung) feststellt, daß diese Texte - mit Ausnahme der Firmung - von den Sakramenten sprechen, ohne den Heiligen Geist auch nur zu erwähnen. Und selbst noch auf dem Zweiten Vatikanischen Konzil klagte der maronitische Erzbischof von Beirut, Ignace Ziade, daß die lateinische Theologie ein wenig vergessen habe, daß 'die Zeit der Kirche in der Heilsgeschichte von den Vätern als Oikonomia des Geistes bezeichnet wurde'. Derselbe sagte am 16. September 1964 anläßlich der dritten Konzilssession: 'Die lateinische Kirche, die ihre Christologie sehr weit entwickelt hat, ist, was die Pneumatologie anbelangt, noch im Alter der Adoleszenz« (R. Hotz, Sakramente, 226; Zitate nach H. de Lubac, Geheimnis, aus dem wir leben. Einsiedeln 1967, 90, und Anm.).

betont die pneumatologische Tradition von Alexandrien gerade die Schönheit des Göttlichen. Diese strahlt im Wirken des Heiligen Geistes auf, der das Antlitz der Erde mit seiner göttlichen Schönheit erneuert. Für Kyrill von Alexandrien ist es das Spezifische des Pneumas, Geist der Schönheit zu sein und dem ganzen Kosmos Anteil an der Schönheit der göttlichen Natur zu geben.[356] Der Heilige Geist erneuert den Erdkreis mit göttlicher Schönheit (vgl. Weish 1,7).

Am Ende der Zeiten wird die allumfassende Gegenwart Gottes »alles in allem« erfüllen (1 Kor 15,28); diese Vollendung wirkt der Heilige Geist, der schon jetzt das Unterpfand des Verheißenen ist (2 Kor 1,22;5,5). So vollendet der Heilige Geist das Werk Christi. Paul Evdokimov schreibt: »Die Väter sehen, indem sie von der Beziehung zwischen dem Wort und dem Heiligen Geist während deren irdischer Mission sprechen, in gewissem Sinne in Christus den großen Vorläufer des Heiligen Geistes.«[357] Ähnlich heißt es bei Nikolaos Kabasilas: »Was ist die Wirkung und das Resultat der Handlungen Christi? ... Es ist nichts anderes als die Herabkunft des Heiligen Geistes auf die Kirche.«[358] Der Heilige Geist teilt jedem die Fülle Christi mit, wie Irenäus betont: »Wo die Kirche ist, da ist auch der Geist Gottes, und wo der Geist Gottes ist, dort ist die Kirche ...«[359] Er wohnt tief in uns, indem er in uns betet und so unser persönlichstes und innerstes Tun bewirkt (Röm 8,26). Gott selbst ist das Gebet des Menschen, nicht der Mensch handelt, sondern Gott allein. Vladimir Lossky bemerkt hierzu, daß die Kirche auf eine doppelte göttliche Ökonomie gegründet ist, »auf das Werk Christi und auf das Werk des Hei-

---

[356] Kyrill von Alexandrien, Über St. Johannes, 16,25 (PG 73,464B).

[357] P. Evdokimov, L'Orthodoxie, 75. Bei Athanasius heißt es dazu: »Das Wort ist Fleisch geworden, damit wir den Heiligen Geist empfangen können«, und: »Gott hat sich zum Träger des Fleisches gemacht, damit der Mensch Träger des Geistes werden kann« (PG 26,996C).

[358] Nikolaos Kabasilas, Erklärung der Heiligen Liturgie, Kap. 37.

[359] Irenaeus, Adversus haereses III,24,1..

ligen Geistes, zwei Personen der Dreifaltigkeit, die in die Welt gesandt wurden. Beide Werke bilden die Grundlage der Kirche, beide sind notwendig, damit wir zur Vereinigung mit Gott gelangen.«[360]
Die größte und schönste Gabe des Heiligen Geistes ist die volle Erkenntnis Jesu Christi. »Vom Geist betaut, trinken wir Christus«, sagt der heilige Athanasius [361]. Der Geist läßt uns den tiefen Sinn der Offenbarung des Menschensohnes begreifen, indem er durch sein heiligendes Wirken, die Voraussetzung für jedes Werk, alles zu einer Christophanie, zur Erscheinung Christi, werden läßt. Schon am Anfang der Zeiten »brütete« der Geist über dem Abgrund, um daraus die Erde erstehen zu lassen, den Ort der Inkarnation. Das ganze Alte Testament ist eine Vor-Pentekoste, es weist auf den verheißenen Messias hin. Der Geist steigt auf Maria herab, bildet aus ihr die Theotokos und offenbart Jesus als den Christus, den Gesalbten. Aus den Feuerzungen des Heiligen Geistes wird die Kirche geboren, der Leib Christi, und durch das Geschenk des Heiligen Geistes wird der Getaufte zu einem Glied Christi. Alles wird im Heiligen Geist vollendet: »Der Ankunft Christi geht der Heilige Geist voraus. Bei der Menschwerdung ist er da. Die Wundertaten Christi, seine Gnaden und Krankenheilungen geschehen durch den Heiligen Geist. Die bösen Geister werden durch den Geist Gottes ausgetrieben. Wenn der Teufel angekettet wird, ist der Heilige Geist zugegen. Die Vergebung der Sünden geschieht durch die Gnade des Heiligen Geistes. Die Vereinigung mit Gott wird durch den Heiligen Geist bewirkt. Die Auferstehung von den Toten geschieht durch die Kraft des Heiligen Geistes.«[362]
Der Heilige Geist, der göttliche Ikonograph, erneuert das Angesicht der Erde, indem er allen Dingen einwohnt. »Das unsagbare und wun-

---

360 V. Lossky, Die mystische Theologie der morgenländischen Kirche, 198.

361 Athanasius, Brief an Serapion (PG 26,576A).

362 Basilius, De Spiritu Sancto XIX, 49 (PG 32,157B).

derbare Feuer, das im Wesen der Dinge wie in einem Dornbusch verborgen ist,«, sagt Maximus Confessor, »ist das Feuer der göttlichen Liebe und der strahlende Glanz seiner Schönheit im Innern aller Dinge«[363]. Der Heilige Geist baut die Schöpfung zu einem »Tempel« auf, der von der Schönheit Gottes Zeugnis ablegt.[364] Alle Werke Gottes enden in der Präsenz des Heiligen Geistes, in ihm kommt das Werk des dreieinen Gottes zum Ziel.

Die theologische Tradition hat lange nur Gott den Vater als Schöpfer betrachtet oder aus der Schöpfung durch das Wort eine christologische Schöpfungslehre entfaltet. Aber die Schöpfung ist pneumatisch auszulegen: Durch das Wirken des Heiligen Geistes bleibt der Schöpfer in seiner Schöpfung gegenwärtig und erneuert das Antlitz der Erde.

Auch das in Christus befreite und erlöste Leben der Neuschöpfung ist bleibend vom Wirken des Heiligen Geistes getragen. Er schenkt dem Glaubenden das Licht der neuen Schöpfung (2 Kor 4,6) und gewährt Anteil an der Auferstehung (1 Kor 12; 1 Kor 14; Röm 12,3ff.), vor allem aber macht er den Menschen leibhaftig zu einem »Tempel des heiligen Geistes« (1 Kor 6,13-20). Doch indem der Heilige Geist die ganze Schöpfung und das Leben des Glaubenden trägt und mit sich erfüllt, ist er nicht offenkundig und sichtbar, vielmehr verbirgt er sein persönliches, das ihm »eigene« Antlitz: »er ist in uns, ohne unsere Stelle einzunehmen; er glaubt, betet, hofft und liebt in uns so, daß er es uns 'vormacht' und 'vorsagt', es uns überhaupt erst ermöglicht; aber zugleich sind wir es, die glauben, beten, hoffen und lieben.«[365] Er führt unmittelbar in das göttliche Leben in Christus ein. Alles in der Neuschöpfung trägt die »Handschrift« der dritten Per-

---

[363] Maximus Confessor, Amb. (PG 91,1148C).

[364] In der byzantinischen Liturgie wird der Schutzengel als Wächter und Behüter von Seele und Leib bezeichnet, denn in ihrer gegenseitigen Transparenz erweist er sich als Wächter der Schönheit.

[365] Vgl. hierzu M. Kunzler, Die Liturgie der Kirche, 87.

son, aber der Heilige Geist selbst bleibt hinter seiner Gabe verborgen, er kann mit ihr sogar verwechselt werden. Die Offenbarung seines Antlitzes erfolgt am Ende der Zeiten, wenn das Werk des Heiligen Geistes vollendet ist, nämlich die Schöpfung in Christus zur Lebensfülle göttlicher Schönheit zu führen. Die erneuerte, vollendete Schöpfung ist das »Antlitz« des Heiligen Geistes.

3. Existentielle Verwirklichung

Mit dem soeben Dargelegten über die Schönheit, die der göttlichen Präsenz in der Schöpfung eigen ist, läßt sich auch die Frage nach dem Leid aufgreifen und mit aller gebotenen Vorsicht zu einer Antwort führen.[366] Das Kreuzesleiden ist kein »Preis«, an den Vater gezahlt, denn es bedarf keiner Milderung der Strafgerechtigkeit eines gegen seine sündigen Geschöpfe erzürnten Gottes, der eine Genugtuung für seine beleidigte Ehre einfordert. Die in Jesus Christus offenbar gewordene Gerechtigkeit des Vaters ist anderer Ordnung. Sie besteht darin, zugunsten des Menschen gegen den Zustand ungerechter Gefangenschaft, in die er geraten war, die Gnade der ursprünglichen Annahme an Kindes Statt zu erneuern.

Aus Liebe zu seinen Brüdern und Schwestern gibt sich Jesus bedingungslos in sein Leiden am Kreuz, in ihm offenbart sich vollends das Geheimnis von Schöpfung und Mensch, über das Maximus Confessor ausführt: »Das Mysterium der Menschwerdung des Wortes enthält die Bedeutung aller Symbole und Rätsel der Heiligen Schrift sowie den verborgenen Sinn der ganzen wahrnehmbaren und intelligiblen Schöpfung. Wer aber das Mysterium des Kreuzes und des Grabes kennt, kennt auch den wahren Grund aller Dinge. Wer endlich noch weiter vordringt und in das Mysterium der Auferstehung eingeführt wird, erfährt das Ziel, um dessentwillen Gott alle Dinge im An-

---

[366] Diese Frage bedürfte einer ausführlicheren Betrachtung. Vgl. Michael Schneider, Zur Frage nach dem Leid, Köln 1998; ders., Der verborgene Gott, Köln 1998.

fang geschaffen hat.«[367] Das Mysterium des Kreuzes und der Auferstehung ist die Neuwerdung der Schöpfung im Bild des Menschensohnes.

Damit läßt sich der Lebensweg Jesu tiefer erkennen. Das gesamte Leben Jesu bedeutet, wie schon deutlich gemacht wurde, eine einzige Inkarnation, eine immer tiefergehende Verwirklichung der Menschwerdung. Jesu Sterben ist die Kulmination der Menschwerdung, im Tod Jesu bricht das unzerstörbare Leben auf. So ist der Tod des Herrn, in dem alles Leben wieder aufblüht, reinste Inkarnation, seine Auferstehung und Himmelfahrt jedoch das Ziel, der große und letzte Durchbruch des Göttlichen in der Menschheit. Der Tod Jesu am Kreuz eröffnet die höchste Stärkung des menschlichen Wesens im Heiligen Geist, der ihm innewohnt. Für die griechischen Väter, die den Tod Christi in engem Zusammenhang mit der Menschwerdung deuten, ist die Inkarnation eine Frucht der göttlichen Liebe, mit der sich Gott unauflöslich und für immer mit der Menschheit vereinigt, bis in den Tod. Das Ziel dieser Liebe offenbart sich in der Auferstehung, in der sich die Einigung Gottes mit uns vollständig und auf ewig ereignet. So stirbt Christus am Kreuz nicht wegen einer formellen Versöhnung mit einem erzürnten Gott, noch um den Menschen »bloß« zu rechtfertigen, sondern um ihn vom ewigen Tod zu befreien, auf daß Gott sich für immer mit ihm vereinigen kann und er an der göttlichen Heiligkeit Anteil erhält. In der Auferstehung wird der volle Sinn der ganzen Schöpfung wiederhergestellt, der durch den Tod zerbrochen war.

Von der Heiligen Schrift wird die Frage nach dem Leid nicht beantwortet.[368] Auch der Glaubende erfährt das Leiden in dieser Welt als eine Macht, die in realem Widerspruch zu Gottes verheißenem Heil

---

367 Maximus Confessor, Centuria I (PG 90,1108AB).

368 Es sei denn, man nimmt z.B. den zweiten Schöpfungsbericht (Gen 2 und 3) als eine solche Erklärung, doch auch sie ist mehr als unzureichend (vgl. H.U. von Balthasar, Gott und das Leid [= Antwort des Glaubens, Bd. 34], Freiburg 1984, 4f.).

steht: Trotz seiner Allmacht steht Gott nicht über den Kräften des Leides, vielmehr liegt er im Kampf gegen diese Mächte, und dieser Kampf währt heute noch (1 Kor 15,22-28). Nicht ein leidensunfähiger Gott,[369] sondern »Gott am Kreuz«[370] ist die Realität des Glaubens. Seit Gott dem Menschen in dessen Leiden nachgegangen ist, vor allem jedoch: seit er es mit ihm leidet,[371] ist die Erfahrung des Leids für den Glaubenden nicht nur ein Ort der Infragestellung der Nähe Gottes,[372] sondern auch der Gottesbegegnung: »Denn euch wurde die Gnade zuteil, für Christus dazusein, also nicht nur an ihn zu glauben, sondern auch seinetwegen zu leiden« (Phil 1,29; vgl. Mt 5,11 f.). Der Christ ist kein Liebhaber des Leidens, aber für den Glaubenden gibt es keinen Weg am Leid vorbei, nur einen Weg durch das Leid hindurch, indem er es trägt, wie Christus es getragen hat: Das Leiden ist »nicht so sehr Ideal als Existential christlicher Existenz. Leidensnachfolge Jesu heißt also Tragen des gerade mir in meiner unverwechselbaren Situation widerfahrenden Leids in Entsprechung zum Leiden Christi«[373].

In der Gottesbegegnung im Leid lautet die Frage nicht, warum es überhaupt Leid gibt, sondern viel wesentlicher, welche Gestalt das Leiden im Leben der Nachfolge annimmt. Nicht das Leid überhaupt, sondern das Leid, das in der Nachfolge des Gekreuzigten auf den Menschen zukommt, wurde in der Erfahrung des Leidens für viele Glaubende zur entscheidenden Frage nach Gott.[374]

Alle Glaubenden, die auf dem Weg ihrer Nachfolge durch die Schule

---

369 Vgl. Aristoteles, Metaphysik XII, 1073a 11.

370 F. Nietzsche, Werke. Hrsg. von K. Schlechta. Bd. II, Frankfurt-Berlin-Wien 1955, 610, 781.

371 Vgl. H. Riedlinger, Vom Schmerz Gottes. Freiburg i.Br. 1983.

372 Hierzu: M. Plathow, Menschenleid als Leiden an Gottes Verborgenheit, in: ThZ 40 (1984) 275-293, bes. 282 ff.

373 H. Küng, Gott und das Leid, 60.

374 Ausgeführt in M. Schneider, Zur Frage nach dem Leid, 8-50.

des Leidens mußten, konnten die Frage nach dem Sinn ihres Leides nicht durch einen Denkakt aufheben[375]: Nicht eine theoretische Antwort ist es, die dem Glaubenden im Leid »Trost« und Hilfe gibt auf dem Weg (Ijob 19,25; 42,5)[376], sondern die Begegnung mit dem lebendigen Gott und die Hoffnung auf die kommende Herrlichkeit und auf die Erfüllung der Verheißung einer neuen Schöpfung (2 Kor 4,14; Phil 3,10; 1 Petr 2,21 u.a.). Dabei sind zwei Erfahrungen bestimmend geworden: zum einen die Unfaßbarkeit menschlichen Leidens, die bar jeder Antwort auf die Frage nach dem Sinn des Leidens ist und die den Glaubenden in eine tiefe Krise und sogar Gottverlassenheit führt, und zum anderen die Kraft des Glaubens an den gekreuzigten und auferstandenen Herrn.

Seit Gott selbst das Leiden auf sich genommen und ihm damit eine letzte Dignität gegeben hat, gehört das Leiden mit hinein in die Lebens- und Liebesgemeinschaft von Mensch und Gott; dabei ist die erfahrbare Wirklichkeit des Leidens nicht durch einen Denkakt erklärt bzw. aufgehoben: Nicht die Erklärung des Leidens, sondern die Begegnung mit Gott im Leiden gibt dem Glaubenden »Trost«. Zur »Stunde« des Kreuzes umhüllt ihn die »Macht der Finsternis« (Lk 22, 53), so sehr, daß all »das, wofür er leidet, nicht mehr außerhalb seiner ist, sondern mit seiner Wirklichkeit in ihm« bleibt.[377]

---

375 Dies ist besonders zu betonen, wenn die christliche Antwort auf die Theodizeefrage so gegeben wird, daß das Leid gedeutet wird als hineingenommen in eine höhere Ganzheit oder in die Reifung der Persönlichkeit bzw. in den Fortschritt der Menschheit. - Dazu ausführlich: U. Eibach, Die Sprache leidender Menschen, 44 ff.

376 Natürlich gibt es in der Schrift auch Ansätze, das Leiden zu begreifen; vgl. W. Schrage, in: E. Gerstenberger / W. Schrage, Leiden. Stuttgart 1977, 120.

377 H.U. von Balthasar, Crucifixus etiam pro nobis, in: IKaZ 9 (1980) 30. - Er fährt fort mit den Worten: »Beides, das Wissen des Für-Leidens und Für-Sterbens und die Sichtlosigkeit (und damit wohl auch das Gefühl des Scheiterns in die Sinnlosigkeit: 'Mein Gott, mein Gott, warum hast du mich verlassen?'), gehört zusammen, muß um jeden Preis gleichzeitig gewahrt werden. Das gehört zum Mysterium dessen, der sich mit dem ganzen Wort Gottes identifizieren durfte, in dem deshalb (als dem Logos) auch die ganze Welt geschaffen ist und von Gott verantwortet wird. Die in den scholastischen Theorien her-

AGNUS STANS IN MONTE SION ET CUM EO CENTUM QUADRAGI TA QUATTUOR MILIA HABENTES CITHARAS

Das Leid steht fortan nicht mehr außerhalb von Gott, und die Erfahrungen der »Dunkelheit« und Abwesenheit Gottes im Leid gehören - »vom Standpunkt Christi her, der sie historisch und einmalig ausgelitten hat«[378] - mit hinein in das Erlösungsgeschehen.[379]
Darum läßt sich sagen: Die Schöpfung stellt das »Ursakrament« gläubiger Existenz dar, jedoch nicht nach dem Prinzip »causa relucet in effectu«, sondern gemäß der Intention Gottes, sich in allen Dingen und Ereignissen menschlichen Lebens, auch in Leid und Kreuz, zu offenbaren. Schöpfung und Geschichte sind in gleicher Weise auf den Logos hin auszulegen, er ist der Herr über alle Zeiten bis zu ihrer Vollendung in der Ewigkeit. So erscheint in der Geheimen Offenbarung Christus als das Alpha und das Omega der Geschichte, und zwar in der Gestalt des Lammes, geschlachtet vor Grundlegung der Welt[380]; in ihm findet die gläubige Existenz ihre authentische Konkretisierung und letzte Antwort.
Es darf auch gefragt werden, wie sich aus dem bisher dargelegten Ansatz einer pneumatologischen Ausdeutung der Schöpfung ein besseres Verständnis des geistlichen Lebens und der christlichen Spiritualität ergibt. Auch diese Fragestellung ist von nicht zu übersehender Aktualität. Josef Andreas Jungmann, Karl Adam und Karl Rahner haben von einem faktischen Monophysitismus in der Kirche vor dem II. Vatikanum gesprochen. Heute hingegen bedroht die Kirche ein

umgeisternde Ansicht, Gott hätte auch einen gewöhnlichen Menschen oder einen Engel bestellen können, um das Werk der Sühne zu leisten, ist unerträglich und absurd.«

378 Ausführlicher bei A.M. Haas, Sermo Mysticus. Studien zur Theologie und Sprache der Deutschen Mystik (Dokimion 4), Freiburg/Schweiz 1979, 91 u.ö.; auch H.U. von Balthasar, Theologie der drei Tage, 55f.

379 Vgl. auch M. Bialas, Das Leiden Christi beim hl. Paul vom Kreuz (1694-1775). Eine Untersuchung über die Passionszentrik der geistlichen Lehre des Gründers der Passionisten. Mit einem Geleitwort von J. Moltmann, Aschaffenburg 1978, bes. 365.

380 A. Gerken, Das Verhältnis von Schöpfungs- und Erlösungsordnung im ITINERARIUM MENTIS IN DEUM des Hl. Bonaventura, in: S. Bonaventura 1274-1974, 296 und Anm. 27.

neuer Arianismus bzw. Nestorianismus. Die eigentliche Krise der Kirche liegt derzeit in der Christologie, nicht in der Ekklesiologie. Christus überläßt man der Kirche, während man sich selbst an Jesus hält, was dazu führt, daß man den Glauben (bis in die Liturgie hinein) vorschnell auf seine Erlebnisdimension reduziert. Aber das Grundverständnis von Glaube und Nachfolge wird einseitig und mißverständlich, wenn man nur dem Menschen Jesus, nicht jedoch dem Gottessohn nachfolgen will. Damit reduziert man den Glauben auf die Nachahmung eines menschlichen Vorbildes, während die Gottessohnschaft nicht tangiert, vielleicht sogar geleugnet wird.

Leben im Glauben ist kein menschliches, asketisches Programm im Einüben von Tugenden, sondern ein Leben in der Gottesgemeinschaft - fern von jedem platten Moralismus. Leben im Glauben bedeutet ein Ringen um die Gottfähigkeit des Menschen, der als Freund Gottes in das innerste Geheimnis Gottes eingeweiht ist. Solches findet seine Konkretion in der Feier der Liturgie: »Indem er sich inkarnierte, hat Christus uns nicht erlaubt, ihn nachzuahmen, sondern sein Leben wiederzuleben, uns seiner Wesenheit anzugleichen, was uns eben die Mysteria und der liturgische Zyklus lehren«, schreibt Paul Evdokimov.[381]

Die Theologie verfehlt ihren Auftrag, wenn sie im rein Humanen verhaftet bleibt und nicht zur Theo-Logie wird, in der Gott zur Sprache kommt.[382] Die Tatsache, daß Gott Einblick in sein Wesen gegeben hat, bedeutet für die Theologie, daß sie, was ihre Begründung angeht, im dargelegten Sinn vorrangig eine »scientia speculativa« ist und erst an zweiter Stelle eine »scientia practica«. Solches muß die Theologie neu bedenken, will sie den Primat des Logos vor dem Ethos, wie er schon herausgearbeitet wurde, bewahren. Wird der Primat des Logos übersehen oder gemindert, stehen die Grundaussagen

---

381 P. Evdokimov, L'Orthodoxie, 75.

382 Vgl. J. Ratzinger, Theologische Prinzipienlehre. Bausteine zur Fundamentaltheologie, München 1982, 335f.

des christlichen Glaubens zur Debatte. Der Menschgewordene vereint in sich die Menschheit unvermischt und ungetrennt mit der Gottheit, seine Menschennatur ist das universale »Sakrament«, deshalb »kann sie die leisesten Regungen und die intimsten Verwundungen unserer Menschheit übernehmen, um darin das Leben des Vaters einzugießen. Die vergöttlichenden Energien des Leibes Christi werden uns fortan in unserem ganzen Wesen, unserem ganzen 'Leib' erfassen. Welche unserer körperlichen Wirklichkeiten der Herr dann ergreifen mag: Wasser, Brot, Wein, Öl, Mann und Frau, zerknirschtes Herz, er eignet sie sich in seinem wachsenden Leib an und läßt sie davon lebendig ausstrahlen. Was wir als Sakramente bezeichnen, sind in Wirklichkeit vergöttlichende Aktionen des Leibes Christi in unserer Menschheit ... Wir können Jesu Geist nur empfangen, weil er unseren Leib an sich nimmt.«[383] Alle Mitteilung geschieht im Sohn. Er ist die »ars patris« (Augustinus), der worthafte Spiegel des Vaters, die bergende »dispositio mundi«. Er ruft die ganze Schöpfung in seine Entäußerung und schenkt ihr durch seine Liebeshingabe bis zum Tod am Kreuz eine unzerstörbare Lebendigkeit, die über all das hinausgeht, was das Denken des Menschen je entfalten konnte.

Im geistlichen Leben, das seine Quelle und seinen Höhepunkt in der Eucharistie hat, wird der Umgang mit der Schöpfung eine besondere Bedeutung haben. Geht es im Leben aus dem Glauben doch um ein Aufdecken und Sich-Öffnen verborgener Daseinsgründe. Gemeint ist das Finden und Auffinden (investigatio) der Spuren Gottes in der Schöpfung. Der Mensch kann sich der Schöpfung in kreatürlich-sinnenhaften Vorgängen nähern. So erfährt er sich eingebunden in vitale Instinktprozesse wie in ein Gehen aus Notwendigkeit und doch in unsäglichem Staunen, in horchendem Verweilen und tastendem Verkosten. In dem an der Welt und Geschichte ablesbaren Handeln des göttlichen Wirkens erkennt der Mensch, daß Gott den Mangel, als

[383] J. Corbon, Liturgie aus dem Urquell. Einsiedeln 1981, 76.

welcher der Mensch sich unentwegt erfährt, unendlich mit sich zu ergänzen sucht.

Die Zuversicht auf unendliche Ergänzung durch Gott gründet in seiner Heilszusage, die dem Menschen die wahre bzw. einzig metaphysische, weil geschichtliches Ereignis gewordene Lebensmöglichkeit eröffnet. Insofern ist der dispositive Weg im geistlichen Leben der einzig reale und wahre, führt er doch das menschliche Leben in den Plan zurück, den Gott mit seiner Welt eröffnet hat in den Ereignissen der Heilsgeschichte. Ja, die Geschichte erweist sich als der »Wirkstoff« des göttlichen Handelns in seiner Schöpfung. Weil das Heil in der Geschichte für den Menschen ein inkarnatorisch bestimmendes Zeitmoment ist, steht es für den Menschen mit all seinen Erkenntnis- und Sinnesqualitäten unverrückbar zur Verfügung. Dem Menschen wird in der Geschichte - wenn auch von außen - eröffnet und entfaltet, daß er durch das von Gott gewirkte Heil unendlich erhöht ist.

Auszugehen ist von der Wahrnehmung des Mangelgrundes im eigenen Leben: Der Mensch, der in seiner Welt nach einer unendlichen Ergänzung seines Mangelwesens ausschaut, erkennt sie im Kommen des eingeborenen Menschensohnes. In der Begegnung mit ihm erfährt er sich aufgefordert, sich mit seiner ganzen Existenz allein in Gott zu gründen. So führt das dispositiv-kreatürliche Leben in eine beständige Öffnung und Offenheit, bis daß der eigene Geist schließlich derart weit wird, daß der Mensch sich in jene verborgene Unendlichkeit führen läßt, in der ihm einsichtig wird, wie über ihn und das Schicksal des Fortgangs der Welt und ihrer Geschichte längst schon entschieden ist.

Ein solches Verständnis gläubiger Existenz läßt die Grundvollzüge geistlichen Lebens tiefer erfassen, als es zuweilen geschieht. Liturgie, Frömmigkeit und geistliches Leben können nicht äußerlich verrichtet und gestaltet werden, sie bleiben nur authentisch und gottgemäß, wenn der Mensch in ihren Vollzügen sein ganzes Leben in die »Gnosis« des Glaubens hineinnimmt. Er hat sich aus der Gesamtgestalt seines kreatürlichen Wesens dem unerforschlichen Gott zu nähern, und zwar in der Hingabe seiner Existenz an das unfaßliche Mysterium Gottes, nicht bloß aus dem Trieb, einmal fromm zu sein. In der Hingabe an Gott wird dem Menschen eine Erfahrung zuteil, die jede psychologische, rein geistig-geistliche Glaubenserfahrung weit hinter sich läßt. Die neue »Gnosis«, die dem Menschen im Glauben geschenkt wird, führt ihn in die Maßstäblichkeit ewiger Wirklichkeit, die alles vom Handeln Gottes und seiner Zeit geprägt und bestimmt sein läßt. Die Gnosis des Glaubens gipfelt in der Erkenntnis des Gekreuzigten und Auferstandenen als der Vollendung allen Wissens. Wer an der einzig wahren, göttlichen Erkenntnis teilhaben will, wird sie auf dem Weg der Nachfolge leibhaft nachvollziehen. Durch Christus wird der Mensch zum Freund Gottes, eingeweiht in sein innerstes Geheimnis. Deshalb bedeutet das Leben im Glauben ein stetes Ringen um die Gottfähigkeit des Menschen. Alles Tun im Glauben bleibt dem Sein nachgeordnet, und was immer der Mensch in den Sakramenten und in der Liturgie empfängt, ist mehr, als er je denken und verwirklichen kann. »Werdet Nachahmer Gottes!« heißt es in Eph 5,1. So steht das ganze Leben im Glauben unter dem Primat des Logos vor dem Ethos.

Gerade aufgrund dieses Primats zeigt sich nochmals die Bedeutung der Schöpfung, die in ihrer Transparenz auf den Logos hin als ein, wenn nicht sogar als das Konstitutivum im Leben aus dem Glauben gelten darf. Gleich dem Poverello aus Assisi, dem die tiefer erkennbaren Kräfte der Erde wieder zum Transparent ihrer verborgenen Mitte werden, sucht der Glaubende in der Ausübung der geistlichen und sakramentalen Vollzüge und durch seine zunehmende Verähnlichung mit dem Herrn nach den Spuren göttlicher Liebe und Nähe in der Schöpfung. Jede Begegnung mit ihr wird zu einem Zeichen der Verdeutlichung einer ihm schon längst mitgeteilten Aussage. Denn der Logos, die unversiegbare Quelle göttlichen und ewigen Lebens, wohnt seiner Schöpfung inne, so daß alles in ihr seine Gestalt annimmt.

Das Leben des Menschen ist »worthaft«. Der Logos »hat nicht nur eine Welt gleich einem in vielfältigen Weisen inkarnierten Wort erschaffen; er hat auch ein Subjekt erweckt, das dieses Wort verstehen kann ... Der Unterschied zwischen dem Menschen als Wort und der Welt als Wort liegt darin, daß der Mensch sprechendes Wort oder denkender Vernunftgrund ist nach dem Bild des ewigen Sohnes als des göttlichen Subjekts. Aber eben, nur der Mensch ist Abbild des Sohnes, denn er denkt, spricht und verwirklicht nicht Urgründe und Worte, die ihm ganz eigentlich zugehören, sondern er sagt, kombiniert und entwickelt auf endlosen Wegen die Bilder dieser Gründe oder Worte des Logos, wobei er diesem als dem ersten Sprechenden, Denkenden und Schaffenden folgt.«[384] Das Geschenk des neuen Lebens in Christus annehmend, lernt der Mensch, seinem Leben wie auch der Welt nicht mehr das menschliche Siegel (der Sünde) aufzudrücken, sondern das Siegel des göttlichen Lebens in Christus.

Die Christusförmigkeit, die in der Feier der Eucharistie gründet und in der Kommunion ihren tiefsten Ausdruck findet, übersteigt jedes abstrakte Frömmigkeitsideal, sie erwächst aus der lebendigen Beziehung des einzelnen zum Menschensohn als dem innersten Bild seines Lebens. In Christus zu einer »neuen Schöpfung« geworden (2 Kor 5, 17; vgl. Gal 6,15), läßt der Mensch die Grundvollzüge seines Glaubens von der Wirklichkeit des neuen Lebens in Christus prägen. In Liturgie, Frömmigkeit und geistlichem Leben naht sich der Mensch aus der Gesamtgestalt seines kreatürlichen Wesens dem unerforschlichen Gott, um sich mit seiner ganzen Existenz dem Mysterium Gottes hinzugeben, das seinem Leben urbildhaft eingeprägt ist. So hat der Mensch, das faktisch Gegebene übersteigend, schon jetzt durch Glaube und Taufe Anteil am göttlichen Leben und an all dem, was der ganzen Schöpfung verheißen ist. Dank des göttlichen Bildes, das seinem Leben eingeprägt ist, wird der Mensch immer eindeutiger zu ei-

---

[384] D. Staniloae, L'homme, image de Dieu dans le monde, in: Contacts Nr. 84 (1973/4) 297ff.

nem Nachbild des Gottessohnes und dadurch mehr, als er aus sich selbst zu werden vermag. Nicht bloß christussinnig, sondern christusverbunden wird sein geistliches Leben, das sich aus der Feier der Sakramente, besonders der Eucharistie bildet, zu einer Spiegelung des göttlichen Bildes, welches der tiefste Grund allen Daseins ist.

4. Ikonographische Verdichtung

Im Rahmen des vorgestellten sakramental-liturgischen Ansatzes, wie er sich aus der Eucharistie als Grundvollzug christlicher Existenz entfalten läßt, wird letztendlich auch die Bedeutung der Kunst im Rahmen der Schöpfungslehre zu bedenken sein. Einer der kenntnisreichsten und weit über das Gebiet von Liturgik und Theologie hinausreichenden Beiträge Odo Casels erschien 1934 unter dem Titel »Älteste christliche Kunst und Christusmysterium«[385]. Der Artikel führt wichtige Aspekte zum deutlicheren Erfassen des christlichen Bildes und seiner Bedeutung in der Feier der Liturgie an. Die Grundthese lautet: »Christliche Kunst kann nur 'Gestaltwerdung des Logos' sein. Die christliche Kunst zeigt demnach von vornherein einen bestimmten Ausdruckswillen.«[386] Für die christliche Kunst gilt, was für das ganze Leben im Glauben bestimmend ist: die christozentrische Prägung: »Das Leben des Christen ist Christusleben«[387]. Christus ist »wahrer Mensch« und »wahrer Gott«. Deshalb kann er nicht wie ein sonstiger Gegenstand dieser Erde abgebildet werden. Christliche Kunst bleibt wesenhaft symbolisch, nämlich andeutend und verhüllend zugleich, »weil sie vom Mysterium spricht, das der Welt verborgen ist und sich nur im Pneuma des Glaubens offenbart«[388]. Das heißt aber nicht, daß die Bilder im Glauben abstrakt bleiben, sind sie doch

---

[385] O. Casel, Älteste christliche Kunst und Christusmysterium, in: JLw 12 (1934) 1-86.

[386] Ebd., 12.

[387] Ebd., 21.

[388] Ebd., 42.

immer auf das konkrete Heilsgeschehen in Christus bezogen. In den Bildern des Glaubens strahlt die Uridee der in Christus geschenkten Soteria auf, die sich in dem Heilsgeschehen der Menschwerdung und Erlösung ereignet hat, doch bleibend gegenwärtig ist und als solche eben bildhaft dargestellt werden darf. Das Thema der christlichen Kunst ist ihr mit der Menschwerdung und Erlösung vorgegeben; doch damit wird sie keineswegs eintönig, denn echte Symbole können nicht langweilig sein, da sie sich nie ausschöpfen lassen, enthalten sie doch in dem, was sie darstellen, einen tieferen Sinn, den kein Kunstwerk je darstellen kann.

In der christlichen Kunst geht es um ein Interferenzgeschehen, nämlich zwischen der objektiven Wirklichkeit des Kunstgegenstandes bzw. des Bildes und der pneumatisch-objektiv bestimmten Befindlichkeit des Subjekts. Die christliche Kunst kann nie subjektiv bzw. subjektivistisch sein, hat sie doch darzustellen, was die Realität des Lebens im Glauben ausmacht, sie ist »mehr als subjektiver Ausdruck; sie ist objektives Symbol, Trägerin einer von der subjektiven Verfassung des Menschen unabhängigen Dynamis«[389].

Mit seiner Theologie des Glaubensbildes bzw. Mysterienbildes sucht Casel das Geschehen der Liturgie tiefer zu erfassen. Er bestimmt das (Kult-)Mysterium als »Bild«, womit er die besondere Dichte des objektiven Realitätsgehalts der liturgischen Feier zum Ausdruck bringt.[390] Die Kultfeier als »Bild« gründet in der sakramentalen Wirklichkeit: »Der Grundpfeiler der Sakramentenlehre ist der Bildcharakter des Sakraments: 'Sacramentum est in genere signi'.«[391] Unter Verweis auf den von Thomas von Aquin hervorgehobenen Zeichencharakter des Sakraments lehnt Casel die sogenannte effectus-Theorie ab, nach der das Sakrament nur die dinglich-werkzeugliche Vermitt-

389 Ebd., 82.

390 Vgl. O. Casel, Gnosis und Mysterium, in: JLw 15 (1941) 155-305.

391 Ebd., 232.

lung eines davon unterschiedenen Gehalts, näherhin der Gnade, ist. Einem derart entleerten Zeichenverständnis, das den Realitätsgehalt des Sakramentes, das wirkliche Enthaltensein der Heilstat Jesu Christi in mysterio unter dem Schleier der Symbole nicht zu begreifen vermag, setzt Casel die ursprüngliche Realitätsdichte des christlichen Bildes entgegen: Als »Sinnbild« und »Symbol« ist das Mysterienbild die objektive Vergegenwärtigung des Dargestellten.
Im Hintergrund steht der platonische Gedanke der Teilhabe, wonach das Bild an der Macht des Urbildes teilnimmt. Der Beschauer sucht in dem Bild unmittelbar das Urbild zu erblicken.[392] Gott, der Dreieine, begegnet dem Menschen in der Gestalt des Bildes: »Der Sohn ist das Bild des Vaters, und der Heilige Geist ist das Bild des Sohnes«, formuliert Johannes Damascenus.[393] Die Bestimmung des Menschen ist, selbst zu einer Ikone Gottes zu werden: nach dem Bild und Gleichnis (des dreieinen) Gottes. Nach Johannes Damascenus ist alles Bild, wie auch das Bild alles ist. Casel versteht die Sakramente als »Bilder«: »Was von Christus als dem Bild des Vaters gilt, das gilt analog von seinen Sakramenten ... Wenn aber der fleischgewordene Logos und Sohn das gleichwesentliche Bild des Vates ist, so müssen seine Sakramente, durch die wir ihm nach seinem leiblichen Scheiden nahen sollen, wie es einst durch seine Epiphanie im Fleische möglich war [...], etwas von diesem Bildcharakter an sich tragen, den das 'Bild des unsichtbaren Gottes' besitzt.«[394]
In strenger Analogie zur menschlichen Wirklichkeit Christi lassen sich die christlichen Bilder als »sichtbare Bilder des Heiles [verstehen, die] uns im Symbole unmittelbar das Göttliche ergreifen« lassen.[395] Letztlich kommt es auf das Erfassen der im Bild selbst angekündigten

---

392 Ebd., 239.

393 Johannes von Damaskus PG 94,856.

394 O. Casel, Gnosis und Mysterium, 247f.

395 Ebd., 248.

Gegenwart an: Christliche Existenz ist seinsgemäße Teilhabe an Christi Heilstat, nämlich an seiner Menschwerdung, an seinem Kreuz und an seiner Auferstehung. In den Sakramenten wird der Christ in »ein Mit-tun, Mit-leiden, Mit-auferstehen« mit Christus geführt.

Casel muß die von ihm als defizient bezeichnete effectus-Theorie ablehnen, weil sie die bildhaft-symbolische Dimension der sakramentalen Vollzüge und die in ihnen gegebene »objektive Gegenwartsfülle« ausblendet und die Sakramente zu bloßen Verweis-Zeichen degradiert. Mit einem solchen Sakramenten- (und Bild-)Verständnis ist, wie Casel betont, der christlichen Existenz nicht geholfen, weil sich keine heilshafte Christusbegegnung ereignen kann: Das Mit-(Er-)Leben der Urheilstat in mysterio, also in deren bildhafter Nachgestaltung im Sakrament, findet nicht statt, so daß der Zugang zum Heil, zum göttlichen Leben, letztlich verschlossen bleibt. Auch ist die Eucharistie, wie Casel darlegt, mehr als die unblutige Erneuerung bzw. Vergegenwärtigung des Kreuzesopfers am Altar; sie führt den Gläubigen in das ganze Heilsmysterium, das in Tod und Auferstehung seinen Höhepunkt erreicht und in den Kultmysterien der Kirche zugänglich und gegenwärtig ist, so daß es das Leben aus dem Glauben mit in allen seinen Dimensionen bestimmt.

In seinen Bemühungen um eine Mysterientheologie[396] geht es Casel

---

396 Maria Judith Krahe zitiert erschütternde Briefe von Odo Casel. Der Spiritual der Benediktinerinnenabtei Herstelle beschreibt in einem Brief an seinen Abt Ildefons Herwegen nach Maria Laach im März 1933 das Grundanliegen, das er mit seiner Mysterientheologie verfolgt, mit den Worten: »Die Aktion [...] gegen mein Büchlein 'Das christliche Kultmysterium' [...] ist nichts anderes als ein Versuch, uns auf eine bestimmte moderne, selbst der Neuscholastik gegenüber noch verengte Schulmeinung festzulegen, die in der sonderbaren Verwechselung einer ephemeren Schuldogmatik mit dem Dogma der hl. Kirche zur absoluten Norm erhoben wird. Ist es schon an sich unzulässig, die Kirche mit einem bestimmten theologischen System zu identifizieren und dadurch den nur Gott unterworfenen Menschen im Namen der Religion menschlichen Meinungen zu unterwerfen, so ist das erst recht unangebracht bei einem theologischen System, das vom Rationalismus des 18./19. Jahrhunderts angesteckt und außerdem in sich widerspruchsvoll ist ... Wahrhaft katholische Haltung ist es, sich unter Beiseitelassung aller Schulargumente, die nur rein menschliche Autorität besitzen, der Offenbarung Gottes, wie die Kirche

um eine Glaubenserkenntnis, welche die begrifflichen Schemata verschulten theologischen »Glaubenswissens« übersteigt und in die unmittelbare Begegnung mit dem Heil stellt, wie sie sich in der Liturgie ereignet. Dem Verständnis der Liturgie als Feier des Glaubens liegt eine Theologie des Bildes zugrunde, denn die Eucharistie kann, wie nun deutlich zu machen ist, auf das Bild nicht verzichten.

Geht ein Mensch hin und malt ein Bild von Gott, wird es kein einfaches Bild der natürlichen Ordnung sein, sondern auf das einzig wahre Bild von Gott verweisen, nämlich das Antlitz des Menschensohnes. Vor der Inkarnation war jedes Bild von Gott verboten, da der allein Heilige unaussprechlich ist. Erst der Menschensohn offenbart das wahre Bild Gottes. Er, der »Herrscher über die ganze Schöpfung« (Apk 1,8), ist der »Abglanz seiner Herrlichkeit und das Abbild seines, des Vaters, Wesens« (Hebr 1,3). So läßt das Bild des Pantokrators die Heiligkeit des Herrn in gleicher Weise schauen, wie am Kreuz die heilige Göttlichkeit Christi sichtbar wird. Diese »Sichtbarkeit« ist nicht äußerlich erkennbar: Der Hauptmann unter dem Kreuz sieht, was alle sehen, und dennoch erkennt er in dem Gekreuzigten das sichtbare Zeichen des unsichtbaren Gottes. Im Sichtbaren offenbart sich dem Hauptmann das Zeichen des Unsichtbaren, das im Sichtbaren die Gestalt des Kreuzes trägt.

Das Sehen im Glauben ermöglicht eine neue Sprache des Bildes. Erst die Farben des Glaubens malen das wahre Bild des Herrn und lassen es in seinem tiefsten Sinn verstehen. Die Bildwerdung im Glauben

---

sie uns lehrt, hinzugeben. Christus ist nicht gekommen, um uns zu Schulmeinungen zu verpflichten, sondern um uns von der Herrschaft des Buchstabenglaubens zu befreien. Dafür ist er am Kreuze gestorben, um den 'tötenden Buchstaben' zu ertöten. Der Glaube darf nicht von philosophischen Wahrheiten abhängig gemacht werden. Wohl kann nachträglich, nachdem die Glaubenswahrheit geoffenbart worden und im Glauben angenommen ist, gezeigt werden, daß diese Glaubenswahrheit nicht mit einer Vernunftwahrheit in notwendigem Gegensatz steht. Aber einen Glaubenssatz durch philosophische Gründe zu beweisen oder zu widerlegen, geht nicht an; denn es hieße, die menschliche Vernunft zum Richter über Gott machen« (M. J. Krahe, Der Herr ist der Geist. Studien zur Theologie Odo Casels. Das Mysterium Christi, St. Ottilien 1986, 246f.).

findet ihre tiefste Aussage darin, daß der Mensch in allem auf den Menschensohn hin angelegt ist. Die Erschaffung im Bild weckt im Menschen, der von Gottes Geschlecht ist, die Sehnsucht, immer tiefer in das vom Menschensohn empfangene Leben einzudringen, gerade durch die Teilnahme an der Liturgie. In ihr erfährt der Mensch, daß er aus Gnade göttlich geworden und in Gott geheiligt ist.

Das Bild kann nie nur betrachtet werden, es wird vielmehr zur Aufforderung, das eigene Leben zu ändern, auf daß das Abgebildete im Lebensvollzug des Glaubens sichtbar wird. In der Verehrung der Ikone, bei der Anrufung der Heiligen sowie in der Feier der Liturgie und der Sakramente erhält der Mensch jenes wahre Sehvermögen im Glauben, ohne das es kein Leben aus dem Gebet gibt. Das Gebet ist für die Väter, besonders für Isaak den Syrer, »die Schau der Flamme der Dinge«, denn im Gebet öffnet sich der Blick des Beters und er erkennt Gott in den Dingen des Lebens. Gibt der Beter den Antworten Christi gegenüber den drei Versuchungen (Mt 4) ihre brennende Gegenwartsmacht zurück, dringt er von der Oberfläche menschlichen Daseins zur Tiefenschicht wahren Seins. Für diesen Vorgang ist das Bild eine Schule des Glaubens.

Indem der Mensch bei den Dingen nicht stehen bleibt, sondern diese in der Schau des Glaubens auf ihre Tiefendimension durchdringt, bekommt sein Leben eine prophetische Dimension. Ein Prophet sagt nicht die Zukunft voraus, sondern sieht die Ereignisse eschatologisch auf ihre Zukunft hin. Gemeint ist nicht die Zukunft im geschichtlichen Raum, sondern der Letzte Tag. Diese prophetische Dimension des Lebens kristallisiert sich in den Grundgestalten des Glaubens, nämlich in Wort und Bild, Liturgie und Sakrament. Sie zeigen inmitten der Welt den Übergang zum Reich Gottes an und bezeugen, daß der Mensch am jenseitigen Handeln Gottes nicht bloß aufgrund sittlicher Vervollkommnung und Anstrengung teilnimmt, sondern in der Rückgabe seines Daseins an Gottes Heiligkeit und im prophetischen Dienst an der Welt.

Der 2. Korintherbrief beschreibt die Umwandlung im Glauben wie folgt: »Mit unverhülltem Antlitz spiegeln wir alle die Herrlichkeit des Herrn wider und werden so, weil es die Herrlichkeit des Herrn des Geistes ist, in das gleiche Bild umgewandelt zu immer größerer Herrlichkeit« (2 Kor 3,18). Das Wort von der Verwandlung, das im Präsens steht, besagt, daß der Glaubende Tag für Tag neu in das Bild Jesu umgeformt wird und selbst das Leuchten des Herrn annimmt. Gemeint ist nicht nur das Bild des irdischen, sondern auch das des erhöhten Herrn. Johannes Chrysostomus gilt die Himmelfahrt als das »Fest der Wurzel«, denn mit ihr beginnt ein neues Zeitalter. Die Himmelfahrt Christi und die Aufnahme Mariens in den Himmel sagen aus, daß Gott Mensch wird, um den Menschen zu erhöhen, auf daß er Gott »aus Gnade« wird. So kann die Liturgie Maria als die »Krone der Dogmen« bezeichnen, denn sie ist das lebendige Dogma, die verwirklichte Wahrheit über die erneuerte Schöpfung und die erhöhte Menschheit. Die Liturgie der Himmelfahrt preist die Himmelfahrt als »die Begründung unseres Heils und die Ankunft der zeitlosen Mysterien«. Alles in der Welt ist Symbol und Gleichnis, als solches wollen die »Dinge« verstanden, gedeutet und gelebt werden. Dorothea Forstner legt in ihrem Werk über die universalen Symbolzusammenhänge dar, daß die Verkündigung des Heils selbst in »Bildern« und »Gleichnissen« geschieht: »Der Heiland kleidet seine Lehren zumeist in Bilder aus der Schöpfung und dem täglichen Leben. Er nennt sich selber 'Weinstock, Brot, Licht, Türe, Hirt, Eckstein' usw. Seine Taten und Wunder sind wiederum Typen der Gnadenwirkung in den Mysterien der Kirche, deren Aufgabe es ist, die Dinge der Welt in den Bereich des Heilswerkes Christi hereinzuholen. Sie vollbringt diese Aufgabe durch ihre liturgischen Weihen. Da erfüllt sie die irdischen Dinge mit göttlichem Inhalt und macht sie zu den Gnadenträgern. Wenn schon alle Wesen und Erscheinungen der geschaffenen Welt als Werke Gottes eine natürliche Analogie zu ihm haben, dann wird in den alles umfassenden Segnungen der heiligen Kirche darüber hinaus die besondere Beziehung der Welt zum fleischgewordenen Gottessohn hergestellt und verkündet. Die Weiheformeln zählen oft eine ganze Reihe alttestamentlicher Vorbilder auf und zeigen damit die wunderbaren Zusammenhänge im Heilsplan Gottes. Die liturgischen Bücher, Missale, Pontificale, Rituale, geben dafür Zeugnis, wie Naturalien oder Menschenwerke durch das Gebet der Kirche zu Symbolen im Vollsinn werden: Das gilt vor allem von jenen Dingen oder Zeichen, die den Sakramenten als Materie dienen ... Den höchsten Symbolgehalt erreicht einzig die heiligste Eucharistie: In ihr sind Brot und Wein Symbole des Leibes und Blutes Christi, die aber kraft der Konsekrationsworte realiter das enthalten, was sie versinnbildlichen. In gewisser Beziehung werden sämtliche geweihten Gegenstände zu Trägern und Vermittlern der Gnade.«[397]

Der Ansatz einer symbolhaften bzw. sakramentalen Sicht des Kosmos hat Konsequenzen für die einzigartige Bedeutung des Bildes und der Kunst im christlichen Glaubensvollzug wie auch in der Liturgie. In der christlichen Kunst geht es um keine Profilierung des einzelnen Künstlers, sondern um die Aufforderung der steten Angleichung an das Christusgeheimnis. Der Prozeß der zunehmenden Christusförmigkeit ist als Steigerung zu verstehen, nicht im moralisch-moralisierenden, sondern in einem universalen Sinn, denn »anima vult, totum

---

397 D. Forstner, Die Welt der Symbole, S. 14f. Bei Martin Luther heißt es hierzu: »Weiter hat Gott in allen seinen Zusagen gemeiniglich neben dem Wort auch ein Zeichen geben, zu mehrer Sicherheit oder Stärkung unseres Glaubens: also gab er Noä zum Zeichen den Regenbogen, Abraham die Beschneidung, Gedeon gab er den Regen auf das Land und Lammfell. Also hat auch Christus in diesem Testament than und ein kräftig und alleredelst Siegel und Zeichen an sein Wort gehängt, d.i. sein eigen wahrhaftig Fleisch und Blut, unter Brot und Wein; denn wir arme Menschen, weil wir in den fünf Sinnen leben, müssen ja zum wenigsten ein äußerlich Zeichen haben neben den Worten, daran wir uns halten und zusammenkommen, doch also, daß dasselb Zeichen ein Sakrament sei, d.i. daß es äußerlich sei und doch geistlich Ding hab und bedeut, damit wir durch das Äußerliche in das Geistliche gezogen, das Äußerliche mit den Augen des Leibes, das Geistliche innerlich mit den Augen des Herzens begreifen« (M. Luther, Sermon vom Neuen Testament, das ist von der heiligen Messe [1520], EA[1] Bd. XXVII, 148).

mundum descibi in se - Die Seele will, daß die ganze Welt in ihr dargestellt wird.« Die unendliche Seele tangiert den Kosmos wie zur Deutung aller ihr zur Beseelung aufgetragenen leiblichen Prozesse, die auf eine Verwandlung und ein ewiges Ziel angelegt sind. So erkennt der Mensch, daß sein geschöpfliches Dasein durch äußerste Ballung aller kosmischen Fühlkräfte und in der Steigerung seiner schöpfungsgegebenen Anlagen auf ein unendliches, ihm aufgetragenes Ziel hin angelegt ist. Er erkennt, daß der Kosmos in der stufenförmigen Entfaltung seines innerirdischen Entstehungsprozesses auf unendliche Verwandlung in das überraumzeitliche Gefüge eines neuen Himmels und einer neuen Erde zielt.

Damit ergibt sich ein Vergleichsverhältnis: Der Kosmos treibt in die Vollendung des innerirdischen Zeitganges im Verweis auf seine endgültige Verwandlung, und der Mensch nimmt die Stufen kosmischer Verwandlung als Zeichen, die erkennen lassen, auf welche Vollendung er angelegt ist, wenn er sich in seinem Mangel horchend auf das ihn ergänzende Wort des Menschensohnes annimmt. Für die Entsprechung zwischen Schöpfung und Mensch, Makrokosmos und Mikrokosmos, gibt es eine einzige Erklärung, und das ist die Menschwerdung des Sohnes Gottes. Indem der Sohn, der Einziggeborene, durch den am Anfang der Zeit alle Dinge der Welt ins Leben gerufen wurden, zu einem vom Vater bestimmten Fixum im Ablauf des Zeitprozesses die Gestalt des Menschen annimmt, erhöht er in sich selbst den Menschen in eine universal-kosmische Dimension. Der den Bauplan der Welt in sich trägt und sie kraft väterlicher Bestimmung ins Leben gerufen hat, macht durch die Annahme der Gestalt des Menschen sichtbar, daß Weltprozeß und Menschheitsgeschichte Kulminationen eines einzigen Vorgangs sind, zwei Brennpunkte in der Ellipse des Zeitenablaufs, eingeschwiegen in den väterlichen Plan und eröffnet im Erscheinen, in der Epiphanie und Selbstmitteilung des Sohnes inmitten seiner Welt. Der ewige und menschgewordene Sohn, der durch sein Kommen das Baugesetz des Weltalls enthüllt, bezieht den Menschen, den er in sich annimmt, auf diesen Grundplan der Welt.

Ja, indem der Logos, der Schöpfer der Welt, selbst Mensch wird, bindet er den Menschen näher durch sich als durch die Schöpfung an den Bau des Kosmos. Der Mensch ist näher durch den Sohn als durch die Schöpfung auf das Baugesetz der Welt bezogen.

Doch es ist noch mehr zu sagen, denn eine solche Sicht hat Konsequenzen für das Verständnis des Lebens im Glauben. Das Gotteswort, das auf der Erde sichtbar wird, offenbart sich als das vollkommene Bild Gottes, so daß der Mensch, der auf den Sohn blickt, das Bild des Vaters schaut. Der Menschensohn bringt die Erde in die Erkenntnis, in ihm erscheint der Mensch als das vollkommenste Abbild und das Vorbild als das vollendete »Inn-Bild« (Konrad Weiß[398]) der ganzen Schöpfung. In der äußersten Nähe zum Menschen prägt der Menschensohn in ihm sein Bild aus, auf daß dieser es für immer in sich trägt. Als geistbegabtes Bild Gottes geschaffen (Gen 1,26), erkennt sich der Mensch als das Nachbild des Gottmenschen; er trägt den Abglanz Christi auf seinem Antlitz. Im Glauben an den Menschensohn erhält er den stärksten Impuls, mehr zu werden, als er jemals aus sich selbst zu werden vermag. Sein Leben darf eine Spiegelung des Inn-Bildes sein, das ihn christusförmig leben läßt: nicht bloß christussinnig, sondern christusverbunden. Die Christusfrömmigkeit wächst also nicht aufgrund der Befolgung eines allgemeinen Ideals, sondern in der lebendigen Beziehung des einzelnen zum Menschensohn als dem Inn-Bild seines Lebens.

Der Weg vom Alten zum Neuen Testament ist vermittelt, ohne daß die souveräne Persönlichkeit Christi aus einer Vorstufe ableitbar wird: »Die Vertikale: daß in der Stimme eines Menschen plötzlich die eigene Stimme Gottes hörbar wird und mitredet, ist die Vollendung aller Religion; die Horizontale aber, daß die Erfüllung der Verheißung entspricht, ist die Vollendung aller Kunst. Nur ist es so, daß der

---

[398] »Durch die Menschwerdung wurde das Vorbild zum Innbild, die Idee aus dem kosmischen Bild der Menschheit in das Wort der Einzelnatur gelegt.« Vgl. K. Weiß, Die eherne Schlange und andere kleine Prosa. Marbach 1990, 47.

Überschwang der Erfüllung, der Schock, das Umwerfende und Umkehrende der Tatsache, daß das Wort Fleisch geworden ist, *als* Überschwang mit der Verheißung zusammen noch immer eine *Form* bildet und deshalb auch die gottmenschliche Einheit als Form, ja als die Form aller Formen angesprochen werden muß.«[399] Es gibt keinen Glauben ohne die »Verleiblichung« des Geglaubten in die Formen und Kontexte menschlichen Lebens und Glaubens, wie sie gerade in den Künsten ihren unübertrefflichen Ausdruck findet.

In der neueren philosophischen Ästhetik geht es vor allem um die Frage nach der »Wahrheit« der Kunst. »Schönheit ist eine Weise, wie Wahrheit west«, heißt es bei Martin Heidegger. Er und sein Kritiker Theodor W. Adorno interpretieren die Kunst als einen ausgezeichneten oder sogar als den ausschließlichen Ort der »Offenbarung« von Wahrheit (Heidegger) und »Versöhnung« (Adorno). Während Ernst Bloch die Kunst als »Vor-Schein« des Kommenden auslegt, versteht sie der Philosoph Adorno als »das Versprechen des Glücks, das gebrochen wird«; er siedelt die Kunst »im Garten Gethsemane« an, weil die »Passion« ein zentrales Thema jeder Ästhetik darstellt. Der im Garten Gethsemane leidende Jesus von Nazareth ist kein »Kunstwerk« - weder eine klassische Statue des leidenden Menschen noch ein Werk atonaler Musik -, sondern ein konkreter Mensch aus Fleisch und Blut, der von den anderen verlassen wird und in die äußerste Zerreißprobe des Vertrauens und der Todesangst gerät. Der »Schönste unter den Menschenkindern« (vgl. Ps 45,3) hat eben »keine schöne und edle Gestalt« (vgl. Jes 53,2). So gehört die christliche Ästhetik, wie Erich Przywara betont, zwischen »Viehtrog« und »Kreuz-Galgen«.[400] Die grundsätzliche Frage an die Ästhetik lautet:

---

399 H.U. von Balthasar, Offenbarung und Schönheit, in: ders., Verbum caro, 100-134, hier 125.

400 E. Przywara, Schön, Sakral, Christlich, in: ders., Analogia entis. Einsiedeln 1962, 476. Für ihn bleibt als Weg heutiger christlich-sakraler Kunst nur der Regreß durch alle Stile in den apostolischen Stil der profanen Häuser und Tische.

»Zerbricht nicht das Ereignis der Kreuzigung Christi in radikaler Weise das Spiel der Kunst mit Gott?«[401] Das Evangelium Jesu Christi fordert von sich aus weder eine sakrale noch eine schöne Ästhetik, wie auch die Sakramente keine ästhetischen Größen darstellen, die im rein Sakralen oder Ästhetischen anzusiedeln sind.

Aufgabe einer theologischen Ästhetik wird es sein, Jesus als das »Ur-Sakrament« allen Heils darzustellen - nicht jedoch eines Stils oder einer Kunstperiode, sondern in der Gestalt eben eines an das Ende gebrachten Menschenlebens. Das Scheitern des Lebens Jesu in Leid und Tod führt nicht zu einer Ästhetik des »schönen Scheins« oder zu einer Poesie des Verstummens (vgl. S. Becketts »desecration of silence«), es wird eher zum Paradigma des »Bruchs« bzw. »Durchbruchs«. Auf einen am Kreuz Aufgehängten paßt kein ästhetisch schönes Kunstwerk und kein feierliches, konzertantes Hochamt. Der Transitus vom Kreuz zur Auferstehung erhält in den Sakramenten, besonders in der Feier der Eucharistie, eine unverwechselbare Prägnanz, denn in der ästhetischen Größe ihrer kunstvollen Feier hat sich die zerreißende Spannung des glanzvollen »resurrexit tertia die« und des dunklen »mortuus et sepultus« durchzuhalten. Gewiß, das Kreuz bedeutet die Infragestellung der Kunst[402], was aber der Kunst und den ihr eigenen vielfältigen Ausdrucksmöglichen keineswegs die Aufgabe bzw. Möglichkeit nimmt, »ein Mittel zum Lobpreis Gottes und seiner Erlösungstat am Menschen zu sein; ebensowenig, wie das Kreuz Christi der Natur die Schönheit genommen hat, ihren Schöpfer zu loben«[403].

---

401 E. Schlink, Zum theologischen Problem der Musik. Sammlung gemeinverständlicher Vorträge und Schriften aus dem Gebiet der Theologie und Religionsgeschichte. Tübingen 1945, 21.

402 Vgl. E. Schlink, Zum theologischen Problem der Musik. Tübingen 1950, 22.

403 R.H. Wallau, Die Musik in ihrer Gottesbeziehung. Zur theologischen Deutung der Musik, Gütersloh 1948, 79f.

Es bleibt die Frage, welchen Stellenwert die Kunst im sakramentalen Leben der Kirche hat bzw. ob es überhaupt im Raum der Kirche und ihrer liturgischen Feiern so etwas wie Kunst und Bilder geben kann und darf. Im Verlauf der christlichen Glaubensgeschichte stellte sich die Frage einer theologischen Ästhetik und der Berechtigung des Bildes - gerade auch im Rahmen der Liturgie - mit besonderer Heftigkeit während der Zeit des Ikonoklasmus. Die Frage nach der Berechtigung der Bilderverehrung war nicht nur für die Byzantiner, sondern auch bei den Franken von grundlegender Bedeutung für die endgültige Ausformulierung des Glaubens. Das Problem der Bilderverehrung, wie es sich in der Auseinandersetzung mit den Bilderstürmern stellt, rückte so sehr in den Mittelpunkt des Glaubenslebens, daß es schließlich nicht mehr nur um ein ästhetisches Problem ging, sondern um eine Grundauseinandersetzung im dogmatischen Glaubensverständnis und im Ringen um die grundsätzliche Berechtigung einer theologischen Ästhetik.[404]
Der Bilderstreit ist eines der entscheidenden Daten in der Entfaltung der Theologie des Bildes, denn er ist für die grundsätzliche Erfassung des christlichen Glaubens und seines Spezifikums im Unterschied zu allen anderen Religionen von unersetzbarer Bedeutung: »Betrachtet man die Geschichte des Bilderverbots im schnellen Überblick, scheint es sich wie mit einem System kommunizierender Röhren zu verhalten. Je konsequenter das Bilderverbot im engeren Sinn befolgt wird, um so größer ist die Gefahr einer Idolatrie des Wortes. Der bilderfeindliche Calvinismus, der Pharisäismus, der Jesus von Nazareth bekämpft, und der fundamentalistische Islam sind Beispiele.«[405]
Jede Erneuerung im Glauben vollzieht sich immer auch im Rahmen einer Neubesinnung auf die Notwendigkeit einer theologischen Ästhetik.

---

404 J. Ratzinger, Theologische Probleme der Kirchenmusik. Stuttgart o.J., 9.

405 E. Nordhofen, Der Engel der Bestreitung. Über das Verhältnis von Kunst und negativer Theologie, Würzburg 1993, 28.

Die Ablehnung des Ikonoklasmus führte zur Ausformulierung einer theologischen »Ästhetik«, mit der eine wichtige Antwort auf den Platonismus gegeben wurde. Das Konzept des platonischen Wahrheitsweges bringt eine Zweiteilung des Seienden. Auf der einen Seite steht die Welt des Geistigen, des Göttlichen, der Ideen, und auf der anderen Seite die Dingwelt. In diese Spannung ist der Mensch eingeordnet, indem er mit seinem Körper in der Dingwelt lebt, durch seinen Geist und seine Seele aber Anteil am Göttlich-Geistigen hat. Das Geistige ist das Unsinnliche und die »Welt« das Sinnliche, wobei das Sinnliche dem Sehen und das Geistige dem Denken zugeordnet wird. Da es ein ontisch-ethisches Gefälle gibt und das Geistige wirklicher und besser ist als die Scheinwelt der Dinge, kann es nur das Ziel menschlichen Lebens sein, sich auf das Geistige zu richten.

Einer solchen Zweiteilung des Seienden steht die christliche Ästhetik gegenüber, und zwar nicht bloß als philosophisch-systematisches Gebilde, sondern vor allem in der kirchlichen Feier der Sakramente. Sie sind kein kunstgewordenes Frühjudentum; sie stellen vielmehr die neuen Kristallisationspunkte des christlichen Glaubens in all seinen ästhetischen Dimensionen (Sprache, Architektur, Malerei und Musik, um nur diese zu nennen) dar. Mit Recht spricht Romano Guardini von einer gewaltigen Einheit, »in die der Schöpfer-Künstler, der Heilige Geist, Lebenswirklichkeit und Kunstgestalt emporgetürmt hat«, aber derart, daß mit einem bloß ästhetischen Genuß des Bildes bzw. der Liturgie auch ihr Ende angebrochen ist.[406] Theologische (und das heißt zunächst: sakramentale) Ästhetik bedeutet insofern eine Herausforderung für das konkrete Leben im Glauben, als das, was in den Sakramenten gefeiert wird, ins Leben übersetzt und transformiert werden will.

Ein weiteres Konstitutivum der theologischen »Ästhetik« besteht darin, daß es in ihr um eine »Wahrnehmung« im vollen Sinn des Wortes

---

[406] R. Guardini, Vom Geist der Liturgie, 110.

geht: Wahrnehmung aus der Ermächtigung der Sinne. Durch die Ankunft des Menschensohnes in der Welt erhält der Mensch eine neue Gegenwärtigkeit: »Wir müssen das eingeborene Wort Gottes in der Zeit suchen und finden«, so schreibt Konrad Weiß in seinen Briefen.[407] Leben im Glauben heißt Aufbruch zum kreatürlichen Menschsein, um im eigenen Dasein alles in das Maß des Menschensohnes zu stellen. Wilhelm Nyssen führt hierzu aus: »Die Hinkehr zu diesem Geschehen bedeutet nicht nur Annahme im Geiste, sondern Bereitschaft, alle eigenen Lebensstufen auf dieses einzige und doch unerreichbare Ereignis hin zu lenken, als sei dies allein und zuerst die Quelle des Brotes, des Trankes und des Lebens. Die Form der Hinkehr ist nicht die der Anmutung, sondern die der Komparation: ich weiß mich durch meinen eigenen Schöpfungssinn in Vergleich gesetzt zu einem Geschehen, das den Grund dieser Schöpfung verwandelt hat und überragt. Alle Stufen meines Daseins wollen fortan in allen nur möglichen Variationen dieses Ereignis spiegeln. Nur in solcher Farbigkeit vielfältiger Bezeugung bleibt dieses Ereignis unter Menschen erfahrbar. Der Mensch wird von neuem bis in sein Irdischstes hinein zum Zeugen des Menschensohnes ... Nicht ein ethischer Impuls beflügelt ein selbstherrliches Können, sondern aus meinem Ursinn bin ich bereit, dem Strahl, der mich traf, durch die Nacht, d.h. gegen alle vordergründige Vergleichbarkeiten zu folgen. Dieser Strahl ist aber auch das Maß eines Menschen, das reine Bild, das vor mir aufleuchtet und mir Gewißheit zu meiner eigenen kühnsten Verwirklichung gibt, weil ich mich nur in ihm als geborgen erkenne. Hier zeigt sich, daß nach wie vor Erneuerung im Sinne des Glaubens nur verbunden sein kann mit einem Neuwerden der eigenen Lebenswirklichkeit in Hinsicht auf die einzige 'angulative Mitte' der Welt und des Weltalls, auf das Ereignis der Menschwerdung Gottes.«[408]

---

407 W. Nyssen, Drei Säulen tragen die Kuppel: Jerusalem - Rom - Byzanz. Köln 1989, 383.

408 W. Nyssen, Die Erneuerung der westlichen Welt aus dem Geist der Väter. Mainz 1979, 18f.

Die Heimkehr der Erde in die Universalität des Sohnes findet ihren konkreten Ausdruck in den Werken der Kunst, Literatur und Musik als erdhafter Entsprechung und Dienst an der Schöpfung. Der Mensch leistet diesen Dienst dadurch, daß er die der Schöpfung ureigene Sprache zurückgewinnt und sie darstellt, sei es in der Theologie und Liturgie des Bildes, in der Gestaltung des Lichtes und des Raumes oder eben auch in den Vertonungen der Musik.
Theologische »Ästhetik« verweist auf die Urform gläubiger Existenz, nämlich die Wachheit des Geistes in den Sinnen. Hierzu heißt es unter Berufung auf Bonaventura: »Der Menschensohn hat durch sein Kommen das menschliche Prinzip der Setzung, das Systemdenken des sich frei wissenden Geistes auf das kühnste überboten in das Prinzip des Empfangens, in das gierige, weil hungrige Ausstrecken der Fühler der Sinne, in das jubelnde Erkennen der Spuren des Menschensohnes in Erde und Geschichte durch das vom Sohn verwundete geist-leibliche menschliche Herz. Das Prinzip der Setzung führt zuletzt zur Blindheit, das Prinzip des Empfangens führt in die unendliche Weite, in die Steigerung des menschlichen Geistes weit über das hinaus, was er aus sich selbst kann, in die durch nichts zu stillende Sehnsucht, den Menschensohn als die Fülle und die Nähe zu schauen.«[409] Die Sehnsucht der Sinne wird zum Bildstoff kreatürlicher Menschwerdung.
Ohne den Leib und seine Sinne gibt es, wie schon dargelegt, keinen Glauben. Das Kommen des Menschensohnes hat das irdische Dasein des Menschen unzerstörbar und lichthaft durchflutet, so daß alles in ihm verwandelt ist und schon jetzt das Künftige erahnen läßt. Durch sein Kommen erhält der Mensch in seiner leiblichen und sinnenhaften Wirklichkeit für immer eine neue Qualität. Damit der Mensch wieder alle Dinge der Erde als Ikone Gottes erkennt, heilt Christus vor dem Heimgang zum Vater die kranken Sinne des Menschen, den

---

[409] W. Nyssen, Irdisch hab' ich dich gewollt. Beiträge zur Denk- und Bildform der christlichen Frühe, Trier 1982, 185.

Blinden, den Lahmen, den Tauben, den Stummen, und stellt die Gesamtheit des menschlichen Mangels wieder her, »auf daß der Geheilte wie jeder seiner Sinne Mächtige aus innerem Erkennen und aus der Klarheit seines kreatürlichen Urteils Ja sagen kann zu Jesus ... Die Wunder Christi zeigen, daß der Mensch durch ihn in die Ganzheit des menschlichen Mangels zurückgegeben wird. Mangel bedeutet hier die sinnenhafte Urbegrenzung des Menschen in seine Raumzeitlichkeit. Erst der in seinem Mangel ganze Mensch, der Mensch aus der Einheit von Schauen, Hören, Riechen, Tasten und Schmecken kann urteilen, antworten, Ja sagen.«[410] An diesem »ästhetischen« Unterscheidungskriterium, das zum Spezifikum des christlichen Glaubens gehört, ist alles in der kirchlichen Kunst zu messen: Sie ist nie nur »Darstellung«, sondern immer »Gleichnis«, nie nur »Bild«, sondern auch »Ikone«, nie nur »Musik«, sondern zugleich auch »Lobgesang«, wie er in der Liturgie seinen vollkommenen Ausdruck findet.

Der Widerschein dieser »theologischen Ästhetik« findet sich im »Übermaß göttlicher Schönheit«, das den Menschen aus allen verrechnenden und verrechneten Maßen befreit. Die Schönheit Gottes, welche die Jünger auf dem verklärten Angesicht des Herrn schauen, zeigt sich aber auch im zerschundenen und leidvollen Antlitz des Menschensohnes. Er ist selbst in seiner vollkommenen Opferhingabe »schön«. Fern von jeder rein ästhetischen Vollkommenheit behält Gottes Schönheit am Kreuz eine »Spur wie Wunde« (Konrad Weiß), sonst ließe sie sich in der Liturgie nicht so festlich feiern. Deshalb ist noch genauer zu fragen, was mit dem Begriff der Schönheit Gottes gemeint ist.

Gott ist schön, und diese seine Schönheit teilt er seiner Schöpfung mit. So heißt es im Hexaëmeron, daß Gott jedes seiner Werke »schön« geschaffen hat. Das Verb »schaffen« ist nach dem Modus der Vergangenheit konjugiert: die Welt ist geschaffen worden, sie ist ge-

---

[410] Ebd., 276f.

schaffen und wird bis zu ihrer Vollendung geschaffen sein; von dem so Geschaffenen sagt der griechische Text, daß es καλόν (»schön«) ist, nicht ἀγαθέν (»gut«), während der hebräische Ausdruck beides in einem bedeutet.[411] Da die Schöpfung in allen ihren Dimensionen an der Schönheit Gottes teil hat, sagt Dionysios, der Pseudo-Areopagite, daß auch der Mensch nach dem ewigen Modell, dem Archetyp der Schönheit, geschaffen ist[412], um an Gottes eigener Schönheit Anteil zu empfangen. Was immer der Mensch in der Schöpfung vorfindet oder was er selbst denkt und vollzieht, findet seinen Sinn darin, daß es die göttliche Schönheit darstellt. Auf welche Weise findet die Schönheit Gottes ihren Ausdruck im menschlichen Leben?

Die Antwort wird im Markusevangelium (14,3-11) dargelegt[413]: »Und als Jesus in Bethanien im Hause Simons des Aussätzigen war, als er zu Tisch lag, kam eine Frau, die eine Alabasterflasche Salböls von echter, sehr kostbarer Narde hatte. Sie zerbrach die Alabasterflasche und goß sie aus über sein Haupt. Es waren einige, die ihren Unwillen zueinander äußerten: Wozu ist diese Vergeudung des Salböls geschehen? Es hätte ja dieses Salböl um mehr als dreihundert Denare verkauft und den Armen gegeben werden können. Und sie fuhren sie an. Aber Jesus sagte: Laßt sie. Warum bereitet ihr ihr Verlegenheiten? Eine schöne Tat hat sie an mir getan. Denn die Armen habt ihr allezeit bei euch. Und wenn ihr wollt, könnt ihr ihnen wohltun. Mich aber habt ihr nicht allezeit. Was sie konnte, hat sie getan. Sie hat vorweggenommen, meinen Leib für das Begräbnis zu salben. Und wahrlich, ich sage euch: Wo die Frohe Botschaft verkündet wird in der ganzen Welt, wird auch, was diese getan hat, erzählt werden zur Erinnerung an sie. Und Judas Iskariot, einer der Zwölf, ging hin zu

---

[411] Maximus Confessor, Myst. 23 (PG 91,701).

[412] Ps.-Dionysios, Kirchenordnung III,7.11.

[413] Vgl. zum folgenden auch den Vortrag von Paul Deselaers, Wenn nicht »nützlich« - dann nicht gefragt? Erwägungen zum Priestersein/Diakonsein als notwendendem Zeugnis von der »Schönheit Gottes«, herausgegeben vom Ordinariat Osnabrück 1997.

den Hohenpriestern, damit er ihn an sie verrate. Sie aber, als sie das hörten, freuten sich und versprachen, ihm Geld zu geben. Und er suchte, wie er ihn bei günstiger Gelegenheit verrate.«

War es im Orient Brauch, dem Gast *vor* der Mahlzeit eine Salbung (vor allem der Füße) anzubieten, so geschieht diese hier - auf ungewöhnliche Weise - *während* der Mahlzeit. Ein paar Tropfen hätten genügt, doch diese Frau schüttet den ganzen Inhalt des Nardengefäßes auf das Haupt Jesu. Ein Wert von 300 Denaren, was dem Jahresverdienst eines Arbeiters entspricht. Was die Frau an ihm tut, ist eine »schöne« Tat, wie es im griechischen Text heißt, denn in ihr strahlt jene Schönheit auf, die Gott selbst eigen ist.

Gott offenbart sich mit seiner Schönheit im Leben Jesu. Er ist der »gute Hirt« (Joh 10,11), wiederum wörtlich übersetzt der »schöne Hirt«, der sein Leben hingibt für die Seinen. Aufgrund seiner Schönheit empfängt der Herr ein Pfund Nardenöl, dessen Duft das ganze Haus erfüllt (Joh 12,3). Gegenüber dem Vorwand der Not der Armen antwortet Jesus: »Laß sie gewähren!« (Joh 12,7). »Was in den Augen der Menschen als Verschwendung erscheinen mag, ist für den in seinem innersten Herzen von der Schönheit und der Güte des Herrn angezogenen Menschen eine klare Antwort der Liebe und eine überschwengliche Dankbarkeit dafür, auf ganz besondere Weise zum Kennenlernen des Sohnes und zur Teilhabe an seiner göttlichen Sendung in der Welt zugelassen worden zu sein.«[414] Nicht anders soll es auch bei denen sein, die ihm nachfolgen und dienen. Deshalb weist der Apostel darauf hin: »Ein schöner Diakon Christi Jesu wirst du sein, dich nährend mit den Worten des Glaubens und der schönen Lehre, der du nachgefolgt bist« (1 Tim 4,6); ebenfalls heißt es 1 Petr 4,10: »Dient als schöne Haushalter der bunten Gnade Gottes.« Ein Text aus der byzantinischen Liturgie lautet: »So salbt die Frau den Bräutigam ihres Herzens und bekennt darin: Du, mein Geliebter,

---

[414] Papst Johannes Paul II, Vita consecrata (25. März 1996), Art. 104.

bist ganz schön.«

An die Stelle der »Zweckdienlichkeit« setzt Jesus das »Übermaß an Unentgeltlichkeit«[415]. Gewiß, Gott will Barmherzigkeit, nicht Opfer, doch gilt auch hier der Primat des Logos vor dem Ethos, der »Ästhetik« vor der Ethik. Wer um die Schönheit des Schöpfers weiß, ist in die Schönheit seiner Geschöpfe eingeweiht und läßt sich in ihren Dienst nehmen: »Die Armen habt ihr allezeit bei euch. Und wenn ihr wollt, könnt ihr ihnen wohltun.« Nicht Judas Iskariot, sondern jene Frau, die einfach im Übermaß schenkt und verschwendet, erweist sich als die wahre Jüngerin des Herrn, dem Gebot der Stunde gehorchend. In ihrer Verschwendung bezeugt sie, daß Gott »alleine groß und schön ist, unmöglich auszuloben«[416]: Gott handelt nämlich gut, recht und billig, doch immer aus dem Übermaß seiner Liebe und Menschenfreundlichkeit. So vollzieht die Frau nach, was Gott den Menschen zuteil werden läßt: Ohne zu rechnen, kommt er in seiner verschwenderischen Liebe und Schönheit der Welt zuvor. Von der unbegrenzten Liebe Gottes, mit der er dem Menschen immer schon zuvorgekommen ist, heißt es in der frühchristlichen Deutung des Psalmes 45, der zum Leitwort der Quadragesima wurde: »Vergiß deine Heimat und deinen Schmutz, denn dein König verlangt nach deiner Schönheit.«

Die Priorität der Schönheit Gottes, an welcher der Mensch in Christus Anteil erhält, hat verschiedene Konsequenzen für die Ausgestaltung des christlichen Lebens. Die Schönheit des Irdischen, die ein Vorausbild der Schönheit des Kommenden (Apk 21) ist[417], liegt jenseits alles technisch Herstellbaren, Beherrschbaren und Planbaren. Das Schöne ist im letzten nicht machbar, auch nicht durch Kunst

---

415 Ebd.

416 Vgl. Paul Gerhardt, Geistliche Lieder (= Reclam 1741). Stuttgart 1991, 45.

417 Hierzu H.R. Schlette, Der Christ und die Erfahrung des Schönen, in: J.B. Metz, Weltverständnis im Glauben. Mainz 1965, 80-101.

und Kunstfertigkeit: »Die irdenen Gefäße können schön sein, obwohl der Schatz, den sie tragen, immer das Schönere ist.«[418] Die göttliche Schönheit ist grenzenlos, deshalb kann sie nur mit dem Übermaß des Unentgeltlichen beantwortet werden. Dieses Maß, das jenseits alles Meßbaren liegt, gilt in gleicher Weise für den Menschen und sein Leben, insbesondere für die konkrete Ausgestaltung des geistlichen Lebens und der evangelischen Räte.[419] Nicht anders die Zeichen des Gebets, des Gottesdienstes und der Sakramente: sie wollen nicht einer äußeren, Gott gebührenden Pflicht (»cultus debitus«) entsprechen, sondern Ausdruck dessen sein, daß der Mensch in der Liturgie und in seinem alltäglichen Leben die Überfülle der göttlichen Schönheit, an der er selbst Anteil erhielt, »im unentgeltlichen Übermaß« darstellen darf.

Rückblickend zeigt sich, daß in einer theologischen Ästhetik, die vor allem in der Sakramententheologie und der Eucharistielehre grundgelegt ist, immer Implikationen enthalten sind, die für den Theologen in seinen dogmatischen Überlegungen zu einer Herausforderung werden, den inkarnatorischen, soteriologischen wie auch bildtheologischen Grundaussagen der sakramentalen Feier gerecht zu werden und sie zum Ausgangspunkt für das eigene theologische Denken zu machen. Nachdem nun die grundlegenden Aussagen und Vollzüge der Liturgie im einzelnen bedacht wurden, soll es im folgenden um verschiedene aktuelle Fragestellungen gehen, um sie auf dem Hintergrund der bisherigen Überlegungen zu beantworten. Weil der Eucharistie eine unüberbietbar zentrale Bedeutung im Leben der Kirche zukommt, führte die Besinnung auf die Eucharistie beim letzten Konzil zu einer radikalen Erneuerung des kirchlichen Lebens und der liturgischen Praxis, der wir uns in teils kritischer Auseinandersetzung zuwenden wollen.

---

418 Ebd., 97.

419 Vgl. hierzu M. Schneider, Leben aus der Fülle des Heiligen Geistes. Standortbestimmung Spiritualität heute, St. Ottilien 1997, 26-33.

VII. VERORTUNG

Das Christentum ist, wie sich zeigte, in einem ganz spezifischen Sinn eine »liturgische Religion«. Die Kirche ist zuerst und vor allem anderen eine Gottesdienst begehende Gemeinschaft, nicht zeitlos enthoben, sondern mitten in der Zeit mit all ihren Krisen, Neuorientierungen, Brüchen und Wandlungen. Darin liegt für die Kirche eine ständige Herausforderung zum »aggiornamento«.

1. Semper reformanda?

Ziel der Liturgiereform war, »daß die Christen diesem Geheimnis des Glaubens nicht wie Außenstehende und stumme Zuschauer beiwohnen; sie sollen vielmehr durch die Riten und Gebete dieses Mysterium wohl verstehen lernen und so die heilige Handlung bewußt, fromm und tätig mitfeiern, sich durch das Wort Gottes formen lassen, am Tisch des Herrenleibes Stärkung finden«[420].

Die Liturgiereform wurde eingeleitet durch die Liturgiekonstitution, die nach einem Wort von Otto Hermann Pesch als das »sichtbarste und dauerhafteste Reformwerk des Konzils«[421] angesehen werden darf. Die Konstitution »Sacrosanctum concilium« bestimmte - in theologischer wie auch pastoraler Hinsicht - alle weiteren Debatten und Konstitutionen des Konzils, vor allem die Kirchenkonstitution »Lumen Gentium« und die Pastoralkonstitution »Gaudium et Spes«. Angelus Häußling geht noch einen Schritt weiter als Pesch. Die Liturgiekonstitution ist für ihn ein Dokument, »das in der Kirchengeschichte bisher ohne Vergleich ist«; sie gibt »die Korrektur rund eines Jahrtausends Frömmigkeits- und Liturgiegeschichte der abend-

---

420 SC 48.

421 O.H. Pesch, Das Zweite Vatikanische Konzil (1962-1965). Vorgeschichte - Verlauf - Ergebnisse. Nachgeschichte, Würzburg 1993, 105.

ländischen Christenheit«[422]. Nach Häußling hat das Konzil der Kirche die Aufgabe gestellt, auch künftig auf die Paradigmenwechsel der Geschichte zu reagieren. »Das Konzil hat damit der Kirche 'Liturgiereform', wie es sie verstand, ungeachtet der nicht absehbaren Schwierigkeiten als eine bleibende, niemals mehr abgeschlossene Aufgabe aufgetragen. Es scheint - vorausgesetzt, die Kirche bleibt dem Konzil treu -, als seien die bisherigen Liturgiereformen nur ein Vorspiel gewesen.«[423] Die »kopernikanische Wende« im Liturgieverständnis besteht nach Häußling in der »aktiven Teilnahme« (participatio actuosa) aller Gläubigen als »liturgieprüfendem Kriterium«; sie bedeute eine »anthropologische Wende«, nämlich die Zuwendung zum Menschen als dem Subjekt der Liturgie. Weil »die nordatlantische Gesellschaft« faktisch in einer atheistischen Umwelt lebt, meint Häußling, daß der Gottesdienst für den Menschen von heute eine »kulturelle Verhaltensanomalie« darstellt; um den Menschen nicht ständig religiös und liturgisch zu überfordern, müßte die Liturgie »um des Subjekts der Liturgie selbst willen« reduziert werden.[424] Ist damit ein neues Prinzip angezeigt: neben der »ecclesia semper reformanda« auch eine »liturgia semper reformanda«?

Damit das von Häußling aufgestellte Prinzip »semper reformanda« nicht zu einer offenkundigen Beliebigkeit und Oberflächlichkeit führt, bleibt zu fragen, wie sich Tradition und Reform der Liturgie und in der Liturgie zueinander verhalten und auf welche Weise die Kirche die Feier ihrer Liturgie zu reformieren hat. Wie ist »semper reformanda« genauer zu verstehen? Kann die Kirche »nach Belieben« über die Liturgie verfügen? Auf welche Weise und wie oft ist eine

---

[422] A. Häußling, Nachkonziliare Paradigmenwechsel und das Schicksal der Liturgiereform, in: ThG 32 (1989) 243-254.

[423] A. Häußling, Liturgiereform. Materialien zu einem neuen Thema der Liturgiewissenschaft, in: ALw 31 (1989) 1-32, hier 30.

[424] A. Häußling, Liturgiewissenschaftliche Aufgabenfelder vor uns, in: LJ 38 (1988) 94-108, hier 104.

Liturgie zu »erneuern«? Nach welchen Kriterien hat eine solche Erneuerung der Liturgie vorzugehen?

Die frühe Kirche, wie sie in der östlichen Tradition bis heute weiterlebt, sieht die einzigartige Bedeutung der Liturgie darin, daß sie selbst Offenbarungscharakter hat, und zwar als mündliche Überlieferung, die uns ungeschrieben im liturgischen Leben und Brauchtum überkommen ist. Weil die Liturgie eine »geheimnisvolle Überlieferung« darstellt, warnte damals Patriarch Athenagoras von Konstantinopel den römischen Papst vor einer vorschnellen Liturgiereform. Jede wesentliche Veränderung in der Liturgie kommt an der Frage nach dem Verbindlichkeitscharakter der christlichen Offenbarung und kirchlichen Tradition nicht vorbei. Die Liturgie ist nicht etwas, über das die Kirche - in freier Anpassung - verfügt. Vielmehr erhebt die Feier der Liturgie, weil sie das unverwechselbare Mysterium des Glaubens begeht, den Anspruch auf eine letzte Verbindlichkeit, in Offenheit für eine je neue Vertiefung, um für jede Zeit und Kultur lebendig zu bleiben; so kann die Kirche, um die ihr aufgetragene Lebendigkeit zu bewahren, die Liturgie nicht »museal« und traditionalistisch begehen. Dieses doppelseitige Prinzip der Lebendigkeit in der Kirche betont Papst Johannes Paul II., wenn er eigens zu bedenken gibt, daß jede Reform der Liturgie schließlich eine Reform der Kirche nach sich zieht: »Es besteht in der Tat eine sehr enge und organische Verbindung zwischen der Erneuerung der Liturgie und der Erneuerung des ganzen Lebens der Kirche.«[425] Jede Erneuerung der Liturgie bedingt eine Reform der Kirche, und jede Erneuerung der Kirche findet ihren Niederschlag in einer erneuerten Liturgie.

---

425 Johannes Paul II., Vicesimus Quintus Annus, Nr. 2 u. 4.

2. Sonntagsruhe

Für die Schöpfungslehre, wie sie die Heilige Schrift entwirft, ist nicht der kausale Begründungszusammenhang entscheidend, sondern das innerste Geheimnis der Schöpfung, nämlich die Einwohnung Gottes, wie sie in der Ruhe des Schöpfers in seiner Schöpfung zum Ausdruck kommt (Gen 2,3). Alle Dinge hat Gott im Dual geschaffen, betont eine jüdische Weisheit: Tag und Nacht, Himmel und Erde, Licht und Finsternis, Mann und Frau und anderes mehr, nur der Sabbat steht einsam da. Am Sabbat wird kein Lebewesen, sondern eine Zeit gesegnet: der siebte Tag. Er ist ein ungerader Tag, da er auf das ganze »Sechstagewerk« bezogen ist. Die Segnung des siebten Tages macht ihn zum Segen aller Schöpfungstage.[426] Aber der Sabbatsegen kommt aus keinem Tun Gottes, sondern durch sein Dasein. Die Segnung des Sabbats unterscheidet sich von der Segnung der geschaffenen Lebewesen, denn Gott segnet ihn durch seine Ruhe, nicht durch eine Tätigkeit. In der ruhenden und darin unmittelbaren Präsenz Gottes finden alle Geschöpfe ihren tragenden Grund und ihre Bleibe. Durch das Fest des »siebten Tages« erfährt Israel in der ruhenden Präsenz Gottes den Segen der ganzen Schöpfung, der allen Dingen Bestand gibt.

Diese Sicht der Schöpfung und des Sabbats hat ihre Konsequenzen für die Stellung des Menschen im Kosmos. Der Sinn der Welt ist nicht mit dem Menschen gegeben. Auch ist die Kosmogenese nicht an den Menschen gebunden, vielmehr bleibt sein Schicksal an die Kosmogenese verbunden. Der Sinn des Menschen wie auch aller »Dinge« liegt allein in Gott selbst. Die anthropozentrische Weltanschauung, nach der Himmel und Erde um des Menschen willen geschaffen sind und der Mensch »die Krone der Schöpfung« ist, wird zwar von ihren Vertretern wie von ihren Kritikern als »biblische Tradition« ausgegeben. Sie ist aber - im dargelegten Sinn - unbiblisch,

---

[426] C. Westermann, Genesis. Biblischer Kommentar Altes Testament, Neukirchen 1974, 230ff.

denn nach der biblischen, jüdischen und christlichen Überlieferung hat Gott den Kosmos einzig um seiner Herrlichkeit willen geschaffen. In der Schöpfungsordnung nimmt der Mensch, nach Gottes Ebenbild geschaffen, zwar eine Sonderstellung ein, aber auch ohne den Menschen rühmen die Himmel des Ewigen Ehre. Er ist zwar das am höchsten entwickelte Lebewesen, das wir kennen, aber als die »Krone der Schöpfung« gilt einzig der Sabbat Gottes, der in seiner Schöpfung gegenwärtig ist. Der tiefste Sinn menschlichen Daseins liegt in der Teilnahme am Lobgesang der Schöpfung Gottes, der in seiner Schöpfung ruht und mit der Fülle seines Segens in ihr gegenwärtig ist.

Gott hat den Sabbat geheiligt, indem er an ihm von allen seinen Werken ruht, die er geschaffen und gemacht hat. Hier fällt zum ersten Mal in den biblischen Traditionen das Wort »heiligen«, das so viel heißt wie: auserwählen, für sich ausgrenzen, zu seinem Eigentum und unantastbar erklären. Bezeichnenderweise wird dieses Wort nicht auf ein Geschöpf, auch nicht auf einen Schöpfungsraum angewendet, sondern auf eine Zeit, nämlich den siebten Tag, der allen Geschöpfen zugute kommt, also universal ist.

Universal aber im endzeitlichen Sinn! Wenn »alle Lande seiner Ehre voll sind« (Jes 6,3) und Gott »alles in allem« sein wird (1 Kor 15,28), da er nun für immer seiner ganzen Schöpfung »einwohnt« (Offb 21,3), dann sind Schöpfung und Offenbarung tatsächlich eins. Gott ist fortan in der ganzen Schöpfung offenbar, in ihr leuchtet seine Herrlichkeit auf: Das ist die erlöste Welt. Der Hebräerbrief versteht die Sabbatruhe Gottes als Vorbild für die Erlösung, die er als ein »Kommen zu Seiner Ruhe« beschreibt: »Es ist noch eine Ruhe vorhanden dem Volke Gottes, denn wer zu seiner Ruhe kommt, der ruht auch von seinen Werken gleichwie Gott von seinen« (Hebr 4,9-10).

Gottes Reich, das Jesus verkündigt, bricht mitten in der Zeit an und macht das ganze Leben des Menschen zu einem Sabbatfest. Die altkirchliche Bezeichnung des Auferstehungsfestes als des »achten

Tages« verweist den christlichen Sonntag auf den Sabbat Israels und empfiehlt Israel den Ausblick auf jenen - der Zählung nach zwar unmöglichen - Tag der neuen Schöpfung. Dieser beginnt nach christlicher Auffassung mit der Auferweckung Christi von den Toten. Die »neue Schöpfung« ist die Welt der Totenauferstehung.
Läßt der Sabbat Israels auf die Schöpfungswerke Gottes und die eigene Wochenarbeit der Menschen zurückschauen, blickt das christliche Fest der Auferstehung nach vorn in die Zukunft einer neuen Schöpfung. Gibt der Sabbat Israel Anteil an der Ruhe Gottes, so läßt das christliche Auferstehungsfest an der Neuschöpfung der Welt teilhaben. Deshalb wird der Tag des Auferstehungsfestes von der Kirche als der »erste Tag« der Woche gezählt. Jede Woche wird so in die Vision der neuen Schöpfung gestellt und mit der Hoffnung auf die Auferstehung und das ewige Leben begonnen.
Teilhard de Chardin nimmt aus dem Kolosserbrief die Vision des kosmischen Christus auf, um die Einseitigkeit des kirchlichen »Christus redemptor« durch den universalen Schöpfungsvollender zu ergänzen, den er »Christus evolutor« nennt. Für Teilhard fallen Heilsgeschichte und Evolution des Lebens insofern zusammen, als er unter »Inkarnation« jenen Prozeß versteht, der nicht nur den einmaligen historischen Lebensweg Jesu von Nazareth umfaßt, sondern die »Christifikation« des ganzen Kosmos. Mit Christus beginnt die Divinisation der ganzen Menschheit und durch sie die Vergöttlichung des Kosmos. Im kosmischen Christus konvergiert die Menschwerdung des Universums mit der Menschwerdung Gottes.
Eine solche kosmische und universale Sicht der Sabbatfeier und des Sonntags müßte in der Praxis gläubigen Lebens seinen Ausdruck finden. Es wäre sinnvoll, den »Sonnabend« vor dem »Sonntag« in eine Sabbatstille einmünden zu lassen. Die Andachten am Abend des Sonnabends, die in vielen Gemeinden gefeiert und von vielen Christen gern besucht werden, haben etwas von der Ruhe des Sabbats Israels in sich: Nach der Arbeit der Woche kommt der Mensch zur Ruhe in der Gegenwart Gottes und erfährt an diesem Sonn-Abend

etwas vom göttlichen »Vollenden« der Schöpfung, während der Gottesdienst am Sonntagmorgen die Auferstehung Jesu Christi und das Heil der neuen Schöpfung begeht.

Durch die Feier der Eucharistie erscheint nicht nur das Leben selbst in einem neuen und anderen Licht, sondern die Zeit und ihre Erfahrung werden »verwandelt« und erhalten durch Jesus einen neuen inneren Sinn. Dies wird zunächst und vor allem in der Feier des Sonntags sichtbar, wie der Exeget Norbert Lohfink[427] in seinen Überlegungen zum Sabbat herausstellt. In sechs Tagen hat Gott das Werk der Schöpfung vollbracht, doch am siebten Tag hat er nicht geschaffen, sondern geruht und tief geatmet (Gen 2,3f.; Ex 31,17). Das Werk der Befreiung seines Volkes aus Ägypten wurde von Gott dadurch vollendet, daß er Israel in sein Land führt, dem er den Ehrennamen »die Ruhe« gibt (Dtn 12,9). So schenkt er seinem Volk den Rhythmus von sechs Werk-Tagen und einem siebten Tag der Ruhe und des Ausruhens, damit in seiner immer wiederkehrenden Erfahrung auf die sechs Tage der Gestaltung der Welt und des Miterlebens des Wirkens Gottes in der eigenen Geschichte ein Tag der Ruhe folgt, an dem Israel Anteil erhält an Gottes Ruhe und Gottes Freiheit genießen kann (Ex 20,11 und Dtn 5,12-15).[428]

Wer Gott in allen Dingen seines Lebens sucht, wird in der Feier des Sonntags eine andere Zeitauffassung leben, als sie heute üblich ist. Für die heutige Gesellschaft wird der Sonntag (das Wochenende) immer mehr zum Ort eigentlicher Kreativität. Für die meisten ist die Zeit der Berufsarbeit gerade nicht kreativ, sondern sie leben auf die »freie« Zeit hin, in der sie wirken und vor allem auch sinnvoll sich

---

[427] Vgl. zum folgenden N. Lohfink, Wie gehen wir mit unserem Sonntag um? (Vortrag auf dem Provinzsymposion der Norddeutschen Provinz SJ in Frankfurt/M., St. Georgen, am 24.-27. September 1985) (Privatdruck).

[428] Durch die Feier des Sabbats unterschied sich Israel von den anderen Völkern. In Mesopotamien gab es viele Feste und Tabutage, aber es gab keine dem Sabbat entspechende rhythmische Arbeitsruhe. Der Sabbat der Juden machte sichtbar, daß sie anders waren, und provozierte die Frage nach dem Warum.

einsetzen können: für Familie, Haus und Garten. Endlich können sie wirklich arbeiten! Ganz anders muß hier das biblische Verständnis eines freien Tages empfunden werden, an dem Gott nach wahrlich sechs kreativen Tagen seine Kreativität einstellt, ausruht und nur noch atmet. Diese göttliche »Ruhe« empfängt, wer sich in der Eucharistie der göttlichen Gelassenheit übergibt und im Alltag sich in sie hineinnehmen läßt.

Es läßt sich aber noch ein weiterer Aspekt aus der Theologie des Sabbats herleiten. Nach biblischem Verständnis sind Sabbat und Sonntag nicht speziell eine Zeit der Gottesbegegnung in der Einsamkeit der Wüste. Während Israel an seinen großen Festtagen die gewohnte Umgebung verlassen und sich auf Wallfahrt begeben hat - nicht allein, sondern gemeinsam -, so wurde der Sabbat jedoch gerade dort gefeiert, wo man selbst wohnt, und zwar gemeinsam mit denen, die mit einem zusammenwohnen. Zudem fand er nicht als eine Zeit des Schweigens statt, sondern in Gesellschaft. Die Gemeinschaft vollzog sich nicht in Form von Familienbesuchen und gemeinsamen Spaziergängen, sondern in der Form der »heiligen Versammlung«: »Sechs Tage lang sollst du deine Arbeit tun. Am siebten Tag ist volle Arbeitsruhe, ist heilige Versammlung, da soll keiner von euch irgendeine Arbeit tun. Es ist ein Ruhetag, Jahwe geweiht, an allen euren Orten« (Lev 23,3).

Lohfink legt dar, daß beim alttestamentlichen Sabbat der eigentliche Sinn der »Versammlung« darin besteht, Gott zu loben und ihm für seine Wohltaten in Natur und Geschichte zu danken; so ist es auch bei der neutestamentlichen Feier geblieben, der »Eucharistia«. Doch wird es der christlichen Gemeinde heute bekannt und bewußt sein, wofür sie Gott loben und danken muß?

Im Wortgottesdienst der Gemeinden werden regelmäßig und in feierlicher Form Texte verlesen, die von Gottes Heilshandeln in der Geschichte erzählen. Erwählung und Führung des Volkes Israel, Sendung, Tod und Auferweckung Jesu von Nazareth - aber auch die letzten Ereignisse in der Gegenwart führen die Gemeinde zu Lob und Dank gegenüber Gott. Rechnet der Christ heute nicht viel zu wenig damit, daß Gott noch immer in der Geschichte handelt? Ist er theologisch überhaupt in der Lage, von heutigen Geschichtstaten Gottes zu sprechen und eine Bewegung, die durch die Christenheit geht, als »Werk Gottes« zu deuten? In der Urkirche war das anders; sie lebte aus dem Bewußtsein, daß Gott mit seiner Gemeinde und mit jedem einzelnen in ihr eine Geschichte hat und sie auf ihrem Weg führt. Die Apostelgeschichte erzählt mehrfach (Apg 4,23-31; 11,1-28; 12,11-17; 14, 27f.; 15,1-35; 21,18-20) geradezu modellartig, wie in der Versammlung der Christen Geschehnisse der Gegenwart theologisch als Taten Gottes gedeutet und Anlaß zum Gotteslob werden.

Aufgabe der Christen ist es, im Einklang mit Gottes Willen zu handeln und zu wirken, aber auch, Gott zu loben und zu ehren: durch den Lobpreis auf Gottes Heilshandeln in der Vergangenheit wie auch in der Gegenwart. Wenn in der Eucharistiefeier Gottes Heilstaten (der Vergangenheit) aufgezählt und gefeiert werden, ist das die »Ehre Gottes«; wenn dabei jedoch auch Gottes augenblickliches Heilswirken in der gegenwärtigen, konkreten Geschichte der Versammelten zum Lobe Gottes ausgesprochen wird, so wird darin »die größere Ehre Gottes« bestehen. Jeder Sonntag ist eine solche »Ehren-Rettung«: Gottes Wirken wird aus dem Alltäglichen und Selbstverständlichen herausgeholt und ist Anlaß zu erneutem Lob. Weil die Gemeinde Gott in allen Dingen wirken sieht, dankt sie in der Eucharistie nicht nur für seine früheren, sondern auch für seine gegenwärtigen Heilstaten; umgekehrt enthält jede Eucharistie die Aufforderung, heute im Alltag nach Gottes Heilshandeln zu suchen und zu fragen.

3. Opfer und Mahl

Mit der Frage nach dem Träger der Liturgie ist heute eng die andere verbunden, ob die Eucharistie nicht besser und angemessener als ein »Mahl« bezeichnet werden muß. Es wird zuweilen von einer kopernikanischen Wende im heutigen Eucharistieverständnis gesprochen. Mag es früher vielleicht so ausgesehen haben, daß der Priester der eigentliche Träger der Eucharistie ist, scheint nach dem II. Vatikanum die Gemeinde zum Subjekt der Eucharistie erkoren zu sein. Doch handelt es sich dabei um eine falsche und irrige Alternative. Kardinal Ratzinger bemerkt: »Liturgie ist Werk Gottes oder sie ist nicht; mit diesem Zuerst Gottes und seines Handelns, das uns in irdischen Zeichen sucht, ist die Universalität und die universale Öffentlichkeit aller Liturgie mitgegeben, die nicht von der Kategorie Gemeinde, sondern nur von den Kategorien Volk Gottes und Leib Christi aus erfaßt werden kann.«[429] Christus, der Auferstandene, ist das eigentliche Subjekt der Eucharistie, aber nicht in einem exklusiven Sinn, er schließt vielmehr die Kirche in sein liturgisches Handeln ein und macht sie zum Träger seines priesterlichen Tuns.[430]

Der Opfercharakter wie auch der Mahlcharakter der Eucharistie dürfen einander nicht gegenübergestellt werden, wie Bischof Kurt Koch herausstellt: »Während die sakramentale Vergegenwärtigung des Erlösungsgeschehens der zentrale Gehalt der Eucharistie ist, bilden das Mahl und die Tischgemeinschaft die konkrete liturgische Form der Feier dieses Geheimnisses. Adäquater wäre es deshalb, statt vom Mahlcharakter eher vom Gemeinschaftscharakter, beziehungsweise von der ekklesialen Dimension der Eucharistie zu sprechen.«[431] In der Liturgie empfangen und feiern wir, was wir sind: Leib Christi.

Damit läßt sich auch der Sinn der eucharistischen Anbetung tiefer erfassen. Augustinus erklärt in seinem Sermo 272: »Wenn ihr selbst also der Leib Christi und seine Glieder seid, dann liegt auf dem eucharistischen Tisch euer eigenes Mysterium: ihr empfangt euer Mysterium ... Ihr sollt sein, was ihr seht, und sollt empfangen, was ihr

---

[429] In der Feier der Eucharistie wird, wie schon dargelegt wurde, auf sakramentale Weise nicht nur Christus als Person gegenwärtig, sondern auch sein ganzes Heilswerk. Vgl. hierzu J. Ratzinger, Ein neues Lied für den Herrn. Christusglaube und Liturgie in der Gegenwart, Freiburg 1995, 171.

[430] J. Betz, Der Opfercharakter des Abendmahls im interkonfessionellen Dialog, in: Theologie im Wandel. München 1967, 469-491.

[431] K. Koch, Eucharistie als Quelle und Höhepunkt des kirchlichen Lebens, 244.

seid.«[432] Christus konsekriert auf dem Altar das »Mysterium unseres Friedens und unserer Einheit«, was bedeutet: Die Gläubigen, welche auf dem Tische des Herrn das Urbild ihres Leibseins in Christus glaubend erkennen, dürfen abbildhaft die innere Einheit und den damit verbundenen Frieden des Erlöstseins widerspiegeln. »Die Eucharistiefeier ist nicht die Darbringung oder Anbetung einer uns gegenüberstehenden heiligen Gabe auf dem Altar, sondern die Mahlfeier hat die Darbringung des ganzen Christus aus Haupt und Gliedern zum Ziel, also das Darbringen unserer selbst mit ihm, das Anteilgewinnen an der Hingabe Jesu Christi, die Selbsthingabe der Gemeinde, der Kirche als lebendige Hostie im Alltag der Welt.«[433] Die Vergegenwärtigung des Herrn in der Eucharistie geschieht nicht um der liturgischen Feier willen, sondern für die Kirche. Darin ist das Wesen der eucharistischen Anbetung und der bleibenden Gegenwart des Herrn auch nach der Liturgie begründet. Seine universale, alle Zeiten übersteigende Gegenwart bleibt, solange die Kirche ist.

4. Eucharistisches Teilen

Christliche Gemeinschaft ist nicht um ihrer selbst willen da, auch kann sie sich nicht mit sich selbst begnügen, sondern steht unter Gottes Anruf zum Aufbruch, zum je neuen »Exodus« in die Zukunft, die Gott seinem Volk *auf dem Weg* eröffnet.

Dies zeigt sich zunächst in der jüdischen Feier. Sie ist stets als Fest des Aufbruchs verstanden worden. Wer dieses Fest feiert, identifiziert sich mit seinem »Ursprung«, und die Grenzen zwischen damals und heute wurden aufgehoben. So heißt es im jüdischen Ritual der Passahfeier: »In jedem Geschlecht ist der Mensch verpflichtet, sich vorzustellen, er selbst sei aus Ägypten ausgezogen«, und Ex 13,9 kommentiert dies mit den Worten: »Denn mit starker Hand hat Jahwe dich aus Ägypten herausgeführt.« Das Passahmahl setzt den be-

[432] Augustinus, Sermo 272 (PL 38,1247f.).

[433] Th. Schneider, Zeichen der Nähe Gottes. Mainz 1979, 168.

freienden Auszug überall gegenwärtig; wo das Mahl gehalten wird, da weiß man sich gegenwärtig von Gott aus der Knechtschaft herausgeführt.

Jesus führt durch seinen Tod und seine Auferstehung die Geschichte zwischen Gott und Israel einen entscheidenden Schritt weiter in die Erfüllung; auch die Knechtschaft des Todes ist besiegt, und zwar für alle Menschen, hier und jetzt. Der Aufbruch geschieht in eine neue Zukunft hinein, aber auch in eine neue Existenzweise, die vom Wort und Lebensvollzug Jesu geprägt ist. Jesu Existenz ist »Pro-Existenz« und »Ko-Existenz«, Dasein für die anderen und in Gemeinschaft mit ihnen.

Die Christen leben eucharistisch, nicht allein in der Feier des Herrenmahles, sondern auch im Leben und Teilen mit den Schwestern und Brüdern, mag der »Nächste« der Fremdeste unter den Fremden sein. Von den ersten Christen heißt es in der Apostelgeschichte: »Keiner unter ihnen mußte Not leiden; denn alle, die Grundstücke oder Häuser besaßen, verkauften sie, brachten das Geld zu den Aposteln und legten es ihnen zu Füßen. Davon wurde jedem zugeteilt, soviel er brauchte« (Apg 4,34f.). Das gemeinschaftliche Teilen ist für die ersten Christen die logische und unmittelbare Konsequenz ihrer Teilnahme an der Eucharistia vor Gott. Der Christ, der an der Eucharistie teilnimmt, verwirklicht den Auftrag des Herrn, wenn er »arm mit dem armen Jesus« ist und »gemeinsame Sache« macht mit den Armen.

Aber nicht nur Exodus und Proexistenz sind die beiden Kennzeichen christlicher Gemeinschaft, die aus der Teilnahme an der Eucharistie erwachsen, sie führt auch zur Besinnung auf die wahre Mitte christlicher Gemeinschaft. Augustinus sagt: »frui Deo et se invicem in Deo«: sich Gottes freuen und des Miteinanders in Gott. Gewiß, Eucharistie ist Gemeinschaftsmahl, die erste Bezeichnung aber, die sie in apostolischer Zeit erhält, ist nicht »Brudermahl«, sondern »Herrenmahl« (1 Kor 11,20) - und Paulus verweist, als es dabei gar sehr an Brüderlichkeit mangelte, nachdrücklich auf den Opfertod des Herrn.

Gemeinschaft bleibt unter Christen keine gruppendynamische Größe, sondern Geschenk des Herrn. Weil Gemeinschaft im Glauben aus der Lebenshingabe des Herrn entspringt, kann das Da- und Mitsein von Jesu Schicksal und Los mitgeprägt werden, es kann oft glanzlos sein und ein hohes Maß an innerer Offenheit verlangen. Eucharistisches Leben war für Jesus die Entscheidung für den »letzten Platz«, eine einzige »Karriere nach unten«. Wer sein Schicksal teilt, ist ohne Bitterkeit bereit, hin und wieder »Schuhabstreifer« oder »Blitzableiter« zu sein, sich »hinauskomplimentieren« lassen zu können, wie es der Herr erfahren hat, als er allmählich nirgends mehr »ankam«, am allerwenigsten in seiner Vaterstadt (Lk 4,24). Es gehört zur Reife eines Christen, der an der Eucharistie teilhat, daß er nicht »aus den Wolken fällt«, wenn er wie der »letzte Dreck« (1 Kor 4,13) behandelt wird oder der mühseligste Dienst mit Undank vergolten wird. Solche Christen sind lebendiges Evangelium.

Ferner werden Menschen, die ihre Gemeinschaft eucharistisch verstehen und leben, nicht als die Fordernden, sondern als die Dankenden und Empfangenden in das gemeinsame Leben mit anderen eintreten. Wie auch sonst im christlichen Leben, beginnt in der christlichen Gemeinde alles mit dem Danken. Nur wer für das Geringe dankt, empfängt das Große. Keiner kann wissen, wie es um die Gemeinschaft bestellt ist, sie ist ja ein Geschenk des Herrn, dessen Gedanken nicht unsere Gedanken und dessen Wege nicht unsere Wege sind. Der Christ braucht sich nicht ständig den Puls seines geistlichen Lebens fühlen oder im Leben der Gemeinschaft fortgesetzt ihre Temperatur messen. Je dankbarer Christen täglich empfangen, was ihnen in der Eucharistie gegeben ist, desto gewisser und gleichmäßiger wird die Gemeinschaft von Tag zu Tag zunehmen.

Unzählige Male ist eine Gemeinschaft zerbrochen, weil sie aus einem Wunschbild oder Ideal heraus lebte. Solche Wunschbilder verhindern Gemeinschaft, denn sie stellen die einzelnen als Fordernde in den Kreis der Gemeinschaft: der einzelne gleichsam als lebendiger Vorwurf im Kreis der Mitmenschen. Ganz anders das eucharistische

Verständnis einer christlichen Gemeinschaft. Es bleibt nicht beim Empfangen; die Gabe wird zur Aufgabe: »Ist das Brot, das wir brechen, nicht Gemeinschaft (Teilhabe) am Leib Christi? Ein Brot ist es, darum sind wir viele ein Leib; denn wir alle haben teil an dem einen Brot« (1 Kor 10,16f.). »Leib« meint im ersten Satz den eucharistischen Leib, im zweiten Satzteil hingegen uns selbst, die Gemeinschaft der Feiernden, die Kirche. Der eucharistische Leib nährt und baut den kirchlichen Leib auf. Durch das Essen des einen Brotes empfangen wir, was wir sind, und werden, was wir empfangen. Christus ist nur zusammen mit der Kirche im Vollsinn »Christus«, und erst gemeinsam mit der Kirche findet der Glaubende zum »ganzen Christus« (totus Christus), wie Augustinus betont. So schafft die Eucharistie, »bis Er kommt« (1 Kor 11, 26), eine Gemeinschaft, die Geschenk des Herrn ist, das wir in jeder Eucharistiefeier täglich neu erbitten und empfangen.

Die »Aufgabe«, die mit der Gabe verbunden ist, ist noch an einem anderen Aspekt der Eucharistie als Gemeinschaft im Glauben zu veranschaulichen.[434] Papst Johannes XXIII. sagte zur Eröffnung des Konzils, die Kirche müsse sich als die Kirche der Armen verstehen. Was ist damit gemeint? Man wies darauf hin, daß es beispielsweise eine »Theologie der Arbeit« gibt, nicht aber eine Theologie der Armut, obwohl sie gerade das Geheimnis Gottes selbst ausmacht. Christus ist der Mann, der am häufigsten nackt dargestellt wird: in der Taufe und am Kreuz; keine andere Religion zeigt ihren Gott arm, nackt, entblößt. Ferner das Zeugnis im Leben Jesu: Er lebt allein, nicht wie Abraham inmitten von Familie, Onkel und Tanten; und wenn Maria auftritt, ist es nicht eine traute Begegnung zwischen Sohn und Mutter. Jesus lebt arm, er trägt nicht wie so mancher Würdenträger einen

---

[434] Vgl. zu den folgenden Ausführungen P. Gauthier, Tröstet mein Volk. Das Konzil und »die Kirche der Armen«, Graz-Wien-Köln ²1967, bes. 223-355; Papst Johannes XXIII., Rundfunkbotschaft an die Katholiken der Welt, in: Herder-Korrespondenz 17 (1962/3) 43-46; Die unvollendete Theologie der Armut, in: Herder-Korrespondenz 19 (1964/5) 420-424; Der Geist der Armut ..., in: Herder-Korrespondenz 20 (1966) 65f.

Patriarchenmantel oder einen Monsignoretalar mit roten Knöpfen. Die Kirche darf nicht so über die Armut sprechen, daß sie eine Mütze auf den Smoking setzt. Auf dem Konzil kam es zu heftigen Debatten um die Kirche der Armen. Die Diskussionen trugen bald ihre ersten Früchte. Nach der ersten Sessio verkauften Bischöfe, was sie als Prunk mit der Ausübung ihres Amtes verband, und ein junger deutscher Bischof trennte sich als erster von seinem goldenen Ring. Kirche der Armen: heißt das, die Kirche müsse alles verkaufen?

Bei der Eröffnung der zweiten Sessio betonte Papst Paul VI.: »Die Kirche ist willens, sich zu reformieren, um Jesus gleichförmig zu werden.« Der Papst wollte, daß sich dies in den Worten konkretisiere: »Das Konzil erhebt seine Stimme, um Verzeihung für alle aus Vernachlässigung oder Verachtung der Armen begangenen Fehler zu erflehen.« Doch der Vorschlag kam nicht durch, weil - wie man sagte - es nicht zu den Gepflogenheiten eines Konzils gehöre, um Verzeihung zu bitten. Der Papst ließ nicht locker: »Die Kirche muß den Königsmantel ablegen. Die Armut ist das schwerstwiegende Problem der Kirche von heute.« Ein Bischof der Konzilsaula wies darauf hin, daß gerade die Bischöfe aufgrund ihrer Weihe für die Armen verantwortlich sind. Als immer mehr Bischöfe über die Armut in ihrem Leben nachdachten, sagte George Mercier in der Konzilsaula: »Die Gnade bearbeitet das Herz der Bischöfe«, und ein anderer afrikanischer Bischof fügte hinzu: »Wir haben uns bekehrt. Das Konzil hat sein Ziel erreicht.« Kardinal Lercaro aus Bologna wiederholte seinen Vorschlag vom Ende der ersten Sessio, daß es im Schema über die Kirche vor allem um die Kirche der Armen als dem Herzstück der Lehre von der Kirche gehen müsse. Aber man fand den Text nicht und konnte sich nicht darüber einigen, wie in die Konstitution über die Kirche auch ein Kapitel über die Armut der Kirche einzufügen sei. Darauf sagte Mercier, der Bischof der ärmsten Diözese der Welt, etwa Folgendes: »Der Heilige Geist, der uns bei unseren bisherigen Beratungen nicht im Stich ließ, erteilt uns eine wichtige Lektion: Eine Wahrheit, die man nicht gelebt hat, kann man nicht genügend klar erkennen, um sie vollmächtig und verbindlich auszusagen. Die Kirche hat jahrhundertelang die Armut nicht gelebt, darum finden wir jetzt den Text nicht, der sie enthielte. Was ist zu tun? Wir Bischöfe werden von diesem Konzil ab die Armut in der Nachfolge Jesu erst einmal leben müssen. Dann werden wir auf dem nächsten Konzil das entsprechende Kapitel in die Konstitution über die Kirche nachtragen können.«

Die Feier der Eucharistie entfaltet die gesuchte Theologie der Armut, begeht sie doch das Gedächtnis eines Gottes, der zu unserem Heil in allem arm geworden ist, uns gleich, außer der Sünde. Er behält nichts für sich, sondern gibt alles, was er hat, schließlich sein Leben. In und trotz aller Festlichkeit kann die Liturgie nicht verleugnen, daß es in ihr um das Gedächtnis eines »armen Gottes« geht, der sich den Menschen in der Schlichtheit der Zeichen von Brot und Wein schenkt. Wer Eucharistie feiert, muß auch eucharistisch leben und teilen.

5. Communio sanctorum

Die Gemeinschaft, die Israel in der Feier des Sabbat erfahren hat, ist zugleich zu einem Zeichen der Freundschaft und des Sich-Verstehens geworden. Dies wird in einer kleinen Begebenheit aus der Geschichte Israels deutlich. Das Land Israel, das Volk der Juden, war in seiner jahrtausendealten Geschichte immer wieder von übermächtigen Gegnern umgeben, aber nicht immer hat es ihnen so trotzen können wie heute. Im März 597 vor Christus fiel Jerusalem unter dem Ansturm der babylonischen Truppen. Der erst 18jährige König Jojachin wird gefangengenommen und muß fast vierzig Jahre als Deportierter in babylonischer Gefangenschaft verbringen. Erst als der babylonische König Nebukadnezar stirbt, erläßt sein Nachfolger zum Regierungsantritt eine Amnestie. Darüber berichtet das 2. Buch der Könige: »Im 37. Jahr nach der Deportation des Jojachin von Juda, am 27. Tag des 12. Monats, begnadigte der König von Babel den König Jojachin von Juda. Er befreite ihn aus dem Kerker, redete freundlich mit ihm [...], er durfte seine Gefängniskleider ablegen und ständig an der königli-

chen Tafel essen, sein ganzes Leben lang« (2 Kön 25,27-29).[435]
Der neue König zieht also einen Strich unter die Vergangenheit, söhnt sich mit dem früheren Gegner aus und befreit ihn. Und wie drückt sich das aus, wie wird das nach außen sichtbar? »Er durfte beständig an der königlichen Tafel essen, sein ganzes Leben lang.« Das gemeinsame Mahl ist das Zeichen der Versöhnung, der neuen Gemeinschaft. Hier wird sichtbar, was für den ganzen alten Orient gilt und sich vielfach belegen läßt: Miteinander essen heißt miteinander vertraut sein. Jemanden an seinen Tisch einladen heißt ihn als Freund in den Kreis derer holen, die vom gleichen Brot essen wie der Hausherr. Das äußere Zeichen des gemeinsamen Essens wird damit zum Ausdruck der inneren Gemeinschaft und Zuneigung. »Komm an meinen Tisch« heißt: »Komm, ich bin dir gut, ich vertraue dir.« Das gilt im ganzen Orient!
Für den gläubigen Juden ist die gemeinsame Mahlzeit also nicht nur eine Sache menschlicher Geselligkeit, sondern ein Zusammenschluß unter Gottes Augen und mit Gottes Gaben, äußeres Zeichen für die innere Wirklichkeit: Beschenktwerden von Gott mit Nahrung, mit Freundschaft, mit Leben. Dies kann und soll auch für die christliche Mahlfeier bestimmend bleiben: Hier ist Gott selbst Geber und Gabe zugleich, und wer an seinem Mahl teilhat, ist nicht nur mit Gott vertraut (von daher erklärt sich gleichfalls das Tischgebet), sondern auch mit dem Mitmenschen, der an dem Mahl partizipiert. Christliche Mahlfeier ist Einübung in die Freundschaft mit Gott und mit den Menschen.
Im Judentum bleibt der Unterschied zwischen dem Haus als Wohnort der Familie und der Synagoge als Versammlungsort der Familien vor Gott nie sehr groß. Die vielen Berakot im jüdisch-religiösen Familienalltag und das Geschehen in der Synagoge stehen in einem inneren Zusammenhang, denn in der jüdischen Glaubensgemeinschaft

---

435 Vgl. hierzu Th. Schneider, Wir sind sein Leib. Meditionen zur Eucharistie, Mainz 1977, 33ff.

gilt jede Familie als eine religiöse Gemeinschaft. Die religiösen Bräuche und Vorschriften, die für die Gemeinde gelten, werden in das häusliche Leben übernommen und verleihen ihm ein besonderes Gepräge, so daß das Haus ein kleines Heiligtum ist, jeder Tisch in gleicher Weise ein Altar.

Nach dem Wort aus dem Buch Exodus: »Ihr aber sollt mir als ein Reich von Priestern und als ein heiliges Volk gehören« (Ex 19,6), hat jeder Israelit im Volk teil an der Aufgabe des Priesters, in der Familie aber besonders der Vater. Er hat die Kinder in der Tora zu unterweisen und ihnen von Gott zu »erzählen«. Vor allem hat er durch sein Leben Zeugnis abzugeben von der Liebe und Einzigkeit Gottes. Seine besondere Aufgabe ist es, seine Kinder zu segnen und am Freitagabend für sie den Segenswunsch zu sprechen. Dies ist priesterlicher Dienst, den er leistet, weil er in seiner Familie die Ordnung Gottes abbilden, seine Frau und seine Kinder von Gott her verstehen und lieben und alle Lebensbereiche seiner Familie in ihren konkreten Strukturen und Problemen dem Anruf und Willen Gottes öffnen will.

Das jüdische Haus und seine Familien sind der Entstehungsort der christlichen Ekklesia. Paulus und die junge Gemeinde müssen nicht neue Hausgemeinden gründen, sondern können vorhandene Hausgemeinden für die Botschaft Jesu öffnen (allerdings bedeutet dieses Öffnen, wie Mk 3,31-35 zeigt, immer eine zusätzliche Intensivierung der häuslichen Situation, denn diese ist ja unmittelbar betroffen durch das Hereinbrechen der Gottesherrschaft). So haben Strukturen des jüdischen Familienverständnisses die christliche Gemeinde und Gemeinschaft geprägt.

Die Grundstruktur der Freundschaft und des Miteinander-Vertraut-Seins, das Eingebunden-Sein der Liturgie in häusliche und familiäre Prozesse, die Verantwortung einzelner für die Öffnung der Gemeinde und der Gemeinschaft für den Willen Gottes und die Aufgabe, Segen für andere zu sein - alle diese Strukturelemente des Sakraments befruchten den Alltag des Christen und sein Leben mitten in der

Welt, so daß das Sakrament im wörtlichen Sinn einen »Sitz im Leben« bekommt. Die Feier der Eucharistie gibt dem alltäglichen Leben Sinn, Weihe und Vertiefung von Gott her.

Diese Überlegung läßt einen weiteren Begriff bedenken, der mit ihr zusammenhängt. Die angesprochene »Freundschaft« im Glauben erhält im Credo ihren konkreten Ausdruck im Bekenntnis zur »communio sanctorum«, worunter sowohl die Gemeinschaft mit den »sancti« wie auch mit den »sancta« gemeint ist. Erst wenn beide Dimensionen zusammengesehen werden, läßt sich das Wesen der Transsubstantiation tiefer erfassen. Transsubstantiation meint die Verwandlung der ganzen Substanz des Brotes und Weines in die Substanz des Leibes und Blutes Christi, während die Akzidentien von Brot und Wein unverändert anhalten. Aber Leib und Blut Christi kommen nicht zu Brot und Wein hinzu, sondern diese werden in eine neue, höhere Seinsordnung aufgenommen: »Der Herr bemächtigt sich«, schreibt Kardinal Ratzinger, »des Brotes und des Weins, er hebt sie gleichsam aus den Angeln ihres gewöhnlichen Seins in eine neue Ordnung hinein; auch wenn sie rein physikalisch gleich bleiben, sind sie zutiefst Anderes geworden.«[436]

Das Verständnis der Begriffe »Substanz« und »Akzidentien« hat sich in der Neuzeit wesentlich gewandelt. Im Mittelalter meinte »Substanz« das unsichtbare Wesen, das aller Wirklichkeit zugrunde liegt, während heute darunter meist das verstanden wird, was für das Mittelalter das Akzidenz war. So kommt es zum Mißverständnis eines eucharistischen Materialismus, als ob die Akzidentien von Brot und Wein verwandelt würden. Christus ist aber in der Eucharistie nicht wie eine naturale Sache (secundum modum naturae), sondern auf personale Weise (secundum modum personae) gegenwärtig: Die eucharistischen Gaben sind die realisierenden Zeichen der personalen Gegen-

---

[436] J. Ratzinger, Eucharistie - Mitte der Kirche. Vier Predigten, München 1978, 59f.; ders., Das Problem der Transsubstantiation und die Frage nach dem Sinn der Eucharistie, in: Tübinger Theologische Quartalschrift 147 (1967) 129-158, bes. 153f.

wart des Auferstandenen und der sakramentalen Vergegenwärtigung des Heilsgeschehens - aber auf die Kirche als dem Leib Christi hin. Der eucharistische Leib Christi wie der ekklesiale Leib Christi als »communio« der Glaubenden bilden ein einziges Sakrament.[437] Hierzu heißt es in 1 Kor 10,16-17: »Ist der Kelch des Segens, über den wir den Segen sprechen, nicht Teilhabe am Blut Christi? Ist nicht das Brot, das wir brechen, Teilhabe am Leib Christi? Ein Brot ist es. Darum sind wir viele ein Leib; denn wir alle haben teil an dem einen Brot.« Paulus stellt sogar das Kelchwort dem Brotwort voran, um den Zusammenhang von Eucharistie und Gemeinschaft zum Ausdruck zu bringen. Die Gemeinde Christi baut sich durch die Eucharistie auf: ein Christus - ein Brot - eine Kirche. Augustinus bringt dies in die Worte: »Wenn ihr selbst also Leib Christi und seine Glieder seid, dann liegt auf dem eucharistischen Tisch euer eigenes Geheimnis ... Ihr sollt sein, was ihr seht, und sollt empfangen, was ihr seid.«[438] Demnach wäre es eine falsche Sicht der Eucharistie, wenn nur die Wandlung als Höhepunkt der Eucharistie angesehen wird. Die eucharistische Gegenwart des Herrn zielt auf die Kommunion: durch sie werden wir zu Gliedern am Leib Christi und erhalten Anteil am göttlichen Leben.

Wird der Zusammenhang zwischen dem sakramentalen und dem ekklesialen Leib Christi nicht mehr gesehen, kommt es zu einer Individualisierung und Privatisierung im Eucharistieverständnis. Cyprian bemerkt: »Unser Gebet ist öffentlich und allgemein, und wenn wir beten, beten wir nicht für eine Einzelperson, sondern für das ganze Volk, denn das ganze Volk ist eins.«[439] Ambrosius hebt hervor: »Christus nämlich ist der Glaube aller, die Kirche aber eine gewisse Form der Gerechtigkeit, das gemeinsame Recht aller: gemeinsam ist

[437] Vgl. hierzu die ausführlichen Darlegungen von Th. Schneider, Wir sind sein Leib. Meditationen zur Eucharistie, Mainz 1977.

[438] Augustinus, Sermo 272.

[439] Cyprian, De dominica oratione 8.

ihr Beten, gemeinsam ihr Wirken, gemeinsam ihre Prüfung.«[440] Thomas von Aquin versteht es gerade als »die Gnadengabe des Heiligen Geistes«, daß er unter dem Gesetz der Koinonia, also der Gemeinschaft des Glaubens leben läßt. Das Leben unter der Führung des Heiligen Geistes dient dem Aufbau des Leibes Christi, wie Paulus seine Gemeinden mahnt: »Lebt in völligem Gleichklang, habt nur einen gemeinsamen Geist, einen Gedanken« (1 Kor 1,10). Pascal bringt das neue geisterfüllte Gesetz in die Worte: »ein Leib, gebildet aus denkenden Gliedern«[441]. Irenäus setzt die Gabe des Geistes mit der Erfahrung der Koinonia im Glauben in eins: »Wo die Kirche ist, da ist der Geist Gottes, und wo Gottes Geist, da die Kirche und die Gesamtheit der Gnade.«[442] Koinonia meint Gemeinschaft durch das gemeinsame Trinken aus derselben Quelle, die Christus »in seinem Ostern« ist.[443]

---

440 Ambrosius, De officiis I,29.

441 Pascal, Fragm. 473 (B. Pascal, Über die Religion und über einige andere Gegenstände. Hrsg. von E. Wasmuth, Heidelberg 1946, 221).

442 Irenaeus, Adversus Haereses III 24,1.

443 Keiner findet sein Heil allein, und keiner wird das Heil allein für sich erstreben. Diesen Dienst des einen am Glauben des anderen beschreibt Reinhold Schneider, indem er Ignatius von Loyola das Wort in den Mund legt: »Wenn ich die Wahl hätte, heute in die Seligkeit zu gehen - die ich ja nicht verdiene - oder durch viele dunkle Jahre auszuharren in meinem Dienst, so würde ich Gott bitten, mich auf der Erde zu lassen; denn ich glaube, daß dieser Dienst in einem noch so geringen Grade zum Ruhme Gottes geschieht.« (Vgl. die Erzählung »Der Abgrund« [1941], in: R. Schneider, Der fünfte Kelch. Köln/Olten 1953, 214). Weil der Weg des Glaubens in die Koinonia, in die Gemeinschaft der Gläubigen mit Gott und untereinander führt, ist die neuplatonische Schematik des Aufstiegs zu Gott, die in der geistlichen Tradition zu zahlreichen Stufenleitern geistlichen Lebens führte, neu zu überdenken, da sie aufgrund ihrer (heils-)individualistischen Sichtweise kaum an den urchristlichen Gedanken der »Gemeinschaft der Heiligen« herankommt. Gott schenkt sein Heil auf die Gemeinschaft der Glaubenden hin! Deshalb können und müssen die Schwestern und Brüder im Glauben einander helfen, das Vollmaß Christi und seiner Liebe zu gewinnen; hier lebt keiner allein, jedes Leben in Christo bleibt für alle gültig vor Gott: »Die 'Fürbitte' der Heiligen aber bedeutet kein Vermittlungsbüro und keinen 'Instanzenzug', sondern dies, daß jedes Leben des Glaubens und der Liebe von ewiger Gültigkeit und Bedeutung für alle ist und daß der Geret-

Die Einheit des Leibes Christi hat ihren Grund in der Eucharistie. Sie besteht über die Zeiten hinweg und vereint die irdische Kirche mit der himmlischen. Hierzu heißt es bei Origenes in seiner siebten Homilie zu Leviticus: »Mein Heiland trauert auch jetzt über meine Sünden. Mein Heiland kann sich nicht freuen, solange ich in Verkehrtheit lebe. Warum kann er das nicht? Weil 'er selber Fürsprecher für unsere Sünden beim Vater ist'... Noch haben nämlich auch die Apostel selbst ihre Freude nicht erhalten, sondern auch die Apostel warten, daß ich ihrer Freude teilhaft werde. Denn auch die von hinnen scheidenden Heiligen erhalten nicht sogleich den vollen Lohn ihrer Verdienste, sondern sie warten auf uns, auch wenn wir verzögern, auch wenn wir träge bleiben. Nicht nämlich haben sie volle Freude, solange sie wegen unserer Irrungen unsere Sünden betrauern und beklagen ... Du siehst also wohl, daß Abraham noch wartet, die Vollendung zu erlangen? Es warten auch Isaak und Jakob, und alle Propheten warten auf uns, um mit uns zusammen die vollendete Glückseligkeit zu erreichen ... 'Sind es auch viele Glieder, so doch Ein Leib; es kann das Auge nicht zur Hand sagen: ich brauche dich nicht.' Selbst wenn das Auge heil ist und zum Sehen tüchtig -, fehlen ihm die übrigen Glieder, was wäre die Freude des Auges? ... Du wirst also (zwar) Freude haben, wenn du als Heiliger aus diesem Lande scheidest: dann aber erst wird deine Freude voll sein, wenn dir kein Glied mehr fehlt. Warten wirst nämlich auch du, wie du selbst erwartet wirst.«[444]

In der Gemeinschaft des Glaubens, die in der eucharistischen Koinonia begründet ist, gilt sogar das Gesetz, daß einer aus den Gütern und Vollkommenheiten des anderen nehmen und für sich in Anspruch

---

tete diese seine Bedeutung selig annimmt und lebt« (K. Rahner, Warum und wie können wir die Heiligen verehren?, in: ders., Schriften zur Theologie. Bd. VII, Einsiedeln-Zürich-Köln 1971, 302).

[444] Origenes, Hom. in Leviticum VII,2 (PG 12,480); vgl. H. de Lubac, Glauben aus der Liebe. Einsiedeln 1970, 368-373.

nehmen darf: »Das ist die Gemeinschaft der Heiligen, deren wir uns rühmen ... Ist es nicht gut für uns, hier zu weilen, wo alle Glieder mitleiden, wenn ein Glied leidet, und wenn eines verherrlicht wird, alle sich mitfreuen? Wenn ich also leide, dann leide ich nicht allein, in mir leidet Christus und leiden alle Christen; wie der Herr sagt: 'Wer euch anrührt, der rührt an meinen Augapfel.' Meine Last tragen somit andere, ihre Kraft ist die meine. Der Glaube der Kirche kommt meinem Bangen zuhilfe, die Keuschheit anderer erträgt das Versuchtwerden meiner Lüsternheit, anderer Fasten wird mir zum Gewinn, eines andern Gebet bemüht sich um mich. Und so kann ich mich wahrhaft in den Gütern anderer rühmen wie in meinen eigenen; und meine eigenen sind sie in Wahrheit, wenn ich mich an ihnen ergötze und mitfreue. Mag ich denn schmählich und schmutzig sein: jene, die ich liebe, denen ich Beifall spende, sind schön und anmutig. Mit dieser Liebe mache ich mir nicht nur ihre Güter, sondern sie selbst zu eigen, und so kommt kraft ihres Ruhmes meine Unrühmlichkeit zu Ehren, kraft ihres Überflusses wird meine Notdurft ergänzt, kraft ihrer Verdienste werden meine Sünden geheilt ... Wer jedoch nicht glaubt, daß solches geschieht und sich ereignet, der ist ein Ungläubiger, der hat Christus und die Kirche verleugnet.«[445]

Der Dienst für- und aneinander im Glauben konkretisiert sich im Gebet: Wie Jesus für alle anderen bittet (Mk 10,35-45; Lk 13,6-9; 23, 34; Joh 14,14; 15,16; 16,23f.26f.) und der Apostel für seine Gemeinde betet (Röm 1,9f.; Phil 1,3-5), so hat auch jeder Glaubende im Gebet vor Gott für die anderen einzutreten: »Niemand wird allein gerettet: Wer gerettet wird, wird gerettet in der Kirche, als ihr Glied in Einheit mit den anderen Gliedern. Glaubt jemand? - Er ist in der Gemeinschaft des Glaubens. Liebt jemand? - Er ist in der Gemeinschaft der Liebe. Betet jemand? - Er ist in der Gemeinschaft des Gebets ... Sage nicht, welches Gebet kann dem Lebenden oder dem Toten zu-

---

445 Martin Luther, Tessaradecas (1520).

teil werden, da mein Gebet ja für mich allein nicht ausreicht. Da du überhaupt nicht zu beten verstehst, welchen Zweck soll es haben, daß du für dich selbst beten sollst? Es betet in dir der Geist der Liebe ... Bist du ein Glied der Kirche, so ist dein Gebet notwendig für alle ihre Glieder ... Das Blut aber der Kirche ist das Gebet füreinander.«[446] Die Hoffnung des Christen bezieht sich auf das Heil aller Menschen, »und nur in dem Maße, als ich zu diesen gehöre, bezieht sie sich auch auf mich«[447]. Je mehr ein Glaubender in Gottes Heilsplan hineingenommen wird, desto größer wird zugleich sein Dienst sein.[448] Dies zeigt ein Blick in die Heilsgeschichte: Aufgrund des ihnen eigenen Dienstes sind die Personen, die mit der Heilsgeschichte Gottes verbunden sind, nicht »zufällig«. Jedes Heilshandeln Gottes bleibt vielmehr unlösbar mit der Erwählung bestimmter Menschen verbunden: Adam, Abraham, Noah, Mose, David, Propheten, Christus und Eva, Sara, das Volk Israel, Tochter Zion, Arme und Demütige, Maria - sie alle bezeugen, daß Gott in seinem Tun einzelne beruft, um durch sie und in ihnen allen Menschen sein Heil zu erschließen. Dies gilt im gleichen Maß für die Kirche, die auf das Fundament der Apostel gegründet ist, wie auch für die Orden, deren Gründung aufs engste eins ist mit dem Leben und Wirken ihrer Gründer: Benedikt von Nursia, Dominikus, Franziskus, Ignatius von Loyola u.a.m. Die Solidarität im Empfangen des Heils kommt auf besondere Weise in der Marienverehrung zum Ausdruck: Marias Heiligkeit steht ganz im

---

446 A. St. Chomjakov, Gesammelte Werke, in: Östliches Christentum. Hrsg. von H. Ehrenberg. Bd. II (1925), 18ff.

447 Kardinal Daniélou, Essai sur le mystère de l'histoire. Paris 1953, 340. Nicht anders H.U. von Balthasar, Kleiner Diskurs über die Hölle. Ostfildern ^{2}1987, 9: »Aber: wenn ich für dich, für andere, für alle hoffe, dann darf ich mich schließlich auch mit einschließen. (Nicht umgekehrt: Ich hoffe für mich, aber ob du zu den Erwählten gehörst, weiß ich nicht mit Sicherheit).« Vom Glauben her, so führt H.U. von Balthasar aus, hat der Christ die Pflicht, »die Hölle leer zu hoffen«.

448 W. Beinert (Hg.), Maria heute ehren. Eine theologisch-pastorale Handreichung, Freiburg-Basel-Wien 1977, 131.

Dienst an ihren Brüdern und Schwestern im Glauben, deshalb preist die Kirche Maria als *die* Heilige (die panhagia: die All- oder Ganzheilige), der die »hyperdoulia« gebührt.

In der Gemeinschaft des Heils und in der Solidarität auf dem Weg des Glaubens ist die Heiligenverehrung begründet. Die pilgernde Kirche, die sich aus der Feier der Eucharistie aufbaut, weiß sich eins mit der himmlischen, wie auch der Dienst aneinander und füreinander im Glauben mit dem Tod nicht aufhört. Selbst wenn das Neue Testament diesen Gedanken nicht eigens weiter bedenkt und entfaltet, glaubt die Kirche, daß sich die Gemeinschaft der Heiligen im Jenseits fortsetzt. Die Heiligen, die in ihrer Liebe vollendet und vollkommen sind (Thomas von Aquin), erfüllen im Himmel den Dienst ihrer Liebe dadurch, daß sie für die anderen beten (Origenes[449]): Die Heiligen beten bei Gott in Erfüllung ihrer Nächstenliebe![450] Der fürbittende Dienst, den die Heiligen ausüben, nimmt teil am missionarischen Auftrag und Ziel der Kirche[451] und ist auf das Heil und die Heiligung aller ausgerichtet, auf daß alle »Anteil haben am Los der Heiligen, die im Licht sind« (Kol 1,12). Das hier angesprochene Grundgesetz des Glaubens behält seine besondere Bedeutung am Ende der Zeiten: Der Glaubende, der vor Christus, seinen Richter, tritt, wird

---

449 Vgl. Origenes, De orat. ii (ed. Koetschau, 322).

450 Die Verehrung der Heiligen ist die besondere Gestalt der über den Tod hinaus bewahrten Verbindung mit dem Nächsten und der Liebe zu ihm; es geschieht in ihr nichts anderes als in der Nächstenliebe: Von der liebenden Verehrung der Glieder des Leibes in der pilgernden Kirche, also der konkreten Nächstenliebe, unterscheidet sich die Heiligenverehrung nicht dem Wesen nach, sondern in der Form der Realisierung.

451 »Das Wesen des Christusgeschehens ist [...] die Vereinigung, das Wiederzusammenführen der verstreuten Glieder der Menschheit zu einem Leib. Sein Zeichen ist das Pfingstgeschehen, das Wunder des Verstehens, das die Liebe schafft, die das Getrennte zur Einheit bringt. In der Mission vollzieht so die Kirche das eigentliche Wesen der Heilsgeschichte, das Mysterium der Vereinigung. Mission geschieht, um das Pfingstwunder zu vollenden, die Zerrissenheit, die den Körper der Menschheit spaltet, zu heilen ... So wird in der Mission erst sichtbar, was Kirche ist: Dienst am Geheimnis der Vereinigung, das Christus in seinem gekreuzigten Leibe wirken wollte« (J. Ratzinger, Wesen und Grenzen der Kirche, in: K. Forster [Hg.], Das Zweite Vatikanische Konzil. Würzburg 1963, 68).

dem ganzen Leib des Herrn und allen Gliedern dieses Leibes begegnen. Gott richtet nicht allein, sondern mit ihm auch Maria und alle »Heiligen«: Ihre Fürsprache wird im Gericht Gottes ein inneres Gewicht sein, das die Waagschale zum Sinken bringen kann.[452]
Um den Dienst des Gebets in der Gemeinschaft aller Heiligen hat die kirchliche Tradition immer gewußt. Dies belegen zahlreiche Zeugnisse aus der Glaubensgeschichte, nicht zuletzt in der christlichen Literatur. Gertrud von Le Fort läßt Veronika im »Kranz der Engel« sagen: »Zwar hatte ich anfangs immer noch versucht, für eine innere Wandlung Enzios zu beten, wie ich es seit langer Zeit gewohnt gewesen, allein es war mir dabei niemals eine Hoffnung auf Erhörung überkommen. Sondern es war geradezu gewesen, als schüttle der Engel des Gebetes liebreich, aber streng das Haupt und spräche: Bitte nicht mehr, sondern schenke, wie du es doch selber vorgehabt hast! Und dann war eben jene Wendung eingetreten. Ich hatte meine Bitte fallengelassen und mich auf die Wandlung meines eigenen religiösen Besitzes in den des Freundes gesammelt. Er besaß den Glauben nicht, aber mein Glauben konnte ihm vor Gott mitgehören. Das Christusbild, das meiner Seele eingeprägt war, es würde auch seiner Seele eingeprägt werden - aber in der meinen. Mit diesem Gedanken begleitete ich die ganze Messe ... Und nun erschien der Raum der schönen Kirche nicht mehr leer, sondern erfüllt von dem, den ich hier so schmerzlich vermißt hatte: ich kniete an seiner Statt, ich feierte an seiner Statt die Messe und die Kommunion, er war gegenwärtig, wenn ich gegenwärtig war, er besaß alles, was ich besaß, denn alles, was mein war, war auch sein - mit dieser beseligenden Gewißheit verließ ich jedesmal die Kirche.«[453]
Die hier dargelegte heilssolidarische Sicht des Glaubenslebens, das in der eucharistischen Koinonia der Kirche verwurzelt ist, bedeutet in

---

[452] Vgl. M. Schneider, Leben in Christus. Kleine Einführung in die Spiritualität der einen Kirche aus Ost und West, St. Ottilien 1996, 30-32.

[453] G. von Le Fort, Kranz der Engel. München 1946, 68.

einer Zeit, wo viele Menschen kaum noch im ausdrücklichen Sinn glauben, eine große Herausforderung. Wie Gertrud von Le Fort in ihrem Werk aufzeigt, müßten die geistlichen Vollzüge des Gebets und der Liturgie viel entschiedener als Stellvertretung und Dienst an der Welt gesehen und praktiziert werden.

6. Participatio actuosa

Ein weiteres Problem, das sich für die Kirche heute in ihrer eucharistischen Praxis stellt, ist mit der Frage nach der Bestimmung der »participatio actuosa« gegeben und inwiefern sich mit ihr der überkommene Einsatz der Kirchenmusik vereinbaren läßt.

Das II. Vatikanum forderte eine theologische Besinnung auf der Grundlage kirchlicher Tradition. Zu ihr gehört selbstverständlich auch die Kirchenmusik, die untrennbar mit der Feier der Liturgie verbunden ist. Die Liturgiekonstitution gibt keine eigene Definition der »musica sacra«, aber sie versteht »den mit dem Wort verbundenen gottesdienstlichen Gesang als notwendigen und integrierenden Bestandteil der feierlichen Liturgie« (SC 112). Der Limburger Bischof Wilhelm Kempf[454] betont 1963 in den Diskussionen des Konzils um die Kirchenmusik, daß sie kein Ornament und keine bloße Zutat zum Gottesdienst sei, sondern »pars integralis«: sie stellt eine hohe, festliche Form christlichen Betens dar. Würde die Liturgie auf den Jubilius Patris et Filii verzichten, wäre ihr eigenes Wesen geleugnet. Deshalb fordert Bischof Wilhelm Kempf, das Konzil solle der Musica sacra den ihr gebührenden theologischen Rang zurückgeben.

In SC 112 heißt es, daß die Kirchenmusik ihrem Verhalten nach (quoad actionem), nicht aber ihrer Natur nach (quoad naturam), eine »ancilla liturgiae« sei, denn ihrem Wesen nach ist sie »notwendiger und integrierender Bestandteil der feierlichen Liturgie«. Deshalb erklärt das Konzil einleitend: »Unter Wahrung der Richtlinien und

---

[454] Nach J. Overath, Bestimmungen der Konzilskonstitution ..., in: K.G. Fellerer (Hg.), Geschichte der katholischen Kirchenmusik. Bd. II, Kassel 1976, 387f.

Vorschriften der kirchlichen Tradition und Ordnung sowie im Hinblick auf das Ziel der Kirchenmusik, nämlich die Ehre Gottes und die Heiligung der Gläubigen, verfügt das Heilige Konzil das Folgende.«

Weil die gottesdienstliche Musik »einen notwendigen und integrierenden Bestandteil der feierlichen Liturgie« (SC 112) darstellt, ist sie »nicht bloß der Lorbeerbaum, der als Dekoration bei feierlichen Gelegenheiten aufgestellt wird«[455], sondern selbst Liturgie und kann, da sie die Gläubigen tiefer in das zu feiernde Geheimnis des Gottesdienstes einführt, diese in ihrer tätigen Teilnahme unterstützen, ja sie sogar steigern. Die »Instrumentalmusik und die Orgelmusik führen gleichsam die wortlose Musik des frühchristlichen Alleluja-Jubilus fort. Denn es gibt Wirklichkeiten, die nur mit den Mitteln der Kunst erfahren und ausgedrückt werden können«[456].

In SC 113 wird eigens betont, daß die vornehmste Form der liturgischen Handlung die gesungene Liturgie ist, und zwar unter Mitwirkung von Leviten und der »actuosa participatio populi«. Damit wird nochmals klargestellt, daß die Kirchenmusik ihrer Form und ihrem Ausdruck nach als ein Teil der Liturgie zu gelten hat. Die gottesdienstliche Musik bleibt kein bloß ausschmückender Rahmen, sondern muß selbst als Liturgie angesehen werden. Das bedeutet zugleich eine Selbstbeschränkung der Kirchenmusik: »Der Mensch im Mitvollzug der Liturgie ist Ausgang und Ziel des kirchenmusikalischen Tuns. Elitäre Ausrichtungen entsprechen ebensowenig wie die äußere Perfektion und das äußerliche Experiment einer auf die gottesdienstliche Gemeinde gerichteten Aufgabe.«[457]

---

455 H. Rennings, Musikalische Elemente als Teil des gottesdienstlichen Handelns, in: H. Hucke u.a. (Hgg.), Musik in der feiernden Gemeinde. Einsiedeln-Freiburg 1974, 55.

456 H. Musch, Entwicklung und Entfaltung der christlichen Kultmusik des Abendlandes, in: ders., (Hg.), Musik im Gottesdienst. Bd. I, Regensburg 1983, 9-107, hier 10.

457 K.G. Fellerer, Die Kirchenmusik nach dem II. Vatikanischen Konzil, in: ders., (Hg.) Geschichte der katholischen Kirchenmusik, Bd. II, 364.

In SC 114 heißt es sodann: »Der Schatz der Kirchenmusik möge mit größter Sorgfalt bewahrt und gepflegt werden. Die Sängerchöre sollen nachdrücklich gefördert werden, besonders an den Kathedralkirchen. Dabei mögen aber die Bischöfe und die übrigen Seelsorger eifrig dafür Sorge tragen, daß in jeder liturgischen Feier mit Gesang die gesamte Gemeinde der Gläubigen die ihr zukommende tätige Teilnahme auch zu leisten vermag.«

Besondere Beachtung verdienen die Artikel 28 und 30. Hier spricht die Liturgiekonstitution in einer eher eingeengten und verkürzten Sicht von der »participatio actuosa«, meistens werden nur Tätigkeiten aufgezählt; am Ende, nämlich in Art. 30, gibt es noch einen Verweis auf die Bedeutung des Schweigens: »Um die tätige Teilnahme zu fördern, soll man den Akklamationen des Volkes, den Antworten, dem Psalmengesang, den Antiphonen, den Liedern sowie den Handlungen und Gesten und den Körperhaltungen Sorge zuwenden. Auch das heilige Schweigen soll zu seiner Zeit eingehalten werden.« Ist das »passive« Hören der Kirchenmusik also keine tätige Teilnahme, selbst wenn sich der Beter von ihr in seinem Herzen ergreifen läßt?

Was meint »participatio actuosa«, und wie kann die Kirchenmusik ihr dienen und sie unterstützen?[458] Gerade beim gregorianischen Choral, so scheint es, ist ein Mitsingen des Volkes im Sinne einer »participatio actuosa« kaum möglich; es gibt hier kein äußeres Mittun, sondern »nur« ein Hören und Betrachten, das aber auch zu einem höchst aktiven Mitvollzug mit Herz und Verstand werden kann. Es ist nicht unbedeutend, daß die liturgische Kommission der deutschsprachigen Länder das Wort »actuosa participatio« mit »tätige Teilnahme« übersetzt hat, was ein äußeres Mittun insinuiert. Ein voreiliges (Miß-)Verständnis dieses Begriffs wird durch die Instructio Musicam sacram vom 5. März 1967[459] korrigiert, die in Art. 15b das

---

[458] Vgl. H. Flatten, Zur Rechtslage der Musica sacra nach dem II. Vatikanischen Konzil, in: Ius et salus animarum (FS B. Panzram). Freiburg 1972, 174.

[459] Sacra Congregatio Rituum, Instructio de musica in sacra Liturgia »Musicam sacram«, in:

Hören der Musik bei einem Gottesdienst als eine »durchaus legitime Form der actuosa participatio« ansieht. Damit ist noch eindeutiger nach Wesen und Funktion der Musik im Gottesdienst zu fragen.

Der Römische Liturgierat (consilium) hat 1967 mit der Ritenkongregation eine »Instruktion über die Musik in der Liturgie« herausgegeben, in der es von der Eucharistie heißt, daß »diejenigen Teile, die an sich zum Singen bestimmt sind, auch wirklich gesungen werden, und zwar in der von ihrem Wesen verlangten Form« (Nr. 6). Dabei sind »verschiedene Zwischenstufen möglich«: »Bei der Auswahl der Teile, die gesungen werden, soll mit den wichtigeren begonnen werden, vor allem mit jenen, die vom Priester oder den Ministri zu singen sind und bei denen das Volk antwortet, sowie mit jenen, die vom Priester und vom Volk zusammen zu singen sind; die übrigen nur vom Volk oder nur vom Sängerchor zu singenden Teile sollen stufenweise hinzugefügt werden« (Nr. 7).[460]

Der Ordo Missae betont, daß Credo und Sanctus von allen gesungen werden sollen (AEM 43,55b), hingegen kann das Gloria vom Chor allein vorgetragen werden (AEM 31). In der Instruktion heißt es in Nr. 34: »Wenn die Gesänge des sogenannten 'Ordinarium Missae' mehrstimmig gesungen werden, können sie vom Sängerchor in der gewohnten Weise mit oder ohne Instrumentalbegleitung vorgetragen werden unter der Voraussetzung, daß das Volk nicht gänzlich von der Teilnahme am Gesang ausgeschlossen wird. Sonst aber können die Teile des 'Ordinarium Missae' im fortlaufenden Wechsel oder in sinnvoller Zusammenfassung größerer Textteile zwischen Sängerchor und Volk oder auch innerhalb des Volkes aufgeteilt werden. In diesen Fällen möge man beachten: Das Symbolum als eine Form, den Glauben zu bekennen, soll nach Möglichkeit von allen gesungen werden, oder in einer solchen Form, die eine entsprechende Teilnahme der Gläubigen gestattet. Das Sanctus als abschließende Akklamation

---

AAS 59 (1967) 300-320.

[460] Besonders erwähnt werden der Antwortpsalm und das Vaterunser.

zur Präfation soll regelmäßig von der ganzen Versammlung, gemeinsam mit dem Priester, gesungen werden. Das Agnus Dei kann so oft als nötig gesungen werden, insbesondere bei der Konzelebration, da es die Brotbrechung begleitet. Es ist zu wünschen, daß das Volk wenigstens in die Schlußbitten einstimmt.«[461] Ferner wird gesagt, daß der Chor nach »den gewohnten Regeln« (Nr. 33) das Ordinarium singen kann, und zwar unter der Bedingung, daß der Gemeindegesang berücksichtigt wird. Dies kann zu folgender Überlegung veranlassen: »Stellt man die 5 Sätze des Ordinariums 7 weiteren Gesangsteilen der Messe - abgesehen von Akklamationen und Responsorien - gegenüber, so wird man keine prinzipielle Ungleichgewichtigkeit zuungunsten des Gemeindegesangs feststellen können. Wenn der Chor eine Meßkomposition singt, muß diese nicht zerstückelt werden. In allen anderen Fällen, also wenn der Chor kein Ordinarium singt, gilt die Regel, daß das Credo 'nach Möglichkeit' von allen gesungen werden soll, das Sanctus jedoch de more (der Regel gemäß) von Gemeinde und Vorsteher gemeinsam.«[462]

Bei der Aufteilung der liturgischen Gesänge in der Liturgie geht es um keine Frage rein äußerer Proportionen, sondern um ein inneres Abwägen. Die Liturgiekonstitution nennt ein wichtiges Kriterium, wann Kirchenmusik der liturgischen Handlung am besten dient: »So wird denn die Kirchenmusik umso heiliger sein, je enger sie mit der liturgischen Handlung verbunden ist, sei es, daß sie das Gebet inniger zum Ausdruck bringt oder die Einmütigkeit fördert, sei es, daß sie die heiligen Riten mit größerer Feierlichkeit umgibt« (SC 114). Führt die Kirchenmusik die Gläubigen tiefer in das Mysterium der Eucharistie ein, hat sie ihre eigentliche Aufgabe erfüllt.

---

461 Übersetzt von F.K. Praßl, Orchestermessen in der heutigen Liturgie. Anachronismus oder willkommene Bereicherung?, in: IkaZ 29 (2000) 305-321, hier 311f. Hier finden sich auch weitere Ausführungen zu diesem Thema.

462 Ebd., 312.

Die erwähnte Instruktion vermeidet eine apodiktische Rollenverteilung der Gesänge, so daß begründete Ausnahmen denkbar sind, ohne daß dadurch die Grundprinzipien außer Kraft gesetzt werden: »Diese Harmonisierung von einander in nicht unwesentlichen Details widersprechendenden Liturgiekonzeptionen ist ein tragfähiger Kompromiß, der in sehr weitsichtiger Weise zu erkennen gibt, daß mit dem Tun des einen das Unterlassen des anderen noch nicht zwangsläufig verbunden ist.« Praßl resümiert: »Im Wortgottesdienst können Antwortpsalm und Evangelienruf gar nicht akustisch ihrer theologischen Bedeutung entsprechen, wenn die nackte Dürftigkeit mancher Verslein aus dem Kantorenbuch mit dem Credo einer Klassikermesse konfrontiert wird. Die zentralen Gesänge des Wortgottesdienstes gehören musikalisch aufgewertet, nicht das Credo gestrichen ... Reiche Musik zeigt bei einer rituellen Gestalt ohne Ministri mit Kerzen und Weihrauch deutlicher als sonst auf, daß Elemente, die der Meßordo vorsieht, fehlen ... Eine gewisse Balance zu den übrigen Elementen des Hochgebetes wird eher erreicht, wenn nicht das kürzeste gewählt wird, sondern ein längeres. Dabei sollte auf Kantillation nicht verzichtet werden, welche dem Vortrag mehr Gewicht verleiht. Die intensivere Beteiligung der Gemeinde durch Akklamationen im Hochgebet ist in diesem Kontext ein sinnvolles Postulat. Bei der Diskussion um richtige Proportion ist auch die Kantillation der Lesungen in Betracht zu ziehen, deren Zahl bei so festlichen Meßfeiern nicht nach dem Sonderrecht des deutschen Meßbuchs auf zwei reduziert werden soll ... Fürbitten werden nach einem Credo des Chors gewichtiger, wenn die Gemeinde den Ruf mehrstimmig singt ... Alle diese Überlegungen sind kein Plädoyer für kurze Messen.«[463]
Die Krise der Liturgie, zu der es nach dem II. Vatikanum und der Liturgiereform gekommen ist, erweist sich für die Kirchenmusik als eine kritische Situation, da sie eng, wie sich zeigt, mit dem Verständnis der »participatio actuosa« zusammenhängt. Bedeutet »tätige Teil-

[463] Ebd., 317f.

nahme«, daß alle im Gottesdienst gleicherweise »aktiv« etwas zu tun haben (sollen)? In einem solchen Fall wäre so etwas wie eine festliche »Konzertmesse« ein Unding und nicht mehr zu rechtfertigen. Die überkommene Festmesse bzw. das sogenannte Festhochamt scheinen unverbrüchlich mit einer kultischen Auffassung verbunden zu sein, welche sich mit dem gegenwärtigen Verständnis der Liturgie nur sehr schwer in Einklang bringen läßt. Zudem hat sich die Auffassung vom Gemeindegesang grundlegend verändert: Nicht sein künstlerischer Wert und seine musikalische Vorzüglichkeit sind von Bedeutung, entscheidend ist vielmehr, ob der Kirchengesang die Gemeinde aktiv am Gottesdienst teilnehmen und sie zu einer Gemeinschaft vor Gott werden läßt. Deshalb ist es nicht überraschend, daß die überkommene Tradition der Kirchenmusik in ihrer Bedeutung kaum geschätzt und auf sie zurückgegriffen wird.

Die liturgische Musik ist keine »l'art pour l'art«, denn der Lobgesang, wie er in und mit der Musik vollzogen wird, kann nie nur genossen oder mit Beifall abgetan werden; der Einsatz der Musik in der Liturgie wird immer zu einer Herausforderung im Leben werden. Augustinus sagt: »Wenn du mit deiner Stimme singst, wirst du immer wieder aufhören müssen: Singe in deinem Leben so (weiter), daß du niemals schweigst.«[464] Das ganze christliche Leben hat zu einem »Lobgesang« auf Gott zu werden. Lobgesang in der Musik und Glaubenszeugnis im Alltag gehören zusammen. Dazu heißt es bei Augustinus: »Das Lob soll mit Leib und Seele vollzogen werden, nicht nur eure Zunge und Stimme sollen Gott loben, sondern auch euer Herz, euer Leben, euer Tun. Denn wir singen das Lob Gottes (hörbar) nur in der Kirche, wenn wir uns (zum Gottesdienst) versammeln. Sobald jedoch jeder wieder seinen eigenen Angelegenheiten nachgeht, hört er gleichsam auf, Gott zu loben. Er soll aber nicht aufhören, recht zu leben -, dann verbleibt er immer im Lob Gottes.«[465]

---

[464] Augustinus, Enarr. in Ps. 146 (PL 37,1899).

[465] Augustinus, Enarr. in Ps. 148 (PL 37,1938).

Aus der allgemeinen Bedeutung der Kirchenmusik für das christliche Leben im Glauben folgt ihre theologische Relevanz. W. Stählin[466] sagt, »daß das Lied der Kirche neben der wissenschaftlichen theologischen Aussage über Gott und die Geheimnisse des himmlischen Reiches eine zweite vollgültige Form der Aussage ist. Das Lied der Kirche ist nicht etwa nur angewandte Theologie, sondern dieser hymnische Ausdruck des Glaubens an Gott ist das Ursprüngliche, und die Theologie als Wissenschaft ist dann die Reflexion über das, was im Kultus, im Hymnus, im Sakrament der Kirche vollzogen wird«. Die theologische Reflexion wird am Ende der Zeiten ihre Erfüllung im Lobpreis des Hymnus finden: »Der Hymnus ist die in alle Ewigkeiten währende Endgestalt der theologia.«[467] Doch schon jetzt ist der Hymnus die Vorausnahme dessen, was am Ende der Zeiten die Vollendung ausmacht, und zwar als Anbetung und Lobpreis. Aufgrund der theologischen wie auch eschatologischen Bedeutung des Hymnus ist zu verstehen, daß in der frühen Kirche die großen Theologen auch Hymnen dichteten, denn diese sind die ursprüngliche Form der Aussage über Gott. Der Hymnus ist »Rede und Vollzug dessen, wovon geredet wird. Hier wird nicht *über* etwas geredet, sondern es wird redend vollzogen. Die hymnische Anrede, auch wenn sie im Lied der dritten Person gestaltet ist, ist die angemessenste Form der theologischen Aussage«[468].

Eine weitere Frage, die mit der Bedeutung der Kirchenlieder in der Feier der Eucharistie zusammenhängt, ist die nach ihrer Sprachgestalt. Ein Blick in die offiziellen Gesangbücher der Diözesen läßt die kritische Frage stellen, ob die in ihnen verwendete kirchlich-liturgische Sprache ihrem Inhalt und Auftrag überhaupt gerecht wird: Die in den Gesangbüchern verwendete Sprache wird nicht bloß ge-

---

466 W. Stählin, Das Lied der Kirche und die Theologie, in: MuK 28 (1958) 145-153, hier 149.

467 P. Brunner, Zur Lehre vom Gottesdienst der im Namen Jesu versammelten Gemeinde, in: Leitourgia. Handbuch des evangelischen Gottesdienstes. Bd. I, Kassel 1954, 264.

468 W. Stählin, Das Lied der Kirche und die Theologie, 149.

genüber den Sprachgewohnheiten des heutigen Menschen als fremdartig und inadäquat empfunden, zudem entspricht sie kaum den liturgischen Anforderungen. Dies läßt sich leicht an dem 1975 herausgegebenen »Gotteslob« der deutschsprachigen Diözesen veranschaulichen: Die in den Liedern verwendete Sprache bleibt meilenweit hinter dem Anspruch ihres Inhalts zurück. Meist scheint das Lied mehr dem Reim verpflichtet zu sein als der Größe und dem ungeheuerlichen Inhalt des Glaubens. Dieser wird vorschnell reduziert und dem Maß des Reimes geopfert, so daß sich nun reimen können »gesund« auf »Herzensgrund«, »Gerichte« auf »Angesichte«, »Stamm« (des Kreuzes) auf (Opfer-)»Lamm«, »Gesicht« auf »Gericht«, »lag« auf »Tag« und »Grabes Stein« auf »Gnadenschein«, »starker Held« auf »niederfällt« und »Leid« auf »Ewigkeit«. Ein derartiges Sprachgebaren zeugt nicht für Sprachmächtigkeit, sondern eher für eine Müdigkeit der Sprache: »Überdruß an der Sprache, Überdruß am Wort - so läßt sich formelhaft andeuten, was die heutige Krise des Christentums ausmacht, worin sie ihre tiefste Wurzel hat.«[469] So ist neu die Frage nach dem Wesen des Gotteslobes und einer authentischen liturgischen Sprachform im Vollzug des christlichen Gottesdienstes und der Liturgie zu stellen.

7. Wortgottesdienst mit Kommunionausteilung

Weil die Eucharistie heute nicht mehr, wie gewünscht, häufig genug gefeiert werden kann, tritt an ihre Stelle zunehmend der »Wortgottesdienst mit Kommunionausteilung«.[470] Die Austeilung der Kommunion außerhalb der Messe ist höchst problematisch und kommt als solche erst ab 1800 vor. Der Wortgottesdienst mit Kommunionausteilung ist in der gesamten Liturgiegeschichte ein Novum (erstmals 1965 mit der Erlaubnis der Stationsgottesdienste in der ehema-

---

469 G. Ebeling, Einführung in die theologische Sprachlehre. Tübingen 1971, 3.

470 B. Kirchgessner, Kein Herrenmahl am Herrentag? Regensburg 1996; K. Schlemmer, Herrentag ohne Herrenmahl?, in: Anzeiger für die Seelsorge 105 (1996) 480-489.

ligen DDR).

Die Feier der Eucharistie ist die Quelle und der Höhepunkt kirchlichen Lebens. Deshalb fehlt einer Gemeinde das Wesentliche, wenn sie nicht jeden Sonntag die Eucharistie feiern kann. Aber das heißt nicht, daß der Tag der Auferstehung einzig und allein im Rahmen einer Eucharistiefeier gefeiert werden kann. Der Herrentag bleibt auch dann der Versammlungstag der Gemeinde, wenn diese sich unter das Wort des Evangeliums stellt: »Wo zwei oder drei in meinem Namen versammelt sind, bin ich mitten unter ihnen« (Mt 18,20). Wer den Wortgottesdienst gering achtet, fällt hinter die Grundaussagen des II. Vatikanum zurück.

Auf dem Konzil vollzog sich eine grundlegende Neubesinnung auf die Heilige Schrift und ihre Bedeutung für die Liturgie. Das II. Vatikanum steht in der »Nachfolge«[471] des Konzils von Trient und des I. Vatikanum, aber es geht eigene Wege, um die Beziehung zwischen Schrift und Tradition darzulegen.[472] Die Begegnung mit dem Wort Gottes ist für das Leben der Kirche von unersetzbarer Bedeutung, denn in dieser Begegnung wirkt der Heilige Geist (GS 21) und leitet die Gemeinde in den vier Grundbereichen kirchlichen Lebens, nämlich in der Liturgie (DV 21), Verkündigung (ebd.), Theologie (DV 24) und im Alltag der Gläubigen (DV 25). Das II. Vatikanum lehrt, daß es nur ein einziges Brot des Lebens gibt, von dem die Kirche und die Gläubigen leben, die an den Tisch des Wortes und den Tisch der Hei-

---

471 »inhaerens vestigiis«, in: Dogmatische Konstitution über die göttliche Offenbarung »Dei Verbum« (=DV), 1.

472 Vgl. die Kommentare zu DV 4: C.M. Martini, La Sacra Scrittura nella vita della Chiesa, in: La Costituzione dogmatica sulla divina Rivelazione. Turin 1966, 265-305; A. Grillmeier, La Sainte Écriture dans la vie de l'Église, in: La Révélation divine. Bd. II, Paris 1968, 435-460; E.J. Lengeling, Liturgie: Dialog zwischen Gott und Mensch, in: Kirche nach dem Konzil. Mainz 1966, 92-135. - Die theologische Debatte über die Tradition fand ihr prägendes Zeugnis bei Y. Congar, La Tradition et les traditions. Paris 1960-1963; vgl. auch J.R. Geiselmann, Die Tradition, in: Fragen der Theologie heute. Einsiedeln 1960, 69-108; Mysterium Salutis. Bd. I, Einsiedeln 1965, 497-621.

ligen Eucharistie herantreten.[473] An die kirchliche Tradition erinnernd, heißt es: »Die Kirche hat die Heiligen Schriften immer verehrt wie den Herrenleib selbst, weil sie, vor allem in der heiligen Liturgie, vom Tisch des Wortes wie des Leibes Christi ohne Unterlaß das Brot des Lebens nimmt und den Gläubigen reicht.«[474] Wort und Sakrament lassen das in Christus geschehene Heilsereignis fortwirken und verweisen dabei aufeinander, so daß das eine im anderen mitgegeben ist. Kardinal Kasper nennt dies die »gegenseitige Perichorese von Wort und Sakrament«[475], und Bischof Kurt Koch führt dazu aus: »Denn wie das Sakrament ein Signum efficax ist, so erweist sich auch das Wort als ein Verbum efficax. Von daher spricht nichts dagegen, alle wesentlichen Dimensionen, die man theologisch vom Sakrament aussagen muß, auch vom Wort zu betonen: Auch das Wort ist memoria des Heilsgeschehens ('signum rememorativum'); auch das Wort ist aktuelle Zuwendung der Heilsfrucht ('signum demonstrativum'); und auch das Wort ist Vorwegnahme des Eschaton ('signum prognosticum'). Und wie das Sakrament worthaft strukturiert ist, so stellt sich auch das Wort als sakramental dar. Nicht nur hat das Wort eine für das Sakrament interpretierede und konsekrierende Funktion, sondern auch das Sakrament stellt gleichsam eine besondere Form der Verkündigung dar, wie die nach 1 Kor 11,26 gebildete Wandlungsakklamation anschaulich zeigt.«[476]

---

[473] Man wollte diesen Bezug auf den Tisch des Wortes und der Eucharistie schon in die Konstitution über die Heilige Liturgie »Sacrosanctum Concilium« (= SC) 48 einbringen, aber die Interventionen einiger Konzilsväter, die gegen diese Parallele und diesen Vergleich waren, schüchterten die Kommission für die Liturgie ein. Deshalb bringt der definitive Text, der die Verbindung dieser Ausdrücke vermeidet, lediglich den Wunsch zum Ausdruck, daß die Gläubigen »sich durch das Wort Gottes formen lassen« und »am Tisch des Herrenleibes Stärkung finden«. In SC 51 bleibt der Gedanke vom Tisch des Wortes streng getrennt von der Eucharistie. Vgl. die Konzilstexte »Presbyterorum ordinis« 18, »Ad gentes« 6 und »Perfectae caritatis« 6.

[474] DV 21.

[475] W. Kasper, Glaube und Geschichte. Mainz 1970, 306.

[476] K. Koch, Fenster sein für Gott. Unzeitgemäße Gedanken zum Dienst in der Kirche,

Heilige Schrift und Brot werden in der Liturgie zum Wort und Leib des auferstandenen Christus. Das Studium der Heiligen Schriften ist, wie dargestellt, sakramentaler Art, ja, es ist ein sakramentaler Vorgang, denn im Lesen der Heiligen Schriften »essen« wir Christus: »Wir essen das Fleisch und trinken das Blut Christi im Geheimnis (der Eucharistie), aber auch in der Lesung der Heiligen Schrift«, und: »Für mich denke ich, daß das Evangelium der Leib Christi ist«[477].
Aus der Hochschätzung des Gotteswortes ergibt sich eine wichtige Antwort für die Frage nach den Wortgottesdiensten mit Kommunionausteilung. Zwischen Wortgottesdienst und Eucharistie kann es kein Drittes geben, denn dies würde die Christuspräsenz im Wort abwerten bzw. eine neue Kommunionfixierung bedeuten, bei der die gesamte Gedächtnisfeier, die dazu gehört, nicht mehr gesehen wird. Ferner löst sich durch die sog. Kommunionfeiern der innere Zusammenhang von Gemeinde, Amt und Eucharistie, was schließlich zu neuen »priesterlichen« Bezugspersonen führen wird. Bei der sogenannten »kleinen Messe« bzw. einer »Messe ohne Hochgebet« bleibt die Frage: Kann man die Frucht des Sakraments vom diesem lösen und getrennt davon verfügen? Beim sonntäglichen Wortgottesdienst mit Kommunionfeier kann gefragt werden, ob hiermit nicht eine ähnliche Praxis wie vor dem Konzil favorisiert wird, nämlich die Kommunion auch ohne Teilnahme an der Heiligen Messe empfangen zu wollen.
Bei einem Wortgottesdienst mit Kommunionausteilung besteht die Gefahr, daß es schließlich zu einem neuen Typ von »Messe« kommt. Statt dessen wäre es - ganz im Sinne des II. Vatikanum - ratsamer, den Tisch des Wortes reichlich zu decken und den des Brotes leer zu lassen; ist es doch besser, »diese Leere auszuhalten, als sich mit unbefriedigenden Lösungen zu arrangieren«: »zwischen der Wort-Gottes-Fei-

---

Fribourg 2002, 124.

477 Hieronymus, Kommentar zu Ekklesiastikus 3,13 (PL 23,1092 A) und zu Psalm 147 (PL 26,1334 B).

er und der Eucharistiefeier gibt es kein eigenständiges Drittes«[478]. Ferner ist zu bedenken, daß es heute nicht bloß der Sicherung einer häufigen Kommunionausteilung bedarf als ehrr der (mystagogischen) Hinführung zu den Sakramenten; die »katechumenalen« Strukturen und Vollzüge sind auszubauen, statt mit einer Engführung auf die Vollform des Sakraments zu einem Verlust der glaubwürdigen Teilnahme an der Feier der Liturgie beizutragen.[479]

Gerade die Feier der Stundenliturgie wäre die gemäße Form, um auf die heutige Not zu antworten. Im Deutschen wird von »Stundengebet« gesprochen, doch ist die *Liturgia horarum* nicht nur Gebet, sondern Liturgie. Ihr sind die zwei Grundmerkmale der Liturgie eigen, nämlich daß in ihr das priesterliche Mittlertum Christi aktualisiert wird, was jedoch - wie sich zeigte - nicht ausschließt, daß das ganze Volk Träger dieser Liturgie ist (SC 1).[480]

Hinter dem unterschiedlichen Gebrauch von »Stundengebet« und »Stundenliturgie« stehen die beiden Grundformen der Tagzeitenliturgie: Das *monastische* Stundengebet ist dem Ideal des »immerwährenden Gebets« (in den sieben »kanonischen Horen«) verpflichtet, während sich die *kathedrale* Stundenliturgie am Ablauf des Tages und des Lichtes (am Abend und am Morgen) orientiert. Es ist zu bedauern, daß die Liturgiereform den Gemeinden einzig die monastische Form des Stundengebets ermöglicht hat, die kathedrale Stundenliturgie hingegen keine Wiederbelebung erfuhr, obwohl gerade sie die Urform der gemeindlichen Tagzeitenliturgie ist und künftig erneut im Leben der Gemeinden wieder sein könnte.

---

478 F. Kamphaus, Tut dies zu meinem Gedächtnis. Freiburg 1999, 31.

479 W. Schäfer, Christsein lernen von Grund auf: Katechumenale Wege für Getaufte, in: Lebendige Katechese 10 (1988) 110-119; Th. Kopp, Katechumenat und Sakrament - nicht aber Sakramentenspendung an Ungläubige, in: Anzeiger für die Seelsorge 97 (1988) 35-38; D. Emeis, Zwischen Ausverkauf und Rigorismus. Zur Krise der Sakramentenpastoral, Freiburg 1991.

480 Die einzigartige Sonderstellung der Tagzeitenliturgie zeigt sich auch darin, daß nur Getaufte an ihr teilnehmen.

8. Pastorale Neubesinnung

Noch ein Wort zu grundlegenden Fragen aus dem unmittelbar pastoralen Bereich, die sich gegenwärtig mit der Eucharistie und dem dargestellten Amtsverständnis ergeben. Zunächst eine Überlegung zur pastoralen Standortbestimmung des priesterlichen Dienstes. Der Unterschied zwischen dem Priestertum aller Glaubenden und dem Amtsträger ist, wie deutlich wurde, nicht allein rechtlicher, sondern sakramentaler Art, er liegt auf der Ebene des »Zeichens«: Der Priester ist wirksames Zeichen dafür, daß Christus seine Kirche leitet und in ihr gegenwärtig wirkt. Daraus folgt: Die Priester sind Werkzeuge Christi, nicht Delegierte des priesterlichen Volkes, und sie üben ihr Amt nicht nur auf Grund von Kompetenz aus (vgl. Pastoralassistenten), sondern repräsentieren (im Gegenüber zur Gemeinde) die Verwiesenheit der Kirche auf Christus. Auch die Priesterweihe überträgt nicht bloß bestimmte geistliche und rechtliche Vollmachten; sie gilt vielmehr als ein »Geschenk für die Gemeinde, das von Christus selber kommt, aus der Fülle seines Priestertums«[481]. Die Begründung des Amtes kommt weder aus der Gemeinde noch durch erworbene Kompetenz, sondern dadurch, daß in der Weihe Christus einen Menschen in Anspruch nimmt, damit seine, nämlich Christi Wirklichkeit im sakramentalen Tun, im Wort und im Dienst zum Ausdruck gebracht, d.h. »repräsentiert« wird.[482]

Das Gegenüber des Priesters zur Gemeinde beschränkt sich aber nicht auf die Darbringung des eucharistischen Opfers. Das Amt des Priesters ist nicht »priesterlich«, weil es für den Kult verantwortlich

---

[481] Johannes Paul II., Gründonnerstagsbrief 1979, Nr. 4.

[482] Da schon im Neuen Testament das Amt nicht nur ein Charisma in der Gemeinde, sondern auch gegenüber der Gemeinde ist, muß es als eine der schwerwiegenden Fehlentwicklungen der nachtridentinischen Kirche gelten, daß das Amt in den Laien und ihren verschiedenen Diensten, die der Geist sich beruft, kein echtes Gegenüber mehr hatte. Der Priester bedarf eines solchen Gegenübers, damit deutlich wird, daß Kirche nicht durch das Amt allein konstituiert ist, sondern daß sie Werk des Geistes ist, der in den vielen Charismen wirksam ist.

ist (»Opfer«), sondern weil es die Selbsthingabe Jesu bezeugt und darin Gemeinde gründet und leitet. Dies wird bei Paulus darin deutlich, daß er seine apostolische Tätigkeit als öffentlich-amtliche Opfer-Leiturgia für die Welt versteht: »damit ich als Diener (leitourgón) Christi Jesu für die Heiden wirke und das Evangelium Gottes wie ein Priester (hierourgounta) verwalte; denn die Heiden sollen eine Opfergabe werden, die Gott gefällt, geheiligt im Heiligen Geist« (Röm 15,-16; vgl. 1 Kor 9,13f.; 2 Tim 4,5f.). Die Verkündigung des Evangeliums tritt an die Stelle des alttestamentlichen Opfervollzugs.

Das II. Vatikanum bezieht sich auf die klassische Theorie des Weihesakramentes, geht aber bei der Definition vom Bischofsamt aus. Der Episkopat nimmt in der Konzeption des Weihesakraments insofern den bevorzugten Platz ein, als der Schwerpunkt auf der Verkündigung des Gotteswortes liegt, was gegenüber der traditionellen Auffassung neu ist. Der priesterliche Dienst definiert sich nicht primär vom Vorsitz in der liturgischen Versammlung, vielmehr nimmt der Priester als Mitarbeiter des Bischofs an dessen primärer Aufgabe teil, das Evangelium zu verkünden. Leben und Tun des Priesters entscheiden sich am Dienst der Verkündigung; diesem Dienst bleiben die Verwaltung der Sakramente und die dem Priester entsprechende Leitungsgewalt untergeordnet (PO 4). Als Verkünder des Evangeliums steht der Priester der Feier der Eucharistie vor, die die wahre Quelle kirchlichen Tuns ist: Kein Wort kann mehr bewirken, als was in der Liturgie geschieht, und keine Einheit kann tiefer und glaubwürdiger sein als in diesem Heiligen Mahl.[483]

Die sakramentalen Grundvollzüge werden im Dienst des Priesters dadurch verdeckt, daß das frühere kultisch-sacerdotale Priesterbild

---

[483] Wo aber ein für die Gemeinde im *umfassenden* und sie *begründenden* Sinn konstitutiver Dienst, ein »Amt«, neu entstanden ist, sollte man sich einer Differenzierung des Ordo nicht verschließen. Werden diakonale Funktionen ausgeübt, sollte die Diakonatsweihe nicht fehlen; und wo weitgehend priesterliche Funktionen wahrgenommen werden, um fehlende Priester zu ersetzen, bedarf es der Priesterweihe; denn fehlende Priester sind nur durch Priester zu ersetzen.

heute abgelöst ist durch das »presbyterale«, das den Priester zuweilen in die Rolle des reisenden Meßpriesters und Sakramentenspenders drängt. Die Gefahr dieser Entwicklung liegt darin, daß der Priester nicht mehr von seinem Bezug zur Gemeinde verstanden wird: Wer der Feier der Eucharistie vorsteht, soll auch in der jeweiligen Gemeinde leben und nicht nur zu gewissen Zeiten »eingeflogen« werden. Liturgie ist Dienst, nicht Service.

Die Glaubwürdigkeit der liturgischen Vollzüge im Leben des Christen fordert einen alternativen Umgang mit der Zeit. Deshalb wirkt sich die Hektik der Priester nirgends verheerender aus als in der Hast unserer Gottesdienste, in der Pseudopräsenz, in der der Priester der Eucharistiefeier vorsteht, aber schon auf dem Sprung, die nächste Eucharistie in der anderen Pfarrei zu halten, die zweite Weihnachtsmette, die zweite Osternacht. Hier nützt es nichts, auf die Ritualien zu schreiben: »Die Feier der Krankensalbung«, »Die Feier der Versöhnung«. Es bleibt liturgischer Etikettenschwindel, wenn der Vorsteher solcher Feiern nicht mehr zu feiern versteht.

Die »Zivilisation der Liebe« (Johannes Paul II.) erstickt im Dilemma der gegenwärtigen seelsorglichen Situation. Einer wachsenden Bedürftigkeit der Menschen (Gastarbeiter, Asylbewerber, psychisch Kranke, Drogenabhängige, Aids, Bevölkerungsexplosion, wachsende Freizeit, zunehmende Anonymität in der Gesellschaft) steht eine stete Überbeschäftigung der Seelsorger gegenüber. Diese wird meist begründet mit dem »laufenden Betrieb« einer heutigen Gemeinde oder mit dem Priestermangel, unterscheidet sich aber nicht wesentlich von der mangelnden Wahrnehmungsfähigkeit, wie sie bereits das Samaritergleichnis denen bescheinigt, die vom Tempeldienst besetzt sind (Lk 10,25-37).

Statt des Allround-Priesters bedarf die Gemeinde der Vielfalt der Charismen; gerade hier ist die zunehmende Zahl von Laientheologen ein hoffnungsvolles Zeichen. Aber es bedeutet eine »unechte Vielfalt« neuer kirchlicher Dienste, die das Amt selbst entleert, wenn den Laien praktisch alles übertragen wird, mit Ausnahme der letzten sakramentalen Vollzüge (Eucharistiefeier, Absolution usw.). Angesichts der gegenwärtigen Praxis in vielen Gemeinden fragt Bischof Kurt Koch, »wie lange noch unsere Kirche ohne weiteren Schaden mit diesem Paradox leben kann, daß sie pastoral etwas tun *muß*, was sie ekklesiologisch eigentlich gar nicht *darf*«[484].

Der Priester bleibt zuweilen ein »magischer« Vollmachtsträger, kaum eingebunden in das Leben der Gemeinde. Da die Sakramente jedoch die wichtigsten Stationen menschlichen Lebens sakramental verdichten, muß das sakramentale Priesteramt der Kirche in allen wichtigen Ereignissen menschlichen Lebens gegenwärtig sein. Der Priester darf nicht nur als Sakramentenspender für die Menschen bestellt sein, sondern hat als der von Christus Gesandte auch durch sein Mitleben das menschliche Dasein auf seine »geistlichen« Heilsdimensionen hin zu öffnen; um dies zu können, muß der Priester im Leben der Menschen präsent sein und nicht nur als »Gast von Gottes Gnaden« eingeführt werden.

Exemplarisch wird unsere Not gegenwärtig in der Sakramentenpastoral deutlich. Wir operieren zu schnell mit rechtlichen Kategorien, die dann in die Alternative von Zulassung und Ausschluß wie in eine Sackgasse führen. Wir werden lernen müssen, daß Gott die Menschen oft sehr lange Wege führt, ehe sie in Ausdrücklichkeit und in sakramentaler Zeichenhaftigkeit das Mysterium gläubig bekennen. Zu schnell versuchen wir, den Menschen die Vollform einer kirchlich-gläubigen Existenz überzustülpen, auch wenn sie diese in innerer Wahrhaftigkeit überhaupt noch nicht nachvollziehen können. Die Auffächerung kirchlich-pastoralen Handelns im Hinblick auf die unterschiedlichen »Standorte« der Menschen wird große Spannungen in das Gemeindeleben hineintragen. Diesem Prinzip der Gradualität in der Seelsorge und Sakramentenpastoral entspringt umgekehrt das Bemühen, in allen Lebenssituationen Anknüpfungspunkte für einen

---

[484] K. Koch, Fenster sein für Gott. Unzeitgemäße Gedanken zum Dienst in der Kirche, Fribourg 2002, 75.

möglichen Nachfolgeweg zu entdecken und diese in der seelsorglichen Begegnung dem anderen freizulegen. Es muß mehr um Einholung, weniger um Ausgrenzung gehen.

Nachdem die liturgischen und pastoraltheologischen Bemühungen um das Erwachsenenkatechumenat vorangetrieben sind, bedarf es heute einer Intensivierung des Bewußtseins und der Praxis dieses Instituts. Die Katechumenen zwingen die Kirche zu einer heilsamen Konzentration der Verkündigung auf die Basissätze des christlichen Glaubens, manchmal auch zu einer Entschlackung des christlichen Wortschatzes.

Schon mit diesen wenigen Hinweisen zur pastoralen Neubesinnung wird deutlich, wie sehr es gegenwärtig einer sakramententheologischen Begründung und Durchdringung der christlichen Existenz bedarf. Die kirchliche Verkündigung von Erlösung und Heil muß in ihren gottesdienstlichen Formen glaubwürdig bleiben. Sonst werden die Sakramente eine Institution zur Umgehung der wirklichen Erlösung durch Gott, indem die Sakramente nicht empfangen werden, um dem Empfangenden zu vermitteln, was sie ihm vermitteln wollen, sondern um es zu ersetzen: Man läßt sich taufen, statt gläubig zu werden, empfängt das Bußsakrament anstelle einer notwendigen Sinnesänderung und läuft täglich zur Heiligen Messe, anstatt aus dem Geschenk der Erlösung zu leben. Kurz: Man ißt nur »Bilder« vom Essen!

VIII. ANREICHERUNG

In einem letzten Kapitel soll gezeigt werden, wie unter Bezug auf die östliche Theologie und Liturgie weitere Aspekte anreichernd zu den bisherigen Überlegungen hinzugefügt werden können. Das Liturgieverständnis, wie es in der Ostkirche überliefert ist, und das heißt hier speziell in der byzantinischen Basilius-Liturgie, führt zu einem tieferen Verständnis der lateinischen Liturgie, vor allem seiner eucharistischen Hochgebete.

1. Einordnung

Die Liturgie des heiligen Basilius (gest. 379) ist früher bezeugt und damit in seiner theologischen Aussage ursprünglicher als jene Liturgie, die dem Kirchenvater Johannes Chrysostomus zugeschrieben wird. In der früh- und mittelbyzantinischen Zeit war die Basilius-Liturgie die Hauptliturgie, sie wurde jedoch schließlich - nicht zuletzt aufgrund ihrer Länge - durch die Chrysostomus-Liturgie verdrängt. Erste literarische Hinweise auf die Existenz der Basiliusliturgie reichen bis ins 6. Jahrhundert; ihr Grundtext, nämlich das Hochgebet, wird in einem Euchologion aus dem 8./9. Jahrhundert angeführt.
Auszugehen ist von einer vornizänischen Anaphora der kappadokischen Kirche, die dem heiligen Basilius vorlag und die er dann redigierte; später wurde der redigierte Text dem Kirchenvater Basilius aufgrund seiner Bedeutung zugesprochen. Neuere Forschungen ergeben eine weitere Differenzierung in der Frage, inwiefern die Basilius-Liturgie bzw. ihre Anaphora dem heiligen Basilius zugewiesen werden können. Nach Anton Baumstark[485] ist die ägyptische Basilius-Anaphora »offenbar nichts anderes als eine kürzende und ägyptischem Brauche anbequemte Bearbeitung des byzantinischen Basileiosformulars«. Ganz anders das Ergebnis der Studien des Benedikti-

---

[485] A. Baumstark, Die Messe im Morgenland. Kempten 1906, 72.

ners Hieronymus Engberding.[486] Er weist nach, daß die Markus-, Jakobus- und die ägyptische Basileiosanaphora ein einheitliches Schema haben, von dem die byzantinische Anaphora des Basilius ziemlich abweicht, besonders durch ihre zahlreichen Erweiterungen. Die ägyptische Anaphora weist - im Vergleich zu den anderen drei Fassungen - trotz ihrer Zufügungen deutlich vornizänische Züge auf. Die drei anderen Fassungen sind viel umfangreicher, vor allem die byzantinische; sie enthalten gegenüber der ägyptischen zahlreiche Erweiterungen, welche mit dem theologischen Gedankengut des heiligen Basilius und seines Traktats »Über den Heiligen Geist« übereinstimmen.[487] Daß auch die ägyptische Fassung den Namen des Kirchenvaters Basilius trägt, erklärt Engberding damit, daß Basilius um das Jahr 357 nach Ägypten gereist war und dabei die kappadokische liturgische Textvorlage mitgebracht haben könnte. Beide Anaphoren, die kappadokische wie auch die von Basilius redigierte, sind jeweils durch das Sanctus unterbrochen; die weiteren Akklamationen der heutigen Basilius-Liturgie stammen aus späterer Zeit.[488] Kurz gesagt, Engberding geht von einer ägyptischen, armenischen, syrischen und einer byzantinischen Fassung der Anaphora aus, wobei sich die letzteren von der ägyptischen Fassung dadurch unterscheiden, daß sie von der Theologie des Basilius, speziell aber von seiner Pneumatologie, bestimmt sind.[489]

---

486 H. Engberding, Das Eucharistische Hochgebet der Basileiosliturgie. Münster 1931.

487 So lautet das Ergebnis der Studien von B. Capelle, Les Liturgies »Basiliennes« et Saint Basile, im Anhang zu J. Doresse/E. Lanne, Un témoin archaique de la liturgie Copte de Saint Basile (Bibl. du Muséon 47). Louvain 1969. Besonders typisch für Basilius ist in der Anaphora z.B. die Bezeichnung des Heiligen Geistes als »gleichförmiges Siegelbild« und »Quelle der Heiligung«.

488 Ein ausführlicher Textvergleich der ägyptischen und Konstantinopler Fassung findet sich bei K.C. Felmy, Vom urchristlichen Herrenmahl zur Göttlichen Liturgie, 59-64.

489 Da die Basilius-Anaphora schon kurz nach dem Tod des Heiligen bezeugt ist, darf man annehmen, daß die Erweiterungen dem Heiligen und seiner theologischen und stilistischen Ausarbeitung entstammen.

Die Basilius-Liturgie, die heute zehnmal im Jahr gefeiert wird, blieb lange Zeit die Liturgie der Stadt Konstantinopel; als solche ist sie uns überliefert in der ältesten erhaltenen Handschrift der byzantinischen Liturgie, nämlich im Codex Barberini gr. 336.[490] Zur Zeit des Nikephoros I. Homologetes wurde in der Stadt Konstantionopel, wo er von 806 bis 815 Patriarch war, die Chrysostomus-Liturgie werktags und die Basilius-Liturgie an Sonn- und Feiertagen gefeiert.[491] Außerhalb von Konstantinopel blieb die Chrysostomus-Liturgie bis ins 9. Jahrhundert unbekannt.
Das heutige Forschungsergebnis läßt sich wie folgt zusammenfassen: Man nimmt an, daß Basilius ein überliefertes Liturgieformular im Sinne des Athanasius (gest. 373) und der ersten Ökumenischen Konzil von Nizäa (325) bearbeitet und erweitert hat, vor allem durch soteriologische (Inkarnation) und trinitätstheologische, speziell pneumatologische, Ausführungen.

2. Gefeiertes Dogma

Worin besteht das Eigengut der Anaphora des heiligen Basilius?[492] Die frühe Kirche, wie sie in der östlichen Tradition bis heute weiterlebt, sieht die einzigartige Bedeutung der Liturgie darin, daß sie Offenbarungscharakter hat, und zwar als mündliche Überlieferung, die uns im liturgischen Leben und Brauchtum überkommen ist. Dazu

---

490 Der Codex enthält Gebete der Chrysostomus-Liturgie nur als Anhang zur Basilius-Liturgie, erst im 11. und 12. Jahrhundert wird sie ganz aufgeführt. Die heutige Praxis ist seit dem 12. Jahrhundert in Konstantinopel, im folgenden dann auch für Jerusalem bezeugt.

491 Vgl. hierzu K.C. Felmy, Vom urchristlichen Herrenmahl zur Göttlichen Liturgie, 56ff. - Engberding schließt seine Ausführungen über die Angleichung der Chrysostomus-Liturgie an die des heiligen Basilius: »... niemand würde bei dieser Sachlage vor 800 vorausgesagt haben, daß einmal die Chrysostomusliturgie als Siegerin über die Basiliusliturgie triumphieren würde!« (H. Engberding, Die Angleichung der byzantinischen Chrysostomusliturgie an die Basiliusliturgie, in: Ostkirchliche Studien 13 (1964) 105-122, hier 122.

492 Ausführlich dargestellt bei H.-J. Schulz, Die byzantinische Liturgie. Glaubenszeugnis und Symbolgestalt, 21*ff.

heißt es bei Basilius von Caesarea in seinem Werk »Vom Heiligen Geist«: »Wer hat uns schriftlich gelehrt, daß die auf den Namen unseres Herrn Jesus Christus Hoffenden sich mit dem Zeichen des Kreuzes bezeichnen? Welcher Buchstabe hat uns angewiesen, uns beim Gebet nach Osten zu richten? Die Worte der Epiklese beim Weihen des eucharistischen Brotes und des Kelches der Segnung - wer von den Heiligen hat sie uns schriftlich hinterlassen? Wir begnügen uns ja nicht mit dem, was der Apostel oder das Evangelium anführen, sondern sprechen vorher und nachher noch anderes aus der ungeschriebenen Lehre, was von großer Bedeutung für das Mysterium ist. Wir segnen auch das Wasser der Taufe und das Öl der Salbung und außerdem den Täufling selbst. Auf welche schriftlichen Zeugnisse stützen wir uns da? Lassen wir uns dabei nicht von der verschwiegenen und geheimnisvollen Überlieferung leiten?«[493]
Basilius bezeichnet die ungeschriebene Tradition als »Dogma«, die geschriebene hingegen, welche er als »Kerygma« definiert, ist in der Heiligen Schrift und in den Werken der Kirchenväter überliefert. Dem »Dogma« kommt es zu, das Kerygma auszulegen und zu vertiefen, nicht mit Worten und Begriffen, sondern im Vollzug der Sakramente wie auch im Leben der Kirche und im Alltag des Christen. Das Kerygma wird verkündet, das Dogma hingegen bleibt »verschwiegen«, wie Basilius sagt, denn nur im Schweigen läßt sich die Würde der Geheimnisse bewahren und vor aller Gewohnheit und Gewöhnlichkeit schützen. Beide, Kerygma und Dogma, bilden die apostolische Tradition.[494] Darin wird deutlich, daß es nach östlichem

---

[493] Zit. nach Basilius von Cäsarea, Über den Heiligen Geist. Eingel. und übers. von Manfred Blum, Freiburg 1967, 98f.

[494] Weil die Liturgie eine »geheimnisvolle Überlieferung« darstellt, warnte Patriarch Athenagoras von Konstantinopel den römischen Papst vor einer vorschnellen Liturgiereform. Jede wesentliche Veränderung in der Liturgie kommt an der Frage nach dem Verbindlichkeitscharakter der christlichen Offenbarung und kirchlichen Tradition nicht vorbei. Die Liturgie ist nicht etwas, über das die Kirche - in freier Anpassung - verfügt. Vielmehr erhebt die Feier der Liturgie, weil sie das unverwechselbare Mysterium des Glaubens

Verständnis in der Feier der Liturgie nicht um eine Frage des Ritus und der Zelebrationsweise geht. Liturgie ist gefeiertes Dogma.

Das dem Osten eigene Verständnis der Theologie zeigt sich in seinem Verständnis von »Dogmatik« und dogmatischen Formulierungen. Für die frühe Kirche sind die »Horoi«, wie Christos Yannaras darlegt, »keine theoretischen 'Prinzipien', sondern die Grenzen (horoi, termini) der Erfahrung der Kirche, welche die gelebte Wahrheit von der Verfälschung durch Häresie trennen«[495]. Im Leben des Glaubens braucht es eine andere Sprache als die der Begriffe und Sachmitteilungen. Nach Yannaras kann auch die Schönheit der byzantinischen Ikone von dogmatischem Rang sein und die zentralen Glaubensinhalte ausdrücken, gibt sie doch Anteil an der Erfahrung der Wahrheit.

Die ostkirchliche Tradition hat niemals scharf zwischen Mystik und Theologie, zwischen persönlicher Erfahrung der göttlichen Mysterien und dem von der Kirche verkündeten Dogma unterschieden. Theologie und Mystik schließen einander nicht aus, im Gegenteil, sie stützen und ergänzen sich. Die eine kann ohne die andere nicht exi-

---

feiert, den Anspruch auf eine Verbindlichkeit für das Leben der Kirche, mit gleichzeitiger Offenheit für eine je neue Vertiefung in der jeweiligen Zeit und Kultur. Was dies heißt, läßt sich recht gut an der Basilius-Liturgie zeigen. - Bei Basilius fehlt es hier auch nicht an zeitkritischen Äußerungen. So schreibt er in seinem 90. Brief an die Bischöfe des Westens: »Ihr wißt, was uns betrübt, auch wenn wir es nicht sagen. Die Dogmata der Väter sind verachtet, apostolische Überlieferungen sind vernichtet. Die Menschen treiben Technologie (gemeint ist, daß man die Sätze nur auf ihren grammatikalischen Gehalt bedenkt und nicht auf ihren tieferen Sinn hin) anstelle von Theologie, die Weisheit der Welt hat den Vorrang, Gotteshäuser sind leer, die Älteren beklagen sich, wenn sie die früheren Situationen mit den jetzigen vergleichen, die Jungen sind noch elender, weil sie nicht wissen, was sie vermissen. Wenn also ihr eine Tröstung der Liebe, eine Gemeinschaft des Geistes habt, wenn ihr Barmherzigkeit und Mitleid habt, setzt euch in Bewegung und helft uns, zieht uns aus diesem Winter heraus, macht, daß auch bei uns jene gute Predigt der Väter offen besprochen werde« (PG 33,473; zitiert nach G. Galitis, Schrift und Tradition beim hl. Basilius, in: A. Rauch und P. Imhof [Hgg.], Basilius. Heiliger der Einen Kirche,143-156, hier 155f.).

495 Ch. Yannaras, I theolojia, in: ders., Orthodoxie und Westen. Die Theologie in Griechenland heute, Athen 1972, 51-173, hier 54 (übers. nach K.C. Felmy).

stieren: In der mystischen Erfahrung wird der Glaubensinhalt zum persönlichen »Erlebnis«. Die Theologie hat zum Nutzen und zum »Aufbau« aller auszudrücken, was jeder im Glauben, vor allem in der Feier der Liturgie, erfahren kann. Nach Basilius besteht die einzigartige Bedeutung der Liturgie darin, daß sie dogmatischen Rang hat, sie bringt das »Dogma« des Glaubens von innen her - nicht in einem subjektiven, sondern im umfassend kirchlichen Sinn - zur Erfahrung.

3. Ekstatische Erkenntnis

Eine Besonderheit der Basilius-Anaphora[496] liegt in ihrer sehr differenzierten Anrede Gottes:

> *Gebieter des Alls, Herr des Himmels und der Erde, aller sichtbaren und unsichtbaren Schöpfung. Du sitzest auf dem Thron der Herrlichkeit und ergründest die Tiefen. Anfangslos bist Du, unsichtbar, unbegreiflich, unbeschreibbar, unveränderlich, der Vater unseres Herrn Jesus Christus, des großen Gottes und Erlösers, des Gegenstandes unserer Hoffnung.*
>
> *Er ist das Bild Deiner Güte, das Siegel Deines getreuen Abbildes. Er offenbart Dich, den Vater, in seiner eigenen Person. Er, das lebendige Wort, der wahre Gott, die Weisheit vor allen Äonen, das Leben, die Heiligung, die Macht, das wahre Licht.*
>
> *Durch Ihn hat sich der Heilige Geist offenbart, der Geist der Wahrheit, die Gabe der Kindschaft, das Unterpfand künftigen Erbes, der Erstling der ewigen Güter, die lebenspendende Kraft, die Quelle der Heiligung. Durch sie betet Dich an jedes verständige Geschöpf und jede geistige Macht, die von Ihm gestärkt ist, und sendet Dir den ewigen Lobpreis empor, denn alles Seiende dient Dir.*

Der Erfahrungsbereich des Glaubens unterscheidet sich wesentlich von allen sonstigen Erfahrungen, die der Mensch in seinem Leben

---

[496] Um die Lektüre zu erleichtern, werden im folgenden die liturgischen Texte der Basilius-Liturgie kursiv wiedergegeben.

macht, denn Gott ist größer als alles, was je von ihm erkannt und erfahren werden kann. Wer von sich behauptet, irgend etwas von Gott erkannt zu haben, bei dem ist davon auszugehen, daß »sein Sinn verkehrt« ist, sagt Gregor von Nazianz.[497] Damit nennt er ein weiteres Proprium der östlichen Theologie: sie ist in allem eine apophatische.[498] Gleiches gilt für das östliche Liturgieverständnis, speziell die Basilius-Anaphora.

Der apophatische Ansatz, wie ihn auch Basilius vertritt, unterscheidet sich von dem des Neuplatonismus. Nach Plotin ist die Gottheit insofern für den Menschen unerkennbar, als sich die Seele von aller Einheit entfernt hat und nicht mehr vollständig einfach ist. Das Eine kann nicht im Denken, sondern nur in der Ekstase »erfaßt« werden; diese führt aus der Vielfalt in die Einheit, Vereinigung und Vereinfachung (háplosis). Ganz anders verhält es sich bei Pseudo-Dionysios. Er versteht die Ekstase als das unmittelbare »Hinausschreiten« (ékstasis) aus dem Bereich der geschaffenen Dinge. Der christliche Glaubensweg als »Ekstase« ist grundverschieden von jeder Art Theosophie oder Neognosis.

---

497 Gregor von Nazianz, Carmina moralia X (PG 37,748).

498 Die positive Kehrseite des apophatischen Ansatzes in der Theologie ergibt sich mit ihrer existentiellen Bedeutung im Glaubensvollzug. Dietrich Bonhoeffer spricht gegen eine rein akademische Theologie, deren Funktionslosigkeit er heraushebt: »Die größte Not kommt für den Pfarrer aus seiner Theologie. Er weiß alles, was der Mensch über Sünde und Vergebung wissen kann. Er weiß, was rechter Glaube ist, und sagt es sich so lange, bis er nicht mehr im Glauben, sondern im Denken über den Glauben existiert. Er weiß sogar, daß sein Nichtglauben die rechte Form des Glaubens ist: 'Ich glaube, lieber Herr, hilf meinem Unglauben' (Mk 9,24). Das Wissen enthüllt seine Dämonie. Es treibt immer mehr in den faktischen Unglauben hinein. Wir haben dann keine Erfahrung des Glaubens. Unsere einzige Erfahrung ist die Reflexion über den Glauben ... Theologie ist hier die Wissenschaft, in der man es gelernt hat, alles zu entschuldigen und alles zu rechtfertigen ... Natürlich sei ein guter Theologe! Aber als solcher halte dir dein Wissen drei Schritt vom Leibe! Sonst wird es dir lebensgefährlich; du gerätst in einen Sumpf, in dem der Glaube erstickt« (D. Bonhoeffer, Ursprung und Wesen der christlichen Seelsorge. München 1985, 404f.).

Der »ekstatische« Ansatz des christlichen Glaubens findet seinen Kristallisationspunkt in der Apophatik. Sie ist jene Grundhaltung, die dem (Nicht-)Erkennen Gottes entspricht. Gott ist größer als alles, was der Mensch von ihm erkennen und sagen kann, keiner hat Gott je geschaut. Die Theologie der Verneinung lehrt, selbst in den Dogmen der Kirche zunächst ihren »negativen«, d.h. aphophatischen Sinn hervorzuheben, denn der Glaube übersteigt die gewohnten Wege menschlichen Denkens; über Gott und seine Mysterien lassen sich keine rationalen Begriffe bilden, die von der Erfahrung der geistlichen Wirklichkeiten gelöst werden können. So heißt es in der Anaphora der Basilius-Liturgie:

> *Gebieter des Alls, Herr des Himmels und der Erde, aller sichtbaren und unsichtbaren Schöpfung. Du sitzest auf dem Thron der Herrlichkeit und ergründest die Tiefen. Anfangslos bist Du, unsichtbar, unbegreiflich, unbeschreibbar, unveränderlich, der Vater unseres Herrn Jesus Christus, des großen Gottes und Erlösers, des Gegenstandes unserer Hoffnung.*

Aufgrund seines apophatischen Ansatzes, den er gerade in seinen Reden gegen Eunomius und seine Anhänger durchführt, bezeichnet Basilius viele Vorstellungen von Gott, sogar in der Heiligen Schrift, als anthropopathisch und anthropomorph. Gegenüber den Anhomöern und ihrem Führer Eunomius, die behaupteten, man könne sogar das Wesen Gottes ausdrücken, behauptet Basilius, daß der Mensch nicht nur Gott nicht, sondern auch die Geschöpfe nicht in Begriffe fassen könne.[499] Schon das Wesen der Dinge bleibt nach Basilius

---

[499] Gregor von Nyssa sagt sogar: Wir können nicht einmal das Wesen auch nur des kleinsten Grashalms kennen (Gregor von Nyssa, Contra Eunomium, XII [PG45,932C-952C]). Nur wer die Welt als Ort Gottes sieht, dem »werden die sichtbaren Dinge mittels der unsichtbaren vertieft«. Nicht anders Thomas von Aquin: »ne muscam quidem«: nicht einmal eine Mücke können wir in ihrem Wesen adäquat erkennen (zit. bei: R. Schaeffler, Logisches Widerspruchsverbot und theologisches Paradox. Überlegungen zur Weiterentwicklung der transzendentalen Dialektik, in: ThPh 62 [1987] 321-351, hier 333).

ungekannt und unbestimmbar; nicht anders verhält es sich mit Gott. Die einzig mögliche Erkenntnis des Wesens Gottes ist die Anerkenntnis seiner Unbegreiflichkeit.[500]

Apophatismus heißt nicht Agnostizismus, also Verzicht auf Gotteserkenntnis, sondern besagt, daß wahre Gotteserkenntnis auf einen Weg führt, dessen letztes Ziel nicht die Erkenntnis, sondern die Vereinigung mit Gott ist. In ihr wird der Mensch vergöttlicht. Die Vergöttlichung, die dem Menschen in der Vereinigung mit Gott zuteil wird, läßt sich begrifflich nicht mehr einholen; nur auf den Wegen der »kontemplativen Theologie« gelangt der Mensch zu jenen Wirklichkeiten, die das Erkennen übersteigen.

Um den Weg der Vereinigung mit Gott beschreiben zu können, bedient sich die apophatische Theologie einer antinomischen Redeweise. Diese bewahrt davor, das Dogma dem menschlichen Erkenntnisvermögen anzupassen. Der Mensch muß sich geistig von der Glaubenswirklichkeit ergreifen lassen, bis er zu jener unmittelbaren Schau gelangt, die ihn zu Gott erhebt und ihn mit ihm eins werden läßt. Der Gipfelpunkt der Offenbarung, das Dogma der Heiligen Dreifaltigkeit, ist antinomisch »par excellence«. Diese Urwirklichkeit des Glaubens wird der Mensch in ihrer Fülle schauen, sobald er das Ziel seines geistlichen Weges, nämlich die Vergöttlichung, erreicht hat. Nach dem Wort des heiligen Gregor von Nazianz »werden ja nur jene die Erben des vollkommenen Lichtes und der Kontemplation der heiligsten und erhabensten Dreifaltigkeit werden, [...] die sich völlig mit dem vollkommenen Geist vereinigen; und dies wird, wie ich glaube, das himmlische Reich sein«[501].

Selbst die höchste Theophanie, Gottes vollkommene Offenbarung in der Welt durch die Inkarnation des Wortes, hat apophatischen Charakter. Die Apophatik macht einen Wesenszug der ganzen orthodoxen Theologie und Liturgie aus. Sie bedienen sich der apophatischen

---

500 Basilius, PG 32, 869A-C; PG 29,521.577-580.648.

501 Gregor von Nazianz, Oratio XVI,9 (PG 35,945C).

Sprechweise mit ihren Antinomien, mit denen die göttlichen und menschlichen Gegensätze zum Ausdruck gebracht werden. Die vielen apophatischen Wendungen und antinomischen Anläufe in den liturgischen Gesängen sind Ausdruck der Unaussprechlichkeit Gottes. So heißt es beispielsweise in der Anaphora des heiligen Athanasius:

Jesus Christus,
kein Maß gibt es für deine Größe und kein Ende für dein Reich,
keine Schranke für deine Herrschaft, keine Grenze für deine Macht.
Niemand weiß und niemand erforscht,
woher deine Gottheit kommt und wo dein Sein sich sammelt,
woher deine Gottheit strömt und wo dein Sein seine Ufer hat.
Des Menschen Gedanke gelangt nicht zu deinem Anfang,
und der Engel Flug erreicht nicht dein Ende!

Du bist verborgen vor jedermanns Augen,
aber vernehmbar von eines jeden Ohren.
Du bist entfernter und entrückter als alles,
aber nahe allen denen, die dich fürchten;
du ruhst bei ihnen und tust ihren Willen.

Was soll ich betrachten und bestaunen,
dein Sein mit dem Vater in Schweigen und Heiligkeit
oder dein Sein als Kind im Schoß der Mutter?
Was soll ich betrachten, was bestaunen,
das Lob, das dir wie die Wogen des Meeres
von den Seraphim dargebracht wird,
oder das Lob, das dir dargebracht wurde,
als du in Demut im Jordan standest?
Herr, wenn du droben im Himmel bist, wirst du drunten begrüßt,
und wenn du drunten auf Erden bist, wirst du droben dreifach gefeiert!

Du allein kennst dein Sein, und du allein ergründest deine Gottheit![502]

Die Menschwerdung des Gottessohnes, das Grundgeheimnis des Glaubens, läßt sich einzig in paradoxalen, »widersprüchlichen« Aussagen erfassen, welche die Größe und Unfaßlichkeit des Geschehens erkennen lassen.

Die Akzentverschiebungen, die sich mit den apophatischen und antinomischen Grundaussagen ergeben, sind kaum zu übersehen. Das große Glaubensgeheimnis der Menschwerdung des Gottessohnes besteht nach östlicher Theologie nicht so sehr in der jungfräulichen Empfängnis, sondern in der Tatsache, daß der unermeßliche Schöpfergott in einen Menschen eingetreten ist: Er, der Grenzenlose, läßt sich vom Schoß seiner Mutter umschließen; Gott, der über der Natur und ihren Gesetzen steht, wird Mensch, außer der Sünde, um so allen das neue Leben zu eröffnen; denn was »angenommen« ist, kann erlöst werden.

Statt das Leben Jesu einzig nach den Maßstäben der Vernunft kritisch zu beleuchten, hat sich der Mensch durch die Heilige Schrift in ihre Mysterien einweisen zu lassen. So wird der Mensch in Stufen Anteil erhalten an der Unergründlichkeit des in der Heiligen Schrift Überlieferten, ohne es jemals in seinem Leben ganz ausschöpfen zu können; immer neu und tiefer hat er sich - vor allem durch die Teilnahme an der Liturgie und den Festen des Herrenjahres - in die Grundgeheimnisse des Glaubens, wie sie in der Heiligen Schrift enthalten sind, einführen zu lassen. Jede Einsicht im Glauben wird zur Danksagung und jede Erkenntnis zum Gebet.

---

502 S. Euringer, Die äthiopische Anaphora des hl. Athanasius, in: Oriens Christianus III,2. Leipzig 1927, 247-287.

4. Doxologische Synthese

Die Anaphora des heiligen Basilius ist heilsgeschichtlich formuliert, mit soteriologischem Akzent auf die innere Einheit von Tod und Auferstehung:

> *Er hat sich selbst als Lösegeld dem Tod ausgeliefert, in dem wir zurückgehalten wurden, verkauft unter die Sünde. Vom Kreuz stieg Er an den Ort der Verstorbenen, damit mit Ihm alles erfüllt werde; dort zerstreute Er die Ängste des Todes. Auferstanden am dritten Tag, bahnte Er allem Fleisch den Weg der Auferstehung von den Toten, denn es war unmöglich, daß die Verwesung den Urheber des Lebens überwältigte. Er wurde zum Erstling der Entschlafenen, zum Erstgeborenen von den Toten, um in allen Dingen der Erste von allem zu sein. Er ist in die Himmel aufgestiegen und hat Platz genommen zur Rechten Deiner Herrlichkeit in den Höhen. Er wird wiederkommen, um einem jeden nach seinen Werken zu vergelten.*

Die Sprechweise der Orthodoxie über Gott ist nicht begrifflich dogmatisch, sondern bildhaft doxologisch. Wer nämlich Gott begegnet, erfährt ihn als jenen, der größer ist als alles, was er von ihm erkennen kann[503]: Jede Erkenntnis in der Theologie und auf dem geistlichen Weg des Glaubens bleibt unabgeschlossen. Aber die Apophatik führt nicht in das Verstummen, sondern in ein neues Bemühen um den Lobpreis auf den dreieinen Gott, der sich in seinem Sohn geoffenbart hat. Seine Menschwerdung ermöglicht ein konkretes Reden von Gott. Die Anaphora der Basilius-Liturgie sagt über Christus, er sei

> *der große Gott und Erlöser, der Gegenstand unserer Hoffnung, das Bild Deiner Güte, das Siegel Deines getreuen Abbildes. Er offenbart Dich, den Vater, in seiner eigenen Person. Er, das lebendige Wort, der wahre Gott, die Weisheit vor allen Äonen, das Leben, die Heiligung, die Macht, das wahre Licht.*

---

[503] Vgl. V. Lossky, Die mystische Theologie der morgenländischen Kirche, 51.

Das Kommen des Menschensohnes deuten die Kirchenväter als Synthese der Heilsgeschichte. Dies kommt in der Basilius-Liturgie in ganz zentralen Gebeten zur Sprache. So heißt es im Gebet der Opferung:

Blicke auf uns herab, o Gott. Schau auf unsere Anbetung und nimm sie an, wie Du angenommen hast die Gabe Abels, die Opfer Noes, die Sühneopfer Abrahams, die priesterlichen Dienste Moses' und Aarons, die Friedensopfer Samuels. Wie Du denselben wahrhaften Dienst von Deinen Aposteln angenommen hast, so, Herr, nimm in Deiner Güte diese Opfergaben aus unseren sündhaften Händen an.

In der Anaphora der Basilius-Liturgie betet der Priester:

Du hast Dich von Deinem Geschöpf, das Du gebildet hast, gütiger Gott, nicht für immer abgekehrt, auch hast Du das Werk Deiner Hände nicht vergessen, sondern hast es in der Liebe Deines Herzens auf verschiedene Weise besucht: Du hast die Propheten geschickt. Du hast mächtige Wunder gewirkt durch Deine Heiligen, die Dir - von Geschlecht zu Geschlecht - wohlgefällig waren. Du hast zu uns durch den Mund Deiner Diener, der Propheten, gesprochen, die uns das künftige Heil verkündeten. Du hast uns die Hilfe des Gesetzes gegeben. Zu unserem Schutz hast Du Engel aufgestellt.

Nach der Wandlung der Gaben und vor dem Gedächtnis der Gottesgebärerin heißt es:

Uns alle, die an demselben Brot und an demselben Kelch teilhaben, laß untereinander eins sein in der Gemeinschaft des einen Heiligen Geistes. Laß niemanden von uns am heiligen Leib und Blut Deines Christus zum Gericht und zur Verurteilung teilhaben, sondern laß uns Erbarmen und Gnade finden mit allen Heiligen, an denen Du seit Anbeginn der Zeit Dein Wohlgefallen hast: mit den Vorvätern, Vätern, Patriarchen, Propheten, Aposteln, Predigern, Evangelisten, Martyrern, Bekennern, Lehrern und jeder gerechten Seele, die im Glauben dahingeschieden ist, vor allem mit unserer allheiligen, allrei-

nen, hochgebenedeiten und ruhmreichen Herrin, der Gottesgebärerin und immerwährenden Jungfrau Maria.

Der Zusammenklang von altem und neuem Bund ist meist in Parallelen und Antithesen zum Ausdruck gebracht. So wird hervorgehoben, daß der erste Adam aus jungfräulicher Erde und der zweite, neue Adam aus dem Schoß einer jungfräulichen Mutter hervorgeht. Eine derartige Gegenüberstellung geschieht nicht, um das Alte zu verwerfen und für unbedeutend zu erklären. Gott setzt im Kommen seines Sohnes keinen absolut neuen Anfang, sondern richtet den alten, todverfallenen, aber aus der göttlichen Liebe nie entlassenen Menschen auf und setzt ihn erneut in die ursprünglichen Lebensrechte ein. In der Anaphora der Basilius-Liturgie wird hierzu gesagt:

Wahrhaftig heilig bist Du und allheilig, und die unendliche Größe Deiner Heiligkeit ist unfaßbar. Du bist gerecht in all Deinen Werken, denn mit Gleichheit und gerechtem Urteil hast Du alles für uns gemacht. Du bildetest den Menschen aus dem Staub der Erde, ehrtest ihn mit Deinem Bild, o Gott, und setztest ihn in das Paradies der Wonne. Du versprachst ihm die Unsterblichkeit und den Genuß der ewigen Güter. Aber er hörte nicht auf Dich, seinen wahren Gott, seinen Schöpfer. Von der List der Schlange verlockt, gab er sich den Tod durch seine eigenen Sünden. Da hast Du ihn, mein Gott, durch Dein gerechtes Urteil aus dem Paradies vertrieben, um ihn in die Welt zu setzen, und Du ließest ihn zu dieser Erde wieder zurückkehren, von der Du ihn genommen hattest. Aber Du hast für ihn das Heil der Wiedergeburt in Deinem Christus bereitet. Denn Du hast Dich von Deinem Geschöpf, das Du gebildet hast, gütiger Gott, nicht für immer abgekehrt, auch hast Du das Werk Deiner Hände nicht vergessen ...

Wichtig und entscheidend an diesen Aussagen ist, daß Gottes Heilshandeln seinem Schöpfungshandeln entspricht. Es dient der Erneuerung Adams: »Die Entäußerung in Bethlehem bedeutet die Wiederherstellung von Eden; die Krippe ist die Sühne für das verlorene Paradies; die Christus anbetenden Magier überwinden den Götzendienst; das Sterben Christi ermöglicht die Aufrichtung des gefallenen Adam. Wie dem alten, sündigen Adam eine Frau zur Seite stand, so hält auch eine Frau unter dem Kreuz neben dem neuen, gerechten Adam aus und verteidigt so die alte Eva. In der Auffassung der orthodoxen Christen sind daher die Erstgeschaffenen auch die Ersterlösten.«[504] So wird, wie Gregor von Nazianz sagt,

> *jede unserer Taten durch eine entsprechende Tat dessen, der über uns steht, wiedergutgemacht ... Aus diesem Grund also die Geburt und die Jungfrau; deshalb die Krippe und Bethlehem: Die Geburt für die Erschaffung, die Jungfrau für die Frau, Bethlehem anstelle von Eden, die Krippe wegen des Paradieses, das Unbedeutende und Sichtbare anstelle des Großen und Verborgenen. Aus diesem Grunde also die Engel, die zunächst den Himmlischen, dann den Irdischen verherrlichen, und die Hirten, die die Herrlichkeit schauen auf dem Lamm und auf dem Hirten, und der Stern, der den Weg zeigt, und die Magier, die niederfallen und Geschenke bringen, damit die Götzenverehrung aufhöre.*[505]

Das Geschichtsverständnis der Kirchenväter hat seinen Mittelpunkt im Geheimnis der Inkarnation, der »Synthese« der ganzen Heilsgeschichte. Im Kommen des Menschensohnes und in seiner Auferstehung gipfelt das göttliche Heilswerk.

Für die Orthodoxie ist die Neuschöpfung (kainè ktisis), also das durch Christus ermöglichte gottgemäße Leben, das Ziel der »Rechtfertigung«. Durch die Kraft des Heiligen Geistes entdeckt der Mensch in seinem Herzen erneut, was er in Jesus Christus ist. In ihm, dem einzig wahren Menschen (vere homo), findet der Mensch seine imago wieder, so daß er fortan für immer in der Gemeinschaft mit seinem Schöpfer und allen Menschen leben kann. In der Anaphora der Basilius-Liturgie heißt es: Durch Christus

---

504 L. Heiser, Maria in der Christus-Verkündigung des orthodoxen Kirchenjahres, 151f.

505 Gregor von Nazianz, Verteidigungsrede wegen seiner Flucht, 2. Predigt (PG 35, 429C-433B); zit. nach L. Heiser, Maria in der Christus-Verkündigung des orthodoxen Kirchenjahres, 152f.

hat sich der Heilige Geist offenbart, der Geist der Wahrheit, die Gabe der Kindschaft, das Unterpfand künftigen Erbes, der Erstling der ewigen Güter, die lebenspendende Kraft, die Quelle der Heiligung. Durch sie betet Dich an jedes verständige Geschöpf und jede geistige Macht, die von Ihm gestärkt ist, und sendet Dir den ewigen Lobpreis empor, denn alles Seiende dient Dir.

Alles wird durch Christus in der Kraft des Heiligen Geistes erneuert, erlöst und bleibend geheiligt. Doch handelt es sich dabei um das eine Werk der drei göttlichen Personen: Der Vater, die Quelle und das Ziel des Heils, und der Sohn erschließen im Heiligen Geist den Menschen den Zugang zum innergöttlichen Leben, und was Christus äußerlich gewirkt hat, setzt der Heilige Geist in das Innerste des menschlichen Herzens. Was äußerlich gewirkt ist, kommt innerlich zur Vollendung, und was innerlich zum Lebensgesetz wird, findet äußerlich seine ihm entsprechende Form.

Gegenüber der westlichen Soteriologie dürfte es gerade die Stärke der östlichen Erlösungslehre sein, die trinitarische Dimension des göttlichen Heilswirkens hervorgehoben und nie verloren zu haben.[506] Die theologischen Konzepte der westlichen Soteriologie sind eher christologisch, wenn nicht gar jesuanisch ausgerichtet und heben vor allem den beispielhaften Wert des Lebens Jesu und seiner Erlösungstat hervor. Doch gilt es, auch die Gegenwärtigkeit des Heils im Heiligen Geist herauszustellen. In diesem Sinn ist es notwendig, das Erlösungswerk in seinen trinitarischen Dimensionen herauszuarbeiten und umfassend zu begreifen.

Ein weiterer Unterschied im Ansatz der Soteriologie liegt darin, daß im Abendland die Theologie und Mystik des Kreuzes immer mehr in

---

[506] Vgl. hierzu aber auch C. von Schönborn, Immanente und ökonomische Trinität. Zur Frage des Funktionsverlustes der Trinitätslehre in der östlichen und westlichen Theologie, in: FZPhTH 27 (1980) 247-264; J. Moltmann, Trinität und Reich Gottes. München 1980; H.U. von Balthasar, Theodramatik. Bd. III, Einsiedeln 1980; F. Courth, Das trinitarische Gottesbekenntnis als die Wesensaussage des christlichen Glaubens, in: MThZ 29 (1978) 1-19 (Lit.).

den Vordergrund rückt, während in der östlichen Soteriologie die Menschwerdung in der Mitte theologischer Reflexion steht.[507]
Die große Theophanie der Inkarnation gilt als die seinshafte Verschmelzung der beiden Welten, also des Himmels mit der Erde. Das gesamte Leben Jesu erscheint als eine einzige große Inkarnation, eine immer tiefer gehende Verwirklichung der Menschwerdung. Jesu Sterben bedeutet die Kulmination der Inkarnation, denn der Tod des Herrn ist die reinste Erniedrigung und sein Aufstieg zum Vater der große Durchbruch des Göttlichen in der Menschheit. Die inkarnatorische Sicht der östlichen Theologie ist auf die österliche, endzeitliche Herrlichkeit ausgerichtet. Das Gebet zur Konsumption der eucharistischen Gaben am Ende der Basilius-Liturgie lautet:

> *Wir haben das Gedächtnis Deines Leidens gefeiert, wir haben das Abbild Deiner Auferstehung gesehen, wir wurden erfüllt mit Deinem endlosen Leben, wir haben Deine unerschöpflichen Wonnen gekostet; wir bitten Dich, uns ihrer auch in der künftigen Welt zu würdigen durch die Gnade Deines ewigen Vaters und Deines heiligen, gütigen und lebenspendenden Geistes jetzt und immerdar und von Ewigkeit zu Ewigkeit. Amen.*

Eine juridische Fassung der Erlösungslehre ist dem Osten bis heute fremd geblieben. Die Genugtuungslehre hat keine Geschichte im Morgenland, außer bei Nikolaus Kabasilas, Philaret und dem griechischen Theologen Palamas. Ähnlich verhält es sich bei den frühen lateinischen Kirchenvätern, nicht zuletzt bei Augustinus: Sie sehen die Menschheit Jesu derart personal mit der Gottheit geeint, daß bei ihnen noch nichts von einer juristischen Außenbetrachtung, wie sie in der späteren Soteriologie vorliegt, anzutreffen ist: »Der Erlöser und wir sind eins wie das Haupt und die Glieder am Leibe. Wo Identität

---

[507] Gewiß, die Satisfaktionslehre ist nur eine Seite der abendländischen Soteriologie; neben ihr gibt es auch im Westen die physisch-mysthische Erlösungstheorie (z.B. Bonaventura). Vgl. hierzu M. Schneider, Zur Erlösungslehre in der orthodoxen Theologie. Köln 2003.

ist, gibt es keine Stellvertretung.«[508]

Nach orthodoxer Lehre ist der Mensch nicht durch das bestimmt, was er ist, sondern durch das, was er werden kann. Indem er seinem Urbild, dem »Eikon«, das Christus ist, näherkommt, darf er von sich bekennen: »Nun lebe nicht ich, sondern Christus lebt in mir« (Gal 2, 20). Bei der weiteren theologischen Ausdeutung der Erlösung unterscheidet die Orthodoxie nicht unmittelbar zwischen Rechtfertigung und Heiligung. Hierüber heißt es in 1 Kor 6,11: »Ihr wurdet gewaschen, ihr wurdet *geheiligt*, ihr wurdet im Namen des Herrn Jesus Christus und im Geiste unseres Gottes *gerechtfertigt*.« Das Zueinander von Heiligung und Rechtfertigung wird in der orthodoxen Soteriologie als ein fortschreitender Prozeß verstanden, wobei *Rechtfertigung* mehr die negative Formulierung der Freiheit von Sünden, Tod und Teufel enthält, während *Heiligung* eine positive Aussage über die Erlösung, vor allem das geistliche Wachsen in das neue Leben in Christus darstellt. Vollkommener Ausdruck des neuen Lebens in Gott ist der Lobpreis der Liturgie. Die Danksagung, also die Präfation, der Basilius-Liturgie beginnt mit den Worten:

> *Seiender, Gebieter, Herr, Gott, allmächtiger und anbetungswürdiger Vater! Es ist wahrhaft würdig, recht und der unendlichen Größe Deiner Heiligkeit angemessen, Dich zu loben, Dir zu singen, Dich zu preisen, Dich anzubeten, Dir zu danken und Dich zu verherrlichen, den einzigen, wahrhaften Gott ...*

Sodann heißt es:

> *Wer ist imstande, Deine Macht auszusagen, Dein Lob kundzutun oder alle Deine Wunder, die Du im Laufe der Jahrhunderte gewirkt hast, auszusprechen?*

Der göttliche Heilsplan hat sich im Menschensohn erfüllt, er ist die unüberbietbare Synthese des Kosmos und der ganzen Geschichte. Er

---

508 M. Mellet, Die Erlösung, in: Die katholische Glaubenswelt. Bd. III, Freiburg 1961, 143.

ist der Anbeginn der neuen Schöpfung[509], der neue Adam. Auf ihn hin schuf Gott den ersten Adam, nämlich als Abbild des ewigen Sohnes, damit er als Priester der Welt diese vor Gott hinträgt. Über diesen Neuanfang heißt es in der Anaphora der Basilius-Liturgie:

> *Christus hat in der Welt gelebt und uns seine heilbringenden Gebote gegeben. Er hat uns von den Irrtümern des Götzendienstes bekehrt. Er hat uns dazu gebracht, Dich, den wahren Gott und Vater, zu erkennen. Er hat uns für sich selbst erworben als sein auserwähltes Volk, als ein königliches Priestertum, als heiliges Geschlecht. Er hat uns rein gemacht im Wasser und heilig durch den Heiligen Geist, Er hat sich selbst als Lösegeld dem Tod ausgeliefert, in dem wir zurückgehalten wurden, verkauft unter die Sünde.*

In der Feier der Liturgie tritt der Mensch in die einzig mögliche Beziehung zu Gott und seiner Schöpfung ein, in ihr erhält er seine göttliche Bestimmung zurück. Stellt der Mensch seine eigene Existenz in die Abfolge des Lebens Jesu, findet er in der liturgischen Feier, was er in der Tiefe seines eigenen Herzens ersehnt. Diese Abfolge wird in der Anaphora der Basilius-Liturgie wie folgt beschrieben:

> *Vom Kreuz stieg Er an den Ort der Verstorbenen, damit mit Ihm alles erfüllt werde; dort zerstreute er die Ängste des Todes. Auferstanden am dritten Tag, bahnte Er allem Fleisch den Weg der Auferstehung von den Toten, denn es war unmöglich, daß die Verwesung den Urheber des Lebens überwältigte. Er wurde zum Erstling der Entschlafenen, zum Erstgeborenen von den Toten, um in allen Dingen der Erste von allem zu sein. Er ist in die Himmel aufgestiegen und hat Platz genommen zur Rechten Deiner Herrlichkeit in den Höhen. Er wird wiederkommen, um einem jeden nach seinen Werken zu vergelten.*

---

509 Vgl. M. Schneider, Schöpfung in Christus. Skizzen zur Schöpfungstheologie in Ost und West, St. Ottilien 1999.

Über den christlichen Lebensstil, der aus dem Heilswirken des Menschensohnes folgt, heißt es im Dankgebet nach der Kommunion:

Du selbst, Gebieter aller Dinge, gib, daß die Teilhabe am heiligen Leib und Blut Deines Christus in uns werde zum Glauben ohne Furcht, zur Liebe ohne Heuchelei, zur Fülle an Weisheit, zur Heilung der Seele und des Leibes, zum Sieg über jeden Widersacher, zur Erfüllung Deiner Gebote und zur guten Verteidigung vor deinem furchtbaren Richterstuhl Deines Christus.

Im Lobpreis gibt der Mensch die von Gott empfangene Welt seinem Schöpfer zurück und bringt mit seinem ganzen Wesen und der ganzen Welt das Empfangene dar. Mit dieser »Eucharistie« erfüllt er die Welt und verwandelt sein eigenes Leben, das er von der Welt empfängt, in ein Leben mit Gott, in »Kommunion«. So sind die zahlreichen Gebete nur verständlich und sinnvoll als Teil der Einübung in die Haltung des »Stehens vor Gott« als Urakt menschlicher Existenz.

5. Epikletische Mitwirkung

Als ein weiteres Spezifikum der Basilius-Anaphora ist die speziell ausformulierte Geistepiklese zu nennen:

Wir flehen zu Dir, Heiliger der Heiligen, es möge Deiner Güte gefallen, daß Dein Heiliger Geist über uns und über diese hier dargebrachten Gaben herabsteige, sie segne und heilige. Er tue kund:
Dieses Brot als den ehrwürdigen und eigenen Leib unseres Herrn, Gottes und Erlösers Jesus Christus. Amen.
Und diesen Kelch als das ehrwürdige und eigene Blut unseres Herrn, Gottes und Erlösers Jesus Christus. Amen.
Das vergossen wurde für das Leben der Welt.
Amen. Amen. Amen.

Das Wirken des Heiligen Geistes in der Gesamtkirche und im einzelnen Gläubigen wird zum unmittelbar erfahrbaren Ereignis in der Feier der Liturgie. Sie verankert die Kirche im Ablauf der Weltzeit und läßt die Schöpfung im unsagbaren Lobpreis des Dreifaltigen Gottes innehalten. Liturgie ist für den christlichen Osten Ausdruck der Innewerdung der Kirche, zeitliches Gegenwärtigwerden des göttlichen Heilsplanes im Ablauf der Geschichte durch die vom Menschensohn mittels ihres Priestertums ermächtigte Kirche. In der Basilius-Liturgie heißt es beim Gebet zur Gabenbereitung:

> *Du hast uns erschaffen und in dieses Leben geführt. Du hast uns die Wege des Heils gezeigt. Du hast uns gnädig die himmlischen Geheimnisse enthüllt. Du hast uns durch die Macht des Heiligen Geistes mit diesem Dienst betraut.*

Auch die frühen Hochgebete erwähnen den Heiligen Geist, aber inhaltlich handelt es sich eher um eine Logosepiklese. Als nun auf dem 2. Ökumenischen Konzil (381) und speziell von Athanasius die Inkarnation als ein Werk des Heiligen Geistes betont wird[510], führt dies dazu, daß die Geistepiklese immer stärker hervorgehoben wird. Die markanteste Ausformulierung der Epiklese findet sich in der Chrysostomus-Liturgie, die exakt den Anfang und das Ende der Wandlung angibt und diese als eine Wirkung des Heiligen Geistes anführt: »sie verwandelnd durch Deinen Heiligen Geist«. Die Feier der Eucharistie erscheint als eine sakramentale Inkarnation, gewirkt im Heiligen Geist.[511]

Es könnte so aussehen, daß mit einem solchen Verständnis des zuvorkommenden Heilswirkens Gottes die menschliche Entscheidungsfreiheit geradezu aufgehoben ist. Doch der Osten betont, daß der Mensch frei bleibt, selbst gegenüber seiner Erwählung. Nikolaus Kabasilas weist darauf hin, wie sehr es auf Marias freies Ja ankommt, damit Gott seinen Heilsratschluß durchführen kann: »Die Inkarnation

---

510 Basilius übernahm - teils wörtlich - zahlreiche Passagen aus den Werken des heiligen Athanasius. Andere Übernahmen, vornehmlich aus der Heiligen Schrift (Paulusbriefe und Hebräerbrief), erklären sich aus zeitgeschichtlichen Auseinandersetzungen. Hierzu K.C. Felmy, Vom urchristlichen Herrenmahl zur Göttlichen Liturgie, 63.

511 J. Betz, Die Eucharistie in der Zeit der griechischen Väter. Bd. I/1, Freiburg 1955, 318ff.

war nicht allein das Werk des göttlichen Vaters, seiner Kraft und seines Geistes, sondern auch Werk und Wille des Glaubens der Maria. Ohne das Einverständnis der Allerreinsten, ohne die Mitwirkung ihres Glaubens wäre der Beschluß ebensowenig zu verwirklichen gewesen wie ohne die Mitwirkung der Drei Heiligen Personen selbst. Das war erst möglich, nachdem Gott ihr erklärt und sie überzeugt hatte, daß er sie zur Mutter nehmen würde und ihr Fleisch annehmen, das sie ihm schenken solle. Ebensosehr wie Gott sich zu verleiblichen wünschte, ebensosehr wünschte er auch, daß seine Mutter ihn freien Willens in voller Zustimmung gebären solle.«[512] Nicht anders sagt Bernhard von Clairvaux: »Es erwartet deine Antwort der Engel, es erwarten sie auch wir ... Sobald du zustimmst, sind wir frei ... Die ganze Welt, vor dir auf die Knie geworfen, wartet ... Von deinem Wort hängt ab das Heil des ganzen Geschlechtes ... Siehe, der, auf den alle Völker harren, klopft draußen an der Tür ... Auf, eile hin, tu auf.«[513]

Maria spricht ihr Ja nicht als Einzelperson, sondern in ihr erfüllt sich, was Kirche ist, sie selbst ist »Kirche im Ursprung«.[514] Kyrill von Alexandrien spricht bei seiner Rede in der Marienkirche von Ephesos von Maria als der personalen Zusammenfassung der Kirche: »Die allezeit jungfräuliche Mutter zu preisen - das ist die heilige Kirche.«[515] Die Gaben göttlichen Lebens, die in der Gottesgebärerin personal verwirklicht sind, bleiben in der Kirche sakramental gegenwärtig, und in diesem Sinn darf man sagen, daß die Kirche »Jungfrau« und »Mutter« ist. Der Kirchenvater Ambrosius faßt dies in die Worte: »Maria est ecclesiae typus.«[516] Wie Maria Typos der Kirche ist und

---

[512] Zit. nach P. Evdokimov, Die Frau und das Heil der Welt. München 1960, 233.

[513] Bernhard von Clairvaux, Super missus est 4,6 (PL 183,83f.).

[514] Vgl. M. Schneider, Maria - Kirche im Ursprung. Köln 1999.

[515] Kyrillos von Alexandria, Hom.dir. 4 (zit. nach O. Bardenhewer, Marienpredigten aus der Väterzeit. München 1934, 80ff.).

[516] Kyrillos von Alexandria, Expos. in Lucam II 7 (BKV [1915] Bd.21, 53).

mit ihrem Ja in Glaube und Gehorsam die Menschwerdung aktiv mitgetragen hat, so bringt die Kirche in ihren Gliedern stets neu das göttliche Leben in die Welt. Die Kirche zeugt nicht das göttliche Leben, aber sie läßt Christus in den Menschen sakramental Gestalt werden. Das sakramentale Geschehen der Kirche ist in Maria typologisch und personhaft Wirklichkeit geworden, darin wird Maria auch zum Urtypos christlichen Lebens, ja sogar der Liturgie.[517]

Das Herrenjahr entfaltet das Heilshandeln Gottes, damit die Gläubigen den ihnen von Christus eröffneten Heilsweg gehen können. Es stellt ihnen den ganzen Christus vor Augen: als das »Wort« des ewigen Vaters, das Fleisch annahm aus der jungfräulichen Mutter, als den Heiland der Kranken, den Tröster der Bedrängten, als den Retter, der Sünden vergibt, der leidet, stirbt und auferweckt wird, als den Herrn, der zur Rechten des Vaters sitzt und bis zu seiner Wiederkunft in Herrlichkeit durch den Heiligen Geist sein Werk der Erlösung in der Kirche fortführt, als den geheimnisvollen Quellgrund, aus dem die Heiligen gelebt haben. Christus tritt vor die Gemeinde, die sich zur Feier seines Gedächtnisses versammelt hat und in ihrem Lobpreis das Bekenntnis zu ihm und zur heilschaffenden Tat Gottes ablegt.

Mit dieser Sicht des Herrenjahres und der liturgischen Feier, welche die Vergangenheit der göttlichen Heilstaten gegenwärtig setzt und in ihnen die Hoffnung auf Vollendung weckt, ist noch ein weiterer Aspekt verbunden, der in der orthodoxen Liturgie ausführlich zum Tragen kommt. In der feiernden Erinnerung und Verinnerlichung wird hier und jetzt das Heil aufs neue gewirkt und gegenwärtig. Wie in den eucharistischen Gestalten von Brot und Wein der Erlöser sakramental gegenwärtig ist und durch sie wirkt, so ist das ganze litur-

---

[517] Über die Mutterschaft der Kirche heißt es im Ersten Formular der Taufwasserweihe der römisch-katholischen Kirche: »Schau hin auf das Antlitz deiner Kirche und mache sie durch das Sakrament der Wiedergeburt zur Mutter vieler Kinder ... Schenke diesem Wasser die Kraft des Heiligen Geistes, damit der Mensch [...] neue Schöpfung werde aus Wasser und Heiligem Geist.«

gische Geschehen mysterienhafte Vergegenwärtigung der gefeierten Heilstat. Das Heilswirken Gottes durch Christus ist nicht nur Ursprung und Quelle göttlicher Gnade, es wird im Heute für die feiernden Gläubigen gegenwärtig. Auf mysterienhafte, geheimnisvoll sakramentale Weise werden die gefeierten Ereignisse gegenwärtig inmitten der Gemeinde, die in das Heilswerk aktiv einbezogen ist.

6. Eucharistische Koinonia

Sehr deutlich wird von der Basilius-Anaphora - gerade in ihren Interzessionen - hervorgehoben, daß die Kirche in der Eucharistie zu dem einen Leib Christi auferbaut wird:

> *Uns alle, die an demselben Brot und an demselben Kelch teilhaben, laß untereinander eins sein in der Gemeinschaft des einen Heiligen Geistes. Laß niemanden von uns am heiligen Leib und Blut Deines Christus zum Gericht und zur Verurteilung teilhaben, sondern laß uns Erbarmen und Gnade finden mit allen Heiligen, an denen Du seit Anbeginn der Zeit Dein Wohlgefallen hast ...*

In allen diesen Akzenten, die der Basilius-Anaphora zukommen, spiegeln sich die theologischen Grundanliegen des heiligen Basilius wider, besonders seines Werkes »Vom heiligen Geist«. Es ist dem Kirchenvater gelungen, seine trinitätstheologischen, pneumatozentrischen wie auch ekklesiologischen und sakramententheologischen Grundgedanken in »seinem« Hochgebet auszuformulieren. Indem er seine Anaphora offenbarungstheologisch und heilsgeschichtlich ausrichtet, fern von abstrakten theologischen Reflexionen, entwirft Basilius eine »eucharistische Ekklesiologie«.[518]

Ihre Grundaussage ist, daß das ganze christliche Leben grundlegend sakramental verfaßt ist und als solches sich zu verwirklichen hat. Jeder Mensch ist mit der Taufe dazu berufen, zu einem Ort der Ein-

---

518 Vgl. hierzu H.J. Schulz, Die byzantinische Liturgie. Glaubenszeugnis und Symbolgestalt, *25f.

wohnung Christi zu werden. Dazu bedarf es der bewußten und aktiven Teilnahme des Gläubigen am Leben der Kirche, besonders ihrer Sakramente. Die östliche Mystik ist im vollen Sinn des Wortes »liturgisch« und »eucharistisch«. Daraus erklärt es sich, daß in der Anaphora der Basilius-Liturgie von Gott sehr konkrete, alltägliche Gaben erbeten werden:

Erhalte die Guten in Deiner Güte und mach durch Deine Liebe die Bösen gut. Gedenke, Herr, des umstehenden Volkes und derer, die aus einsichtigen Gründen abwesend sind. Erbarme Dich ihrer und unser nach der Fülle Deiner Erbarmung. Fülle ihre Kammern mit Gütern aller Art. Bewahre ihre Ehen in Frieden und Eintracht. Gib den kleinen Kindern Nahrung, der Jugend Unterweisung, dem Alter Kraft. Tröste die Bedrückten. Sammle die Zerstreuten. Führe die Verirrten zurück und vereine sie mit Deiner heiligen, katholischen und apostolischen Kirche. Befreie die, die böse Geister plagen. Fahre zur See mit den Seefahrern. Reise mit den Reisenden. Verteidige die Witwen. Schütze die Waisen. Befreie die Kriegsgefangenen. Heile die Kranken. Gedenke, Herr, jener, die vor Gericht stehen, die in den Bergwerken arbeiten, in der Verbannung, unter einer harten Knechtschaft, in irgendeiner Betrübnis, Not und Mühsal leben sowie derer, die Deine große Barmherzigkeit erflehen; jener, die uns lieben sowie derer, die uns hassen; jener, die uns Unwürdige damit betraut haben, für sie zu beten. Gedenke Deines ganzen Volkes, Herr, unser Gott, und breite über allen den Reichtum Deines Mitleids aus. Gib einem jeden, was er zu seinem Heil erfleht. Gedenke auch derer, die wir zu erwähnen vergessen haben aus Unkenntnis oder Vergeßlichkeit, oder weil sie zu zahlreich waren. Gedenke ihrer, Herr, der Du das Alter und den Namen eines jeden kennst, Du kennst einen jeden vom Mutterschoße an. Denn Du, Herr, bist die Hilfe der Hilflosen, die Hoffnung der Hoffnungslosen, der Retter derer, die im Sturm treiben, der Hafen der Seefahrer, die Arznei der Kranken. Sei allen alles. Du kennst jeden, seine Gebete, seine Familie und seine Nöte.

Die liturgische Feier der Kirche ist der genuine Ort jeder Glaubenserfahrung. Alles im Glauben bleibt auf die Kirche und den Gottesdienst bezogen. Keiner kann im Glauben mehr erfahren, als er in der Liturgie feiert. In ihrem Vollzug geht es um keine systematische Zusammenstellung von Lehren und Ansichten und daraus entwickelten Prinzipien der Frömmigkeit, sondern um staunendes Nachvollziehen jener Mysterien, die Gott der Welt eröffnet. So schreibt Paul Evdokimov: »Der verborgene Sinn der Dogmen, ihre 'belebende' Aufschließung fordert den Übergang von den Formeln und Symbolen zu ihrer Inkarnation, ihren Aufbruch zum Leben. Mehr denn je ist der Mensch aufgerufen, zu wählen zwischen der 'Beerdigung der Toten durch die Toten' und den schöpferischen Kräften der Auferstehung. Das Leben wählen heißt, zuerst in die persönliche Erfahrung des Kyrios und des Pneuma, des Herrn und des Geistes eintreten - lebendige Gottespersonen - und somit teilhaben an den schauererregenden, lebenspendenden Mysterien des Lebens. Und das heißt dann, aus dem Dogma die Liturgie erstehen lassen.«[519] Die höchste Mitwirkung des Menschen am Heil, das ihm Christus durch seine Auferstehung eröffnet hat, geschieht im Lobpreis der Liturgie.

7. Prozeßhafte Vollendung

Der Gläubige erwartet voll Sehnsucht die letzte Verklärung von Kosmos und Mensch. Die neue Welt ist schon jetzt im Kommen. Diese Erfahrung macht der östliche Christ vor allem in der Feier der Liturgie.[520]

---

519 P. Evdokimov, Die Frau und das Heil der Welt, 250.

520 Aber hier bedarf es der nötigen Vorsicht. Es wird dem Beter nicht nur verboten, die Ekstase oder einen Zustand der Verzückung anzustreben, er soll sich auch davor hüten, sich beim Beten irgendein Bild von der Gottheit zu machen. »Wenn du das Antlitz deines himmlischen Vaters schauen willst«, sagt der heilige Nilus der Sinaite »dann bemühe dich nicht, während des Gebetes irgendein Bild oder eine Gestalt zu sehen ... Fliehe das Verlangen, die Engel, die himmlischen Mächte oder Christus in sichtbarer Gestalt zu sehen, sonst läufst du Gefahr, den Verstand zu verlieren oder den Wolf für den Hirten zu

Das Gebet zur Konsumption der eucharistischen Gaben am Ende der Basilius-Liturgie lautet:

Siehe, soweit es in unserer Macht steht, Christus, unser Gott, ist jetzt erfüllt und vollbracht das Geheimnis Deines göttlichen Plans. Wir haben das Gedächtnis Deines Leidens gefeiert, wir haben das Abbild Deiner Auferstehung gesehen, wir wurden erfüllt mit Deinem endlosen Leben, wir haben Deine unerschöpflichen Wonnen gekostet; wir bitten Dich, uns ihrer auch in der künftigen Welt zu würdigen durch die Gnade Deines ewigen Vaters und Deines heiligen, gütigen und lebenspendenden Geistes jetzt und immerdar und von Ewigkeit zu Ewigkeit. Amen.

Das Verständnis des Lebens im Glauben als eines fortschreitenden Prozesses hat seine Konsequenzen bis in die Eschatologie hinein. Weil der Selige in den Lebensüberstrom Gottes eintritt, sieht der Osten das ewige Leben der Seligen vielfach nicht als eine ruhende Vollendung, sondern als einen ewigen Fortschritt und ein ständiges Wachstum: »Irenaios läßt mitten in der Schau Gottes den Glauben fortdauern, weil Gott immer neue Offenbarungen seiner Herrlichkeit bereit hat. Gregorios von Nyssa verlegt geradezu das Wesen der Seligkeit in die bewegte und doch selige Sehnsucht nach dem stets unerreichbaren und entfliehenden Gott.«[521]

Liegt darin ein Gegensatz zur abendländischen Lehre von der Unmöglichkeit eines Wachstums der ewigen Seligkeit? Zunächst sei erinnert, daß die Lehre von der Fortschrittslosigkeit des ewigen Lebens kein Dogma ist. Wohl lehren die meisten westlichen Theologen, daß die Seligen Gott in einem einzigen, intuitiven Blick schauen, aber sie haben die gegenteilige Auffassung nicht als Irrtum bezeichnet. Nicht nur der Himmel ist schon unter uns, sondern auch die Hölle,

---

halten und die Dämonen anstelle Gottes anzubeten ... Der Beginn des Irrtums liegt im Willen des Geistes, der die Gottheit in einem Bild oder in einer Gestalt zu fassen sucht« (Nilus, De oratione, cap. 114-116 [PG 79,1192f.]).

521 H.U. von Balthasar, Origenes. Geist und Feuer. Salzburg-Leipzig 1933, 48.

also die Verdammnis in der Gottabwendung des verworfenen Menschen. Der Verbrecher trägt, weil in seinem Dasein alles geistliche Leben erloschen ist, schon jetzt die Hölle in sich, da er nicht mehr lieben kann. Die Unfähigkeit zur Liebe ist die grauenvollste und furchtbarste Verlorenheit, also die Hölle, wie Dostojewskij sagt.

Der Osten sieht die Zeit nicht unter dem Gesetz des dauernden Flusses und des unerbittlichen Nacheinander. Die Zeiten schieben sich vielmehr in perspektivischer Verkürzung wesenhaft ineinander. Alles im menschlichen Dasein ist miteinander verwoben, auch in den Erfahrungen von Schuld und Sünde. Hier zeigt sich auch die gemeinschaftsbedingte Seite der Schuld, die ihre hoffnungsvolle Kehrseite in der Botschaft von der Erlösung aller erhält. Gerade aufgrund des gemeinschaftsbetonten Akzentes in der östlichen Soteriologie gibt es in ihrer Eschatologie eine Neigung zur Apokatastasis.[522]

In seiner fünften Homilie über »Das Gebet des Herrn« sagt Gregor von Nyssa, daß wir bei der Bitte um Vergebung: »Vergib uns unsere Schuld« nicht nur unsere eigenen Sünden, sondern auch die Sünde Adams im Sinn haben sollen. An seiner Schuld hat die ganze menschliche Natur Anteil, denn »wir sterben alle in Adam« (1 Kor 15,22).[523] Markos Eremites fügt hinzu: »Die Heiligen sollen bereuen, nicht nur für sich selbst, sondern auch für ihre Nachbarn; denn ohne aktive Liebe können sie nicht vollkommen werden ... Auf diese Weise wird

---

522 Vgl. hierzu die Ausführungen in M. Schneider, Theologische Anthropologie. Bd. IV: Vollendung, Köln 2001; ders., Apokatastasis. Zur neueren dogmatischen Diskussion um die Lehre der Allversöhnung, Köln 2003. Bezüglich der origenistischen Idee einer Wiederherstellung aller ist nicht sicher, ob Origenes selbst getroffen ist, denn die sogenannten fünfzehn Anathematismen gehören nicht dem ökumenischen Konzil von 553 an, sondern einer Partikularsynode von 543. Die Apokatastasislehre lebt weiter bei Gregor von Nyssa (in der milderen Form einer Errettung des universellen Menschengeschlechts) bis zu den polnischen Messianisten und dem russischen Denker Wladimir Solowjow. »Christus ist unter uns. Er ist es und er wird es immer sein«, betet man in der Chrysostomusliturgie beim Friedenskuß.

523 Vgl. Gregor von Nyssa, Das Gebet des Herrn 5; Markos Eremites, Über die Reue 10 (PG 65,980AB).

das gesamte Universum als Einheit zusammengehalten, und durch Gottes Vorsorge wird dem einen durch den anderen geholfen werden.«[524] Alle erhalten an der Erlösung und am neuen Leben in Christus Anteil. In diesem Sinn hebt Georgij Florovsky hervor: »Wir verehren in den Heiligen die 'Vergöttlichung' der menschlichen Natur, die göttliche Liebe ihnen gegenüber und in ihnen.«[525] Die griechischen Väter verstehen schon den ersten Menschen nicht so sehr individuell als universell, da er in sich das Bild der Menschheit verkörpert, und die Individualität der Menschheit Jesu ist, wie die Kappadokier sagen, derart mit dem Logos geeint, daß sich aus dem Urbild das große, alles umschließende Bild Gottes vom Menschen formt und gestaltet: Die ganze Menschheit ist in Jesus aufgenommen und in ihm bereits potentiell geheiligt. Die östliche Apokatastasislehre ist also christologisch rückgebunden.

---

524 Markos Eremites, Über die Reue 12 (PG 65,981C); zit. nach K. Ware, Mensch werden - an Gott teilhaben. Wie versteht die orthodoxe Tradition die Erlösung?, Bern 1997, 24.

525 G. Florovsky, On the Prize of High Calling, in: The Journal of the Fellowship of St. Alban and S. Sergius 11 (1931) 31-37, hier 36.

BILDTAFELN[526]

TITELBILD

Mystisches Abendmahl. Evangeliar der Königin Keran von 1272, Sis in Zilizien (heute Jerusalem, Armenisches Patriarchat)

Unter dem blauen Baldachin im Coenaculum von Jerusalem sitzt Christus mit seinen Jüngern zu Tisch. Vor seinem Leiden reicht der Herr den Aposteln im Brot und im Kelch sein Vermächtnis, seinen Leib und sein Blut. Einer jedoch wird ihn an die Macht der Finsternis übergeben; Judas taucht hier selbst das Brot in die Schüssel (Mt 26,23).

TAFEL I (Seite 76/77)

Advent und Parusie. Bernwards-Codex um die Jahrtausendwende (Hildesheim, Dombibliothek)

Der Advent steht, wie deutlich wurde, im Zeichen der Erwartung der ersten Ankunft des Herrn, aber auch seiner Wiederkunft am Ende der Zeiten. Im Bernwards-Codex ist zu diesem Thema eine der kühnsten Bildschöpfungen der Frühzeit entstanden: Weihnacht und Wiederkunft im Raum des Kosmos.

Die Bildtafel teilt sich in zwei Räume, die durch die verschiedene Aufteilung des Grundes noch stärker voneinander getrennt sind. Der untere Raum ist ein Streifengrund im Wechsel blauer und grüner gemusterter Bänder, nach unten hin durch Wasser begrenzt. Der obere Raum ist als Sphärengrund gestaltet; durch goldene Bänder wird die Glocke des Himmels geteilt und als unendliche Tiefe gedeutet. Beide Räume sind aufeinander bezogen durch das Geschehen, das sich darin abspielt. Dieses wiederum ist künstlerisch streng beschränkt auf das Zeichen der Erscheinung.

In der Einsamkeit des Weltenraumes unten, der begrenzt ist von Okeanos und Gäa, Ozean und Erde, den Gefilden lebensssprießender

---

[526] Die Farbaufnahmen stammen von W. Nyssen und M. Schneider.

Fruchtbarkeit, ist als goldenes Raumzeichen der wie ein Bau begriffene Altar der Krippe des Menschgewordenen abgebildet: ohne Maria und Josef, ohne Stall und Tiere, ohne Engel und Hirten, ohne Stadt und Könige. Man ist erinnert an jenes Wort der Weisheit aus der Liturgie der Weihnacht: »Als tiefes Schweigen das All umfing und die Nacht auf ihrem Wege die Mitte erreichte, da stieg vom Himmel, von den königlichen Sitzen dein allmächtiges Wort, o Herr.« Das Wort des Vaters erscheint in der Tiefe des Weltalls als das neue Licht der Welt, das hinabgestiegen ist »in die Fluten von Raum und Zeit«.

Wie unten der Weltenraum von Wasser begrenzt als Fläche erscheint, so oben der Himmelsraum als Kuppel der Unendlichkeit. Wie unten als Zeichen der Menschwerdung die goldene Krippe zu sehen ist, so oben der Goldkreis und die goldene Mandorla als Zeichen für die letzte Epiphanie des Menschensohnes, der als Richter erscheint; das Emblem des Lammes zeigt, daß er der Sieger ist. Die augenübersäten Seraphim weisen auf die Glorie seines Kommens. Die Bildtafel erinnert an das liturgische Festgeheimnis in der Einheit des Gedächtnisses von erster Ankunft und Vorwegnahme der Wiederkunft.

TAFEL II (Seite 104/105)

Brotvermehrung aus der Purpurhandschrift von Sinope, Mitte 6. Jahrhundert (Fragmentum Sinopense, Paris, Bibliothèque Nationale, Suppl. Graec. 1286, fol. 15)

Die älteste illuminierte Handschrift des Neuen Testaments, ein griechisches, auf Purpurgrund geschriebenes Evangeliar, welches heute im Domschatz von Rossano in Kalabrien aufbewahrt ist, wird durch Miniaturen eines Evangelienfragments aus Sinope am Schwarzen Meer ergänzt; sie stammen ebenfalls aus dem 6. Jahrhundert. Auf dem Bild wird die Begebenheit der Brotvermehrung dargestellt, wie sie uns in Mt 15,32-39 überliefert ist. Christus segnet die Brote und Fische in den Körben der beiden Apostel. Aber die goldschimmernde Kreuzesglorie, mit der das Haupt Jesu umgeben ist, ruft in Erinnerung, was das Johannesevangelium von der Brotvermehrung als Jesu Verheißung überliefert: »Ich bin das Brot des Lebens; wer zu mir kommt, wird nicht hungern, und wer an mich glaubt, wird nicht mehr dürsten« (Joh 6,35). Das sechste Kapitel des Johannesevangeliums ist so aufgebaut, daß die Inkarnation auf das eucharistische Mysterium hinstrebt. Die Eucharistie stellt die sakramentale Vergegenwärtigung der Inkarnation dar (Joh 6,57f.), denn sie gibt Anteil am Geheimnis der Inkarnation. Wie der Logos menschlichen Leib annahm, so wandelt er im Heiligen Geist auch Brot und Wein in seinen Leib und sein Blut.

TAFEL III (Seite 116/117)

Der erhöhte Christus inmitten der Apostel bei der Geistaussendung. Holztür der nördlichen Konche von S. Maria im Kapitol zu Köln, um 1030

Der Heilige Geist führt »erinnernd« alle, die an Christus glauben, in die Wahrheit ein und brennt alles fort, was die Menschen von Christus trennt. Jenes Feuer in sich tragend, das der Herr auf die Erde wirft (vgl. Lk 12,49), erfüllt der Heilige Geist die Gläubigen mit aller Erkenntnis im Glauben, damit sie aus der Fülle des dreieinen Gottes leben. So pflanzt er die Kirche ein in das Leben der heiligen Dreieinigkeit als Fundament und Lebensquell und bildet die Kirche zu einer »Gemeinschaft, entsprungen aus der göttlichen Unveränderlichkeit und gleichförmig den himmlischen Geheimnissen«, wie Cyprian von Karthago sagt.[527]

Diese innere Erweckung wird besonders deutlich in dem Pfingstbild der Kölner Kirche Sankt Maria im Kapitol. Hier ist das Geschehen der Geistsendung wie in einem Mysterienbild ausgedeutet. Inmitten der sitzenden Apostel steht auf einer Fußbank nicht Maria, wie zu erwarten wäre, sondern Christus, erkennbar an seinem Kreuznim-

---

527 Cyprian, De unitate eccl. 6 (PL 4,504).

bus. Die Erklärung findet sich bei Augustinus, der den Herrn vor seiner Himmelfahrt zu seinen Jüngern sagen läßt: »Ich hebe mich weg von euch außen und mit mir erfülle ich euch innen.«[528] Seit Pfingsten wohnt der Erhöhte im Heiligen Geist seinen Jüngern auf neue Weise inne.

TAFEL IV (Seite 132/133)

Die drei Könige, dargestellt an den Wänden des Mittelschiffs der Kirche S. Apollinare Nuovo in Ravenna, erstes Drittel des 6. Jahrhunderts

Die vormals arianische Basilika von S. Apollinare Nuovo zu Ravenna erhielt bei ihrer Weihe für den katholischen Kult durch den Erzbischof Agnellus (557-570) den Titel »St. Martin (von Tours) im goldenen Himmel«. Sie war ursprünglich die Palastkirche Theoderichs und dem Namen Jesu geweiht. Vom alten Bau sind Mosaiken im byzantinischen Stil erhalten, die die größte vom Altertum aufbewahrte Mosaikoberfläche darstellen. Über den Arkaden des Mittelschiffs schreiten rechts in langer Prozession, geführt vom heiligen Martin, die Martyrer aus dem Palast Theoderichs zum thronenden Christus und halten ihm ihre Ehrenkränze entgegen (auf ähnliche Weise brachten die Senatoren von Rom und Konstantinopel dem Kaiser einen goldenen Ehrenkranz). Links, an der Nordseite, geht von der Hafenstadt Classis aus der Zug der Martyrerinnen, geführt von den heiligen drei Königen, zur thronenden Gottesmutter mit dem Christuskind. Auch hier assistieren vier Engel. Das im Blut des Lammes gewaschene Kleid der Märtyrer ist das hochzeitliche Gewand, in welchem sie vor den göttlichen Gastherrn treten. Das Hochzeitsgleichnis des Evangeliums erscheint hier als eucharistisches und als eschatologisches Bild.

Am Epiphaniefest lautet das Gabengebet der Liturgie: »Wir bitten dich, o Herr: schau gnädig auf die Gaben deiner Kirche; sie bringt

---

528 Zit. nach Augustinus, Das Antlitz der Kirche. Übersetzt von H.U. von Balthasar, Einsiedeln 1955, 167.

dir in ihnen nicht mehr Gold, Weihrauch und Myrrhe dar, sondern ihn selbst, den diese Geschenke versinnbildlichen, der jetzt unser Opfer und unsere Speise wird: Jesus Christus, deinen Sohn, unsern Herrn ...«

In diesem Gebet erscheinen die drei Könige in doppelter Bedeutung: als Sinnbild der opfernden Gemeinde bei der Feier der Eucharistie und als Bild der Selbstdarbringung Christi, wie sie sich im eucharistischen Opfer vollzieht. Die Kirchenväter deuten die Gaben der drei Könige fast übereinstimmend in dem Sinne, wie es das Gabengebet anspricht: Der Weihrauch wird als Symbol der Gottheit Christi gedeutet, die Myrrhe als Verheißung der Passion, das Gold aber als Huldigung vor seinem Königtum.[529]

Die Jungfrauen und die Martyrer tragen in ihren Händen nicht Opfergaben, sondern Kronen, ein Sinnbild des Martyriums und des himmlischen Lohnes, welcher den Martyrer erwartet. Tertullian beschreibt diese Gebärde als ein Sinnbild des christlichen Glaubenszeugen, der die Krone nicht auf dem Haupt trägt, weil er nur eine Krone kennt: Christus.

Petrus Chrysologus führt aus, daß jeder Christ, gleich den Magiern, Christus dadurch seine Gabe entgegenbringt, daß er ihn als seinen König und Herrn bekennt.[530] Das Wort Martyrer bedeutet »Bekenner«. Für Petrus von Ravenna sind auch die drei Könige solche »Bekenner« im Glauben (deshalb werden sie in der frühchristlichen Kunst auch gerne in Parallele zu den drei Jünglingen im Feuerofen gesetzt). Als erster Martyrer gilt der frühen Kirche aber Christus, welcher die Kronen der Martyrer entgegennimmt. Seine Dornenkrönung ist in der Kirche S. Apollinare Nuovo dargestellt wie seine eigene Krönung, und zwar mit der Krone des Lebens.

---

529 Origenes, Contra Celsum (PG 11,771).

530 Petrus Chrysologus, Sermo 159 (PL 38,868).

TAFEL V (Seite 152/153)

Apsismosaik von der Liturgie der Verklärung in der Kirche San Apollinare in Classe, Ravenna, erste Hälfte des 6. Jahrhunderts, eingeweiht im Jahre 549

Der Patrizier Julianus Argentarius finanzierte gleichzeitig mit dem Bau von San Vitale auch die Basilika zu Ehren des Stadtpatrons in der Hafenstadt Classe (Oppidum Classis). Heute liegt die Kirche mehrere Kilometer vom Meer entfernt. Die Kirche wurde auf Befehl des Erzbischofs Ursicinus gebaut.[531]

Auf dem Apsismosaik leuchtet über der weiten Paradieslandschaft die große sternenbesäte Gloriole mit dem Gemmenkreuz als dem Zeichen des Menschensohnes. Die Buchstaben A(lpha) und O(mega) aus der Apokalypse stehen an den Enden des Querbalkens, die Worte »Ichthys« und »Salus mundi« sehen wir am Längsbalken. Die 99 Sterne deuten auf den Kosmokrator, den Weltenherrscher. Das Apsismosaik stellt die Verklärung auf dem Berg Tabor dar. Mose und Elias erscheinen in den Wolken, drei aufschauende Lämmer versinnbilden Petrus, Jakobus und Johannes, oben wird die Hand des Vaters sichtbar. Kreuz und Herrlichkeit sind in Beziehung gesetzt, denn die Propheten sprechen mit Christus über seine Passion. Den Stadtheiligen von Ravenna sieht man über seinem Grab abgebildet (er wurde im 9. Jahrhundert nach S. Apollinare Nuovo überführt), und zwar am unteren Rand des Mosaiks in Orantenhaltung zwischen den 12 Lämmern stehend. Diese kommen nicht aus den heiligen Städten, deshalb bedeuten sie hier vermutlich nicht die Apostel (so auf dem Triumphbogen), sondern die Gemeinde von Ravenna, deren Hirt Apollinaris ist. Seine irdische Passion führt ihn zum verklärten Christus ins Paradies; dort ist er der Fürbitter seiner Herde, ihr Hirt im Namen Christi.

---

[531] Vgl. O. von Simson, Von der Macht des Bildes im Mittelalter. Ges. Aufsätze zur Kunst des Mittelalters, Berlin 1993, 11-62.

Das Mosaik zeigt die Transfiguration, wie sie uns die Synoptiker überliefern. Aber statt des Verklärten gewahren wir eine Erscheinung des Kreuzes, während in der Mitte des Vordergrundes über dem Altar die Gestalt des Martyrers Apollinaris erscheint. Die Aussage dieser Darstellung ist vielschichtig und enthält drei verschiedene Inhalte. Außer dem Ereignis der Transfiguratio, wie sie in den Evangelien von der *Verklärung des Herrn* auf dem Berg Tabor berichtet ist, wird auch die *Metamorphose der eucharistischen Gaben* in der Feier der Eucharistie dargestellt (in der liturgischen Sprache meint »transfiguratio« auch die Verwandlung der Opfergaben[532]). Schließlich ist im Sinne der frühchristlichen Theologie des Martyriums auch die *Transfiguratio des Bekenners* in das neue Leben abgebildet.

Die Erscheinung des Kreuzes statt Christi auf unserem Mosaik findet ihre Erklärung im Bericht der synoptischen Evangelien (vgl. Mt 17,1-9 par). Denn die Verklärung auf dem Tabor ereignet sich zwischen zwei Aussagen Jesu, in welchen er seinen Tod und seine Auferstehung voraussagt. Zur Stunde des Kreuzestodes erfüllt sich die Verheißung vom Tabor, über die Papst Leo der Große sagt: »In seiner Verklärung lehrt Christus die Herrlichkeit, in welche er nach dem Kreuzestod eingehen wird.«[533] Die Transfiguration unterweist die Jünger darin, daß sie im Augenblick des Kreuzestodes nicht nur das Leiden des Erlösers, sondern auch die Verheißung seiner Auferstehung annehmen sollen. Das Kreuz auf dem Mosaik wird so zu einem Bild des verherrlichenden Kreuzestodes (Mt 17,22-23).

Die Texte der Liturgie erklären aber auch die Gestalt des Apollinaris unter dem Kreuz. In dem ersten Wort nämlich, das die Verklärung umrahmt, ermahnt Christus die Jünger, das Kreuz auf sich zu nehmen und ihm nachzufolgen, um so auch seiner Auferstehung teil-

---

532 J. Brinktrine, Die transformatio (transfiguratio) corporis et sanguinis Christi in den alten abendländischen Liturgien, in: Theologie und Glaube 8 (1916) 311-318.

533 Leo der Große, De transfiguratione 3 (PL 54,310).

haftig zu werden (Mt 16,24-28). So wird in der Liturgie nicht nur das Mysterium von Christi Tod und Auferstehung gefeiert, sondern auch des Martyrers gedacht, der durch seine Lebenshingabe für immer mit dem auferstandenen Christus vereint ist. Die gallischen Martyrerakten berichten, daß in der gemarterten Blandina der leidende Christus erschienen ist und daß Photinus auf dem Weg zum Martyrium »wie Christus« von der Menge begrüßt wird.[534] Daß der Martyrer auf geheimnisvolle Weise Christus angeglichen ist und er durch die Passion seines Martyriums Anteil an der Auferstehung des verklärten Herrn erhält, ist ein Gedanke, der sich in fast allen frühen Martyrerakten wiederfindet. Ignatius von Antiochien sieht in dem zu erleidenden Martyrium die Vollendung seiner Nachfolge, denn der blutige Zeugentod eröffnet ihm in einzigartiger Weise die Vereinigung mit Jesus Christus. Für Ignatius führt die Nachfolge nicht »gegebenenfalls«, sondern notwendigerweise in das Martyrium. Er schreibt seiner Gemeinde: »Fleht Christus für mich an, daß ich durch diese Werkzeuge - das heißt: durch die Bestien - als Gottes Opfer empfunden werde«[535], womit er seine Lebenshingabe als »Sühneopfer« für die anderen versteht: »Ein Sühnopfer bin ich für euch und weihe mich für euch Epheser.«[536] Die Lebenshingabe an den Herrn wie auch für die anderen deutet Ignatius von Antiochien in einem eucharistischen Kontext, denn Martyrium, Passion Jesu und Eucharistie gehören innerlich zusammen[537]: Wie in der Eucharistie

---

534 Eusebius, Hist.eccles. v. 1 (PG 20, 417).

535 Ignatius von Antiochien, Röm. 4,2.

536 Ignatius von Antiochien, Eph. 8,1; 21,1. - Von hier aus erklärt sich die kultische Verehrung der Martyrer, die im 3. Jahrhundert allgemein durchgedrungen ist: Das Sühneleiden des Martyrers kommt nicht nur ihm, sondern auch der Gemeinde zugute; er wird als Mittler bei Gott angerufen.

537 »Man wird jedoch nicht Eucharistie und Martyrium ineinssetzen können. Der Martyrer wird im Tod nicht zum eucharistischen Brot, sondern er erreicht die Vollendung seines Lebens in einem Sein, das von der Lebensmacht Christi durchwirkt ist und insofern mit der Eucharistie verglichen werden kann« (Th. Baumeister, Die Anfänge der Theologie

empfängt der Jünger in seinem Martyrium die Gemeinschaft mit dem Herrn. Dieser ist es auch, der seinen Jünger im Erleiden des Martyriums vollendet und seinen Lebensweg im Glauben zum Ziel führt: »martyrio consummatum est«.[538]

Wenn Ignatius von Antiochien von sich als dem Weizen des Herrn spricht, so erscheint Polykarp in den Flammen wie das Opferbrot im Backofen; und Cyprian sieht sich, indem er Martyrer zu ihrem Tode vorbereitet, als Priester bei der Vorbereitung des eucharistischen Opfers. Auch in den Meßtexten am Feste eines Martyrers zeigt sich die Beziehung von (eucharistischem) Mysterium und Martyrium überdeutlich, nicht zuletzt in den Präfationen, die häufig zu einem Preislied auf den Sieg des Martyrers werden.

Dies alles wird im Mosaik in S. Apollinare in Classe angesprochen. In der Grabeskirche des Martyrers und ersten Bischofs seiner Stadt, über dem Altar, welcher nach christlicher Anschauung das Grab des Martyrers enthält bzw. über ihm errichtet wird und der zugleich das Heilige Grab Christi ist, erscheint die Gestalt des Apollinaris, wie er an der Verklärung teilnimmt, welche der Herr bei seiner Verklärung auf dem Berg Tabor verheißen hat und welche sich in jeder Mysterienhandlung vollzieht. Die Transfiguration, die sich in der Eucharistiefeier ereignet, ist nicht Gegenstand der Betrachtung, sondern Wirklichkeit, an welcher jeder Gläubige teilhat, denn durch die Taufe hat er Anteil am verklärten Leben des Herrn. In diesem Sinn heißt es bei Paulus: »Wir alle spiegeln mit unverhülltem Angesicht die Herrlichkeit des Herrn wider und werden so in sein eigenes Bild verwandelt, von Herrlichkeit zu Herrlichkeit, durch den Geist des Herrn« (2 Kor 5,18).

---

des Martyriums [Münsterische Beiträge zur Theologie, Heft 45], Münster 1980, 284).

538 H. Delehaye, Les Origines du Culte de Martyrs. Sanctus. Essai sur le culte des saints dans l'antiquité, Bruxelles 1927; M. Viller / K. Rahner, Aszese und Mystik in der Väterzeit. Ein Abriß, Freiburg 1939, 19-40.

TAFEL VI (Seite 192/193)

Ikone von der Verklärung des Herrn, um 1403 (Moskau, Tretjakov-Galerie)

Man sieht auf der Ikone die Jünger, wie sie die Böschung des Berges hinabstürzen, zu Boden gestreckt und tief erschrocken von dem überwältigenden Geschehen: rechts der Apostel Petrus, auf den Knien liegend, und die Hand emporhebend, um sich vor dem Licht abzuschirmen; in der Mitte Johannes, der zu Boden fällt, den Rükken zum Licht gewandt, und links Jakobus, der flieht oder nach rückwärts zu fallen scheint.

Christus hat seine Jünger für diese Schau, die ihnen nun zuteil wird, vorbereitet: »Ich sage es euch in Wahrheit: Einige von denen, die hier stehen, werden nicht sterben, bis sie das Reich Gottes mit Macht haben kommen sehen« (Mk 9,1), und noch deutlicher: »Ehe sie nicht den Sohn des Menschen haben kommen sehen mit seinem Reich« (Mt 16,28). Petrus, Jakobus und Johannes dürfen schon zu Lebzeiten Augenzeugen der Herrlichkeit des Menschensohnes sein und von sich bekennen: »Wir waren mit ihm auf dem heiligen Berg« (2 Petr 1,16-18).

Der Kontrast auf der Ikone ist so überdeutlich, daß der Eindruck entsteht, der göttliche Bereich müsse vom menschlichen getrennt werden. Christus steht unbeweglich, und der Friede, der von ihm ausgeht, überflutet die sich neigenden Gestalten Mose und Elija, die von einem vollkommenen Kreis umschlossen werden. Im unteren Teil der Ikone dagegen die bewegte Dynamik der drei Jünger, welche sich angesichts dieser göttlichen Offenbarung sehr menschlich verhalten, nämlich erschüttert und verwirrt, aber auch von Freude erfüllt. Überwältigt von dem Geschehen, möchte Petrus »Zelte bauen«. »Es ist gut für uns, daß wir hier sind«, ruft er aus. Er sagt dies, als wisse er um den Urstand der Welt, da Gott sie betrachtete und »sah, daß sie schön war«.

Auf unserer Ikone steht Christus inmitten einer Mandorla, die aus konzentrischen Kreisen gebildet ist. Die drei Sphären stellen die Totalität des geschaffenen Universums dar, alle Mysterien der göttlichen Schöpfung in sich tragend. Ein Fünfeck, das oft in den Kreis der Mandorla eingezeichnet ist, bezeichnet die »lichte Wolke«, das Signum des Heiligen Geistes: »Eine leuchtende Wolke warf ihren Schatten auf sie« (Mt 17,5).[539] Mose und Elija symbolisieren Gesetz und Propheten, aber auch die Toten (Mose, der vor dem Eintritt in das Gelobte Land starb) und die Lebenden (Elija, der vor seinem Tod auf einem feurigen Wagen zum Himmel emporgehoben wurde). So erscheinen Elija und Moses als die beiden großen Gestalten des Alten Bundes und bezeugen das Wunder Gottes, zugleich aber auch die Kontinuität der Heilsgeschichte und der Testamente.

Das Sticheron der byzantinischen Vesper (1. Ton) erklärt Mose und Elija als die großen Visionäre des Alten Testamentes, denen Gott auf dem Berg Sinai und Karmel erschienen ist. Nun aber, zur Stunde der Verklärung, werden sie Zeugen der trinitarischen Theophanie. In der orthodoxen Matutin heißt es in einem Gesang:»Du unveränderliches Licht des Vaters, o göttliches Wort, in deinem aufblitzenden Licht haben wir heute auf dem Tabor das Licht gesehen, das der Vater ist, und das Licht, das der Geist ist, dieses Licht, das alle Kreatur erleuchtet.«

Ziel dieser göttlichen Epiphanie ist die Auferstehung. Die Ikone der Verklärung zeigt Christus meist aufrecht (oder sitzend) auf der Höhe des Berges, aus dem die Paradiesesströme entspringen, die sich in vier Arme aufteilen. Der Auferstandene, der neue Adam, bekleidet nämlich die menschliche Natur mit ihrer ursprünglichen Schönheit. Diese können die Jünger nun schauen, aber nur »soweit sie dafür fähig waren«, wie es im Kontakion der byzantinischen Liturgie vom 6. August heißt: »Auf dem Berg wurdest Du verklärt, Christus, Gott. Die Jünger schauten, wie sie es vermochten, Deine Herrlichkeit, auf daß sie, wenn sie Dich gekreuzigt sehen, das Leiden als frei-

539 »Tota Trinitas apparuit: Pater in voce, Filius in homine, Spiritus in nube clara« (Thomas von Aquin, S.th. III 45,4 ad 2).

willig begreifen, der Welt aber verkünden, daß du in Wahrheit bist der Abglanz des Vaters.«

Mose konnte das göttliche Antlitz nicht schauen, ohne zu sterben. Den Jüngern aber wird auf dem Berg der Verklärung die Schau der Gottheit im menschlichen Antlitz geschenkt. In dieser Stunde dürfen sie die göttliche Herrlichkeit auf einem Menschenantlitz erkennen. Denselben Christus, dessen Antlitz und Gewand sie kennen, sehen sie nun vor ihren Augen verklärt: sein menschliches Antlitz »glänzte wie die Sonne« und seine Kleider wurden »weiß wie Schnee« (Mt 17,2). Aber nicht Christus wandelt sich, sondern die Augen der Apostel öffnen sich für einen Augenblick und sehen, was sonst ihren Augen verborgen war.[540]

TAFEL VII (Seite 200/201)

Die Verherrlichung des Lammes auf dem Berg Sion. Apokalypse des Facundus aus Leon, 1047 (Spanien, Madrid, Bibl. Nac. Cod B 31, Blatt 205)

Ungefähr um das Jahr 90, als das Buch der Apokalypse verfaßt wurde, verschärft sich die Frage: Wir haben sorglos gehofft, aber der Herr kommt nicht; ist also seine Botschaft wirklich echt und vertrauenswürdig?[541] Der jungen Christenheit im Römischen Reich wird in der schwersten Stunde ihrer Geschichte aus apostolischer Überlieferung ein Trostbuch zuteil, nämlich die Geheime Offenbarung des Johannes. Die Frage der Apokalypse lautet: Was ist an dem verkündigten Glauben das Wesentliche und Entscheidende? Die Apokalypse antwortet auf den tiefsten Zweifel des Herzens dadurch, daß sie die personale Struktur des Evangeliums vertieft; sie läßt den erhöhten Christus selbst sprechen und weist ihn als den Herrn der Geschichte aus. Zugleich sagt sie den Christen in den sieben Ge-

---

540 P. Evdokimov, L'Orthodoxie, 247: »Ce n'est pas le Christ qui change, mais ce sont les yeux des apôtres qui s'ouvrent pour un instant.«

541 Vgl. W. Nyssen, Das Abenteuer gegenwärtiger Mystik. Mainz 1976.

meinden Kleinasiens, den Weltstädten des Kaiserkultes als dem Bild der Gesamtkirche: »Du hast deine erste Liebe verlassen, nun kehre also heim!« Die Apokalypse verlangt die Umkehr zum Kern der Botschaft und das Sich-Einlassen des einzelnen auf den erhöhten Christus. Es ist zwar eine Zeit des Kampfes, aber am Ende dieses Kampfes steht das Zeichen des Sieges, der Kranz, also die erfahrbare Beseligung als Ziel aller Sehnsucht. Jesus, der Christus, allein ist der Herr der Geschichte und ihres Ablaufs. Doch er offenbart sich als das Lamm, dem am Ende der Zeiten die Herrschaft über die Erde übergeben wird. Keiner der Könige und Kaiser hat in Wirklichkeit die Macht und Herrlichkeit, denn keiner ist wie Christus zugleich Herrscher und Lamm. Im Gehorsam gegenüber dem Vater erhält er die Herrschaft über den Kosmos, der durch ihn geworden ist.

Die Frage der jungen Christengemeinde am Ende des ersten Jahrhunderts erhält beim Ansturm des Islam auf Europa eine neue Aktualität. Die unter mohammedanischer Obrigkeit lebenden Christen Spaniens werden bald »Mozaraber« genannt, worunter man christliche Spanier versteht, die insofern arabisch wurden, als sie einem maurischen Oberhaupt Treue und Ergebenheit schwören, dafür jedoch weiterhin ihren eigenen Glauben praktizieren dürfen. Viele dieser Mozaraber schließen sich später dem erstarkenden Königreich Asturien an und füllten allmählich die Reihen der unabhängigen Christen beträchtlich auf. Sie bewirkten eine Stärkung und Erneuerung des Christentums, unter anderem auch dadurch, daß sie die mozarabische Kunst in den Norden bringen.

Während zu jener Zeit in den übrigen Klöstern Europas das Evangelium als wichtigster Glaubenstext gilt, nimmt nun in Spanien diesen Platz die Apokalypse ein. Sie enthält für den Benediktinermönch Beatus aus dem Kloster von Liébana »den Schlüssel zu allen Büchern« der Heiligen Schrift. Daher findet sich in den Beatus-Handschriften oft als »Titelblatt« die Darstellung der vier Evangelisten, faßt die Apokalypse doch die vier großen apostolischen Texte zusammen. Das Buch der Geheimen Offenbarung wird für die mo-

zarabischen Christen insofern zu einem Trostbuch, als sie von der Stunde der Wiederkunft des Herrn den großen Ausgleich im Kampf gegen die Ungläubigen erhoffen.
Das vorliegende Bild stammt aus der Reihe der illuminierten Handschriften, die als »Apokalypse-Kommentar« wohl zwischen der Mitte des 10. Jahrhunderts und dem Ende des 11. Jahrhunderts in Spanien entstanden sind und die neben dem Text außergewöhnlich schöne Miniaturen enthalten. Heute sind noch über zwanzig reich illuminierte »Kommentar«-Codices erhalten, während andere illustrierte Texte der Heiligen Schrift oder der Evangelien aus derselben Epoche verhältnismäßig selten sind. Die Urheberschaft des »Apokalypsen-Kommentars« wird dem schon erwähnten spanischen Mönch Beatus zugeschrieben, der im späten 8. Jahrhundert in Asturien, dem äußersten Norden der Halbinsel, lebt, und zwar im Martinuskloster von Liébana, das seit dem 12. Jahrhundert Santo Toribio heißt. Das Kloster wird unter dem Einfluß des Beatus zu einem Mittelpunkt des Widerstandes. Auch erstarkt die Wallfahrt zum Grab des Apostels Jakobus, das in Campo de la Estela aufgefunden wurde und das bald Santiago de Compostela heißt.
Das vorliegende Bild bezieht sich auf Apk 14, 1-3: »Und ich sah: Das Lamm stand auf dem Berg Sion, und bei ihm waren hundertvierundvierzigtausend; auf ihrer Stirn trugen sie seinen Namen und den Namen seines Vaters. Dann hörte ich eine Stimme vom Himmel her, die dem Rauschen von Wassermassen und dem Rollen eines gewaltigen Donners glich. Die Stimme, die ich hörte, war wie der Klang der Harfe, die ein Harfenspieler schlägt. Und sie sangen ein neues Lied vor dem Thron und vor den vier Lebewesen und vor den Ältesten. Aber niemand konnte das Lied singen lernen, außr den hundertvierundvierzigtausend, die freigekauft und von der Erde weggenommen worden sind.«
Auf dem Bild erkennt man in der Mitte den Berg Sion, umgeben mit verschiedenen Arten von Bäumen. Auf Harfen arabischer Herkunft wird von den hundertvierundvierzigtausend Besiegelten dem Lamm,

das auf dem Gipfel des Berges steht und ein asturisches Kreuz hält, der Lobpreis gespielt. Die Besiegelten tragen den Namen des Lammes und den seines Vaters auf ihrer Stirn (Apk 14,1f.). Von den 24 Ältesten sind zwei Gruppen von je vier Gestalten zu beiden Seiten der Evangelisten-Symbole zu sehen (Apk 14,3). Der himmlische Thron wird durch das offene Himmelstor angedeutet.[542]

TAFEL VIII (Seite 260/261)

Krönungssakramentar der Palastschule Karls des Kahlen, um 850 (Paris, Bibliothèque Nationale)

Im Hochgebet, aus dem die vorliegende Abbildung als letzte Tafel des Krönungssakramentars stammt, vereinigt sich die irdische Kirche mit den himmlischen Chören: »Durch ihn loben die Engel deine Herrlichkeit, beten dich an die Mächte, erbeben die Gewalten. Die Himmel und die himmlischen Kräfte und die seligen Seraphim feiern dich jubelnd im Chore. Mit ihrem Lobgesang laß auch unsere Stimmen sich vereinen und voll Ehrfurcht rufen: Heilig, heilig, heilig Gott, Herr aller Mächte und Gewalten. Erfüllt sind Himmel und Erde von deiner Herrlichkeit ...«

In der Mitte oben die Mandorla, wie zum Zeichen des entrückten, unendlich großen Herrn des Himmels und der Erde.[543] In der unteren Hälfte in der Mitte der sechsgeflügelte Cherub, der mit seinen gefalteten Flügeln die Mandorla berührt: »Gepriesen bist du, Herr, der du thronst über den Cherubim und die Abgründe anblickst« (Dan 3,56). Der jugendliche Christus thront auf dem Kosmos, angedeutet durch die weißgefaßte Wellenlinie: »Mein Thronsitz ist der Himmel, und die Erde ist der Schemel meiner Füße« (Jes 66,1). In

---

542 Vgl. H. Stierlin, Die Visionen der Apokalypse. Mozarabische Kunst in Spanien, Zürich-Freiburg 1978; P.K. Klein, Der ältere Beatus-Kodex Vitr. 14-1 der Biblioteca Nacional zu Madrid. Studien zur Beatus-Illustration und der spanischen Buchmalerei des 10. Jahrhunderts. Bd. I-II, Hildesheim-New York 1976.

543 Vgl. hierzu auch W. Nyssen, Eucharistie. Hamburg 1960.

der Linken hält der Menschensohn das Buch des Lebens, in der Rechten eine goldene Scheibe. Diese ist ein Symbol für die Erde: »Wer maß mit drei Fingern der Erde Last, wer wog in seiner Hand die Wasserwogen?« (Jes 40,12), aber auch ein Symbol des Denars, den der Menschensohn als Siegeslohn am Ende der Zeiten überreichen wird: »Siehe, der Herr kommt gewaltig, und sein Arm wird herrschen. Siehe, sein Lohn ist bei ihm« (Jes 40,10; Apk 22,12). Der Thronende ist umgeben von den vier Lebenwesen auf einem Gefährt, von den Evangelisten auf den Wolken und in verschiedenen Gesten der Huldigung dargestellt. Zahlreiche Engel huldigen dem Menschensohn mit dem »clamor assimilationis« (Pseudo-Dionysios), also mit dem Ruf der Verähnlichung, denn sobald sich Himmel und Erde vereinen zum Lobgesang des Alls auf den Schöpfer, erfüllt sich, wozu und woraufhin alles geschaffen ist.

BIBLIOGRAPHIE

Bei der Niederschrift der Ausführungen wurden besonders folgende Studien eingearbeitet:

CORBON, J., Liturgie aus dem Urquell. Übertragen und eingeleitet von H.U. von Balthasar, Einsiedeln 1981.

FELMY, K.C., Orthodoxe Theologie der Gegenwart. Eine Einführung, Darmstadt 1990.

HOTZ, R., Sakramente - im Wechselspiel zwischen Ost und West (= Ökumenische Theologie 2). Zürich-Köln-Gütersloh 1979.

KOCH, K., Fenster sein für Gott. Unzeitgemäße Gedanken zum Dienst in der Kirche, Fribourg 2002.

SCHNEIDER, M., Schöpfung in Christus. Skizzen zur Schöpfungstheologie in Ost und West, St. Ottilien 1999.

Schriftenreihen des Patristischen Zentrums KOINONIA - ORIENS e.V., Köln

Begründet von Wilhelm Nyssen
und herausgegeben von Michael Schneider

I. Koinonia - Oriens

XLI Michael Schneider, Der Wegnahme folgt die Liebe immer, Köln 1994.

XLII Michael Schneider, Leben in Christus. Kleine Einführung in die Spiritualität der einen Kirche aus Ost und West, St. Ottilien 1996.

XLIII Michael Schneider und Walter Berschin (Hg.), Ex oriente et occidente (Mt 8,11). Kirche aus Ost und West. Gedenkschrift für Wilhelm Nyssen, St. Ottilien 1996.

XLIV Michael Schneider, Theologie als Biographie. Eine dogmatische Grundlegung, St. Ottilien 1997.

XLV Michael Schneider, Leben aus der Fülle des Heiligen Geistes. Standortbestimmung Spiritualität heute, St. Ottilien 1997.

XLVI Abt Emmanuel Jungclaussen, Unterweisung im Herzensgebet, St. Ottilien 1999.

XLVII Lothar Heiser, Jesus Christus - Das Licht aus der Höhe. Verkündigung, Glaube und Feier des Herrenmysteriums in der Orthodoxen Kirche, St. Ottilien 1998.

XLVIII Lothar Heiser, Mosaike und Hymnen. Frühes Christentum in Syrien und Palästina, St. Ottilien 1999.

XLIX Lothar Heiser, Äthiopien erhebe seine Hände zu Gott. Die äthiopische Kirche in ihren Bildern und Gebeten, St. Ottilien 2000.

L Michael Schneider, Schöpfung in Christus. Skizzen zur Schöpfungstheologie in Ost und West, St. Ottilien 1999.

LI Lothar Heiser, Ägypten sei gesegnet! (Is 19,25). Koptisches Christentum in Bildern und Gebeten, St. Ottilien 2001.

LII Lothar Heiser, Quellen der Freude. Die Hochfeste der orthodoxen Christen, Gerasau 2002.

Die Bücher der Reihe KOINONIA - ORIENS sind ab Band XLII im Buchhandel erhältlich.

II. Edition Cardo

I Wilhelm Nyssen, Der Weg des Herrn. Nach Worten des Alten Bundes, Olten 1974.

II Henning Günther, Walter Benjamin. Zwischen Marxismus und Theologie, Olten 1974.

III Alexander Schmemann, Aus der Freude leben. Ein Glaubensbuch der orthodoxen Christen, Köln 2000.

IV Michael Schneider, Lectio divina. Leben mit der Heiligen Schrift, Köln 1997.

V Michael Schneider, Mystik. Zwischen Denken und Erfahrung, Köln 1997.

VI Paul Deselaers, Das »Geistliche Jahr« der Annette von Droste-Hülshoff, Köln 1997.

VII Michael Schneider, Eucharistie. Leben aus dem Mysterium des Glaubens, Köln 1997.

VIII Michael Schneider, Athos. Der Heilige Berg, Köln ^{3}2002.

IX Lothar Heiser, Natur und Tiere in frühchristlicher Deutung, Köln 1997.

X Michael Schneider, Amtskirche auf dem Prüfstand, Köln 1997.

XI Wilhelm Nyssen, Der Sinn des Johannes, Köln 1997.

XII Wilhelm Nyssen, Die theologische und liturgische Bedeutung der Ikone, Köln 1997.

XIII Wilhelm Nyssen, Das prophetische Buch der Apokalypse, Köln 1997.

XIV Anthony Bloom, Gegenwärtigkeit. Eine Nachschrift von Wilhelm Nyssen. Mit einer Einführung von Michael Schneider, Köln 1997.

XV Wilhelm Nyssen, Theologie des Bildes, Köln 1998.

XVI Michael Schneider, Jahreskranz der Güte Gottes, St. Ottilien 1998.

XVII Michael Schneider, Geistliche Freundschaft, Köln ^{2}2002.

XVIII Michael Schneider, Unterscheidung der Geister, Köln ^{2}2002.

XIX Michael Schneider, Zur Frage nach dem Leid, Köln 1998.

XX Michael Schneider, Stationen auf dem Weg zu Gott, Köln ^{2}2002.

XXI Michael Schneider, Sakrament des Alltags, Köln 1998.

XXII Michael Schneider, Der verborgene Gott, Köln 1998.

XXIII Michael Schneider, Standortbestimmung Priesterausbildung heute, Köln 1998.

XXIV Michael Schneider, Die Wende um 1200. Der neue Weg der abendländischen Theologie und Spiritualität, Köln 1999.

XXV Michael Schneider, Umkehr zur Zukunft. Theologische und praktische Überlegungen zum Bußsakrament, Köln 1999.

XXVI Michael Schneider, Maria - Kirche im Ursprung, Köln 1999.

XXVII Michael Schneider, Leben in Fülle, Köln 1999.

XXVIII Michael Schneider, Bekehrung als Grundvollzug christlicher Existenz, Köln 1999.

XXIX Michael Schneider, Leben aus dem Gebet, Köln 1999.

XXX Michael Schneider, Instrumentarium geistlichen Lebens, Köln 1999.

XXXI Michael Schneider, Das immerwährende Gebet, Köln 1999.

XXXII Michael Schneider, Zum Beten mit den Psalmen, Köln 1999.

XXXIII Michael Schneider, Wegmarken I: Worte großer Glaubenszeugen, Köln 1999.

XXXIV Michael Schneider, Weihnachten und Epiphanie, Köln 1999.

XXXV Michael Schneider, »Christus ist unsere Logik!« Zur Verhältnisbestimmung von Theologie und Nachfolge bei Bonaventura, Köln 1999.

XXXVI Margarete Schmid, Erich Przywara SJ (1889-1972), Köln 1999.

XXXVII Michael Schneider, In der Schule der Mönchsväter, Köln 1999 (Kurzfassung von Bd. XIC).

XXXVIII Michael Schneider, Der Lasterkatalog. Zum Umgang mit Krisen und Versuchungen im geistlichen Leben, Köln ^{2}2003.

XXXIX Michael Schneider, Homo viator. Zur biographischen Grundstruktur des Glaubensweges, Köln 1999.

XL Erzbischof Lutfi Laham, Einübung in den geistlichen Weg der Chrysostomus-Liturgie, Köln 1999.

XLI Michael Schneider, Akedia. Lebenskrisen in der Deutung des Glaubens, Köln 2000.

XLII Michael Schneider, Theologie und moderne Literatur. Eine Verhältnisbestimmung, Köln 2000.

XLIII Michael Schneider, Zur Frage nach Gott in der modernen Literatur, Köln 2000.

XLIV Margarete Schmid, Theologen der Gegenwart im Gespräch mit der modernen Literatur, Köln 2000.

XLV Michael Schneider, Julius Tyciak (1903-1973). Ein Wegbereiter im Gespräch mit den Kirchen des Ostens, Köln 2000.

XLVI Michael Schneider, Auf neuen Wegen zur Ikone. Zum Werk von W. Zagorodnikow und A. Jawlensky, Köln 2003.

XLVII Erzbischof Lutfi Laham, Die Chrysostomus-Liturgie. Eine Hinführung und Erklärung, Köln ^{2}2002 (Kurzfassung von Bd. XL).

XLVIII Ingrid Hermann, Ausgewählte Werke der Musik in ihrer Bedeutung für den Glauben, Köln 2001.

IL Michael Schneider, Zur Theologia tenebrarum bei Erich Przywara und Reinhold Schneider, Köln 2000.

L	Michael Schneider, Zur Geschichtstheologie Reinhold Schneiders, Köln 2000.
LI	Michael Schneider, Kontemplativ leben in der heutigen Welt, Köln 2000.
LII	Michael Schneider, Die Bedeutung der Eucharistie im Leben des heiligen Ignatius von Loyola, Köln 2000.
LIII	Michael Schneider, Theologia coloniensis. Zur theologischen Ausdeutung der Kölner Romanik bei Wilhelm Nyssen, Köln 2000.
LIV	Michael Schneider, Vom gläubigen Umgang mit der Zeit, Köln 2000.
LV	Michael Schneider, Wilhelm Nyssen (1925-1994). Eine Werkbeschreibung, Köln 2001.
LVI	Michael Schneider, Anstöße zur Nachfolge, Köln 2000.
LVII	Michael Schneider, Einführung in das geistliche Leben, Köln 2000.
LVIII	Michael Schneider, Einübung in das geistliche Leben, Köln 2000.
LIX	Michael Schneider, Zur Praxis der geistlichen Begleitung: Grundlegung und Hinführung, Köln ^{2}2003.
LX	Michael Schneider, Zur Praxis der geistlichen Begleitung: Hilfen und Hinweise, Köln ^{2}2003.
LXI	Klaus Nebel, Die Aktualität der Kirchenväter im Leben und Werk John Henry Newmans, Köln 2001.
LXII	Stefan Peter, Zur Christusfrömmigkeit im »Weihnachtsoratorium« Johann Sebastian Bachs (BWV 248), Köln 2000.
LXIII	Erich Kock, Josef Rikus - Bildhauer, Köln 2000.
LXIV	Michael Schneider, Zur theologischen Bedeutung der Kirchenmusik, Köln 2001.
LXV	Erzbischof Lutfi Laham, Zur Erneuerung der Chrysostomus-Liturgie in der melkitischen Kirche, Köln 2001.
LXVI	Michael Schneider, Zur Reifungsgeschichte des Glaubens in den Lebensaltern, Köln 2001.
LXVII	Erich Kock, Zeit-Zeugen des Glaubens (1846-1998), Köln 2001.
LXVIII	Erich Kock, Johann Wolfgang von Goethe. Zwei Studien, Köln 2001.
LXIX	Michael Schneider, Lebensprojekt Berufung, Köln 2001.
LXX	Erich Przywara, Der geistliche Weg der Exerzitien, Köln 2002.
LXXI	Michael Schneider, Das Sakrament der Versöhnung, Köln ^{2}2002.
LXXII	Michael Schneider, Geistliches Leben. Ein Leitfaden für alle Tage des Jahres, Köln ^{2}2003.
LXXIII	Michael Schneider, HYMNOS AKATHISTOS. Eine theologische und liturgische Hinführung zum ältesten Marienlob auf die Menschwerdung Gottes, Köln 2001.

LXXIV Sven Boenneke - Romanos Werner OSB, Pascha des Herrn. Homilien und Hymnen zum orthodoxen Osterfest. Mit einem Geleitwort von Abt Emmanuel Jungclaussen OSB, Köln 2001.

LXXV Jörg Splett, Gott-ergriffen. Grundkapitel einer Religionsanthropologie, Köln 2001.

LXXVI Michael Schneider, Theologie als Nachfolge. Zur existentiellen Grundstruktur von Glaube und Theologie in Geschichte und Gegenwart, Köln ^{2}2001.

LXXVII Michael Schneider, Wegmarken II: Worte der Kirchenväter zum Leben im Glauben, Köln 2002.

LXXVIII Michael Schneider, Anstöße zum Glauben, Köln 2001.

LXXIX Michael Schneider, Zur Geschichte der christlichen Spiritualität. Ein Leitfaden, Köln 2001 (aus Bd. LXXVI).

LXXX Michael Schneider, Einführung in die Theologie, Köln 2001.

LXXXI Michael Schneider, Anstöße zur Hoffnung, Köln 2002.

LXXXII Michael Schneider (Hg.), Die melkitische Kirche in Geschichte und Gegenwart, Köln 2001.

LXXXIII J. Chammas, Die melkitische Kirche. Hrsg. von Patriarch Gregor III, Köln 2001.

LXXXIV Michael Schneider, Theologische Anthropologie I: Sichtung, Köln 2001.

LXXXV Michael Schneider, Theologische Anthropologie II: Konkretisierung, Köln 2001.

LXXXVI Michael Schneider, Theologische Anthropologie III: Entfaltung, Köln 2001.

LXXXVII Michael Schneider, Theologische Anthropologie IV: Vollendung, Köln 2001.

LXXXVIII Michael Schneider, Zur Theologie des Kölners - 11 Traktate, Köln ^{2}2001.

LXXXIX Lothar Heiser, Die Engel in der Glaubensverkündigung der Orthodoxie, Köln 2002.

XC Origenes, Homilien zum Buch Genesis. Übertragen und herausgegeben von Sr. Theresia Heither OSB, Köln 2002.

XCI Michael Schneider, Aus den Quellen der Wüste. Die Bedeutung der frühen Mönchsväter für eine Spiritualität heute, Köln ^{3}2002

XCII Hermann Josef Sieben, »Manna in deserto«. Studien zum Schriftgebrauch der Kirchenväter, Köln 2002.

XCIII Jörg Splett, Zur Antwort berufen. Zeugnis aus christlichem Stand, Köln ^{2}2002.

XCIV Michael Schneider, Das Sakrament der Eucharistie, Köln 2003.

XCV Wilhelm Nyssen, Die Feier des Herrenjahres in der liturgischen Verkündigung der Kirche in Ost und West, Köln 2002.

XCVI Ingrid Hermann, Ausgewählte Werke der Musik in ihrer Bedeutung für den Glauben. Teil II, Köln 2003.

XCVII Michael Schneider, Zur Erlösungslehre in der orthodoxen Theologie, Köln ²2003.

XCVIII Michael Schneider, Apokatastasis. Zur neueren dogmatischen Diskussion um die Lehre der Allversöhnung, Köln 2003.

IC Stephan Lüttich, All my eyes see. Entwurf einer christopoetischen Wahrnehmungs- und Ausdruckslehre bei Gerard Manley Hopkins, Köln 2003.

C Wilhelm Nyssen, Zur Wachheit des Geistes in den Sinnen. Ausgewählte Texte nach Wilhelm Nyssen, herausgegeben von Michael Schneider, Köln 2002.

CI BIBLIOTHECA SPIRITUALIS. Artikel aus dem Dictionnaire de Spiritualité, herausgegeben von Hermann Josef Sieben, Vol. I: Hermann Josef Sieben, »Gott-Erinnern« und andere Kapitel aus der geistlichen Überlieferung, Köln 2003.

CXIII Abt John Eudes Bamberger OCSO, Geistliche Begleitung nach der Zisterziensertradition, Köln 2003.

Die Schriften der Reihe EDITION CARDO sind zu beziehen über den Buchhandel und zu bestellen über das Institut für Dogmen- und Liturgiegeschichte, Offenbacher Landstraße 224, D-60599 Frankfurt am Main (FAX 069-5076992). Weitere Informationen über: www.kath.de/ Patr.Zentrum.